교육철학담론

PHILOSOPHY OF EDUCATION DISCOURSE

이병승 저

박영story

머 리 말

인간은 근본적으로 담론(談論)의 존재이다. 왜냐하면 인간은 담론을 통해 의사를 전달하기도 하고, 문제 해결을 위한 방안을 찾기도 하며, 나아가 수준 높은 지적 문화를 생성, 유지, 발전시켜 나가는 존재이기 때문이다. 이런 의미에서 한때 영국의 철학자 오우크쇼트(M. Oakeshott)가 인간에게 꼬리가 없는 것은 사람들이 이야기를 하느라 밤새도록 앉아 있었기 때문이라는 우스운 말 한 토막을 소개한 적이 있다. 인간이 담론의 존재임을 이처럼 간명하게 표현한 경우도 드물 것이다.

그렇다면 사람들이 자신의 꼬리가 없어질 정도로 오래 앉아 이야기를 나누었던 주제들은 무엇이었을까? 아마도 긴급하고 중대한 문제들이었을 것으로 짐작된다. 모르긴 해도 사람들이 중요하고도 심각하게 다룬 주제들 중의 하나가 다름 아닌 교육문제였을 것이다. 그도 그럴 것이 교육은 개인의 자아실현은 물론 공동체 유지와 발전, 나아가 인간문화 전승에 핵심적인 역할을 해왔기 때문이다. 따라서 자라나는 세대를 어떻게 교육할 것인가 하는 문제는 언제나 인류의 보편적 담론의 주제가 되었다. 아마도 인류 역사 초기 단계에서의 교육담론의 주제는 제한적이었을 것으로 보인다. 즉 먹고 사는 문제와 직결된 내용과 방법을 어떻게 전달할 것인가 하는 주제가 담론의 핵심을 이루었을 것으로 보인다.

이제 오랜 교육발전의 과정 속에서 교육현상이나 교육문제에 대해 전문적으로 사색하고, 비판하고, 평가하는 사람들이 출현하면서 교육담론의 성격과 내용, 그리고 방법도 크게 달라지고 풍성해졌다. 소위 교육사상가 혹은 교육철학자들은 교육담론의 내용을 풍성하게 했을 뿐만 아니라 그 깊이를 심원하게 한 사람들이라고 할 수 있다. 그들은 당대의 실천적인 교육문제에 대해 비상한 관심을 가지고 있었을 뿐 아니라 이를 해결하기 위한 새로운 교육적 아이디어를 제시하였다. 그들은 교육담론을 통해 기존의 교육관, 교육내용, 교육방법의 문제점을 비판적으로 검토하면서 이를 개선하려는 방안을 제시하였다. 또한 이들은 교육담론을 통해, 단지 존재하는 인간이 아닌 '존재해야 할 인간', 단지 존재하는 사회가 아닌 '존재해야 할 사회'가 무엇인가를 제시하고자 하였다. 이들은 저마다 독특한 담론방식으로 교육의 이상(理想), 개혁의지, 나아가야 할 교육 방향을 제시하였다.

이 책은 바로 이러한 열정을 보여준 교육철학자 및 교육사상가들의 담론을 소개함으로써 교육에 관심을 가진 사람들이 교육현상 및 교육문제를 보다 깊고 폭넓게 사고해 갈 수 있도록 하기 위해 집필되었다. 즉, 교육문제 및 교육현상에 대해 분석적, 비판적, 규범적, 현상학적인 활동을 전개했던 사상가와 철학자들의 교육담론을 통해 우리의 교육현실을 폭넓게 바라볼 수 있는 안목을 가지도록 하기 위해 계획되었다. 우리는 이들이 전개한 교육담론의 세계 속으로 들어감으로써 그들 담론의 고유한 의미, 학문적 배경, 교육적 의의, 그리고 그것이 우리에게 주는 값진 시사점을 발견할 수 있을 것이다. 아울러 우리는 그들의 교육담론을 통해 우리가 깨닫지 못한 것을 자각할 수 있는 계기를 마련할 수 있을 것이다.

이 책은 이미 2006년 「교육에 관한 철학적 담론」이라는 이름으로 출간된 바 있는 책의 내용을 일부 수정하여 재구성한 것이다. 비교적 산만하게 보이는 장들을 교육담론이 가지는 무게와 영향력을 고려하여 총 4부로 묶어 보았다. 보다 짜임새 있는 구성을 위해 새로운 장들을 덧붙이기도 하였다. 전반적으로 교육담론이 가지는 학술적 가치와 교육적 영향력을 고려하여 1부와 2부에는 전문적인 교육철학자의 교육담론을 소개하였다. 제1부에서는 20세기 전반부를 대표하는 존 듀이(John Dewey)의 교육담론을 소개하였으며, 제2부에서는 20세기 후반부를 대표하는 영국의 교육철학자 피터스(R. S. Peters)의 교육담론을 소개하였다. 1부의 4개장에서는 듀이 교육철학담론 이해의 토대를 이루는 의식, 지성, 의지, 자연의 개념을 소개하고 그 교육적 의의를 밝히고자 했다. 2부의 4개장에서는 피터스의 교육의 개념, 교육받은 사람, 교사론, 교사교육론에 관한 담론을 소개하고 비판적 평가를 시도하였다. 듀이와 피터스는 동일한 언어 문화권에서 활동하였지만 교육담론의 배경과 전개방식이 서로 상이하다는 점에서 이들 담론을 서로 비교하면서 읽어보는 것도 좋을 것이다.

제3부에서는 19세기의 철학자인 헤겔(Hegel)과 니이체(F. Nietzsche)의 교육담론을 소개하였다. 이들의 담론은 그 당시 교육현실을 날카롭게 비판하면서 장차 교육이 나아가야 할 방향을 제시하고 있다는 점에서 주목할 만한 가치가 있다는 생각이 든다. 특히 헤겔의 변증법적 교육단계에 관한 담론은 '요람에서 무덤까지'의 교육이념을 추구하는 평생교육의 측면에서 오늘날 교육실제에 주는

시사점이 적지 않다는 생각이 든다. 또한 니이체의 두 편의 글은 본래적인 교사의 모습과 학교교육의 존재근거를 반추하도록 이끌어 준다는 점에서 의의가 크다는 생각이 든다. 특히 니이체가 반헤겔주의자라는 점에서 그들의 교육담론은 대척점을 이룬다고 할 수 있다. 이들의 담론을 비교해 보는 것도 흥미로울 것이다.

제 4부에서는 메를로－퐁티(Merleau－ponty), 길리건(C. Gilligan)과 나딩스(N. Noddings), 그리고 소로우(H. D. Thoreau)의 교육담론을 소개하였다. 이들의 담론은 얼마까지만 해도 큰 주목을 받지 못하였다. 소위 거대담론 혹은 주류 담론으로부터 소외되었었다. 하지만 메를로－퐁티는 '몸'에 관한 현상학적 담론을 통해 이성, 지성, 정서 등이 몸의 작용임을 밝히면서 몸의 근원성을 부각시켰다. 필자는 그의 몸 담론 연구를 통해 우리의 교육행위 이해에 근본적인 변화가 있어야 함을 강조하였다. 길리건과 나딩스는 패미니스트로서 콜버그가 제시한 정의의 도덕성 발달이론에 대한 비판적 담론을 통해 남성우월주의의 이데올로기를 지적하면서 여성 특유의 '보살핌' 윤리의 필요성을 제안하였다. 이들의 담론은 피터스의 교육담론과 대조를 이룬다는 점에서 주목을 끌만하다. 그들의 담론을 비교하면서 읽어 보는 것도 의미가 있을 것이다. 끝으로, 미국의 초월주의자인 소로우는 월든(Walden) 숲에서의 2년 2개월간 자신의 삶에 대한 실험과 담론을 통해 물질숭배의 사회가 그 동안 간과하고 있던 정신적 가치의 소중함을 일깨우면서 그러한 삶을 살아가기 위한 구체적인 방법을 제시하고 있다. 특히 급속한 산업화로 인해 정신적인 가치를 잃어가는 우리 한국사회에 그의 담론이 던지는 메시지는 시사하는 바가 자못 크다는 생각이 든다. 필자는 소로우의 담론을 통해 개인 각자의 실존적 삶의 회복이 사회개혁의 토대임을 강조하였다.

아무쪼록 이 책이 교육현상이나 교육활동에 대한 이해의 지평을 넓히려는 사람들에게 널리 읽히기를 바라며 아울러 우리의 교육현실을 보다 더 깊게 사색하고 통찰하려는 사람들에게 작으나마 도움이 되기를 희망한다. 나아가 이 책이 우리의 교육문제를 담론의 장으로 끌어내 밤새워 고민하면서 그 해결책을 찾기 위해 노력하는 사람들에게 조금이나마 일조하기를 바란다. 처음에 의도했던 것에 비해 미흡한 점들이 여러 곳에서 발견된다. 부족한 부분들은 앞으로 계속 보완해 나가도록 하겠다. 독자들의 주저 없는 질책과 따가운 비판이 있기를 바란다. 끝으로 이 책이 출판되어 나오기까지 원고를 꼼꼼히 읽어주고 문맥을 다듬어준 분들께 감사를 드리며 아울러 상업성이 없는 이 책의 출판을 기꺼이 맡아주신 박영스토리의 사장님과 임직원 여러분께 진심어린 감사를 드린다.

2014년 6월
신관캠퍼스에서
이 병 승

차 례

제 1 부

존 듀이의 교육담론

제 1 장

의식에 관한 담론과 그 교육적 의의

1. 들어가는 말

교육이 추구하는 일반적인 목적 중의 하나는 전인(全人: wholeman)을 양성해 내는 것이다. 대체로 전인이란 지식(知識)·감정(感情)·의지(意志)를 고루 겸비한 사람으로서, 교육이 성취하고자 하는 교육적 인간상이라고 할 수 있다. 여기서 '지식·감정·의지를 고루 겸비한 사람'이라는 말 속에는 이 세 가지 요소들 중 어느 하나만이 발달해서는 안 된다는 뜻과 더불어 이 세 가지 요소가 어우러져 조화를 이루어야 한다는 의미가 담겨 있다. 전통적으로 동양에서는 지식·감정·의지를 인간됨, 즉 인격(人格)을 이루고 있는 중요한 요소로 파악하였으며, 서양에서는 자아(自我)를 이루고 있는 중요한 요인으로 이해해 왔다.

서양의 경우 심리철학자들은 지식·감정·의지를 마음(mind) 및 의식(consciousness)을 구성하는 중요한 요소로 이해해 왔다. 이러한 세 가지 요소들이 어떻게 결합하고 기능하느냐에 따라 자아의 모습이 달라질 뿐만 아니라 소위 성격의 형태가 달라진다고 파악하였다. 이러한 점에서 의식이 사람됨을 결정한다고 해도 지나친 표현은 아닐 것이다. 우리가 누군가를 가르친다는 것은 결국 사람의 의식을 형성, 변화, 각성, 고양시켜 나가는 활동이라고 할 수 있는데, 교육을 해 가는 관점에서 보면 학습자의 의식을 제대로 이해하고 파악하는 일은 교수-학습활동의 출발점이라고 할 수 있다. 왜냐하면 학습자의 의식에 대한 이해 없이 학습목표를 설정하고 학습내용을 구성하며 학습방법을 계발한다는 것은 상상할 수도 없는 일이기 때문이다. 따라서 교육학적 관점에서 볼 때 의식의 구성요소, 즉 지식·정서·의지의 역동적 관계, 발달과정 및 흐름, 기능 및 역할을 이해하는 일은 교수학습 계획 및 실행에 있어서 필수 불가결한 활동이라고 할 수 있다.

이러한 점에서 이 글에서 다루고자 하는 존 듀이(John Dewey: 1859~1952)의 의식이론은 교육이론가 및 실천가들에게 의미 깊은 시사를 던져줄 것으로 생각된다. 그는 인간 의식에 대해 과학적으로 접근하려고 했던 심리학자요, 철학자였다. 그의 초기 저작인 『심리학』(*Psychology,* 1887)[1]은 그의 의식에 대한 가장 체계적인 저술로서, 학습자의 의식세계를 이해할 수 있는 풍부한 자원을 담지하고 있다. 이러한 의미에서 연구자는 『심리학』 출판 이전에 쓰인 글들[2]과 그 이후 쓰인 의식의 개념에 관한 몇 편의 글들[3]이 있기는 하지만, 이것들은 『심리학』에 나타난 그의 의식이론에 비하여 근본적인 관점을 제시하고 있다고 말하기 어렵다. 1887년 초판이 나온 이래 1889년에 제2판이, 그리고 1891년에는 제3판이 출간되면서 듀이의 심리이론은 보다 풍부해지고 정교해졌다. 특히 1890년 『심리학원리』를 출간한 제임스(William James)의 영향으로, 듀이는 인간의 마음과 의식을 관념론적인 관점에서가 아니라 보다 실험적주의적인 관점에서 체계화하였다.[4] 이러한 그의 심리이론은 그 이후에 전개된 철학적 사유뿐만 아니라 윤리학

1) Dewey(1887), *Psychology,* edited by Jo Ann Boydston(1967), *John Dewey: The Early Works,* 1882-1898, vol. 2, Carbondale and Edwardsville: Southern Illinois University Press. 이하에 인용된 *EW*의 페이지는 이 저작의 페이지를 가리킨다.

2) 예컨대, "New Psychology," Andover Review, II(Sept., 1884), 278-89, edited by Jo Ann Boydston(1969), *EW,* vol. 1, 48-60, "Illusory Psychology," Mind, XII(Jan., 1887), 83-88, *EW,* 1(1969), 168-175 등을 들 수 있다.

3) 예컨대, "The Reflex Arc Concept in Psychology"(1896/*EW,* 5: 96-109), "The Postulate of immediate Empiricism"(1905/*MW,* 3: 158-167), "The Terms of 'Conscious' and 'Consciousness'" (1906/MW, 3: 79-82), "Does Reality Possess Practical Character?"(1908/*MW,* 4: 125-142), "Duality and Dualism"(1917/*MW,* 10: 64-66), "Realism Without Monism or Dualism"(1922/*MW,* 13: 40-60), Experience and Nature(1925/*LW,* 1: Chap. 6-7) 등이 있다.

4) 스미스는 듀이의 의식이론 발전과정을 추적하는 중에 듀이가 제임스에게서 어떠한 영향을 받았는지를 밝히고자 하였으며(Smith, 1885: 267-272), 랙은 제임스의 『심리학원리』가 듀이의 심리이론 형성 및 발전에 어떠한 영향을 끼쳤는지를 역사적으로 추적했다. 특히 제임스의 영향으로 듀이의 『심리학』의 초판, 2판, 3판의 내용이 어떻게 달라졌는지를 문헌학적으로 고찰하였다(Reck, 1984, 87-118).

적 그리고 교육철학적 사고의 근간이 되었다고 볼 수 있다(Schneider, 1967, *EW*, 2: xxv).

따라서 이 글에서는 『심리학』에 제시된 의식이론이 그 이후 전개된 저작활동의 뿌리가 되었을 뿐만 아니라 오늘날의 교육학 분야, 특히 교수－학습 분야에 주는 시사점이 크다는 점에서 『심리학』에 나타난 그의 의식이론을 구체적으로 소개하고 그것이 가지는 교육적 의의를 적극적으로 찾아보려고 한다. 이러한 취지하에 이 글은 다음 세 단계에 따라 논의가 전개될 것이다. 우선, 듀이의 의식이론이 어떤 배경 가운데서 형성, 변화, 발전했는지를 살펴볼 것이다. 다음으로, 의식의 개념, 구성요소, 상호관계 등을 살펴봄으로써 듀이 의식이론이 가지는 특징 및 구조를 밝히고자 한다. 끝으로, 앞의 두 단계에서 고찰한 내용을 토대로, 듀이의 의식이론이 교육학, 특히 교수－학습 분야에 주는 시사점이 무엇인지를 차례로 논의해 보고자 한다.

2. 의식이론의 형성배경과 전개

이 절에서는 듀이의 의식이론의 특징 및 구조를 이해하기 위한 한 방안으로 그의 의식이론이 형성되게 된 배경 및 발전 과정을 먼저 살펴보고자 한다. 특히 1887년 『심리학』이 출간된 시기를 전후하여 1880년대와 1890년대 듀이의 심리이론이 어떻게 형성, 변화, 발전되었는지를 추적함으로써 심리이론의 지적 배경을 살펴보고자 한다.

1) 철학적 관념론

듀이는 젊은 시절 존스 홉킨스 대학의 신헤겔주의자였던 홀(G. S. Hall)과 미시간 대학의 동료이자 심리학자였던 모리스(G. S. Morris)에게 큰 영향을 받았다. 홀이 듀이를 체계적인 사변철학의 세계로 인도하였다면, 모리스는 그를 과학적인 실험심리학의 세계로 인도하였다. 특히 1882년부터 1886년까지 듀이는 모리스교수의 영향으로 심리학에 대해 본격적인 관심을 가지기 시작하였으며, 그 결과 이 시기에 심리학에 관한 몇 편의 글들을 써 냈다. 예컨대, 그는 1884년 <엔도버리뷰지>(*Andover Review*)에 게재한 "새로운 심리학"(The New Psychology, *EW,* 1: 48-60)에서 심리학의 최근 동향을 고찰하는 동시에 생물학적 진화론이 심리학에 끼친 영향을 적극적으로 검토하면서, 정신적 삶을 탐구하기 위한 한 방법으로 생리학을 수용하고자 하였다. 그러나 그럼에도 불구하고 의식을 바라보는 그의 관점은 관념론적인 틀에서 벗어나지 못하고 있었다. 예컨대, 그는 여전히 개별적인 의식보다는 '보편적인 의식'의 중요성을 강조하였으며, 주관적인 의식보다는 '객관적인 의식'의 중요성을 우위에 두고 있었다.

그가 여전히 관념론적인 틀에서 벗어나지 못했다는 증거가 1886년 <마인드>(*Mind*)지에 실린 두 편의 논문에서도 확인된다. 그 첫 번째 논문은 "심리학적 관점"(The Psychological Standpoint, *EW,* 1: 122-143)으로서, 이 글에서 듀이는 심리학자들이 해야 할 역할이란 "의식 안에 있는 다양한 요소들에 대해 발생학적인 설명을 하고, 그렇게 함으로써 그 요소들의 위치를 정해주고, 그것들의 타당성을 결정하며 동시에 이러한 의식의 실제적이고 영속적인 본질이 무엇인지를 명확하게 보여주는 것"(*EW,* 1: 130)이라고 주장했다는 점에서 그가 여전히 관념론자라는 점을 보여주고 있다. 즉, 그에 의하면, 의식을 개별자 안에 존재하는 것으로서 탐구하는 것은 의식이 늘 생성의 과정에 있으며, 나아가 의식은 그 자체의 의식 혹은 자기 의식적인 것이라는 점을 발견하게 된다. 자기 의식적인 것으로서 의식은 보편적인 의식(universal consciousness)이다. 듀이는 이러한 자신의 관념론적인 원리를 "개인적인 의식은 단지 그 자체를 통해 실현되는 보편적인 의식의 실현이다"(*EW,* 1: 140)라고 규정하고 있다. 의식의 보편성을 강조하고 있다는 점에서 그는 여전히 헤겔의 추종자로 남아 있다.

두 번째 논문은 1886년 같은 해에 실린 "철학적 방법으로서 심리학"(Psychology as Philosophic Method, *EW,* 1: 144-167)으로서, 듀이는 이 논문에서 철학과 심리학을 통합하려는 강한 의지를 표명하였다. 그에 의하면, "철학이란 '절대적인 자기－의식'을 연구하는 학문인데 반해, 심리학은 개별적인 인간에 대한 앎과 행동 안에서 이러한 절대적인 자기－의식을 현현해 가는 학문이다"(*EW,* 1: 156). 이러한 관점에서 볼 때, 듀이에게 의식이란 심리학의 탐구대상이기는 하지만 그것은 어디까지나 철학적인 방법에 의해 다루어져야 할 주제이다. 말하자면 심리학은 과학적인 탐구분야가 아니라 철학적인 탐구분야이다. 이 점에 대해 듀이는 "심리학이란 철학의 방법이다"라고 압축하여 표현하였다(*EW,* 1: 149). 심지어 그는 "철학을 충만하게 할 수 있는 것이 심리학이라면, 심리학이 곧 철학이 아닌가?"(*EW,* 1: 157)라고 주장할 정도로 철학과 심리학은 구별되지 않는다. 이때까지만 해도 의식의 문제는 심리학의 단독 주제가 아니라 철학의 주제이다. 따라서 의식에 대한 듀이의 접근법은 과학적이기보다는 여전히 관념론적 혹은 형이상학적이다.

2) 실험적 도구주의

듀이는 1887년 체계적인 의식이론서라고 할 수 있는『심리학』초판을 발간하였다. 하지만 듀이는 이 초판에서조차도 의식을 여전히 관념론적이고 윤리적 관점에서 다루었다. 슈나이더(H. Schneider, *EW,* 2: xxiii)가 지적한 바 있듯이, 이 초판의 구조는 '역동적인 관념론이요 심리학적 윤리학'이다. 듀이는 1889년 제2판을 출간하였는데, 이곳에서 그는 '감각'(sensation)의 문제를 부각시키고 이것을 체계적으로 분석하였다. 그러나 그는 여전히 이 수정본에서조차도 '보편적인 지성'(universal intelligence)이라든가 '관념화'(idealization)라는 언어들을 자주 사용함으로써 여전히 관념론의 틀 속에서 벗어나지 못하고 있었다.

그러나 1891년 듀이는 이 책의 3판 수정본을 출간하게 되었는데, 이 제3판에서 듀이는 의식을 전혀 다른 관점, 즉 의식을 형이상학적 관념론의 관점에서가 아니라 실험주의적인 관점에서 다루고자 하였다. 그렇다면 이처럼 듀이의 의식이론에 있어서 혁명적 변화를 가능하게 한 사건은 무엇인가? 여러 가지 요인이 있을 수 있겠지만, 가장 큰 요인은 아마도 1890년 윌리엄 제임스의『심리학 원리』(*Principle of Psychology*)[5]의 출간이라고 봐야 할 것이다. 이 책은 듀이가『심리학』3판 수정본을 출간하기 1년 전에 출간되었다. 듀이는 제임스의 책을 읽은

5) William James(1890), *The Principles of Psychology* (Cambridge: Harvard University Press), edited by Robert M. Hutchins(1952), *Great Books of The Western World,* vol. 53, Chicago: Encyclopedia Britannica, Inc.

후 기존의 관점들을 버리거나 바꾸었다. 듀이는 자신의 저서인 『심리학』 출간 이후 자기 책에 가해진 신랄한 비판적 서평들[6]에도 불구하고, 그는 제임스 탄생 100주년을 맞는 자리에서 『심리학원리』를 "제임스의 위대한 책들 중에서 가장 위대한 책이다"(Kallen, 1942: 50)라고 극찬한 바 있다. 듀이는 제임스의 책이 가지는 학문적 가치를 다음과 같이 압축하여 표현하였다. "폭넓은 연구의 통합, 실험적 조치의 창의성, 무엇보다도 결코 실패하지 않는 제언들, 내가 보기에 현존하는 진보적 심리학의 전체 문제를 가장 탁월하게 다루었다. 무엇보다도 내가 알고 있던 그 어떤 책보다도 검증된 결과를 바르게 진술하고 더 나은 문제를 다루도록 자극했다는 점에서, 심리학을 과학적 위치에 올려놓았다."(*MW,* 1: 321).

듀이는 제임스의 영향으로, "철학적 관념론으로부터 벗어나 의식의 과정을 과학적으로 설명하기 시작하였다"(Coughlan, 1973: 134). 특히 그의 『심리학』 제3판은 제임스의 영향으로 인해 상당히 많은 수정이 이루어졌다. 이러한 사례들 몇 가지를 제시하면 다음과 같다. 우선, 제1판에서 듀이는 감각(sensation)이란 "신체적 충동에 의한 어떤 감각적 말초신경으로부터 뇌에 작용하는 신경충동에 대한 영혼의 반응으로부터 일어나는 기본적인 의식이다"(*EW,* 2: lxi)라고 정의를 내리고 있는 데 비해, 제3판에서는 "선행하는 것이 말초신경 자극을 불러일으키는 어떤 정신적 조건이다"(*EW,* 2: 29)라고 정의내리고 있다. 듀이는 제1판에서 원자적 감각적 원리를 논의하였으나, 제임스의 영향으로 제3판에서는 감각적 연속이론의 관점에서 감각을 분화시키는 어떤 원초적인 기반이 있음을 강조하였다. 둘째, 듀이는 제1판에서 노력의 감정과 근육감각을 설명하기 위해 크게 세 가지 이론, 즉 (i) 근육감각이란 뇌에서 나와 근육으로 옮겨가는 신경에너지 흐름의 감각이라는 신경세포이론(innervation Theory), (ii) 근육감각이란 근육자체에서 결코 끝나지 않는 특수한 감각으로 이루어진 감정이라는 이론, (iii) 근육감각이란 실제로 근육의 긴장, 밀고 당김에 의해 생겨난다는 구심성이론을 제시하였다.

---

6) 듀이의 『심리학』이 출간되었을 때 영국의 철학자이며 심리학자였던 허지슨(Shadworth Hodgson)은 듀이의 심리학을 "환상적인 심리학"이라고 비판하였으며(S. Hodgson, "Illusory Psychology", *Mind,* XI, 1886, 478-94; reprinted in *EW,* 1, pp. xli-lvii), 듀이의 옛 스승인 홀(G. Stanley Hall)은 듀이의 책에 대해 혹평을 가하였다(G. Stanley Hall, "Review of Dewey's Psychology", *American Journal of Psychology,* I, 1887, 156-67). 또 1987년 제임스 역시 허지슨에게 보내는 한통의 편지에서 듀이를 가리켜 '형편없는 듀이'(poor Dewey)라는 표현을 쓴 바 있다(Perry, 1935: 641을 인용한 Reck, 1984: 95).

그러나 그는 제임스의 영향으로 신경세포이론과 구심성이론만을 수용하였다 (*EW*, 2: 53-55). 즉 근육에 대한 설명은 관념적인 것이 아니라 생리학적 혹은 생물학적이다. 셋째, 듀이는 연합(association), 흥미(interest), 지각(perception), 개념(conception) 등의 개념을 설명하면서 제임스의 관점을 대폭 수용하거나 제임스의 방법론을 활용하였다. 즉 듀이는 흥미를 감정의 관점에서 다루었으며, 지각과 개념을 하나의 정신적 실체가 아니라 활동의 도구, 더 나아가 문제를 해결하기 위한 도구로 다루기 시작하였다. 이러한 그의 태도는 그의 후기 도구주의(Instrumentalism) 철학의 출범을 예고한 것이라고 할 수 있다.

물론 제임스의 『심리학원리』는 듀이의 1891년 저작인 『심리학』 저술에만 영향을 준 것은 아니다. 1891년 이후 발표된 듀이의 많은 저작과 논문들 역시 그가 제임스의 영향하에 있었다는 점을 보여준다. 예컨대, 1892년의 "도덕적 동기에 대한 그린의 이론"(Green's Theory of the Moral Motive, *EW*, 3: 155-173)에서 마음에 대한 관념론적 원리로부터 벗어나고자 하였으며, 1893년의 "도덕적 이상으로서의 자아실현"(Self-Realization as the Moral Ideal, *EW*, 4: 42-53)에서는 제임스의 경험적 용어들로 유한한 자아의 개념을 설명하고자 하였다. 또한 1894년 "원인으로서의 자아"(The Ego as Cause, *EW*, 4: 91-95)에서는 관념론의 형이상학적 자아를 비판하면서 경험적 자아의 역할을 부각시켰다. 1894-95년 듀이는 두 부분으로 되어 있는 "정서이론"(The Theory of Emotion, *EW*, 4: 152-188)을 발표하였는데, 여기서 그는 제임스의 정서개념에 기초하여 다윈(C. Darwin)의 이론을 통합하고자 하였다. 1896년 듀이는 "반사호의 개념"(The Reflex Arc Concept in Psychology, *EW*, 5: 96-109)이라는 유명한 논문을 발표하면서 반사호(反射弧)의 개념이 가진 약점을 비판하였는데, 이 역시 제임스의 이론에 토대를 둔 것이라고 할 수 있다.

이상에서 살펴본 바와 같이 듀이의 의식이론은 제임스의 영향으로 인해 커다란 방향전환을 이루게 되었다. 여기서 분명한 사실 한 가지는 『심리학』 3판 출간 이전과 이후 의식을 바라보는 듀이의 관점이 확연하게 달라졌다는 점이다. 즉 인간의 의식을 형이상학적 관념론의 관점에서가 아니라 실험주의적이고 도구주의적인 관점에서 탐색하였다는 점이다.

물론 『심리학』 안에는 여전히 관념론적인 침전물이 부분적으로 남겨져 있다는 점을 부인할 수 없지만, 이 저작은 그 이후 듀이의 심리사상 형성은 말할 것도 없고 철학, 윤리학, 사회학, 교육학 이론 형성의 지적 저장고요, 밑거름이 되었다.

3. 의식이론의 특징 및 구조

듀이의 초기 저작들, 예컨대 1882년부터 1898년에 이르기까지 듀이는 인간의 마음 및 심리에 대한 여러 편의 논문과 저작을 써냈지만, 이것들 중 그의 심리이론이 가장 잘 집약되어 있는 작품은 1887년에 출간한 『심리학』과 1889년과 1891년 각각 출간된 개정판들(제2판, 제3판)이라고 할 수 있다. 이 장에서는 『심리학』에 나타난 그의 의식이론을 이해하기 위한 한 방안으로 듀이 의식개념의 의미, 의식의 구성요소 및 관계, 그리고 의식의 특징 등을 차례로 살펴보고자 한다.

1) 자아로서의 의식

듀이는 『심리학』 초반부에서, 의식이란 자아(self)의 두드러진 특징이며, "심리적인 현상들이란 단순한 사실들(facts)이 아니라 의식에 대한 사실들(facts of consciousness)이다."(*EW,* 2: 7)라고 주장하였다. 이러한 듀이의 설명에 의하면, 의식이란 자아와 뗄 수 없는 불가분의 관계를 가지고 있다. 자아란 의식의 총체로서, 자아란 의식을 담고 있는 형식이며, 반대로 의식이란 자아의 내용이다. 따라서 그의 의식 개념이 무엇을 의미하는지를 파악하기 위해서는 그의 자아개념에 대한 이해가 선행되어야 한다. 듀이는 자아의 개념을 직접 설명하기보다는 그것과 관련이 깊은 유사개념들, 예컨대, '마음', '영혼', '주체', '정신' 등과 같은 개념들과의 관계를 밝힘으로써 이것의 의미를 드러내고자 하였다.

> 자아(ego)란 자아가 그 자체를 나(I) 혹은 실존(existence) 혹은 개성(personality)으로 인식하는 힘을 가지고 있다는 사실을 표현할 때 사용되는 용어이다. 마음

(mind)이란 말이 사용되고 있는데, 이 말은 특히 자아가 지적인(intelligent) 것이라는 사실을 암시하고 있다. 영혼(soul)이란 마음에 속하는 자아를 육체로부터 구분해낼 때 사용하는 용어이다. 정신적인 것(psychical)은 자아의 사실을 지칭할 때 사용되는 형용사이며, 물질적인 현상, 즉 자연의 사실과 대조를 이룬다는 것을 암시하고 있다. 주체(subject)란 말이 가끔 사용되는데, 이것은 자아가 여기에 속하며 감정, 목표, 아이디어를 모두 함께 가지며, 자아를 대상으로부터 분리하는 데 기여한다는 사실을 표현해 낸다. 정신(spirit)이란 용어가 쓰이고 있는데, 이것은 특히 차원 높은 자아의 활동들과 관련되어 있으며, 마음을 물질이나 기계적인 행동양식으로부터 구분할 때 사용되는 용어이다(*EW,* 2: 7).

듀이에 의하면, 자아의 내용으로서 의식은 에고, 마음, 영혼, 정신, 주체 등과 밀접한 관계를 가지지만 이것들이 곧 의식은 아니다. 특히 듀이는 마음과 의식이 동일한 것이 아니라는 점을 지적하였다. 그는 "마음이란 유기체적 삶의 작용 가운데서 구체화되는 것으로 총체적인 의미를 지칭하는 것이라면, 언어로 나타낸 의식이란 그것이 과거이건 현재이건, 혹은 미래이건 의미상 실제적인 사건에 대한 자각(awareness)이나 지각을 지칭하는 것이다"(Smith, 1985: 271). 요컨대, 듀이는 마음이 의식의 영역보다 넓은 개념이라고 보았다. 그에게 마음이란 비교적 구조적이고, 본질적인 데 비해, 의식이란 일시적이고, 가변적인 것이다.

듀이에 의하면, 자아의 가장 두드러진 특징이란, 무엇인가를 '의식'한다는 사실이다. 그에 의하면, "막대기와 돌은 존재하며 변화를 겪는다. 하지만 그것들은 존재한다는 사실 그리고 그러한 변화가 일어난다는 점을 알지 못한다. 요컨대, 그것들은 스스로를 위해 존재하는 것이 아니라 그것은 어떤 의식을 위해서만 존재한다. 결국 돌이란 자아를 가지지 않는다. 하지만 영혼은 존재하고 변화하는 것뿐만 아니라 영혼이 무엇인지를 알며, 경험이 무엇인지를 안다. 그것은 스스로를 위해 존재한다. 이것이 자아이다. 심리학이 다루는 사실과 다른 학문들이 다루는 사실의 차이점은 전자가 의식적인 사실을 다룬다는 점이다."(*EW,* 2: 7). 이러한 듀이의 주장에 비추어보면, 자아의 가장 두드러진 특징은 의식 활동이라고 할 수 있다. 따라서 의식이 없고는 자아도 존재할 수 없다. 나아가 듀이는 자아의 또 다른 특징이 개별적인(individual) 것에 있다고 주장한다.

자아란 개별적인 것이며, 자아에 대한 언급은 사실 개인에 대해 언급하는 것이다. 이러한 점에서 자아는 독특하다. 물리학이나 화학에서 다루는 사실이란 그 자체를 위해 존재하는 것이 아니라는 점에서 그것을 발견하려는 사람들에게만 존재한다. 요컨대 물리학과 화학에서의 사실은 보편적인(universal) 것이다. 심리학에서 말하는 사실이란 관찰할 수 있는 그러한 개방적인 것이 아니다. 그것은 경험하는 자아에 의해서만 직접적이고 즉각적으로 알려질 수 있다. 심리학에서 다루어지는 사실은 나 혹은 당신의 의식이 가진 사실이다."(*EW,* 2: 8).

이러한 점에서 듀이는 자아의 내용으로서의 의식은 물질법칙으로부터 연역되거나 환원될 수 없다고 보았다. 말하자면 의식이란 육체작용의 부산물도 아니며, 의식을 아무리 정교하게 분석한다고 하더라도 그것이 신체를 구성하는 세포나 근육으로 환원되지도 않는다. 왜냐하면 물질적인 것과 정신적인 것은 필연적으로 건널 수 없는 간격이 존재하기 때문이다. 일반적으로 우연한 것을 필연적인 것으로부터 이끌어 내고, 불확실한 것을 규칙적인 것에서 이끌어 내는 것은 불가능하다. 이러한 점에서 우연하고 가변적이며, 즉시적인 속성을 띠는 의식이 생리적이고 생물학적인 법칙이 지배하는 물질세계 즉 신체로부터 연유했다고 주장하는 것은 적절하지 못하다. 그러나 듀이는 육체와 정신 사이의 간격은 의식작용에 의해 좁혀지거나 메워질 수 있다는 가능성을 제시한다. 이런 점에서 듀이는 의식을 정신적 실체가 아니라 통합적 기능이라는 관점에서 해석할 수 있는 가능성을 확보하였으며, 나아가 심신이원론 및 영육이원론의 한계를 극복할 수 있는 가능성을 발견하게 되었다.

2) 의식의 형식과 관계

듀이는 의식이 세 가지 형식들(three forms)로 구성되어 있다고 보았다. 이 형식들이란 각각 지식(knowledge), 감정(feeling), 의지(will)이다. 그에 따르면, "의식은 인지적, 정서적, 의지적인 것으로 구분된다. 인지적인 의식은 지식 혹은 정보를 부여하는 것을 의미하며, 정서적인 의식은 그 자체로서 정보를 주는 것이 아니라 정서의 상태를 말한다. 의지적인 의식은 무엇인가를 성취하기 위해 그 자체로서 노력한다는 것을 의미한다"(*EW,* 2: 18). 듀이는 이러한 세 측면의 의식은 서로 분리되어 있거나 독립적으로 작용하는 것이 아니라 서로 역동적이고 통합적으로 작용하는 정신활동이라고 바라보았다. 이 점에 대해 다음과 같이 썼다.

> 감정, 지식, 의지는 의식을 구성하는 서로 다른 종류의 것이 아니며, 나아가 이 세 가지는 동일한 의식이 세 가지로 각기 분리된 부분들도 아니다. 이 세 가지는 모든 의식이 표현해 내는 세 측면에 불과하다. 즉 그것이 고려되는 관점이 무엇이냐에 따라, 정보를 주기도 하고(지식), 고통이나 즐거움을 주기도 하며(감정), 자아의 활동을 밖으로 드러내기도 한다(의지)(*EW,* 2: 20).

듀이의 이 같은 주장에 비춰본다면, 의식은 분할되거나 분리될 수 없는 통합적인 개념이다. 이것은 개념적으로는 분리될 수 있을지 모르나 실제적으로는 분리될 수 없는 인간의 총체적인 자아 혹은 정신활동이다. 따라서 앞에서 언급했듯이, 이것을 다른 개념으로 환원하여 설명한다는 것은 불가능하며 불필요한 것처럼 보인다. 오히려 듀이는 의식을 환원적 관점에서 분석하기보다는 의식을 구성하는 세 가지 형식들이 서로 상호작용한다는 유기론적 관점에서 다룬다. 이러한 듀이의 관점을 보다 선명하게 이해하기 위해 『심리학』의 각론부에 속하는 제1부, 제2부, 제3부에서 그가 지식, 감정, 의지를 각각 어떻게 설명했는가를 먼저 알아둘 필요가 있다.

우선, 듀이는 지식을 구성요소(elements), 과정(processes), 단계(stages)별로 분석하였다. 그는 지식의 구성요소들이 감각들(sensations)로 이루어져 있으며, 지식의 과정들이란 통각(apperception), 연합(association), 분열(dissociation), 보존(retention)을 포함하고 있으며, 지식의 단계들이란 지각(perception), 기억(memory), 상상(imagination), 사고(thinking), 직관(intuition)의 단계를 포함하고 있다고 보았다(*EW,* 2: 29-213). 듀이는 지식의 단계를 다루는 과정에서 사고의 단계에 앞서는 것이 직관이라고 보았으며, 이 직관을 '지식의 최고 단계'로 서술하였다(*EW,* 2: 208). 왜냐하면 직관이야말로 모든 개개의 사실들을 전체에 비춰볼 수 있는 능력이라고 판단했기 때문이다.

다음으로, 듀이는 감정에 대해 설명하는 가운데, 감정의 기본적인 유형들을 제시하고 이를 검토하였다. 즉 감각적인 감정(sensuous feeling), 형식적인 감정(formal feeling), 질적 감정(qualitative feeling), 지적 감정(intellectual feeling), 심미적 감정(aesthetic feeling), 개인적 감정(personal feeling)을 구체적으로 분석하였다. 전반적으로 듀이에게, 감정이란 심리적인 사실의 특수한 형태를 가리키는 것이 아니라, '정신적인 현상들 중 어느 한 측면' 즉 '내재적 측면'이다(*EW,* 2: 215). 여기서 '내재적'이라는 것은 감정이 밖으로 드러나기보다는 인간 심리 안에 숨겨진 것으로서, 그것에 대한 경험이 독특하면서도 남과 공유할 수 없는 내용을 가지고 있다는 것을 의미한다. 이러한 의미에서 듀이는 감정이 개별성과 특수성을 대표하는 자아에 속하는 것으로 이해하였다.

끝으로, 의식의 세 번째 형식인 의지를 다룰 때에, 듀이는 의지의 가장 두드러진 특징으로, 자아를 통합해 가는 기능, 즉 지식과 감정을 통합해 가는 기능을 들었다. 그는 이 의지를 구성하는 요소로서 일반적 감각적 충동들(general sensuous impulses), 특수한 감각적 충동들(special sensuous impulse), 지각충동들(impulses of perception), 모방충동들(impulses to imitation), 관념적 충동들(ideational impulses), 본능적 충동들(instinctive impulses) 등 6가지를 들고(*EW,* 2: 299-363), 의지가 이러한 충동들에 구체적인 내용을 부여할 때 비로소 의지력(volition)으로 발달한다고 보았다. 듀이는 이러한 의지력은 저절로 발달해 가는 것이 아니라 크게 욕구(desire)의 단계, 사려(deliberation)의 단계, 선택(choice)의 단계, 동기(motive)의 단계를 거쳐 발달해 간다고 보았다(*EW,* 2: 312-319). 나아가 그는 의지력이 자아실현의 과정에서 통제의 역할을 담당하고 있다는 점에 주목하면서, 신체적 통제, 타산적 통제, 도덕적 통제의 중요성을 강조하였다(*EW,* 2: 327-355).

그렇다면 듀이는 이들 의식의 세 형식, 즉 지식, 감정, 의지의 관계를 어떻게 파악하고 있는가? 앞에서 살펴본 바와 같이 이 세 형식의 가장 두드러진 특징은 상호 의존적인 관계를 가진다는 점이다. 듀이는 이 세 형식이 독립적으로 작용하는 것이 아니라 유기적으로 작용한다는 점을 누누이 강조하였다. 우선, 지식, 감정, 의지가 서로에게 각각 어떻게 의존하고 있는지를 다음과 같이 설명하였다.

> 지식이란 감정에 의존한다. 하지만 감정이란 그것이 마음에 주의를 불러일으키

> 고, 마음을 사물이나 진리에로 이끌어 갈 때에 한하여 지식을 낳는다. 이러한 주의의 방향이 의지의 활동이다. . . 의지의 활동은 지식을 포함한다. 의지는 쓰기와 같은 아주 단순한 활동일 수도 있고, 거창한 사업을 이끌어가는 것과 같은 복잡한 활동일 수도 있다. 어떤 경우이든 의지는 성취하고자 하는 목표에 관한 생각을 요구하며, 그 목표를 이루고자 하는 다양한 수단들에 관한 생각을 요구한다. 즉 목표로 하고 있는 결과와 그 목표를 실현해 가는 과정에 관한 지식이 의지를 실천해 가는 데 필요하다. . . 이와는 반대로 감정이란 의지력(volition)을 전제로 한다. 흥분, 자극, 행동이 없이는 감정이라는 것도 있을 수 없다(*EW,* 2: 21-22).

듀이의 분석에 의하면, 지식이란 감정의 도움을 받지 않고는 풍부해지거나 확장될 수 없다. 감성적 상상력이 발휘되지 않고는 지식이 풍성해질 수 없기 때문이다. 이런 점에서 감정은 지식창출의 씨앗이다. 또 감정은 의지의 도움을 받지 않고는 방향감을 잃기 쉽다. 의지란 분출하는 감정에 방향을 부여하는 나침반의 역할을 한다. 끝으로, 의지란 지식의 도움을 받지 않고는 유용성과 실천력을 가지기 어렵다. 해박하고 풍요로운 지식이란 실천적 지혜를 강화시켜 주기 때문이다. 이상과 같은 듀이의 의식에 대한 분석은 순환적인 것처럼 보일 수 있다. 하지만, 그가 강조하고자 한 핵심은 어디까지나 이들 형식들 간의 상호작용과 연속성이다. 이들 형식들의 상호작용과 연속성은 자아 성장의 중요한 원리이다. 이러한 원리들은 후에 듀이가 경험을 설명하는 중요한 원리들로 채택한 것이다.

3) 의식의 특징

듀이는 의식의 형식들이 상호 의존적인 속성을 가지고 있다는 점을 설명하는 가운데 의식의 특수성과 보편성, 그리고 의식의 주관성과 객관성을 이해하는 일이 의식 이해의 중요한 단계임을 지적하였다.

우선, 듀이는 의식의 보편적인 요소와 개별적인 요소 중 어느 한쪽을 도외시하고는 의식현상 및 의식활동을 제대로 이해하기 어렵다고 보았다. 그는 이 점에 대해 다음과 같이 적었다.

> 흔히 심리학이란 개인의 의식현상 안에서 어떤 보편적인 내용을 재생산해 내는 학문이라고 할 수 있다. 즉 심리학에서 다루는 모든 의식은 보편적인 요소와 개별적인 관계의 관계이며, 다른 한 쪽이 없이는 서로 이해될 수 없다. 여기서 의식의 보편적 요소란 지식이며, 의식의 개별적 요소란 감정이며, 지식과 감정을 하나의 구체적인 내용으로 관련짓는 것은 의지이다. 지식과 감정은 자아를 구성하는 부분적인 측면이며, 다소 추상적인 데 반해 의지는 완전한 것으로 두 측면을 통합한다 (*EW,* 2: 22-23).

듀이에 의하면, 의식의 개별성(individuality)이 감정이라면, 의식의 보편성(universality)은 지식을 의미한다. 이와 반대로 의식의 개별적인 요소와 보편적인 요소 모두를 포함하는 구체적인 의식이 의지이다. 그리하여 그는 "의지란 늘 구체적인 요소를 드러나게 함으로써 그 자체를 표현하고, 보편적인 요소를 자아와 관련지으며, 개별적인 내용을 수용함으로써 그것을 지성적으로 인식 가능한 존재에 부여한다. . . 의지의 활동이 우주의 본질을 드러내는 데 작용하게 되면 그것은 지식이며, 자아의 발달을 가능하게 하는 데 작용하면 그것은 감정이다"(*EW,* 2: 23-24)라고 주장하였다.

듀이에 의하면, 의지가 보편적인 지식과 개별적인 감정에 어떤 방식으로 작용하는가에 따라 의지의 형식은 크게 두 가지, 즉 '내부로 들어가는 의지'(in-coming will)와 '외부로 향하는 의지'(out-going will)로 구분된다. '내부로 들어가는 의지'란 의지의 활동이 자아에 대한 관심으로부터 시작하여 대상에 대한 주의(attention)로 이어지다가 결국 자아에로 되돌아오는 의지를 말하는 것으로서 외부의 사물이나 현상을 보고 자신의 생각을 바꾸려고 할 때 이러한 의지가 작용한다. '외부로 향하는 의지'란 개별적인 감정을 보편적인 지식으로 만들어가려는 의지로서(*EW,* 2: 24), 개인적인 욕구, 계획, 목표를 세우고 이것을 드러내고 구체화하고 이를 실현하려고 할 때 작용하는 의지이다. 듀이는 의지가 어느 방향으로 향하든지 의지가 객관적인 지식과 주관적인 감정을 서로 매개시킴으로써 자아를 통합해 가는데 중요한 역할을 한다고 강조한다. 이러한 맥락에서 듀이는 『심리학』 제 22장에서 "의지란 자아이다"라고 주장하였다.

다음으로, 듀이는 의식의 형식들을 다음 두 가지 측면, 즉 주관적인 측면과 객관적인 측면에서 설명하고자 하였다.

> 감정은 의식의 주관적인 측면이며, 지식은 의식의 객관적인 측면이다. 의지란 주관적인 측면과 객관적인 측면의 관계이다. 모든 구체적인 의식은 주관적인 것으로서의 개체와 객관적인 것으로서의 우주 사이의 관계이다. 손가락이 잘려 생겨나는 의식을 가정해 보자. 고통이란 순전히 주관적인 것으로, 그것은 고통을 받는 자신에게만 속하는 것이지 그 어떤 사람도 그것을 공유할 수 없다. 그러나 손가락이 잘리는 것은 객관적인 사실이다. 그것은 모든 사람들의 감각에 나타나는 것이며, 지적 작용에 의해 파악되는 무엇이다. . . 혹은 친구의 죽음으로 생겨나는 의식을 생각해 보자. 친구의 죽음은 객관적으로 일어난 사건으로서 그 결과를 고려하지 않고도 한 인간으로서 그에게 어떤 가치를 가지는 것이다. 또한 이것은 모든 사람에게 똑같이 일어난 사건이기도 하다. 이것은 객관적인 것으로서, 어떤 정보의 자료이다. 의지는 늘 개인과 우주를 연결하듯이, 주관적이고 객관적인 것을 연결하는 데 기여한다(*EW*, 2: 24-25).

듀이에 의하면, 주관적인 감정은 의지에 의존하며, 객관적인 지식 역시 의지에 의존한다. 동시에 의지 역시 감정과 지식에 의존한다. 마음에서 일어나는 이런 저런 감정들은 의지의 도움이 없이는 바람직한 방향으로 움직일 수 없으며 풍성한 결실을 맺을 수 없다. 말하자면 의지는 감정을 어떤 목표로 이끌어 가는 중요한 동인(動因)이다. 그에 의하면, "의지력이란 바람직하다고 생각하는 목적을 달성하는 방향으로 의도적으로 움직여가는 충동"이다(*EW*, 2: 309). 또 지식 역시 의지에 의존한다. 무엇인가를 인식해 가는 과정은 앎의 주체를 앎의 대상으로 이끌어 가는 의지의 도움이 없이는 불가능하다. 이러한 주장에 비추어볼 때, 듀이는 의식을 구성하는 세 가지 측면이 서로가 서로를 전제로 하지 않는 한 성립될 수 없을 뿐 아니라 제대로 기능할 수 없다는 점을 지적하면서도 의지 혹은 의지력이 자아통합 및 자아실현 과정에서 매우 중요한 역할을 한다는 점에서 그 역할과 기능에 더 큰 무게를 실어주고 있다.

이상에서 살펴본 바와 같이 듀이의 『심리학』에 나타난 의식이란 자아의 가장 두드러진 특징으로, 크게 지식, 감정, 의지로 구성되어 있다. 이 세 가지 구성요소는 자아 안에서 독립적, 고립적으로 작용하는 것이 아니라 상호 의존적, 역동적으로 작용한다. 따라서 이 세 가지 요소가 각기 고유한 기능을 가지면서도 서로에게 도움을 줌으로써 자아의 바람직한 형성과정에 기여한다. 이런 점에서 보면 듀이가 말하는 자아란 의식의 통합된 양식이다. 동시에 이들 각각은 의식의 보편성과 객관성, 그리고 특수성과 개별성을 유지하면서 자아실현, 인격형성, 정서함양의 과정에 긴밀하게 관여하고 있다.

4. 의식이론의 교육적 의미

이상에서 살펴본 바와 같이 『심리학』에 나타난 의식에 대한 주장은 한편으로는 철학적이고 관념론적이며 윤리학적이다. 다른 한편으로는 과학적이고, 실험주의적이며, 도구주의적이다. 1890년 제임스의 『심리학원리』 출간과 그에 대한 연구로, 듀이의 의식에 대한 관점이 많이 달라지기는 하였지만, 1880년대의 듀이의 관점 안에는 여전히 관념론적인 침전물이 남겨져 있으며, 최소한 관념론적인 관점과 실험주의적인 관점이 혼재되어 있다고 볼 수 있다. 그러나 『심리학』 제3판에서 보여준 그의 의식이론은 당대 몇몇 학자들의 비판에도 불구하고 그의 후기 사상 형성에 상당한 영향을 끼쳤다는 점을 부인할 수 없다. 예컨대, 의식이론을 다루는 과정에서 논의했던 감각, 자아실현, 흥미, 노력, 사고, 정서, 탐구, 경험 등의 개념들은 그의 후기 인식론과 가치론, 나아가 교육론 형성에 중요한 원천이 되고 있다. 그의 의식이론은 최근까지 이루어진 의식에 대한 논의들[7]에 비하면 여러 가지 측면에서 미흡한 점이 발견되나, 그의 의식에 대한 아이디어들은 그의 교육이론 혹은 교육철학적 사유의 원천이 되었다는 점에서 그 의의를 찾을 수 있을 것이다. 이 장에서는 그의 의식이론이 가지는 교육적 의의들을

7) 예컨대, 낫소울라스는 다양한 의식 개념이 존재한다는 점을 검토하였으며(Natsoulas, 1991a; 1991b; 1992; 1994a; 1994b), 블록은 영미 분야에서 의식이 어떻게 연구되고 있는가를 검토하였다(Block, 1996). 반면에 네논(1996)과 플린(1996)은 유럽의 현상학에 나타난 의식의 개념을 검토하였다(Nenon, 1996; Flynn, 1996). 또 차머스는 인간 본성 안에서 의식이 차지하는 위치를 탐색하였다(Chalmers, 2003).

다음 몇 가지 측면에서 논의해 보고자 한다.

1) 의식이해와 학습활동

교육이란 기본적으로 인간의 심리세계에 대한 이해를 전제로 하는 활동이다. 심리세계란 넓게는 자아의 세계를 말하며, 좁게는 의식의 세계를 말한다. 결국 교육이란 의식의 세계에 대한 이해를 바탕으로 이루어지는 가치 활동이다. 이러한 점에서 의식에 대한 이해 없이 학습목표를 설정하고, 학습내용을 구성하며, 학습방법을 계발해 낸다는 것은 불가능한 일이며 가능하다고 할지라도 바람직하지 않다. 게다가 학습이 학습자의 의식세계를 형성, 변화, 발전시키는 데 목적을 가진 활동인 한 이것에 대한 이해는 하나의 논리적 가정으로 전제되어 있다고 봐야 한다.

앞 장들에서 살펴본 바와 같이, 듀이의 의식이론은 학습자에 대한 이해 및 학습과정에 대한 이해를 확장하는 데 크게 기여할 것으로 보인다. 듀이의 의식개념에 비추어볼 때, 학습자의 의식은 지식, 감정, 의지로 구성되어 있으며, 이것들은 끊임없이 상호작용하면서 학습자의 자아를 구성하고 확장하고 완성해 간다. 그의 중기 저작들에서 밝히고 있듯이, 그에게 자아란 의식의 다른 이름에 불과하다. 듀이가 밝힌 의식의 모습은 고정된 실체 및 정적 상태가 아니라 상황 가운데서 부단히 변화, 발전, 생성되어 가는 가변적이고 역동적이며, 상호작용적인 속성을 띤 마음의 작용이며 능력이다.

이러한 점에서 듀이의 의식이론은 다음 두 가지 관점에서 전통적인 관점과 다르다고 할 수 있다. 하나는 전통적인 심리학이나 철학이 의식을 이해하는 것과는 달리 듀이의 눈에 비친 의식은 상황과의 관계 속에서 변화하는 가변적 속성을 가지며, 이러한 과정 안에서 어떤 목표의 실현을 위해 움직여 가는 일종의 방향성, 즉 과정적 속성을 가진다. 또 그것은 그러한 과정 안에서 자아 스스로를 갱신(更新: renewal)해 가려는 생성적 속성을 가지고 있다. 다른 하나는 전통적인 인지이론이 의식의 구성요소들 중 인지적 의식에 지나치게 무게를 둠으로써 상대적으로 감정적 의식과 의지적 의식의 존재를 소홀하게 여긴 반면에, 듀이는 이 세 측면 혹은 양식의 존재의의, 가치, 역할을 분석함으로써 의식을 바라보는 균형 잡힌 시각을 가지도록 해 준다.

이러한 듀이의 의식이론이 가지는 교육적 함의는 학습개념에 대한 근본적인 성찰이 필요하다는 점을 알려준다. 즉 학습이란 학습자에 대한 이해, 특히 학습자의 의식세계에 대한 선이해(先理解)가 필요하다는 점을 인식시켜 준다. 또한 학습의 과정 속에서 학습내용의 선정, 학습방법의 계발이 학습자의 의식세계에 대한 근본적인 통찰을 기반으로 이루어져야 한다는 점을 일깨워준다. 왜냐하면 의식세계에 대한 이해가 학습의 양과 폭과 질을 결정하기 때문이다.

2) 의식과 학습경험의 성장

교육이란 넓은 의미에서 학습자의 경험의 폭을 확충하고 깊이를 심원하게 하는 활동이라고 할 수 있다. 널리 알려져 있듯이, 듀이철학에서 중요한 개념들 중의 하나는 경험(experience)이다. 그는 자신의 여러 교육적 저작들에서 이미 교육이 "경험을 재구성"(reconstruction of experience)해 가는 과정이라는 점을 분명하게 밝힌 바 있다. 그렇다면 여기서 경험의 주체란 누구인가? 자아와 의식을 가진 학습자라고 봐야 할 것이다. 이러한 점에서 듀이의 심리철학에서 학습자의 자아와 의식과 경험은 불가분의 관계를 가지고 있다.

듀이에게, 의식은 경험의 근원을 이룬다는 점에서 경험이란 의식작용의 산물이다. 즉 의식이 기능하지 않고는 경험이란 일어날 수도 성장할 수도 없다. 인간은 기본적으로 인식적 능력을 발휘하여 사물을 인식하고 이해하고 판단하고 결정할 수 있다. 즉 의식이란 지적 경험을 가능하게 한다. 또 인간은 감각을 통해 즐거움과 슬픔, 행복감과 고통, 아름다움과 추함을 인식하고 표출한다. 즉 의식은 정서적 경험을 가능하게 한다. 마지막으로 인간은 의지를 통해 신체적, 정신적, 도덕적 통제를 통해 자아에 균형감과 성취감을 안겨 준다. 즉 의식은 의지적 경험을 가능하게 만든다. 이런 점에서 의지작용이 없는 경험이란 성립될 수 없다.

그러나 듀이의 심리철학에 의하면, 의식과 경험은 일방적인 관계를 갖지 않는다. 이것들의 기능은 어디까지나 상호 의존적이며 협력적이고 보완적이다. 말하자면, 인지적, 정서적, 의지적 경험도 의식의 형성, 변화, 발전에 영향을 준다. 그러나 이것은 어디까지나 이차적인 속성이다. 중요한 것은 경험의 양과 질이 의식형성에 심대한 영향을 준다는 점이다. 이 점이 바로 듀이의 의식이론에서 발견할 수 있는 특징이라고 할 수 있다. 절대적 관념론으로부터 실험적 도구주의에로의 사상적 전환이 이루어진 뒤, 의식, 특히, 지식, 감정, 의지, 경험 등은 절대주의적 도그마(absolute dogma)에 담기지 않는다. 모든 것은 변화와 진보의 패러다임 가운데서 용해되고 이해된다. 후기 듀이의 철학 속에서 지적 도구들은 우선순위를 가지지 않는다. 여기서 논의하는 의식과 경험 역시 그 어느 것에 우선권이 주어지지 않는다. 이러한 점은 그가 지식과 감정과 의지를 설명하는 과정에서도 분명하게 드러났다. 지식이 감정과 의지에 우선할 수 없으며, 감정 또한 지식과 의지에 우선한다고 할 수 없다. 여기서 중요한 것은 이것들을 어떻게 교육적 경험으로 이끌 것이며, 통합할 것인가 하는 점이다. 경험이 지식의 도움을 받지 않고는 그것은 무미건조해지기 쉬우며, 감정의 도움을 받지 않고는 그것은 풍요로워질 수 없으며, 의지의 도움을 받지 않고는 방향을 잃기 쉽다.

이러한 듀이의 의식개념이 가지는 교육적 의의는 교수학습의 내용과 방법이 의식과 경험의 폭을 함께 넓혀갈 수 있는 방향으로 조직되고 구조화되어야 한다는 점이다. 이것이 바로 듀이가 경험의 교육철학을 전개하면서 염두에 두고 있던 학습의 참된 의미였다고 할 수 있다. 그에 의하면, 의식이 경험의 성장에 도움을 주고 동시에 경험이 의식의 형성과 변화에 도움을 줄 때 자아가 그 본래의 목적을 실현한다.

3) 의식과 인격도야

교육이 추구하는 일반적인 목적 중의 하나는 인성함양(人性涵養) 혹은 인격도야(人格陶冶)라고 할 수 있다. 여기서 말하는 인성이란 대체로 지식, 감정, 의지를 아우르는 말이거나 지성, 덕성, 체력의 총체적으로 이르는 말이다. 인성이라는 개념을 어떻게 정의하든 그것은 동서양을 막론하고 교육분야에서 중시하는 일반적인 교육목적으로 자리매김 해왔다. 이 글에서 다룬 듀이의 의식이 지식, 감정, 의지를 통합적으로 아우르는 개념이라는 점에서 '인성'(personality)이라는 말과 유사하다고 할 수 있다. 하지만 인성이란 자아의 존재 상태를 가리킨다는 점에서 존재론적 개념인 데 비해 듀이의 의식개념은 자아가 성취해야 할 목적과 방향성을 나타내고 있다는 점에서 인식론적 혹은 가치론적 개념이라고 할 수 있다. 이러한 점에서 듀이의 의식개념은 오히려 동양 철학에서 말하는 '인격'(character)의 개념에 가깝다고 할 수 있다. 왜냐하면 이 두 개념은 인성 혹은 자아가 발달하여 어떤 이상적인 경지에 이르렀다는, 소위 과업의 성취를 논리적으로 가정하고 있다는 점에서 유사한 것처럼 보인다.

기존의 인성론 혹은 인격이론의 기반을 이루는 주지주의(intellectualism)는 도덕적 지식과 감정을 강조하다보니 도덕적 의지의 중요성을 비교적 낮게 평가하였다. 그러나 듀이는 도덕적 지식과 감정이 인격형성 과정에서 중요한 몫을 한다는 점을 지적하면서 의지의 위치와 역할을 부각시켰다. 이런 점에서 듀이의 의식이론은 전통적인 인성론과 차이를 보인다. 그는 의지가 인격형성에 깊이 관여하고 있음을 다음과 같이 적었다.

> 인격이란 이루려는 목적으로 이끌어 가는 에너지의 저장고이다. 인격 안에는 앞선 행동의 결과들이 저장되어 있다. 인격이란 그 자체의 힘을 의지에 빌려준다. 인격이란 확산된 의지력(multiplied volition)이다. 그것은 행동들이 분리되는 것을 멈추게 하고 그 자체를 집중시키는 의지이다. 그것은 더 이상 산발적인 것이 아니라 힘을 한 방향으로 모으는 의지이다. 인격을 갖춘 사람은 좋든 싫든 쉽사리 기세가 꺾이지 않는다. 그는 방해물들을 개의치 않으며 그의 눈은 목적, 아니 목적만을 응시하고 있다. 위약함이란 변덕을 의미한다. 변덕이란 인격의 결핍을 말한다(*EW,* 2: 355).

그에 의하면, 인격이란 도덕적 자아의 통합체로서 도덕적 지식, 도덕적 감정, 도덕적 의지가 서로 조화를 이룬 상태를 말한다. 듀이는 이 세 가지 요소들 중에서 도덕적 의지의 역할을 무엇보다 중요시하였다. 그는 도덕적 지식과 도덕적 감정의 소유는 도덕적인 사람이 되는데 필요하지만 충분한 것은 아니라고 생각했다. 그리하여 그는 이것들이 의지의 통제 및 조력을 받지 않고는 무기력하거나 맹목적인 것이 되어 결국 도덕적 자아를 분열시킨다고 생각했다. 이러한 점에서 그는 도덕적 삶에 있어서 도덕적 의지가 지니는 가치와 중요성을 부각시켰으며 그것이 도덕적 자아형성에 미치는 영향이 상대적으로 크다는 점을 강조했다.

이상과 같은 듀이의 의식이론이 가지는 교육적 의의는 의식이 인격완성 혹은 인격도야의 과정과 결코 무관한 것이 아니며, 도덕적 학습과정과 무관하지 않다는 점이다. 기본적으로 도덕적 학습이란 도덕적 사고를 바탕으로 도덕적 선택과 판단, 도덕적 행동을 실천하도록 하고, 나아가 그러한 행동에 대해 도덕적 책임을 질 수 있는 사람을 길러내는 데 목표를 두고 있다. 앞에서 살펴본 바와 같이, 도덕적 행동이란 도덕적 사고나 앎을 전제로 하기는 하지만 그것이 곧 도덕적 행동을 보장해 주는 것은 아니다. 그것은 기껏해야 도덕행동을 가능하게 하는 필요조건에 지나지 않는다. 따라서 도덕적 행동 및 실천은 도덕적 의지의 힘을 필요로 한다. 도덕적 의지의 매개나 간섭이 없이는 도덕적 사고나 앎이란 공허하고 무기력한 것으로 남겨질 뿐이다. 이처럼 도덕수업 혹은 도덕 학습 과정에서 의지적 의식이 차지하는 비중이 크다면 이러한 도덕적 의지를 기르기 위한 학습프로그램의 계발이 시급하다고 할 수 있다.

5. 맺는 말

이 글은 교육이 의식을 형성, 발전, 계발하는 활동이라는 점을 염두에 두면서 듀이의 초기 저작인 『심리학』(1887)에 나타난 의식이론의 의미, 구성요소, 상호관계 등을 탐색하고 그것이 가지는 교육적 의의를 밝히고자 하였다.

듀이의 『심리학』의 초판에 나타난 의식이론은 신헤겔주의자요, 그의 스승인 홀(G. S. Hall)의 영향으로 관념론적이고 윤리학적이지만, 자연과학과 생물학적 진화론을 배경으로 『심리학원리』(1890)를 저술한 윌리엄 제임스(William James)의 영향으로 그의 관점은 보다 실험주의적이고 도구주의적인 방향으로 선회하였다. 여러 연구자들이 밝히고 있듯이 그의 의식이론은 제임스의 영향을 받으면서, 형성, 변화, 발전하였으며, 그의 이러한 이론은 중기와 후기의 인식론, 가치론, 교육론 형성에 지속적으로 영향을 미쳤다. 그의 교육이론에서 중요한 자리를 점유하고 있는 감각, 충동, 경험, 사고, 지성 등의 개념은 이미 그의 의식이론에서 발아하고 성장했다고 해도 지나친 표현은 아닐 것이다.

듀이의 『심리학』은 두 차례의 개정을 거쳐 발간되었으며, 총 3부로 구성이 되어있다. 그는 심리학이란 인간의 의식을 연구하는 학문이며, 의식이란 크게 세 측면 혹은 양식들, 즉 지식, 감정, 의지로 구성되어 있다고 보았다. 그의 의식이론이 가지는 가장 큰 특징이면서도 기존의 마음의 이론이나 학설들과 차별화되는 것은 바로 그가 의식의 구성요소들을 하나의 정신을 구성하는 실체나 상태로 파악한 것이 아니라, 하나의 능력 혹은 기능으로 파악하였다는 점이다. 또한 그는 의식을 서로 독립해 존재하는 정신적 실체가 아니라 서로 유기적으로 상호 관련을 맺고 있는 자아의 구성요소로 이해하였다. 의식의 형식으로서 지식은 감정과 의지에 영향을 주고, 감정은 지식과 의지에 영향을 둔다. 또한 의지는 지식과 감정에 영향을 준다. 그의 의식이론에서 이 세 형식들은 독립적으로 작용하는 것이 아니라 상호 의존적으로 작용한다. 따라서 이 세 가지 형식들 중 어느 하나가 기능하지 않는다면 의식은 온전해질 수 없으며, 따라서 자아도 균형을 잃고 만다. 또한 듀이는 지식을 의식의 객관적, 보편적인 요소로 이해하였으며, 감정을 의식의 주관적, 개별적인 요소로 이해하였다. 그리고 그는 의지를 지식과 감정을 적절히 관련지으면서 자아로 통합해 가는 통일적 요소로 파악하였다. 그는 의지를 통해 객관과 주관, 보편과 특수 간의 간극을 없애려고 시도하였다. 즉 이러한 과정에서 심신이원론, 주객 이원론, 주체와 객체의 이원론이 극복되고 있다. 이런 점에서 듀이의 의식이론은 전통적인 본체론, 선험론, 주지주의이론과 구별되며, 현대적인 인지이론들과는 구별된다.

듀이의 의식이론이 교육 분야에 주는 의의는 다양한 차원에서 도출될 수 있을 것이나, 본 연구는 다음 세 가지 측면에서 그 의의를 부각시켰다.

우선, 듀이의 의식이론이 가지는 교육학적 함의는 학습개념 및 학습자에 대한 근본적인 성찰이 필요하다는 것이다. 즉 학습이란 학습자에 대한 이해, 특히 학습자의 의식세계에 대한 선 이해(先理解)를 전제로 한다. 뿐만 아니라 학습의 과정 속에서 학습내용의 선정, 학습방법의 계발이 학습자의 의식세계에 대한 근본적인 통찰을 기반으로 이루어져야 한다. 왜냐하면 의식세계에 대한 이해가 학습의 양과 폭과 질을 결정하기 때문이다.

다음으로, 듀이의 의식개념이 가지는 교육적 의의는 교수학습의 내용과 방법을 의식의 내용과 경험의 폭을 함께 넓혀갈 수 있는 방향으로 조직, 운영될 수 있도록 조정되어야 한다는 것이다. 왜냐하면 의식의 발달이 경험의 성장과 발달에 도움을 주고 동시에 경험의 성장이 의식의 형성과 변화에 도움을 줄 때 자아가 비로소 그 본래의 목적을 성취해 갈 수 있기 때문이다.

끝으로, 듀이의 의식이론이 가지는 교육적 의의는 의식이 인격완성 혹은 인격도야의 과정과 결코 무관한 것이 아니며, 도덕적 학습과정과 무관하지 않다는 점이다. 기본적으로 도덕적 학습이란 도덕적 사고를 바탕으로 도덕적 선택과 판단, 도덕적 행동을 실천하도록 하고, 나아가 그러한 행동에 대해 도덕적 책임을 질 수 있는 사람을 길러내는 데 목표를 두고 있다. 도덕적 행동이나 실천이란 언제나 도덕적 의지의 힘을 필요로 한다. 그러나 도덕적 의지의 매개나 간섭이 없이는 도덕적 사고나 앎이란 공허하고 무기력한 것으로 남겨질 뿐이다. 도덕수업 혹은 도덕 학습 과정에서 의지적 의식이 차지하는 비중이 크다는 점에 비추어볼 때, 이러한 도덕적 의지를 기르기 위한 실천적 프로그램의 계발이 향후 과제로 남게 된다.

참고문헌

Block, N.(1996). "Consciousness in Anglo-American Philosophy", Edited by D. M. Borchert. *The Encylopedia of Philosophy: Supplement.* New York: Simon & Schuster Macmillan, 96-100.

Chalmers, D. J.(2003). "Consciousness and Its Place in Nature", Edited by S. P. Stich and T. A. Warfield. *Philosophy of Mind.* Oxford: Blackwell Publishing LTD., 102-142.

Coughlan, N.(1973). *Young John Dewey.* Chicago: University of Chicago Press.

Dewey, J.(1884). "New Psychology", *Andover Review,* II(Sept.), 278-89, Edited by *John Dewey The Early Works, 1882-1898.* Vol. 1, Carbondale and Edwardsville: Southern Illinois University Press, 1969, 48-60.

______(1886). "The Psychological Point", Edited by *John Dewey The Early Works, 1882-1898.* Vol. 1, Carbondale and Edwardsville: Southern Illinois University Press, 1969, 122-143.

______(1886). "Psychology as Philosophic Method", Edited by *John Dewey The Early Works, 1882-1898.* Vol. 1, Carbondale and Edwardsville: Southern Illinois University Press, 1969, 144-167.

______(1887). "Illusory Psychology", Mind, XII(Jan.), 83-88, Edited by *John Dewey The Early Works, 1882-1898.* Vol. 1, Carbondale and Edwardsville: Southern Illinois University Press, 1969, 168-175.

______(1887). *Psychology,* Edited by *John Dewey The Early Works, 1882-1898.* Vol. 2, Carbondale and Edwardsville: Southern Illinois University Press, 1967.

______(1891). "Green's Theory of the Moral Motive", Edited by *John Dewey The Early Works, 1882-1898.* Vol. 3, Carbondale and Edwardsville: Southern Illinois University

Press, 1969, 155-173.

______(1893). "Self-Realization as a Moral Ideal", Edited by *John Dewey The Early Works, 1882-1898.* Vol. 4, Carbondale and Edwardsville: Southern Illinois University Press, 1971, 42-53.

______(1894). "The Ego as Cause", Edited by *John Dewey The Early Works, 1882-1898.* Vol. 4, Carbondale and Edwardsville: Southern Illinois University Press, 1971, 91-95.

______(1894-5). "The Theory of Emotion", Edited by *John Dewey The Early Works, 1882-1898.* Vol. 4, Carbondale and Edwardsville: Southern Illinois University Press, 1971, 152-188.

______(1896). "The Reflex Arc Concept in Psychology", Edited by *John Dewey The Early Works, 1882-1898.* Vol. 5, Carbondale and Edwardsville: Southern Illinois University Press, 1972, 96-109.

______(1900). "William James's Principles of Psychology", Edited by Jo Ann Boydston. *John Dewey The Middle Works, 1899-1824.* Vol. 1, Carbondale and Edwardsville: Southern Illinois University Press, 1976, 321.

______(1905). "The Postulate of immediate Empiricism", Edited by Jo Ann Boydston. *John Dewey The Middle Works, 1899-1824.* Vol. 3, Carbondale and Edwardsville: Southern Illinois University Press, 1977, 158-167.

______(1906). "The Terms of 'Conscious' and 'Consciousness'", Edited by Jo Ann Boydston. *John Dewey The Middle Works, 1899-1824.* Vol. 3, Carbondale and Edwardsville: Southern Illinois University Press, 1977, 79-82.

______(1908). "Does Reality Possess Practical Character?", Edited by Jo Ann Boydston. *John Dewey The Middle Works, 1899-1824.* Vol. 4, Carbondale and Edwardsville: Southern Illinois University Press, 1977, 125-142.

______(1917). "Duality and Dualism", Edited by Jo Ann Boydston. *John Dewey The Middle Works, 1899-1824.* Vol. 10, Carbondale and Edwardsville: Southern Illinois University Press, 1980, 64-66.

______(1922). "Realism Without Monism or Dualism", Edited by Jo Ann Boydston.

John Dewey The Middle Works, 1899-1824. Vol. 13, Carbondale and Edwardsville: Southern Illinois University Press, 1980, 40-60.

______(1922). Human Nature and Conduct: An Introduction to Social Psychology, Edited by Jo Ann Boydston. *John Dewey The Middle Works, 1899-1824.* Vol. 14, Carbondale and Edwardsville: Southern Illinois University Press, 1983.

______(1925). Experience and Nature, Edited by Jo Ann Boydston. *John Dewey The Later Works, 1925-1953.* Vol. 1, Carbondale and Edwardsville: Southern Illinois University Press, 1981.

Flynn, T. R.(1996). "Consciousness in Phenomenology: Sartre", Edited by D. M. Borchert. *The Encyclopedia of Philosophy: Supplement.* New York: Simon & Schuster Macmillan, 100-101.

Hall, G. S.(1887). "Review of Dewey's Psychology", *American Journal of Psychology.* Vol. 1, 156-67.

Hodgson, S.(1886). "Illusory Psychology", Mind, XI, 478-94, Edited by *John Dewey The Early Works, 1882-1898.* Vol. 1, Carbondale and Edwardsville: Southern Illinois University Press, 1969, xli-lvii.

James, W.(1890), *The Principles of Psychology.* Cambridge: Harvard University Press, Edited by Robert M. Hutchins, *Great Books of The Western World,* Vol. 53, Chicago: Encyclopedia Britannica, Inc., 1952.

Kallen, H. M. ed.(1942). *In Commemoration of William James 1842-1942.* New York: Columbia University Press.

Natsoulsa, T.(1991a). "The Concept of Consciousness1: The Interpersonal Meaning", *Journal of the Theory of Social Behavior,* Vol. 21, 63-69.

Natsoulsa, T.(1991b). "The Concept of Consciousness2: The Personal Meaning", *Journal of the Theory of Social Behavior,* Vol. 21, 339-367.

Natsoulsa, T.(1992). "The Concept of Consciousness2: The Awareness Meaning", *Journal of the Theory of Social Behavior,* Vol. 22, 199-225.

Natsoulsa, T.(1994a). "The Concept of Consciousness4: The Reflective Meaning", *Journal of the Theory of Social Behavior,* Vol. 24, 373-400.

Natsoulsa, T.(1994b). "The Concept of Consciousness5: The Unitive Meaning", *Journal of the Theory of Social Behavior,* Vol. 24, 401-424.

Nenon, T.(1996). "Consciousness in Phenomenology: Husserl", Edited by D. M. Borchert. *The Encyclopedia of Philosophy: Supplement.* New York: Simon & Schuster Macmillan, 100.

Reck, A. J.(1984). "The Influence of William James on John Dewey in Psychology", *Transaction of the Charles S. Peirce Society.* Vol. 20, No. 2, 87-118.

Schneider, H. W.(1967). "Introduction to Dewey's Psychology", Eited by *John Dewey: The Early Works, 1882-1898,* Vol. 2, Carbondale and Edwardsville: Southern Illinois University Press, xxiii-xxvi.

Smith, B. D.(1985). "John Dewey's Theory of Consciousness", *Educational Theory,* Vol. 35, No. 3, 267-272.

제 2 장●○

●○●○ 지성에 관한 담론과 21세기 교육

1. 들어가는 말

오늘날의 사회는 변화의 속도가 너무 빠르고 그 폭이 너무 광범위해서 변화의 방향을 예측하기가 어렵다. 또 사회의 변화는 어느 특정한 분야에서만이 일어나고 있는 것이 아니라 인간 삶의 정신적, 물질적 조건을 이루는 모든 분야에 걸쳐 일어나고 있다. 20세기 후반에 우리가 경험하고 있는 변화는 너무 급격해서 예측을 불허하는 '경련적 변화', '급진적 변화', '예측 불가능의 변화', '무원칙의 변화'라는 말로 표현할 수밖에 없다(황정규, 1995, 33, 2: 133). 이 같은 급속한 변화는 우리에게 어떤 것이든 '예측'을 불허한다. 어제의 지식은 쓸모없는 것이 되어버리고, 어제의 가치는 낡은 것이 되어 버렸다. 우리는 미래에 어떤 일이 닥칠지 전혀 예측할 수 없기 때문에 나아가야 할 방향을 상실하고 방황할 가능성이 높다. 결국 오늘을 사는 사람들의 긴급한 과제는 예측을 불허하는 이 변화들을 어떻게 예측하고 다룰 것인가 하는 태도 및 방법론의 문제로 귀착된다고 할 수 있다.

이 글은 일찍이 급변하는 사회를 이끌어 가기 위한 방법론을 교육실천에서 구하고자 했던 존 듀이(John Dewey)의 교육철학을 탐구함으로써 21세기 한국교육이 지향해야 할 교육이념의 방향을 탐색하려는 데 주된 목적이 있다. 듀이는 급변하는 사회 안에서 생겨나는 문제들을 해결하기 위한 가장 효과적인 방법으로서 '지성'(知性: intelligence)의 방법을 제시했던 철학자였다. 그는 현대인들이 지성적인 태도로 문제사태를 바라보고 해결해야 한다고 강조했다. 아울러 그는 이러한 태도가 민주사회의 모든 시민들에게 적용될 수 있을 것이라고 믿었다. 이러한 이유로 그는 무엇보다도 지성의 힘과 태도를 기르는 일을 교육의 중요한 사명으로 여기게 되었다.

일찍이 듀이의 연구자 워스(A. G. Wirth)는 "듀이가 생존했던 시기가 미국역사상 사회변화가 가장 가속화되었던 시기"(1969: ix)라고 적고 있지만, 우리가 살고 있는 21세기의 사회의 변화의 속도와 범위는 듀이가 활동했던 20세기 초의 그것에 비교할 수 없을 정도로 속도가 빠르고 폭이 넓으며 거대하다. 마찬가지로 오늘날은 그가 살았던 시대에 비하여 훨씬 복잡한 문제들이 생겨나고 있다. 그렇다면 듀이의 철학적 방법론들은 우리가 오늘의 문제를 진단하고 해결해 가는데 어느 정도 도움을 줄 수 있을 것인가? 특히 21세기 급변하는 시대에 직면하여 해결해야 할 사회, 문화적인 문제를 안고 있는 우리 한국인들에게 그의 지성의 교육철학은 어느 정도의 가치와 효력이 있을 것인가? 필자는 그의 여러 주장들 가운데 지성의 교육철학에 대한 그의 강조는 여러 비판[1]에도 불구하고 격변의 소용돌이 속에서 21세기를 새롭게 창조해가려는 한국인들에게 희망과 비전을 제시해 줄 수 있을 것이며, 특히 21세기가 요구하는 창조적이고 협동적인 인간상을 육성하려는 교육이념을 수립하고 추진하려는 교육이론가나 실천가들에게 커다란 시사를 줄 것으로 기대한다.

---

1) 지금까지 듀이의 지성 개념에 대한 서로 상반되는 논의들이 전개된 바 있다. 예컨대 Bhattacharyya (1969: 186)와 박봉목(1983: 217- 226)은 듀이의 지성개념을 높게 평가한 반면에, Meikleijohn(1942: 128)은 듀이의 지성에 대한 설명은 대단히 모호할 뿐 아니라 지식과 지성에 대한 논의도 불분명하다고 지적했고, D'Urso(1978: 120)는 사회적 지성의 개념은 이론적으로 모호하며, 그를 실천할 수 있는 기관들이 제대로 제시되지 않았다고 비판했다. 또 Soltis(1982: 47)는 듀이의 지성만으로는 해결할 수 없는 무의식의 세계 내지 잠재의식의 영역이 있음을 지적했고, Peters(1981: 85)는 듀이가 지성 개념을 지나치게 강조한 나머지 인간정서의 측면을 소홀하게 다루었다고 비판했다. 박준영(1987: 128)도 듀이가 인간의 지성적 측면과 정서적 측면을 통합하는데 실패했다고 평가했으며, 김태길(1979: 289-291)은 사회철학적 관점에서 듀이가 지성의 조직방법에 대해 뚜렷한 방안을 제시하지 못했다고 비판했다.

2. 지성의 철학

듀이의 철학 및 교육이론은 급변하는 사회에 대응하려는 과정 속에서 이루어지고 완성된 지적 소산이다. 말하자면 그의 철학은 미국 사회의 '변화'에 대한 정확하고 예리한 통찰과 과학적인 진단에서 비롯된 것이라고 봐야할 것이다. 그러므로 홈즈(Holmes, 1981: 142)가 적었듯이, 그의 철학 및 교육이론을 이해하는 지름길은 그가 과연 그 당시 미국사회의 '변화'를 어떻게 직시하고 그 변화에 대한 해결방안을 어디에서 찾으려고 했는가를 알아보는 일이다.

1) 사회변화에 대한 진단

현대 사회를 급속하게 변화시킨 원인들 중의 하나가 과학·기술이라는데 이의를 제기하는 사람은 아무도 없을 것이다. 듀이 역시 과학이 가져온 변화들을 놀라운 눈으로 바라보았다. 그는 『철학과 문명』*(Philosophy and Culture)*에서 과학에 대해 다음과 같이 말한 바 있다.

> 과학은 우리들의 생활환경을 급격히 변화시켜 놓았으며, 인간이 변화를 이해해 볼 수 없을 정도로 빠르게 변화가 일어나고 있다. 뿐만 아니라 변화의 속도가 매우 빠르기 때문에 하나의 변화를 이해하기도 전에 또 다른 변화를 맞게 된다."(*LW*, 6: 53).[2]

17세기 '과학의 시대' 이후로 과학 기기(機器)의 발명과 응용은 인류문명을 놀랄 만큼 바꾸어 놓았고, 인류에게 물질적 풍요와 안락함을 제공해 왔다. 하지만, 과학은 이에 못지않게 엄청난 부작용을 낳았고, 인류를 비극으로 몰아넣기도 했

---

2) 본고에서 인용한 듀이의 저서들에 관한 약어는 다음과 같다. *DE: Democracy and Education; LW: John Dewey the Later Works; FC: Freedom and Culture; MW: John Dewey the Middle Works; HNC: Human Nature and Conduct; PC: Philosophy and Civilization; Logic: Logic: The Theory of Inqury; RP: Reconstruction in Philosophy.*

다. 듀이는 인류를 비극으로 이끈 것은 과학 자체가 아니라, 그것을 사용하는 사람들의 마음과 태도가 그릇되기 때문이라고 보았다. 말하자면 인류가 과학을 악용했기 때문에 사회악이 생겨났다는 것이다. 그래서 그는 인류가 과학을 바르게 선용할 수 있다면 사회문제를 어느 정도는 경감시킬 수 있고, 사회구성원이 바라는 사회를 이룩할 수 있을 것이라고 낙관했다. 따라서 그는 과학의 속성 및 기능을 바르게 이해하는 일이 무엇보다 중요하다고 보았다. 1916년에 쓴 『민주주의와 교육』(*Democracy and Education*)에서 듀이는 '과학'을 다음과 같이 정의했다.

> 과학은 문제를 심사숙고하여 해결하기 위해 적용하게 되는 관찰, 반성 및 실험 방법의 결과를 의미한다. 그것은 그릇된 것을 제거하기 위한 현재의 신념을 바꾸고, 무엇보다 그 신념에 정확성을 가하려는 지성적이고 집요한 노력을 포함한다(*DE:* 219).

듀이는 이 같은 속성을 지니는 과학이 교육적으로 의미있게 쓰일 것을 누누이 강조했다. 그래서 그는 "과학의 교육적 사용문제는 그 자신의 힘으로 인류의 방향을 지도할 가능성에 대한 신념으로 충분한 지성을 창조하는 일이다. 교육을 통해서만이 과학적 방법은 우리 인류를 주먹구구식 방법으로부터 해방시키고, 이 같은 방법에 의해 발생하는 틀에 박힌 행동으로부터 해방된다는 것을 의미한다."(*DE:* 225)고 강조했다. 듀이는 과학을 어떤 특정한 영역에만 적용하려 한다든지 개인적으로 사용하려는 태도를 경계해야 한다고 보았다.

> 인류역사에서 우리가 과학적인 태도를 수용했다는 것은 도덕, 종교, 정치, 산업에 있어서 혁명적인 변화를 가져왔다. 우리가 과학의 용도를 기술적인 것에만 적용한다는 사실은 과학 자체에 대한 비난이 아니라 사적인 목적을 위해 그것을 사용하는 인간존재에 대한 비난이다(Ratner, ed., 1939: 459).

듀이는 과학기술에 따른 급속한 변화를 어떻게 이해했는가? 그는 과학기술이 인류에게 물질적 풍요와 안락함을 가져다주었다고 해서 그것을 무조건 찬양하지도 않았거니와, 부정적인 결과를 초래했다고 해서 그것을 거부하거나 증오하지 않았다. 그는 과학이 가져온 '변화'를 종교상의 타락이나 존재의 불확실성의 표시로 간주하지 않았다. 그래서 그는 변화를 '타락'으로 간주했던 플라톤(Platon)과 아리스토텔레스(Aristoteles)에 대해 강한 불만을 표한 바 있다. 그는 『철학의 개조』(*Reconstruction in Philosophy*)에서 다음과 같이 말했다.

> 플라톤은 변화를 타락으로 보는 비관론적 견해를 취했다. . . 아리스토텔레스는 변화를 실현되어야 할 경향성으로 파악했지만, 완전히 실현된 실재, 신성, 그리고 궁극성은 불변한다고 주장한 점에서는 플라톤 이상일 수 없다(*RP,* 1963: 107).

듀이에게, 변화는 타락의 원인이 아니라 발전 및 진보의 조건이다. 그는 적기를, "변화는 새로운 가능성과 도달해야 할 목적을 의미한다. 그것은 보다 나은 미래에 대한 예견이다."(*RP:* 102). 그의 변화에 대한 생각은 긍정적이며, 낙관적이고 때론 적극적이다. 고인 물은 썩듯이, 정체된 사회는 활력을 잃고 퇴보할 수밖에 없다. 변화는 자연히 대립과 다양성을 전제로 한다. 그래서 그는 "변화는 개변이거나 '다르다는 것'이고 이것은 다양성을 의미한다."(*RP:* 108)고 적고 있다. 청년시절 헤겔(Hegel)의 학도로서, 그는 대립의 출현을 악으로 간주하지 않았다. 왜냐하면 대립에 의하여 야기된 긴장까지도 전진하려는 에너지를 자극하고 야기시키는 것이기 때문이다. 듀이에게 변화는 영구적인 실재(reality)이며, 인간 삶의 엄연한 사실(fact)로 이해된다. 변화가 하나의 사실인 한 그것은 과학적 탐구의 대상으로 연구될 수 있고, 이를 제대로 통제할 수 있다면 인류는 그 변화를 바람직한 방향으로 이끌어 갈 수 있다고 믿었다. 말하자면 변화 자체가 중요한 것이 아니라 그 변화를 어떤 방향으로 이끌고 나갈 것이냐가 중요하다는 점을 다음과 같이 역설했다.

> 변화란 어떤 일정한 방향으로 나아가려는 것이기 때문에 어떤 큰 일을 하기 위해서는 변화하는 상황에 대해 충분한 인식이 있어야 한다. 그렇게 함으로써 우리는 상황을 적절히 다루어갈 수 있고 그 변화를 의도하는 방향으로 전환시켜 나갈 수 있다(*RP:* 116).

듀이에 의하면, 오늘날 우리 인류가 직면하게 된 다수의 사회문제들은 이 변화의 속성을 제대로 파악하지 못하여 생겨났으며, 심지어는 그것을 바르게 다루려는 선한 의지가 부족한데서 기인했다고 보았다. 어느 사회든지 변화를 인정하지 않으려는 세력들이 존재한다. 그들은 변화를 두려워하며 변화가 가져올 불이익에 급급한 나머지 변화를 위한 어떠한 노력과 시도도 거부한다. 듀이에 의하면 그들이 전통과 관습과 권위의 사슬에 묶여 있는 것도 바로 변화를 두려워하기 때문이다. 이러한 두려움은 문화의 발전을 가로막았으며 학문의 진보를 어렵게 만들었다는 것이다.

듀이는 변화를 어떻게 다룰 것이냐는 것은 과학의 문제이며, 과학을 어떻게 다룰 것이냐는 것은 곧 교육의 문제임을 누누이 강조했다. 이 같은 주장 안에는 여러 가지의 함축적인 의미가 담겨있다. 듀이는 과학사(科學史)를 살펴본 결과 모든 과학자들이 변화를 바람직한 방향으로 이끌어왔다고는 생각하지 않았다. 실제로 과학자들 중에는 과학기술을 오용함으로써 인류를 불행하게 한 사람들이 얼마든지 있기 때문이다. 그는 변화를 이끌어갈 사람이 과학자라면 그를 지성적으로 기르는 일은 교육이 성취해야 할 중요한 목적들 중의 하나라고 생각했다. 말하자면 교육의 목표는 개인들로 하여금 사회 안에서 일어나는 변화에 지성적으로 대처해가도록 돕는 데 있다는 것이다(Holmes, 1965: 312-313).

2) 지성의 교육철학

그렇다면 듀이는 급변하는 사회에 적응해 갈 수 있는 방법을 어디에서 구하고 있는가? 우선 그는 그 방법을 '과학적 방법'에서 찾고 있지만 더 근원적으로는 '지성적 방법'(intelligent method)에서 찾고 있다. 교육사상가로서 그는 인간에 대한 무한한 신뢰를 가지고 있었고 특히 지성의 힘에 대한 신뢰는 대단히 컸었다. 왜냐하면 과학을 다루는 것은 인간이며, 그 인간을 지성적으로 육성하는 일이 교육의 주된 목적이기 때문이다. 과학을 어떻게 사용할 것이냐는 결국 인간 마음(mind)의 문제라고 본 것이다. 그래서 그는 "과학적 태도가 새로운 마음의 자세를 낳게 하는데 이용될 수도 있고, 과학이 발달하기 이전에 형성되었던 욕구와 목적과 제도를 위하여 계속 봉사하게 만들 수도 있지 않을까?"(*LW*, 6: 55)

하고 물음을 던진 바 있다. 그는 놀랄만한 변화를 가져온 것이 과학기술이긴 하지만 이것을 얼마나 효과적으로 다루어 나갈 것인가 하는 것은 결국 인간의 마음과 태도라고 생각했다. 결국 과학을 다루는 이 마음과 태도를 그는 '지성'이라고 본 것이다. 이런 의미에서 그의 입장을 '지성의 교육철학'이라고 부를 수 있을 것이다. 듀이의 생각에 좀 더 가까이 접근해 가기 위해서 그가 말한 '지성'이란 말의 의미를 고찰해 볼 필요가 있다. 듀이의 '지성' 개념은 다음 몇 가지 측면에서 고찰해 볼 수 있다.

첫째, 듀이는 지성을 전통철학들이 우위에 놓아왔던 '이성', '지력'(智力), '지능'(知能)과 구별하고자 했다. 우선, 그는 칸트(I. Kant)에 의해 체계화된 이성의 개념에 불만을 토했다.

> 종래의 소위 "이성"은 경험과 유리된 것이요, 보편적인 진리의 세계로 인도하는 것이라고는 하나 그러한 이성은 우리의 실생활과는 너무 동떨어져 있는 것, 흥미 없는 것, 불필요한 것이다(*RP,* 1957: 95).

또 듀이는 합리주의 전통을 계승한 허친스(R. M. Hutchins)가 주로 사용하는 "지력(Intellect)의 개념에 불만을 품고 자신의 '지성' 개념과 구별하고자 했다. 허친스는 "모든 인간 활동의 근저에 형이상학이 있듯이, 교육에도 놓여져 있다. . . 형이상학은 인간지력에 의하여 파악될 수 있는 보편적인 법칙의 총체이다"(1943: 23-24)라고 말한 바 있다. 말하자면 허친스가 말하는 지력은 형이상학적인 세계를 파악하기 위한 지적 능력이다. 이런 점에서 과거 합리주의자들이 사용해온 이성의 개념과 다를 바 없다. 왜냐하면 그것은 현실의 경험과는 너무 유리된 세계를 전제로 하고 있기 때문이다. 또 그는 지성을 생물학적 용어로서의 '지능'(intellect)과 구별하고자 했다. 그는 지능을 다음과 같이 평가했다.

> 지능이 아무리 세련되었을지라도 그것은 낡아빠진 목적에 도달하기 위한 보다 나은 방법을 보여주는 데 그친다. . . 지능은 비판적이며 비생산적이지만 욕구는 생산적이다. 지능은 차분차분하다는 점에서 인정이나 그것의 필요물로부터 초연하다. . . 지능은 분석적이어서 사물을 갈기갈기 갈라놓는다(*HNC,* 1922; 229).

듀이는 지성이 지능 이상의 힘을 가진 것으로 생각했다. 우리가 흔히 일상용어로서 지능적인 사람이란 말과 지성적인 사람이란 말을 구별하듯이 지성은 단지 비판적이고 분석적인 능력 이상의 요소를 함의하고 있다고 할 수 있다.

듀이는 『인간성과 행위』(*Human Nature and Conduct*)에서 지성의 개념에 대한 독특한 설명을 했을 뿐 아니라 적극적인 의미를 불어넣었다. 이 저서에서 그는 지성을 습관(habit), 충동(impulse)과 더불어 인간성을 구성하는 주요 요소로 파악했다. 그는 인간성에 있어 습관과 충동의 위치 및 역할을 강조했지만 무엇보다 지성의 지위 및 역할을 높이 평가했다. 그는 습관과 충동의 약점을 다음과 같이 지적한 바 있다.

> 그러나 습관은 혼자서는 인식할 수 없다. 습관은 그것만으로는 사고하고 관찰하고 회상할 수 없는 것이기 때문이다. 충동도 역시 그것만으로서는 반성이나 명상을 할 수 없다. 그것은 다만 하도록 할 따름이다. 습관은 그것만으로서는 너무나 잘 짜이고 너무 단정적이며 결정적이기 때문에 탐구도 상상도 할 여지가 없다. 그런데 충동은 너무 혼돈되어 있고 난맥상을 이루고 헝클어져 있어서 알려고 한다고 해도 인식하는 능력이 없다. 습관은 그것만으로는 너무도 확연히 환경에 순응하기만 하기 때문에 환경을 조사하고 분석할 수 없으며, 또한 충동은 너무도 제멋대로 환경과 관계하고 있으므로 환경에 대해 아무 것도 보고할 수가 없다(*HNC*, 1922: 167).

듀이에 의하면, 지성이 습관과 충동에 대해 해야 할 역할은 '습관을 개조하고 충동을 조정하는 일'이다(*HNC*, 1922: 163). 이미 고정되고 틀에 박힌 습관에 활기를 불어넣고 생기를 불어넣는 것은 충동이지만 그 충동에 운동방향을 부여하고 질서를 부여하는 것은 지성의 역할이다. 둘 중 어느 한쪽으로 기울어졌을 때 온전하고 건전한 인간성을 지녔다고 하기 어려울 것이다. 듀이는 충동에 대해 지성이 해야 할 역할을 다음과 같이 설명했다.

> 충동은 일차적인 데 비하여 지성은 이차적이며 어떤 의미에서는 파생적이다. . . 충동은 스스로 무엇을 추구하고 있는지조차 모른다. 즉 그것은 명령을 내리고 싶어도 내릴 수가 없다. 그것은 달아날 틈만 있으면 어느 구멍으로라도 맹목적으로 내달린다. 무엇이라도 충동을 소모시키는 것이 있기만 하면 그것으로 만족한다. 충동이 튀어나오는 출구는 어느 것이고 마찬가지이다. 그것은 무차별적이다. . . 지성이 충동을 위해 해야 할 일은 충동의 고분고분한 하인으로서가 아니라, 충동을 밝히는 자, 충동을 해방하는 자로서 행동하는 것이다(*HNC*, 1922: 234-235).

지성의 특징 중의 하나는 인간의 충동적 성향을 적절히 억제하고 통제함으로써 그것에 방향을 부여하는 것이다. 인류 역사상 지성적인 인물들의 공통된 행동특징은 충동과 무절제를 극복하고 자기를 실현했다는 점이다. 무분별하고 맹목적인 충동은 인간성을 파괴한다. 인간의 일시적인 충동은 역사를 바꾸는 원동력으로 혁명운동으로 전개되었지만 대부분 방향감각을 상실하게 만들었다.

둘째, 듀이는 지성을 인간의 구성요소로만 해석한 것이 아니라 문제해결을 위한 과학적 방법 즉 탐구행위로 이해하고자 했다. 그는 『논리학』(*Logic: Theory of Inquiry*)에서 지성을 다음과 같이 설명했다.

> 상황의 구성에 대한 상세한 관찰, 그 다양한 구성들에 대한 분석, 모호한 것에 대한 명료화, 더욱 일관성 있고 생동감 있는 특성들에 대한 숙고, 그것들 자체를 제시하는 다양한 행동양식의 결과에 대한 탐구, 예견되거나 상정된 결과들이 그 사용에 있어서 실제적인 결과들과 일치할 때까지 가설적이고 임의적인 것으로 다룰 수 있는 결정에 대한 고려 등이 있다. 이와 같은 탐구가 곧 지성이다(*Logic*, 1938: 107).

여기에 소개된 듀이의 지성 개념은 『인간성과 행위』에 나타난 지성의 개념과는 사뭇 다르다. 즉 그는 지성을 인간성의 구성요소로 보기보다는 문제 해결의 과정에서 요구되는 탐구의 행위로 해석하고 있다. 그는 이 같은 탐구행위가 개인문제 해결뿐 아니라 사회문제 해결에도 적용될 수 있다고 생각했다. 즉 그는 지성을 존재론적인 측면에서가 아니라 방법론적인 측면에서 해석하고자 했다.

그에게 지성이란 단순히 타고나는 생득적인 인간본성이 아니라 당면한 문제를 해결하려는 적극적이며 능동적인 힘이다. 그것은 소유하는 것이 아니라 이용하고 활용할 때 의의와 가치를 가진다. 그의 철학의 특징이 바로 여기에 있다.

셋째, 듀이의 지성개념은 사회의 낡은 습관과 제도를 개조함으로써 민주주의를 구현하기 위한 '사회적 방법'(social method)이다. 이와 관련하여 그는 『민주주의와 교육행정』(*Democracy and Educational Administration*)에서 다음과 같이 쓴 바 있다.

> 민주주의의 기반은 인간본성의 능력에 대한 믿음이다. 즉 인간지성에 대한 믿음과 충만하고 상호 협동적인 경험의 힘에 대한 믿음이다(Ratner, ed., 1939: 402).

지성이 민주주의의 토대가 되어야 한다는 듀이의 주장은 『자유와 문화』(*Freedom and Culture*)에서도 여실히 드러난다. 즉 그는 "적절한 조건만 부여된다면 인간은 지성적으로 판단하고 지성적으로 행동할 수 있는 능력을 가졌다는 믿음"(*FC*: 392)을 강조했다.

이처럼 그는 지성이 민주주의 건설의 토대임을 무엇보다 강조했던 민주주의 철학자였다. 또는 그는 계속해서 쓰기를 "나는 민주적인 삶의 방식 안에서 개인의 경험에 관련된 지성의 효과적인 해방이 선행되어야 한다고 강조했다. . . 왜냐하면 민주주의는 행동의 자유를 인도하고 타당성 있게 하는 데 자유로운 지성(freed intelligence)을 필요로 하기 때문이다." (Ratner, 1939: 404). 그러나 듀이는 개인적 지성(individual intelligence)만으로는 민주사회를 건설하는 데 한계가 있다고 보고 개인적인 지성들이 통합되기를 원했다. 다음과 같은 그의 주장 속에 이 점이 잘 나타나 있다.

> 우리가 지성이라고 부르는 것은 불평등한 것을 분배하는 것과 관련되어 있다. 사회에 대한 개개인의 공헌은 충분히 발휘된 최고의 지성에로 통합될 때 비로소 가치를 갖는다고 믿는 것이 바로 민주적인 신념이다(Ratner, ed., 1939: 403).

듀이는 왜 개개인 지성의 통합과 협동을 역설했을까? 그는 그가 생존했던 시대의 사회 문제들이 어느 한 개인이나 소수집단의 노력만으로는 해결하기 어렵다는 것을 통찰했었다. 그는 산업사회의 거대화와 조직화 앞에서 개인이 얼마나 무기력하고 나약한가를 뼈저리게 느꼈을 것이다. 구조적이고 제도적인 모순과 악 앞에서 개인의 노력은 어떤 한계를 지니고 있음을 인식했을 것이다. 일찍이 니이버(R. Niehbur)가 지적한 바 있듯이, 개개인들은 도덕적일 수 있지만 사회조직은 비도덕적일 수 있는 가능성은 얼마든지 존재한다(이한우 역, 1992: 271-285). 그래서 듀이는 거대한 구조적 모순의 해결을 위한 가장 효과적인 방법이 무엇인가를 놓고 고심했을 것이다.

듀이는 조직적인 악과 모순에 맞서 싸우는 방법에는 '폭력'(violence)과 지성에 의존하는 방법이 있다고 보았다. 민주주의의 신봉자로서 듀이는 폭력에 의한 사회혁명이나 변혁에는 철저히 반대했다.

> 오늘의 상황에서 가장 큰 비극은 현재의 악이 무엇인가를 잘 알고 있고 사회, 경제적인 체제 내에서 변혁이 있어야 함을 가장 잘 아는 사람들이 전쟁과 폭력과 같은 단순하면서도 획일적인 방법에 의존하고 있다는 것이다. 그들은 사회적으로 유익한 지식을 지속적인 탐구의 결과를 적용하는 일에 의존하기보다는 과거의 사상가, 당파에서 내세우는 우상 즉 고착된 지성에 의존하고 있는지도 모른다. 고착된 것은 도그마에 빠지기 쉽기 때문이다(Ratner, ed., 1939: 431).

듀이는 냉랭하고 고착적인 개인적 지성을 해방시키는 일도 중요하지만 현재의 사회문제를 적극적으로 해결해 가기 위해서는 개인적 지성의 협동(corporation)이 절실히 요구된다고 보았다.

> 과거 역사적인 사회적 진보는 협동의 결과이지 갈등의 결과가 아니라고 하는 것은 과장일 수 있으나 문명의 척도는 협동적인 지성의 방법이 잔인한 갈등의 방법을 대체하는 정도에 달려 있다고 말하는 것은 과장이 아니다(Ratner, ed., 1939: 445).

이상에서 살펴본 바와 같이 듀이는 개인문제 및 사회문제 해결에 있어서 지성이 갖는 지위 및 역할을 강조했다. 그의 지성 개념은 인간이 소유한 본유적 관념이 아니라, 오히려 인간이 사회 속에서 직면한 실제적인 문제들을 해결해 가는 과학적인 방법을 의미한다. 그러므로 듀이의 철학은 '방법의 철학'이고, 그 방법은 '과학적 방법'을 의미하며, 그 과학적 방법이란 지성에 의해 인도될 때만이 참된 가치를 갖는 것이다. 듀이는 과학주의(scientism)가 가져온 폐해들을 너무나 잘 알고 있었기 때문에 그것을 바람직한 방향으로 인도할 수 있는 지성에 무게를 두었으며 희망을 걸었다고 할 수 있다. 물론 그는 개인적 지성의 한계를 간파하고 있었기 때문에 집단적이고 협동적이며 조직적인 지성의 발휘를 역설했다. 산업사회의 구조적인 악에 대항하기 위해서는 개개인이 구사하는 지성의 힘을 모으고 합쳐야 한다는 것이다. 이러한 그의 견해는 니부어의 사회윤리학적 관점과 공유하는 바가 크다. 하지만 김태길(1979: 289-291)은 듀이가 지성의 힘을 지나치게 낙관했으며 개개인의 지성을 어떻게 조직할 것인가에 대한 뚜렷한 대안을 제시하지 못했다는 점에서 한계를 가진다고 평가했다. 하지만 그가 변화를 삶의 사실로 파악하고 그 변화를 바람직한 방향으로 이끌어가기 위해서는 지성적으로 교육받은 사람들의 협력과 협동이 필요하다고 주장한 점은 변화의 시대를 살아가는 우리들에게 시사하는 바가 매우 크다고 하겠다. 특히 그의 지성철학이 강조한 개방정신, 실험정신, 과학정신, 협동정신 등은 우리 교육의 수준과 질을 고양시킬 수 있는 주요한 행동양식들로서 가치를 가진다고 하겠다.

3. 21세기 한국교육의 방향

21세기 급변하는 세계 속에서 오늘의 한국교육이 지향해야 할 교육의 방향은 무엇인가? 최근 우리의 교육을 세계적인 수준으로 끌어올려야 한다는 주장들이 고조되어 왔다.[3)] 앞 장에서 논의한 듀이의 지성의 교육철학은 과연 우리교육의

3) 이 주장을 정부와 학계는 '세계화 교육'이라는 말로 표현해 왔다. 일반적으로 세계화 교육은 '세계교육'(global education) 및 '교육의 세계화'(globalization of education)라는 개념과 혼용해 사용되어 왔다. '세계교육'에서 '세계'라는 말은 하나의 지구촌이 된 세계라는 개념을 내포하고 있다. 인류가 지구라는 우주선을 타고 가는 운명공동체라는 사실을 깨닫고 함께 대처해 나가야 함을 강조하는 시대적 분위기에서 태어난 용어이다. '세계화 교육'에서 '세계화'는 인본주의적 접근인

수준을 세계적인 수준으로 끌어올리는데 어떠한 시사를 던져줄 수 있을 것인가? 본장은 듀이의 지성의 교육철학이 21세기가 요구하는 인간을 육성해 내려는 한국교육의 이념설정에 어떤 도움을 줄 수 있을 것인가를 논의하려고 한다.

1) 개방적 가치관의 확립

21세기가 요구하는 교육적 인간상은 개방적 가치관을 소유한 사람이어야 한다. 개방적인 가치관을 가지고 있을 때 비로소 급변하는 사회에 대한 뛰어난 적응력, 유연성 그리고 융통성을 가지고 살아갈 수 있을 것이다. 이러한 삶의 방식은 고루하거나 고정된 사고방식을 가지고는 만들어지기 힘들 것이다. 듀이의 분석에 따르면, 고정되고 고착된 마음은 반지성적인(anti-intellectual)것이며 반사회적인(anti-social) 것이다. 특히 자기혁신을 꾀하려는 사람은 폐쇄적인 마음(closed mind)이 아니라 개방적인 마음(open mind)을 가지고 있어야 한다.

개방적 가치관은 자기혁명과 사회개혁의 토대이며 기초이다. 이제 마음을 활짝 열지 않고서는 개인의 의식개혁은 물론 사회와 국가의 개혁도 있을 수 없다. 최근 우리 사회에서 한때 논의된 바 있었던 '세계화'[4]라는 말도 개방적인 가치

지구촌화와 혹은 세계시민화와 생존을 위한 경쟁력 강화라는 측면에서의 세계 일류화를 양극으로 하고 있는 혼합개념이다. 세계화 교육은 크게 다음과 같이 분류된다. 이상적 세계화 교육, 경쟁력 강화론적 세계화 교육, 초국가론적 세계화 교육, 정치, 이념론적 세계화 교육이다. '세계화 교육'과 '교육의 세계화'라는 개념의 차이점을 찾는다면, 전자는 그 주체가 교육관련 집단인 반면, 후자는 그 주체가 교육 외의 집단이라는 것이다(한국교원대 대학원신문: 1995).

4) 세계화 개념의 기원을 고대 그리스 및 로마의 세계시민사상에서 찾으려는 사람도 있지만(성염 외, 1999), 이 개념에 대한 논의가 가장 활발하게 진행된 것은 최근의 일이라고 봐야 할 것이다. 최근 차경수(1994)와 최종현(1994)은 세계화와 유사한 개념들을 검토했는데, 차경수는 사람들의 의식이나 행동이 한 국가의 영역 안에서만 이루어지는 것이 국가화라고 한다면, 국제화는 사람들의 의식, 행동, 사고, 관계인식이 한 국가의 영역을 넘어서서 두 나라 이상의 국가 사이에서도 두 나라 이상의 국가에 걸쳐 나타난다는 점에서 차이가 있음을 밝혔고, 최종현은 국제화가 국제경제학적 개념에서 출발했다고 지적하면서 세계화와 구분하려고 하였다. 또 대통령 비서실(1995: 9-10)은 세계화를 국가발전 전략으로 다음 다섯 가지의 의미를 제시했다. 즉 세계화는 일류화, 합리화, 일체화, 한국화, 일류화를 의미한다. 황정규(1995)는 국제화가 19세기 및 20세기의 공업화, 근대화시대의 중심개념이라면, 세계화는 21세기 정보화, 탈 근대화 시대의 중심개념이라고 구분했다. 최근 서찬기(1999: 41-43)는 세계화에 대한 이론화를 시도한 학자들의 주장을 소개했다. 즉 Giddens는 세계화를 근대성의 가장 가시적인 결과로서 교통, 통신의 발달로 국지적 맥락의 교호작용에 머물렀던 사회적 관계가 탈 토착화함으로써 시공간적 제약에서 벗어나 확대 재편된 현상으로 규정했으며, Harvey는 세계화를 '시공간 압축의 가속화'현상으로 이해했

관을 가지고 자기개혁과 사회개혁을 이루자는 주장의 다른 표현일 뿐이다. 일반적으로 세계화란 결국 불합리한 세상을 합리적인 세상으로 만들어 보자는 희망의 외침이요, 잘못된 것, 그른 것이 있으면 그것을 고치고 바르게 해보자는 개혁작업이라고 말할 수 있다. 물론 개혁해야 할 것은 단지 잘못된 관행과 법률, 제도만이 아니다. 그것들은 우리들의 그릇된 의식, 사고방식, 권위의식 등을 포함한다. 개혁 작업은 권위주의적이거나 과격한 방법으로 추진해갈 수 있을 것이다. 그러나 민주적인 절차를 도외시한 방법들은 그 정당성을 확보하기 어렵다. 그러므로 세계화는 과격한 혁명이 아닌 교육을 통해 이루어질 때만이 그 정당성과 설득력을 확보할 수 있을 것이다.

그릇된 제도와 의식을 바꾸려는 개인이나 집단은 우선 열린 마음과 태도를 가지고 있어야 한다. 폐쇄적인 마음을 가지고는 잘못을 뉘우치거나 반성하기 어려우며, 나아가 자기비판이나 각성 역시 어려워진다. 이런 마음을 가지고는 세계적인 경쟁 대열에 끼일 수 없다. 앞 장에서 부분적으로 밝혔듯이, 듀이가 역설한 바 있는 지성개념이 갖는 특징 중의 하나는 개방정신(open mindedness)이다. 그의 주장을 눈여겨볼 필요가 있다.

> 개방정신이란, 해결해야 할 사태에 도움이 되고, 이런 저런 행동의 결과를 결정하는 데 도움이 되는 모든 사려에 마음을 접근시킨다는 것을 의미한다. . . 마음의 고착과 편견의 최대 결점은 그것들이 발전을 저지하는 데 있다. . . 개방정신은 어린애와 같은 순진한 태도를 보존하는 것인 반면에 폐쇄된 마음은 조숙한 노쇠현상을 의미한다. . . 마음을 개방한다는 것은 마음을 공허하게 가진다는 것을 의미하진 않는다. 문간에 '어서 오십시오. 집에는 아무도 없습니다'라는 간판을 걸어놓는 것은 결코 환대(hospitality)가 아니다(*DE:* 175-176).

자기발전을 추구하는 인간존재는 언제나 세 가지 마음의 상태를 가지고 살아가고 있다. 그 세 가지 마음의 상태란 바로 듀이가 위에서 지적한 개방정신, 공허

다는 것이다. 그는 계속해서 세계화과정을 5단계로 제시한 Robertson의 주장을 소개했는데, 그 5단계란 (1) 발아기(15-18세기 중엽), (2) 초기단계(18세기 중엽-1870년대), (3) 도약기(1870-1920년대 중엽), (4) 패권쟁탈단계(1920년대 중엽-1960년대 중엽), (5) 불확실성 단계(1960년대-1990년대 초엽)이다.

한 정신(empty-mind edness), 폐쇄적인 정신(closed-mindedness)이다. 우리는 흔히 개방정신이나 마음이라고 하면 기존의 모든 것들을 모두 포기하고 새로운 무엇을 받아들여야 한다는 의미로 해석하는 경우가 있다. 하지만 개방정신이란 본래 자신이 가지고 있는 생각(사상)과 주장을 비판적으로 음미하고 동시에 새로운 생각(사상)과 주장을 비판적으로 검토함으로써 자기발전을 꾀하는 마음을 의미한다. 따라서 개방정신이란 우선 비판적 태도를 요구하며, 그 비판의 절차들이 합리적인 과정에 따라 이루어져야 한다는 점에서 합리적 태도를 요구한다. 비판(criticism)과 합리성(rationality)을 중시한다는 점에서 개방정신은 폐쇄정신과도 구별되며 공허한 정신과도 구별된다. 신득렬(1981: 29)이 지적했듯이, 폐쇄된 마음을 가진 사람은 자기 자신의 확고한 대답을 가지고는 그것을 절대화함으로써 일체의 논의와 비판을 거부한다. 그는 현상 고착적이기 때문에 어떠한 변화나 개혁도 거부할 뿐 아니라 타인이나 다른 집단에 대해 배타적이고 냉소적이기 때문에 자기발전의 가능성이 위축되거나 불가능해진다.

개방정신이야말로 21세기 새로운 시대에 어울리는 정신이다. 급변하고 있는 지구촌에서 세계시민으로서 당당하게 살아가기 위해서는 닫혀 있던 마음을 활짝 열어야 한다. 마음을 열 때만이 타인과의 대화가 가능하며, 발전적 논의가 활기를 띤다. 이 과정을 통해 우리는 세계적인 경험과 지식을 습득할 수 있으며, 안목을 넓혀 갈 수 있다. 그래서 듀이는 "커뮤니케이션을 통하여 우리는 다른 사람이 생각하고 느낀 바를 나누어 가지며, 그렇게 함으로써 우리의 태도가 얼마간 수정되는 것이다."(*DE:* 5)라고 강조한 바 있다. 21세기에 '교육한다'는 말은 문화가 다른 나라 사람들과의 커뮤니케이션을 통해 세계인과 함께 호흡하고 다양한 경험을 공유함으로써 우리들의 좁은 시야를 넓히고 안목을 확대해 간다는 것을 의미한다. 피터스(Peters, 1966: 64)도 강조한 바 있듯이, 폭 넓은 안목(wide perspective)을 갖는 일은 교육받았다는 것의 중요한 징표가 된다. 이러한 맥락에서 최근 외국어 교육을 강화하고 다양화해야 한다는 주장은 자연스러운 것이라 하겠다. 하지만 앞에서 언급했듯이 외국어 교육은 그 자체가 목적이 아니라는 점을 알아야 한다. 그것은 우리의 안목을 넓히고 우리 문화의 수준과 질을 세계적인 차원으로 높이려는 수단에 불과한 것임을 알아야 한다.

2) 건전한 판단능력의 함양

21세기 우리 한국교육이 성취해야 할 중요한 과제들 중의 하나는 급변하는 사회 속에서 건전한 판단(sound judgment)을 해갈 수 있는 사람을 육성하는 일이다. 지금 우리는 엄청난 지식과 정보들이 쏟아져 나오는 초고속 정보화 사회 속에서 살아가고 있다. 매 순간마다 적절하고 건전한 판단을 해가지 못한다면 사회생활에서 낙오하거나 도태하고 말 것이다. 주지하다시피 오늘날의 세계는 미래를 예측하기 어려울 정도로 급변하고 있다. 예측을 불허하는 문제 상황 속에서 시의 적절한 판단을 한다는 일은 결코 쉬운 일이 아니다. 이제 이 판단의 적절성과 신속성과 건전성이 우리들의 삶의 질을 결정하게 될 것이다.

듀이에 의하면 건전한 판단은 문제 상황에 대한 반성적 사고(reflective thinking)를 바탕으로 이루어질 수 있다고 강조했다. 앞에서 논의된 듀이의 지성 개념이 갖는 특징들 중의 하나는 바로 반성적 사고를 진작시키는 것이다. 그는 이것을 '교육받은 사람'(educated man)의 중요한 징표로 강조했었다. 그는 『사고하는 방법』(*How We Think*)에서 '반성적 사고'의 가치를 다음과 같이 설명한 바 있다.

> 반성적 사고는 우리를 단지 충동적이거나 상습적인 행동에서 해방시켜 준다. 적극적으로 말하면, 사고는 우리로 하여금 예견을 가지게 하며, 예견적인 목표에 따라 계획을 할 수 있게 해준다. 사고는 우리로 하여금 신중하고 지향적인 태도로 행동하게 하며, 지금은 소원하고 부족하지만 미래의 목표를 달성하게 한다(*LW*, 8: 125).

듀이가 강조했듯이, 반성적 사고에 바탕을 둔 건전한 판단능력은 급변하는 사회적 상황가운데서 창조적인 삶을 살아가려는 한국 사람들에게 무엇보다 중요한 덕목이다. 엄청나게 쏟아져 나오는 새로운 정보와 지식들이 모두 유익한 것은 아니며, 우리에게 모두 필요한 것도 아니다. 어떤 정보들은 우리들의 판단을 흐리게 하기도 하고 우리의 행동을 잘못 인도하기도 한다. 정보가 인간의 문화를 고양시키기보다는 타락하게 하는 도구나 수단으로 악용되는 경우가 허다하다. 정보가 폭발적으로 양산되는 초고속 정보화 사회에서 그것을 바르게 사용하기 위해서는 건전한 판단력을 길러나가야 한다.

그렇다면 문제 상황에 대해 건전한 판단을 해 가기 위해서는 어떤 태도들이 요구되는가? 우선, 문제에 대한 정확한 인식이 필요하다. 우리의 일상경험 가운데서 발생하는 것들이 모두 문제인 것은 아니기 때문이다. 문제를 정확하게 인식하는 능력은 문제해결과정으로서의 건전한 판단활동에 필수적이다. 문제를 정확하게 인식하지 못하고는 문제해결을 위한 예견(합리적 추측)도 할 수 없으며, 해결방안도 찾아낼 수 없을 것이다.

둘째, 건전한 판단을 해가고자 하는 사람에게는 정서적 각성, 감수성, 호기심, 상상력이 필요하다. 감수성, 호기심, 상상력은 창조적인 사람에게서 나타나는 일반적인 특징들이다. 이런 능력이 결여되게 되면 기존의 전통과 권위에만 얽매여서 문제를 해결하려고 하기 때문에 급변하는 사태에 능동적으로 반응하거나 대처해 가기 어렵다. 미래의 시대에는 기존의 관념과 관습을 뛰어넘는 새롭고 창의적인 아이디어가 상품이요, 지적 재산이라고 해도 과언이 아닐 것이다. 창의적인 아이디어를 창조하고 생산해낼 수 있는 사람을 길러내는 일이야말로 21세기 우리 한국교육이 지향해야 할 또 다른 교육목적이다.

셋째, 건전한 판단을 해가기 위해서는 사태에 대한 분석과 종합능력을 동시에 겸해야 한다. 분석한다는 것은 쪼갠다는 의미를 가지기보다는 사태를 명료화(clarification)한다는 의미를 함축하고 있다. 문제가 되고 있는 사태를 냉철하게 분석하고, 탐색해 봄으로써 해결의 실마리를 찾을 수 있기 때문이다. 하지만 분석만 가지고는 부족하다. 오늘날의 문제를 낳게 하는 원인들은 다양하고 다차원적이어서 그것의 사태를 전체적으로 조망할 수 있는 종합적 능력이 요구된다. 말하자면 나무만을 보고 숲 전체를 바라보지 못하는 우를 범해서는 안 된다는 것이다. 따라서 건전한 판단을 해가기 위해서는 국내의 정치, 경제에 대한 변화추이뿐 아니라 국제사회의 변화추이를 살필 수 있는 폭넓은 안목이 있어야 할 것이다.

3) 공동체 참여의식의 고양

세계시민이 되기 위해서는 사익(私益)만을 위해서가 아니라 공익(公益)을 위한 일들에 관심을 가지고 참여해야 한다. 오늘날 인류가 안고 있는 문제는 어느 한 분야나 한 국가 안에서만 일어나는 것이 아니라 정치, 경제, 사회, 문화, 예술 등 모든 분야에 걸쳐 일어나고 있다. 또한 한 지역에서 일어난 문제는 그 지역공동체만의 문제가 아니라 지구 전체의 문제로 파급되고 확산되어 가고 있다. 예컨대 대기 및 해양 오염은 어느 특정한 국가만의 문제가 아니라 전 지구인의 관심사요, 해결해야 할 숙제가 되었다. 따라서 지역적 이기주의나 국가 이기주의의 사고방식으로는 문제를 해결해 가기 힘들게 되었다. 이런 이유에서 우리들에게 협동정신과 공동체 의식이 요구된다. 이 공동체 의식이란 저절로 생겨나는 것이 아니다. 타인과 다른 집단에 대한 관심과 참여와 배려가 없으면 '하나'라는 공동체 의식은 생겨날 수 없다.

일찍이 듀이는 오늘날의 지성인들이 공적(公的)인 활동에 적극 참여하기를 권고했다. 그는 관찰자(spectator)와 참여자(participant)와의 차이를 밝히는 가운데 참여의 중요성을 누누이 강조했었다.

> 관찰자는 하고 있는 일에 대해 냉담하다. 어떤 결과는 다른 결과들처럼 단지 좋게만 보인다. 왜냐하면 그 각각은 관찰하고 있는 어떤 것에 지나지 않기 때문이다. 참여자는 하고 있는 일에 대해 적극적으로 참여한다. 그가 참여한 결과는 그에게 차이가 있다. 그의 운명은 다소간 사건에 휘말릴 수도 있다. 하지만 그는 결국 현재 일어나고 있는 것에 방향을 짓고 영향을 주게 될 것이다(*MW*, 9: 7).

지구인 모두가 '하나'(One)라는 의식을 가질 때, 지구촌에서 일어나는 문제들이 곧 '우리'(We)의 문제로 인식되고 지각된다. 그런데 '우리'의 문제는 혼자만의 힘으로는 해결할 수 없기 때문에 개인과 개인, 집단과 집단, 국가와 국가 간의 상호협력과 협동이 요청된다. 듀이 역시 "사회의 진보와 발전이 협동적 지성(cooperative intelligence)의 실천에 의해 가능하다"고 역설했었다. 이것은 그가 오늘날 인류가 직면한 많은 문제들이 너무 복잡하게 얽혀있기 때문에, 지성적인 개인들의 힘만으로는 해결해 가기 곤란하다는 점을 염두에 두고 한 말이다. 말하자면 개인의 노력은 한계가 있다는 것이다. 이해관계가 서로 얽혀 있는 집단이나 국제사회에서 공동체 의식을 바탕으로 한 협동의 미덕을 강조하는 일은 지나치게 유토피아적이고 피상적인 주장일 수 있지만 이 방법 이외에는 다른 대안을 찾아보기 힘들 것이다. 공동체 의식에 기초한 참여와 협동을 강조한 듀이의 주장은 21세기 급변하는 국제관계 속에서 세계 공동체주의의 과제를 풀어나가야 할 한국 사람들에게 커다란 시사를 준다. 공동체적 삶을 살아가기 위해서는 편협한 지역주의나 폐쇄적인 민족주의에 바탕을 둔 가치, 태도, 행동으로부터 과감하게 벗어나야 한다. 이러한 관점에서 우리 교육의 관심과 대상이 한국이라는 특수한 지역주의(localism)를 넘어서 지구촌이라는 세계주의(globalism)에로 확대되어야 한다.

4) 부단한 자기학습 능력배양

급변하고 있는 세계무대에서 살아가기 위해서는 기존의 지식과 정보에만 의존할 수 없다. 변화하고 있는 상황에 적절히 적응해 가기 위해서는 그 시대가 요구하는 새로운 지식과 정보를 생산, 관리, 축적, 이용하는 지혜가 요구된다. 과거에 지식과 정보의 습득은 주로 학교교육 기관에서 이루어져 왔다. 하지만 이제는 형식적인 학교교육(schooling)만 가지고는 거대한 변화의 흐름에 순응해 가기 힘들게 되었다. 따라서 우리는 학교교육 이후에도 부단 없는 자기교육(continuous self-education)이 필요하다. 듀이는 다음과 같이 적은 바 있다.

> 학교 안에서의 학습은 학교 밖에서도 끊임없이 이루어져야 한다. 학교 안의 학습과 학교 밖에서의 학습 간에는 자유스런 상호작용이 이루어져야 한다(*MW*, 9: 368).

듀이의 이 같은 주장은 교육을 단순히 형식적인 학교교육과 동일시하는 학부모나 일반 사회인들의 고정관념을 깨트리도록 촉구하게 한다. 과연 학교에서 학습한 지식이나 경험들이 실생활에 얼마나 유익한가? 과연 그러한 것들은 자신의 지적, 정서적, 도덕적 성장을 위해 어느 정도 기여했다고 말할 수 있는가? 과연 형식적인 학교교육만을 받아 세계화 시대에 걸맞게 살아갈 수 있는가?

엄밀한 의미에서 학교교육이란 교육의 한 과정일 뿐이다. 따라서 학교교육의 이수나 졸업은 교육의 종결이 아니라 하나의 시작일 수 있다. 그러나 아직까지도 우리사회의 많은 이들이 '교육 = 학교교육'이라는 구태의연한 의식을 가지고 있다. 이러한 의식이 팽배해 있는 한 우리의 교육을 세계적인 수준으로 끌어올리기 힘들 것이다. 다행히도 요즈음 평생교육기관이나 성인(成人) 교육기관들이 시도 및 지역단위로 설립되고 있고 그 교육과정이 강화되고 있음은 퍽이나 다행스런 일이다.

끊임없이 변화하고 있는 지구촌 생활에 적응해 가기 위해서는 다양한 지식의 흡수 능력도 배양해야 하지만 새로운 지식과 정보를 스스로 계속 학습할 수 있는 방법을 학습하는(learn how to learn) 능력을 기르는 일이 더욱 중요하다(황정규, 1995, 33, 2: 147). 이러한 능력은 개인적인 노력만 가지고는 길러지는 것이 아니다. 이를 위해서는 제도적 장치들이 갖추어져야 한다. 즉 새로운 지식과 정보를 배울 수 있는 평생교육(life-long education)기관들이 건립되어야 하고 이를 위해 교육재정이 확보되어야 한다. 예컨대, 학점은행제도의 도입, 사회교육 프로그램의 다양화, 대학 편·입학의 확대, 시간제 등록제의 도입 등을 통해 우리의 교육을 개선해 나가야 한다. 현재로서는 주로 도심지의 대학을 중심으로 평생교육기관이 설립 운영되고 있지만, 이제는 군이나 읍 단위의 평생교육 센터들이 설립 운영되어야 한다. 지역 주민들은 그러한 교육 센터를 통해 필요한 생활정보 및 지식들을 신속하게 배우고 교류해야 한다. 컴퓨터 및 정보 시스템의 계발로 세계는 하나로 묶여가고 있다. 이 같은 세계적 흐름에 능동적으로 대처해 나가기 위해서는 이에 걸맞는 교육제도가 갖추어져야 한다. 예컨대 어디서나 다양한 정보를 수집, 활용할 수 있는 국가 멀티미디어 교육 지원센터 등이 건립되어야 한다. 아울러 국민 개개인이 언제 어디서나 정보 및 자료를 열람할 수 있는 지역 도서관의 설립 및 확충도 뒤따라야 할 것이다.

4. 맺는 말

듀이의 지성의 철학은 적용상의 문제점이 있음에도 불구하고 급변하고 있던 미국 산업사회의 문제점들을 해결할 수 있는 정신적 토대로서 크게 기여했듯이, 그의 주장들은 한국의 교육을 현대화하는 데 음양으로 기여해왔다. 일반적으로 그의 철학이 인간의 무의식 및 비극적 차원을 이해하는 데는 한계를 지녔다든가 과학적 지성을 지나치게 강조함으로써 인간의 정서적 차원을 경시했다는 비판을 받았지만, 급변하는 현대사회에 대응해 가기 위한 적절한 방안으로서 인간지성을 적극적으로 활용할 것을 강조한 그의 지성주의 철학은 20세기 후반에도 상당한 영향력을 지니고 있다. 특히 그의 철학은 21세기가 요구하는 창조적이고 협동적인 인간을 길러야 할 과제를 안고 있는 우리 한국교육에 많은 시사를 던져주고 있다.

듀이의 철학은 인간 지성과 민주주의에 토대한 지성주의 철학이다. 그가 강조한 지성은 전통적인 이성 및 지력과 구별되며, 심리학적 속성으로서의 지능과 구별된다. 그것은 능동성, 실험성, 탐구성, 창조성, 협동성, 조직성, 개방성 등을 갖는다. 그는 이 같은 속성을 지니는 지성을 구비하고 선용할 수 있는 인간을 길러내는 일을 교육의 출발점으로 삼았을 뿐 아니라 사회개혁의 지표로 삼았다. 그는 교육이 육성해야 할 덕목으로서 개방적인 정신 및 태도, 건전한 판단력의 배양, 공동체 의식 및 참여, 부단한 자기학습 등을 든 바 있다. 이것들은 급변하는 세계 속에서 능동적으로 살아가기 위해 필요한 덕목들이다.

듀이의 지성주의 철학에 비추어 볼 때, 우리교육은 급변하고 있는 세계사회에 능동적으로 적응하고 그 변화의 주체가 될 수 있는 지성적인 인간을 길러내는 일에 관심을 가져야 하며, 이를 기르기 위한 교육계획이 마련되어야 하고, 새로운 교육과정들이 설치되어야 한다. 입시에만 얽매여 교육의 본령에서 괘도이탈하고 있는 교육제도가 제자리를 찾아야 하고, 전통적인 구태(舊態)에서 벗어나지 못하고 있는 사람들의 의식이 동시에 개혁되어야 한다. 이제 우리의 교육은 고루하고 편벽된 눈으로 세계를 바라볼 것이 아니라 개방된 마음을 가지고 다른 나라 문화양식들을 바라보고 이해할 수 있는 능력을 갖춘 마음이 열린 사람을 길러내는 데 힘써야 한다.

듀이는 변화하는 사회 속에서 객체로서가 아닌 주체로서 살아갈 것을 강조했듯이, 기계와 정보에 의해 이끌려갈 것이 아니라 그것을 이끌어 가는 주인으로서 정체성(正體性)을 확보하는 일이 필요하다. 우리는 초고속 정보화 시대에 걸맞는 인간 즉 유익한 정보를 생산, 축적, 보관, 이용할 수 있는 정보처리 능력 및 그 정보를 인류의 평화와 복지를 위해 사용할 줄 아는 건전한 판단능력을 겸비한 사람을 육성해 내야 한다.

21세기는 '나'라는 개체적 의식을 넘어서 '우리'라는 공동체적 의식과 참여의식이 요구되는 시대이다. 대기오염, 수질오염, 토양오염과 같은 환경오염이 세계인 모두에게 위협이 되고, 결국 지구 전체의 파멸을 초래할지도 모른다는 위기의식이 전제되지 않는 한 우리들의 어떠한 주장도 공염불에 지나지 않는다. 따라서 우리들의 시야는 '나'를 넘어서 '우리'와 '세계'로 확대되어야 한다. 지구 저편의 궁핍과 아픔을 공감하지 않고서야 어찌 세계시민으로서 자격이 있다고 말할 수 있겠는가?

급변하는 시대의 중요한 생존전략 중의 하나는 끊임없이 학습할 수 있는 능력을 배양하는 일이다. 이제 학교교육에만 의존하는 시대는 끝이 났다. 듀이가 강조했듯이, 우리는 학교를 졸업한 이후에도 변화하는 사회에 능동적으로 대처해 가기 위해 사회가 요구하는 다양한 지식, 기술, 정보를 습득하고 연마해야 한다. 이런 기회들이 많으면 많을수록 우리의 교육은 바람직한 방향으로 진행될 수 있을 것이다. 나아가 점증하는 교육의 수요를 충족시키고 질을 높이기 위한 다양한 프로그램들이 계발되어야 하고 효과적으로 운영되어야 할 것이다.

20세기 전반부에 형성된 듀이의 철학이나 주장을 21세기에 적용하는 일, 특히 문화적 배경이 다른 한국 사회에 적용하는 일은 물론 위험한 일이기는 하지만, 그의 사회적 변화에 대한 진단과 그 진단에 따른 처방을 지성에서 발견하고 적용하려 한 그의 철학은 어느 정도 설득력과 보편성과 일반성을 지니는 것으로 생각된다. 세계는 끊임없이 변화하고 있고 그 변화하는 세계에 어떻게 적응해 갈 것인가 하는 것은 지구촌 생존의 문제이며, 그런 점에서 그것은 개인의 문제만이 아니라 세계인 전체의 문제이다. 또 그것은 일시적이거나 순간적인 문제가 아니라 항구적이고 지속적인 문제이다. 이것은 20세기 초 듀이가 풀려고 했던 숙제였듯이, 21세기 우리가 풀어야 할 숙제이기도 하다.

참고문헌

김태길(1979). 존 듀이의 社會哲學. 서울: 태양출판사.

대통령비서실(1995). 大統領의 世界化 構想(유인물).

박봉목(1983). 교육과 철학. 서울: 문음사.

박준영(1987). "Dewey의 교육철학에 있어서 지성의 개념", 교육철학. 제 5집, 한국교육철학회, 111-130.

서찬기(1999). "전환기의 경제지리학", 지리교육. 제 10집, 경북대학교 사범대학 지리교육과: 21-90.

성 염 외(1999). 세계화의 철학적 기초. 서울: 철학과 현실사.

신득렬(1981). 교육철학. 대구: 학문사.

이한우 역(1992). 니이버 저, 도덕적인 인간과 비도덕적인 사회. 서울: 문예출판사.

차경수(1994). "세계화와 시민의식", 서울대학교 사범대학 부설 사회교육연구소, 세계화, 시민의식, 시민교육: 1994년도 시민교육세미나, 4-9.

최종현(1994). "진취적인 세계화", 조선일보. 1994년 12월 8일 4면.

한국교원대 대학원 신문, 1995년 11월 13일자, 1면.

황정규(1995). "21세기에 대비한 教育的 人間像", 教育學硏究. 33: 2, 131-150.

Bhattacharyya, N. C.(1969), "The concept of 'intelligence' in John Dewey's philosophy and educational theory", *Educational Theory*. vol. 19, no. 2(Spring).

Boydston, J. A. ed.(1980). *John Dewey the middle works. vol.* 9, Carbondale and Edwardsville: Southern Illinois University Press.

______(1985). *John Dewey the later works. vol. 6,* Carbondale and Edwardsville: Southern Illinois University Press.

______(1986). *John Dewey the later works. vol. 8,* Carbondale and Edwardsville: Southern

Illinois University Press.

Dewey, J.(1944). *Democracy and education.* N.Y.: The Free Press.

______(1963). *Freedom and culture.* N.Y.: Capricorn Books.

______(1922). *Human nature and conduct.* N.Y.: The Modern Library.

______(1938). *Logic: the theory of inquiry.* N.Y.: Holt, Rinhart and Winston.

______(1963). *Reconstruction in philosophy.* Boston: The Beacon Press.

D'Urso, S.(1978). An evaluation of John Dewey's 'social intelligence'. *Educational Theory.* 28, 120-130.

Holmes, B.(1965). "The reflective man", Nash, P. et al.(1965), *The educated man: studies in the history of educational thought.* New York; London; Sydney: John Wiley & Sons, Inc.

Hutchins, R. M.(1943). *Education for freedom.* Louigiana: Luigiana State University Press.

Meiklejohn, A.(1942). *Educational between two world.* N.Y.: Harper & Brothers.

Peters, R. S.(1981). *Essays on educators.* London: GAU.

______(1966). *Ethics and education.* London: George Allen & Unwin.

Ratner, J. ed.(1965). Intelligence in modern world. N.Y.: John Wiley & Sons. Inc.

Soltis, J. F.(1982). "American pragmatism and John Dewey' theory of educating", 한국철학회·한국교육학회·존듀이연구회 편. 존 듀이와 프래그마티즘. 서울: 삼일당.

Wirth, A. G.(1969). *John Dewey as educator: His design for work in education*(1894-1904). New Delhi: Wiley Eastern Pravite Ltd.

제 3 장

의지에 관한 담론과 자아실현

1. 들어가는 말

최근 우리사회 도처에서 생활고, 사업실패, 성적 부진 등을 비관해 자신의 목숨을 끊는 경우가 많아지고 있다. 통계자료에 의하면, 남자보다는 여자가, 연령이 많을수록, 그리고 지적 수준이 높을수록 자살률이 높다고 한다. 왜 이러한 부류의 사람들이 자살을 많이 하는 것일까? 그들은 자신에 대한 존중감이 부족해서인가, 아니면 자살을 운명으로 받아들였기 때문인가? 아니면 삶의 의지(意志)가 박약하기 때문인가? 대체로 자살을 선택하는 사람들에게서 나타나는 일반적인 성향 중의 하나는 삶에 대한 의지가 박약하다는 것이다. 의지의 박약과 결여는 한 개인의 삶을 절망으로 이끌 뿐 아니라 그가 속한 공동체를 불행하게 만들기도 한다.

일찍이 많은 철학자들이 인간의 삶에 있어서 의지의 중요성을 강조해 왔다. 특히 니이체(F. W. Nietzsche), 쇼펜하우어(A. Schopenhauer), 베르그송(H. Bergson)과 같은 삶의 철학자들은 인간의 삶을 움직이는 원동력은 이성이나 지성이 아니라 의지라고 강조했다. 이들은 인간에게 이성적으로 사유하고 합리적으로 판단할 수 있는 능력이 있다고 하더라도 의지가 결여되게 되면 그것은 무기력해질 수밖에 없다고 판단했다. 아리스토텔레스가 적절히 지적한 바와 같이, 선(good)

이 무엇인지를 안다고 해서 그것이 곧바로 선행으로 이어지는 것은 아니다. 선에 대한 지식은 의지의 도움을 받을 때 비로소 행동으로 옮겨질 수 있다. 따라서 의지는 앎을 행동으로 이끄는 추진력이다. 의지가 전제되지 않은 지식이란 화이트헤드(A. N. Whitehead)의 말을 빌자면 '무기력한 관념'(inert idea)에 불과하다(Whitehead, 1958: 13).

의지는 감정의 순화 및 정서의 형성에도 결정적인 역할을 한다. 의지는 좋은 정서 형성의 조건이거나 전제가 된다. 즐거움, 노여움, 슬픔, 두려움, 사랑, 미움 등의 감정은 자발적으로 일어나지만 이러한 감정을 다스리고 키우고 통제하는 힘은 바로 의지이다. 슬픔과 고통을 딛고 일어설 수 있게 하는 힘은 의지이며, 노여움과, 두려움과 미움을 극복할 수 있게 하는 것도 바로 의지이다. 많은 이들을 역경을 딛고 새로이 설 수 있게 한 것은 이성이나 지성이라기보다는 오히려 의지이다. 이러한 의미에서 최근 의지를 하나의 덕(virtue)으로 바라보려는 관점은 설득력이 있으며, 이것을 기르고자 하는 교육적 태도 역시 권장할만한 것이다(Carr, 1999; Kent, 1996; Roberts, 1984; Steutel, 1999).

이처럼 의지가 우리의 의식과 행위에 있어서 차지하는 비중이 큼에도 불구하고 이를 기르려는 교육 즉 의지교육이 소홀하게 다루어졌다는 점은 분명히 재고해야 할 부분이다. 우리는 흔히 전인교육(全人敎育)을 논의할 때마다 저마다 소리 높여 지식·정서·의지의 조화와 통합을 강조해 왔다. 하지만 현실적으로 지식교육이 지나치게 강조된 나머지 정서교육은 뒷전으로 밀려났으며, 특히 의지교육은 아예 외면당해 왔다. 차라리 학교교육에서 의지교육은 전무하다고 말하는 것이 옳을 것이다. 이처럼 의지교육이 푸대접을 받아온 근본적인 이유들 중의 하나는 의지교육을 객관적으로 평가하기가 어렵다고 생각해 왔기 때문이었다. 사실, 의지교육은 지식교육에 비해 평가의 객관성과 타당성을 확보하기 어려운 것이 사실이다. 하지만 그것이 엄연한 사실이라고 하더라도 의지교육을 등한시하고 소홀히 해도 좋다고 할 수 있는가? 평가가 곤란하다고 해서 의지교육을 등한시한다면 그것은 전인교육의 이념에 어긋나는 것이며 전인교육을 포기하는 것에 지나지 않는다.

그렇다면 의지교육이란 구체적으로 무엇을 의미하며 왜 중요한가? 의지교육은 지식교육 및 정서교육과 어떤 관계를 가지는가? 본고는 이러한 질문에 대한 답을 하기 위한 한 가지 방법으로 듀이(John Dewey)의 의지 개념을 탐색하고자 한다. 듀이는 그의 초기 저작들에서 의지에 대한 체계적인 연구를 시도하였으며, 의지의 개념에 적극적 의미를 부여해 넣었다. 나아가 그는 의지와 지식과의 관계 그리고 의지와 정서와의 관계를 비교적 상세하게 밝혔다. 그는 의지를 인간의 의식(意識)을 구성하는 중요한 요인으로 보았으며, 그것이 지식형성 및 정서의 성장에 커다란 영향을 끼친다는 점을 역설하였다. 말하자면 그는 인간 의식작용에서 의지가 차지하는 비중과 역할을 대단히 높이 평가하였다. 이러한 그의 의지 개념에 대한 논의는 의지교육의 필요성 및 당위성을 밝히는 데 중요한 근거를 제공해 줄 수 있을 것으로 생각된다. 따라서 이 글에서는 듀이의 의지의 개념이 가지는 의미와 의의를 탐색한 후 그의 의지 개념이 오늘날 인지교육, 정서교육, 그리고 도덕교육에 어떤 시사를 던져 줄 것인지를 차례로 논의해 보고자 한다.

2. 의지의 개념

듀이의 의지의 개념이 잘 드러난 저작은 그가 미시간대학교 철학과 교수로 재직 시 발표한 『심리학』(*Psychology,* 1887)과 『인간오성에 관한 라이프니찌의 새로운 논문』(*Leibniz' New Essays Concerning the Human Understanding,* 1888), "의지에 관련된 흥미"(Interest as Related to Will, 1895), 그리고 그의 중기 저작에 속하는 『인간성과 행위』(*Human Nature and Conduct,* 1922) 등이다. 이 저작들 중 의지의 본질, 의지의 내용, 의지의 기능 및 역할, 지식과의 관계 그리고 감정과의 관계를 가장 체계적으로 다룬 저작은 『심리학』이다. 이 절에서는 이 저작을 중심으로 그의 의지의 개념을 분석하고 명료화해 보고자 한다.

1) 의지의 본질

듀이는 의지의 개념을 넓게 규정할 수도 있고 좁게 규정할 수도 있다고 보았다. 그는 "넓은 의미에서 의지란 심의적(心意的)인 것으로서 생리적이지 않은 모든 심리적인 활동(psychological activity)이며, 좁은 의미에서 의지란 의도적이건 의도적이지 않건 어떤 결과를 동반하는 심리적인 활동이다"(*EW,* [1] 2: 299)라고 정의하였다. 또 그는 같은 곳에서 "의지란 아이디어로부터 생겨나는 활동 그리고 이러한 아이디어를 실제적인 것으로 만드는 활동이다."(*EW,* 2: 299)라고 정의하였다. 이러한 그의 정의에 의하면, 의지란 생리학적 개념이 아니라 심리학적 개념이다. 그리고 이것은 인간이 본래 타고나는 속성이라기보다는 후천적으로 작용하는 '심리적인 활동'이다. 이러한 그의 정의는 의지를 단순히 타고나는 정신적인 능력(capacity), 성향(disposition)으로 기술하고 있는 사전적인 정의와는 다르다고 할 수 있다(*Webster's Dictionary,* 1984: 2617). 말하자면 그의 의지 개념은 기술적이기보다는 규범적이고 때로는 규정적이다.

그는 의지의 개념에 대한 기술적인 정의를 넘어서 이것을 좀 더 새롭게 정의하고자 했다. 말하자면 의지를 단일한 용어를 사용해 정의하기보다는 의지와 관련이 깊은 개념들과의 관계를 알아봄으로써 그것의 의미를 밝혀보려는 관계적 정의(relational definition)를 시도하였다. 그에 의하면, 의지란 지식 및 감정과 더불어 의식(consciousness)을 구성하는 중요 요소이다(Smith, 1985: 267). 따라서 그는 의지가 무엇인가를 밝히기 위해서는 의지가 지식 및 감정과 어떠한 관계를 가지는가를 이해하는 것이 중요하다고 보았다. 그는 『심리학』에서 의지에 대한 관계적 정의를 시도하였다.

> 지식이란 감정에 의존한다. 하지만 감정이란 그것이 마음에 주의를 불러일으키고, 마음을 사물이나 진리에로 이끌어 갈 때에 한하여 지식을 낳는다. 이러한 주의의 방향이 의지의 활동이다. . . 의지의 활동은 지식을 포함한다. 의지는 쓰기와 같은 아주 단순한 활동일 수도 있고, 거창한 사업을 이끌어가는 것과 같은 복잡한 활동일 수도 있다. 어떤 경우이든 의지는 성취하고자 하는 목표에 관한 생각을 요구하며, 그 목표를 이루고자 하는 다양한 수단들에 관한 생각을 요구한다. 즉 목표로 하고 있는 결과와 그 목표를 실현해 가는 과정에 관한 지식이 의지를 실천

---

1) 여기서 *EW*란 미국 일리노이 대학교에서 출판한 듀이 전집 중 *John Dewey: The Early Works, 1882-1898*을 가리킨다.

> 해 가는데 필요하다. . . 이와는 반대로 감정이란 의지력(volition)을 전제로 한다. 흥분, 자극, 행동이 없이는 감정이라는 것도 있을 수 없다(*EW,* 2: 21-22).

듀이는 의지를 의식의 구성 요소인 지식 및 감정의 관계 속에서 정의하고자 하였다. 왜냐하면 그는 의지가 그 자체로서 생겨나지도 활동하지도 않는다고 판단했기 때문이다. 그는 의지가 의식의 구성 요소인 것은 틀림없는 사실이기는 하지만 그것은 독자적 혹은 독립적으로 작용하는 것이 아니라 지식 혹은 감정과의 상호 의존적 관계 속에서 생성되고 기능한다고 보았다. 듀이에 의하면, 감정은 의지에 의존하며, 지식 역시 의지에 의존한다. 동시에 의지 역시 감정과 지식에 의존한다. 마음에서 일어나는 이런 저런 감정들은 의지의 도움이 없이는 움직일 수 없으며 결실을 맺을 수 없다. 말하자면 의지는 감정을 어떤 목표로 이끌어 가는 중요한 동인(動因)이다. 또 지식은 의지에 의존한다. 무엇인가를 인식해 가는 과정은 앎의 주체를 앎의 대상으로 이끌어가는 의지의 도움이 없이는 불가능하다. 따라서 듀이는 이 세 가지 요소가 서로서로를 전제로 하지 않는 한 성립될 수 없을 뿐 아니라 작용할 수 없다고 보았다.

듀이는 의지가 하나의 의식이기는 하지만 지식이나 감정과는 달리 구체적인 의식(concrete consciousness)이라고 정의하였다(*ibid.:* 23). 그는 인간의 모든 의식은 지식이라는 객관적인 요소와 감정이라는 개별적인 요소의 상호작용으로 이루어진다는 점을 전제한 후, 지식과 감정을 구체적인 내용으로 관련짓는 것이 바로 의지라고 주장했다. 이 점에 대해 그는 다음과 같이 설명했다.

> 의식의 개별성이 감정이라면, 의식의 보편성은 지식을 의미한다. 이와 반대로 의식의 개별적인 요소와 보편적인 요소 모두를 포함하는 구체적인 의식이 의지이다. 의지란 늘 구체적인 요소를 드러나게 함으로써 그 자체를 표현하고, 보편적인 요소를 자아와 관련지으며, 개별적인 내용을 수용함으로써 그것을 지성적으로 인식 가능한 존재에 부여한다. . . 의지의 활동이 우주의 본질을 드러내는데 작용하게 되면 그것은 지식이며, 자아의 발달을 가능하게 하는데 작용하면 그것은 감정이다(*EW,* 2: 23-24).

듀이에 의하면, 의지가 보편적인 지식과 개별적인 감정에 어떤 방식으로 작용하는가에 따라 의지의 형식은 크게 두 가지 즉, '내부로 들어가는 의지'(in-coming will)와 '외부로 향하는 의지'(out-going will)로 구분된다. '내부로 들어가는 의지'란 의지의 활동이 자아에 대한 관심으로부터 시작하여 대상에 대한 주의(attention)로 이어지다가 결국 자아에로 되돌아오는 의지를 말하는 것으로서 외부의 사물이나 현상을 보고 자신의 생각을 바꾸려고 할 때 이러한 의지가 작용한다. '외부로 향하는 의지'란 개별적인 감정을 보편적인 지식으로 만들어가려는 의지로서(*ibid.:* 24), 개인적인 욕구, 계획, 목표를 세우고 이것을 드러내고 구체화하고 이를 실현하려고 할 때 작용하는 의지이다. 듀이는 의지가 어느 방향으로 향하든지 의지가 객관적인 지식과 주관적인 감정을 서로 매개시킴으로써 자아(self)를 통합해 가는데 중요한 역할을 한다고 강조한다. 이러한 맥락에서 듀이는 『심리학』 제22장에서 "의지란 자아이다"(will is self)라고 정의하고 있다.

> 자아의 통일이 의지이다. 심리학적으로 말해서 의지란 인간이다(Will is the man). 우리가 살핀 바 있는 지식이란 본질상 보편적인 자아의식을 실현해 가는 과정이며, 감정이란 자아실현에 수반되는 것으로서 그 독특한 속성은 지식의 형식에 의해 좌우된다. 의지란 그 자체를 실현해 가는 자아로 볼 수 있다. 이것은 신체적인 통제(physical control)와 타산적인 통제(prudential control)에 의해 가능하며, 도덕적 통제(moral control)에 의해 보다 잘 발달해 갈 수 있다. 여기서 의지란 자아 결정과정(self-determination)으로 보인다(*EW,* 2: 357).

여기서 듀이는 의지의 개념에 더욱 적극적인 의미를 부여해 넣고 있다. 그에 의하면 인간이란 자아를 가지고 있으며, 자아란 결국 지식, 감정, 의지의 통일체이다. 의지란 바로 이러한 자아를 통일해 가는 데 있어 가장 주요한 역할을 담당하는 심리적 요소이다. 그리하여 그는 "의지란 인간이다"라고 선언한 것이다. 이 말은 여러 가지 의미를 담고 있지만, 인간에게서 의지를 빼앗으면 더 이상 인간일 수 없다는 의미를 담고 있다. 말하자면 인간을 인간답게 하는 것은 바로 의지라는 것이다.

이상에서 살펴본 바와 같이 듀이가 말하는 의지란 다음과 같은 세 가지의 특징을 가지고 있는 개념으로 요약된다. 첫째, 의지란 생리적인 요소가 아닌 의식을 구성하는 심리적 요소로서 지식 및 감정과 상호작용하는 특징을 가진다. 둘째, 의지란 의식의 객관적인 요소인 지식과 주관적인 요소인 감정을 끊임없이 통합해 가는 특징을 가진다. 셋째, 의지란 자아가 그 자체를 통일하고 실현해 가도록 돕는 역할을 하는 특징을 가진다.

2) 의지의 내용

듀이는 의지란 그 자체로서 순수한 형식(form)을 가지기보다는 그 자체로서 구체적인 내용을 가진다고 보았다. 그는 이 내용이 감각적 충동들(sensuous impulses)로 이루어져 있다고 생각했다. 그에 의하면, 감각적 충동들은 의지의 내용을 이루는 원재료(raw material)이다. 하지만 감각적 충동들이 곧바로 의지의 내용이 되는 것은 아니다. 오히려 의지는 감각적 충동들을 상호 조정하고 상호 규제하는 가운데 의지의 내용을 얻게 된다. 즉 이것들이 명확한 행동양식으로 조직되지 않고는 의지가 될 수가 없다. 말하자면 이것들이 어떤 과정을 통해 정제되지 않는다면 의지의 내용이 될 수 없다(*EW*, 2: 299-300). 그렇다면 그가 말하는 감각적 충동이란 구체적으로 무엇을 말하는가?

> 감각적 충동이란 어떤 신체상의 변화를 만들어 내려는 가운데 그 자체를 표현해 내려는 어떤 신체조건으로부터 생겨나는 의식상태에 대한 압력으로 정의할 수 있다. 이 의식상태란 정지된 것이 아니라 그 자체로서 외부의 자극에 반응하는 에너지를 가지고 있다. 예컨대, 눈의 신경기관은 에테르 파장의 영향을 받는다. 두뇌에 영향을 주는 미세한 운동은 우리가 빛을 감각이라고 부르는 의식상태를 낳는다. 그러나 자아의 영향도 있다. 즉 눈을 빛으로 향하게 하거나 빛으로부터 멀리 떨어지게 하는 경향이 있다. 물리적 자극으로부터 혹은 이러한 자극으로 나아가게 하려는 이러한 경향의 에너지가 바로 감각적 충동이다(*ibid.*: 300).

듀이는 의지의 내용을 이루는 감각적 충동들을 6가지로 분류하였다. 즉 이것들에는 일반적인 감각충동들(general sense impulses), 특수한 감각충동들(special sense impulses), 지각충동들(impulses of perception), 모방충동들(impulses to imitation), 관념적인 충동들(ideational impulses), 본능적인 충동들(instinctive impulses)이 있다는 것이다. 이 충동들은 다음과 같은 특징을 가지고 있다(*EW*, 2, 301-309).

일반적인 감각충동들은 유기체의 감각들에서 가장 일반적으로 나타나는 충동들로서, 이것은 유기체가 깨진 평형을 회복하기 위해 유기체 밖의 재료를 사용하고자 하는 에너지로 발산된다. 특수한 감각충동들은 신체에 대한 접촉감각, 보기 위한 시력감각, 듣기 위한 청각감각 등에 의해 이루어지는 충동들로 신체를 탐색하고 느끼려는 충동들이다. 지각충동들이란 행동의 목적을 인식하지 못하는 것을 포함하는 어떤 대상에 대한 지각으로부터 직접 따라오는 충동들로 주로 유아기에 발달한다. 이러한 충동을 가진 유아들은 아무 목적 없이 물건을 던지고 흔들어 본다. 그들의 충동은 일종의 유희충동으로 발달한다. 모방충동들은 지각충동으로부터 성장하여 어느 지각된 운동을 모방하고 재생산하려는 충동들로서 주로 아동들에게서 나타난다. 이것들은 아동이 운동할 때 자기보다 나이가 많은 아이들과의 관계 속에서 나타나는 충동들로 아동교육에 있어서 가장 중요하게 다루어야 할 요소이다. 듀이에 의하면, 관념은 감정 및 지각과 마찬가지로 행동에 영향을 준다는 점에서 충동이다. 하지만 그것이 아무 때나 충동이 되는 것은 아니다. 그것은 다른 관념과 서로 조화를 이루고 행동과 구체적으로 관련을 맺을 때에 한하여 충동이 될 수 있다. 본능적인 충동들은 감각적인 충동들과 유사하지만, 전자가 반사적이고 재생산적이라면 후자는 즉각적인 욕구를 훨씬 넘어서는 결과를 가져오는 새로운 양식을 받아들인다는 점에서 차이가 난다.

듀이는 이러한 여러 형태의 감각적 충동들이 의지력(volition)의 내용이요, 의지의 토대가 되는 것은 사실이지만 이 충동들 자체가 의지력을 구성하는 것은 아니라고 보았다. 그리하여 그는 충동들이 조정되고 조화를 이루었을 때 비로소 의지력이 될 수 있다고 보았다. 그에 의하면, "의지력이란 조정되고 조화가 이루어진 충동이다"(*ibid.:* 309). 여기서 듀이는 '의지'(will)와 '의지력'(volition)을 개념적으로 구분하고 있는 듯 하다. 그는 『심리학』의 제17장까지 '의지'의 개념을 사용하다가 제 18장에서는 '의지력'의 개념을 도입하였다. 그는 이 개념의 차이를 분명하게 밝히고 있지 않지만 맥락에 비추어볼 때 '의지'를 일반적이고 심리학적 개념으로 사용하였다면, '의지력'을 철학적, 도덕적 개념으로 사용하고 있다. 말하자면 '의지'를 가치중립어로 사용한 반면에, '의지력'을 가치어(value word)로 사용하고 있다. 그에 의하면, "의지력이란 바람직하다고 생각하는 목적을 달성하는 방향으로 의식적으로 움직여가는 충동이다"(*ibid.:* 309).

듀이는 의지력이 충동과 밀접한 관계를 가지고 있듯이 지식, 감정과도 긴밀한 관계를 가지고 있음을 강조하고 있다. 즉 의지력은 앞에서 살핀 바 있는 충동들을 그 내용으로 하고 있기는 하지만 이 조정되고 조화를 이룬 충동들이 지식과 감정의 형성에도 큰 영향을 준다고 생각했다. 그는 의지력이 충동, 지식, 감정과 밀접한 관계가 있음을 다음과 같이 설명하였다.

> 의지력 혹은 의지의 활동은 무엇보다도 충동, 지식, 감정을 포함한다. 거기에는 행위의 목적에 대한 지식이 있어야 한다. 즉 목적과 그 목적을 달성하려는 수단과의 관계에 대한 지식이 있어야 한다. 여기서 목적이란 마음 속에서 즐겁거나 고통스러운 감정을 일깨운다. 그것은 흥미로운 속성을 가지거나 자신과 즉각적으로 관련을 가지는 주관적인 것으로 느껴져야 한다. 충동들은 목적의 속성을 인식할 수 있게 해 주는 운동력(moving force)을 신장시킨다. 그리고 자기 행복의 필요성이 실제로 일어나게 하는 운동력을 신장시킨다. 충동이란 감정을 만족시키기 위한 지성에 의해 마련된 통로를 따라 이끌어지는, 즉 목적의 실제적 성취를 가능하게 하는 에너지이다. 달리 말하면, 감정이란 지렛대의 위치를 결정한다. 지식이란 눌러야 할 지렛대의 지점을 알려준다. 충동은 그 지렛대를 누르는 힘을 제공한다(*EW,* 2: 309).

듀이는 의지력 혹은 의지의 활동이 충동, 지식, 감정과 어떤 관계를 가지는가를 지렛대의 원리에 비유하여 설명하고 있다. 지렛대를 사용하여 물건을 들어올리거나 운반하려고 할 때 지렛대를 사용하는 사람은 지렛대를 물건의 어느 지점에 갖다 놓아야 하는지, 그리고 어느 지점을 눌러야 할 것인지를 정확하게 알아야 한다. 하지만 지렛대의 사용원리를 아무리 잘 안다고 하더라도 결국 그 지렛대를 누르는 힘이 있어야 한다. 듀이는 이 힘 혹은 에너지를 충동이라고 보았으며, 이것을 의지력과 동일한 의미로 사용하였다. 말하자면 의지력이란 넓은 의미에서 정제되고 조화를 이룬 충동이다. 이것이 욕구를 낳고 행동을 움직이는 원천이다.

3) 의지력의 발달

듀이는 의지력이 어떻게 발달해 가는가에 대해 큰 관심을 가졌다. 앞에서도 설명한 바 있듯이, 듀이는 충동들이 의지력의 원재료요, 내용이기는 하지만 그것들 자체가 의지력을 구성하는 것은 아니라고 보았다. 말하자면 충동들이 일정한 형식(form)을 가질 때 비로소 의지력이 될 수 있다고 보았다. 그리하여 그는 거친 충동들이 어떻게 하나의 의지력으로 성장하고 발달해 가는가 하는 과정에 큰 관심을 가졌다. 그는 의지력의 발달 단계를 크게 욕구(desire)의 단계, 사려(deliberation)의 단계, 선택(choice)의 단계, 동기(motive)실현의 단계로 나누어 설명하고 있다.

듀이에 의하면, 충동은 그 자체로서 욕구를 구성하지는 않는다. 욕구의 대상이 없고는 충동이 일지 않기 때문이다. 예컨대 사과라는 대상이 없이는 우리들의 마음 속에서 저절로 사과를 먹고 싶다는 욕구가 일지 않으며, 나아가 먹고 싶은 충동도 일어나지 않는다. 그렇다면 언제 충동이 하나의 욕구로 발달해 갈 수 있는 것인가? 듀이는 충동이 객관화(objectification)될 때 비로소 욕구가 발달한다고 보았다(*EW,* 2: 312). 그는 이점에 대해 다음과 같이 적었다.

> 결국 욕구의 발달은 충동이 자아의 영향으로 끊임없이 분리될 때 이루어지는 것이며, 그것을 행동의 목적으로 객관화할 때 일어나는 것이다. 음식에 대한 충동은 원하는 조건이 인식되고 현재의 자아로부터 구별될 때 욕구로 발달한다. 즉 충동이 객관화될 때 욕구가 발달한다(*ibid.*).

여기서 '충동이 객관화 된다'는 말은 무엇을 의미하는가? 듀이가 밝히고 있듯이, 충동은 그 자체로서 즉각적이고 맹목적이어서 이루려는 목적이 무엇인지, 그리고 나아가고자 하는 방향이 어디인지를 알지 못한다. '충동이 객관화된다'는 것은 충동이 자아를 행동으로 이끌어갈 수 있는 하나의 의미 있는 힘으로 변형된다는 것을 의미한다. 말하자면 충동이 목적의식을 가지고 방향감을 가진다는 것을 의미한다. 듀이는 이러한 속성을 가지는 욕구들이 때로 갈등하고 충돌할 수 있다고 보았다. 그는 "가족을 위해 노동하고 부양하려는 욕구는 사적인 평안함과 충돌할 수 있으며, 진실을 말하려는 욕구는 사익을 얻으려고 하거나 손해를 보지 않으려는 욕구와 충돌할 수 있다"(*ibid.*: 314)라는 예를 통해 욕구들이 갈등할 수 있음을 보여준다.

듀이는 이러한 욕구들의 갈등은 선택의 과정(process of choice)을 통해 비로소 해소된다고 보았다. 그에 의하면, 갈등이란 충족하고자 하는 욕구들이 다양하거나 중첩될 때 생겨난다. 예컨대, 식욕, 수면욕, 성욕이 동시에 일 경우 갈등이 생겨난다. 이것들 모두가 함께 충족된다면 갈등은 생겨나지 않는다. 어느 경우든 마음 속에서 일어나는 욕구들이 다 같이 충족될 수는 없는 일이다. 따라서 자아란 갈등하는 욕구들 중 어느 하나를 먼저 선택할 수밖에 없다. 그리하여 듀이는 "선택의 과정이란 갈등하는 욕구들 중 하나가 먼저 분리되고 그런 다음 자아와 일치되어 가는 과정이다. 이 과정은 다소간 자율적이지만 고통스런 사려(思慮)의 과정(painful deliberation)이다"(*ibid.*)라고 적고 있다. 그는 선택의 과정에는 고통스러운 사려가 수반된다는 점을 밝히고 있다. 사려란 갈등하는 상황에서 무엇이 바람직하며 이익이 되는지를 깊이 있게 생각해 보는 일종의 숙고(熟考)의 태도이다. 그리하여 듀이는 "사려란 욕구를 비교하는 것이며, 욕구들의 상호관계이다. 즉 선택이란 어느 한 방향으로 결정하는 것이다."라고 적고 있다(*ibid.*).

듀이는 이러한 사려와 선택과정에서 동기(motive)가 작용한다고 보았다. 그에 의하면, 사려의 과정을 통해 선택된 욕구가 바로 동기이다. 욕구들 간에는 갈등이 생겨나지만 동기들 간에는 갈등이 생겨나지 않는다. 동기란 이 욕구들 간의 갈등이 해소되었을 때 형성된다. 오히려 동기란 자아가 자신의 이상(ideal)을 실현하려는 혹은 자아가 목적으로 하는 바를 성취하려는 강한 힘이라고 할 수 있다. 이러한 의미에서 그는 "동기란 이상의 다른 이름에 지나지 않는다"(*ibid.*)라고 적고 있다. 그렇다면 이러한 동기가 어떻게 실현되어 갈 수 있다는 것인가? 듀이는 이 점에 대해 다음과 같이 설명하였다. 자아란 그것이 처한 실제 상태와 그것이 이루려고 하는 이상적인 상태 사이에서 늘 고통을 받게 된다. 이 고통은 자아를 불안하게 하고 불만족스럽게 한다. 하지만 듀이는 이 고통이 무의미한 것이 아니라 목적을 실현해 가도록 하는 자극제로서 기여한다고 보았다. 그리하여 그는 "고통이 자아 안의 실제적 상태와 드러난 상태 간의 모순을 없애려는 자극으로 기여하며, 따라서 실제적인 만족을 경험하려는 자극으로 기여한다."(*ibid.:* 317)고 적었다. 그런데 이 단계에서 듀이는 충동이 또 다시 중요한 역할을 하게 된다고 보았다. 즉 선택된 목적을 실현하기 위해서는 충동이 또 다시 요청된다는 것이다. 그는 이 점에 대해 다음과 같이 요약하였다.

> 좀 더 적절하게 말한다면, 우리는 욕구의 충동적인 힘을 허용함으로써 목적을 이룰 수 있게 되는데, 여기서 충동적인 힘이란 선택의 행위를 통해 그 자체를 드러내려는 숙고의 과정에서 확인된 것이다. 목적을 실현하도록 하고, 따라서 동기를 행위로 변화시키는 힘을 제공하는 것은 이런 저런 종류의 신체적 충동들이다 *(ibid).*

듀이에 의하면, 충동이나 욕구가 실현하고자 하는 목적이란 절대적인 것이 아니다. 자아가 이루고자 하는 목적은 동시에 수단이기도 하다. 이루어진 활동을 전체적인 관점에서 바라볼 때 그것은 목적이다. 하지만 그것을 실현하는 과정에서 바라보면 그것은 수단이다. 하지만 듀이는 인간에게 하나의 목적이 있다면 그것은 바로 자아실현의 목적이라고 보았다. 다른 목적들은 이러한 자아실현을 위한 유사 목적들(proximate ends)에 불과하다는 것이다. 따라서 이미 앞에서 살펴본 바 있는 갈등하는 욕구들을 숙고하고 선택하고 결정하는 일련의 과정들은 그 자체로서 목적을 가지기보다는 자아를 실현하는 수단이며 과정이라고 볼 수 있다. 또 분출하는 충동들을 욕구로 변형시키고 객관화하는 일들은 모두 의지의 작용이라고 볼 수 있는데, 이것은 궁극적으로 자아실현이라는 궁극적인 목적을 위해 기여하는 것이다. 듀이는 의지가 자아실현에 대해 가지는 기능을 다음과 같이 요약하고 있다. "의지란 그 자체가 보편적인 것으로서 자아가 어느 목적 성취에 안주하는 것을 막아준다. 의지란 갱신된 행동(renewed action)의 원천을 이루어야 한다. 의지란 늘 객관적이고 실제적인 자아를 고양시켜 준다. 그러므로 그것은 모든 행동의 목적으로서의 자아를 변화시킨다."(*ibid.:* 319).

4) 의지력의 기능

듀이에 의하면, 인간의 이상적인 삶이란 다름 아닌 자아를 완성한 삶이다. 말하자면 삶의 목적이란 자아를 완성하는 것이다. 이런 의미에서 그는 "궁극적으로 단 하나의 목적이 있다면 그것은 자아실현이다. 다른 목적들은 이것을 이루기 위한 수단에 불과하다."(*EW*, 2: 320)라고 말한다. 그렇다면 의지력이란 자아가 그 자체의 목적을 실현해 가도록 하기 위해 어떤 역할을 해야 하는가? 그것은 자아실현의 과정에서 어떤 기능을 담당해야 하는가?

듀이는 자아실현 과정에서 신체적 의지력(physical volition), 타산적 의지력(prudential volition), 도덕적 의지력(moral volition)이 중요한 역할을 한다고 생각했다. 그는 이러한 의지력들이 담당해야 할 가장 중요한 기능은 바로 통제라고 보았다. 듀이는 의지력이 다음과 같은 세 가지의 통제 기능, 즉 신체적 통제(physical control), 타산적 통제(prudential control), 도덕적 통제(moral control)의 기능을 해 간다고 보았다. 신체적 통제는 타산적 통제 및 도덕적 통제의 기초 내지 조건이 된다. 이것들은 독립적으로 작용하기보다는 동시에 혹은 서로 결합하여 작용한다.

(1) 신체적 통제

듀이는『심리학』제19장에서 운동 생리학에 대한 폭넓은 지적 배경을 가지고 신체운동이 어떻게 일어나는가에 대해 비교적 긴 설명을 한 후 의지가 신체를 어떻게 통제해 가는가를 보여주고자 했다. 그에 의하면, 인간의 신체란 신경조직과 신경근육을 가지고 있다. 이러한 신경조직과 신경근육이 외부의 자극을 받게 되면 그것에 상응하는 신체적 움직임이 일어나게 되는데 이것이 바로 운동(locomotion)이다. 이러한 운동들은 그 자체로서 목적과 방향을 가지고 있지 않다. 따라서 그것은 막연하고 혼란스럽고 맹목적일 수밖에 없다. 따라서 이러한 운동들이 목적하는 방향으로 나아가도록 하기 위해서는 모종의 통제가 이루어져야 한다. 이 단계에서 의지가 중요한 역할을 담당한다. 듀이는 의지가 이러한 신체적 운동들을 다음 세 단계에 거쳐 통제해 간다고 보았다. 즉 의지란 금지의 과정(process of inhibition), 조정의 과정(process of co-ordination), 그리고 적응의 과정(process of accommodation)을 통해 이런 저런 신체적 운동을 통제함으로써 그것들을 의미 있는 방향으로 이끌어 간다고 보았다(*EW*, 2: 327-328). 듀이에 의하면 금지, 조정, 적응은 독립적으로 일어날 수도 있고 동시에 일어날 수도 있다. 듀이는 의지가 신체를 어떻게 통제해 가는가를 고찰한 후 사람들이 의지에 대해 가지고 있는 잘못된 생각들을 다음과 같이 지적하였다.

> 의지란 때로 우리 인간본성의 나머지 힘인 것처럼 언급되고 있다. 또 때로는 그것이 감정과 충동에 규칙을 부여하는 법제적인 힘(legislative force)으로 언급되기도 하고, 때로는 충동에 대하여 지력의 명령을 실행하는 집행적인 힘(executive force)으로 언급되기도 한다. 그리하여 의지란 신체가 이런 저런 것들을 행하도록 이끄는 것으로 언급되기도 한다. 하지만 의지와 같은 정신적인 힘이 어떻게 신체와 같은 물질적인 실체에 작용할 수 있는가 하는 해결할 수 없는 문제를 낳게 되었다. 이러한 견해들은 의지력에 관한 부적절한 개념에 기초하고 있다(*EW*, 2: 328).

듀이는 의지란 신체 밖에 있는 것이 아니라는 점을 분명히 밝히고 있다. 그에 의하면, 의지란 신체가 어떤 동작을 하도록 이끄는 힘으로서 어떤 행동이 일어난다는 것은 신체 안에 이미 의지가 존재하고 있다는 것을 보여주는 것이다. 그러나 듀이는 의지가 신체 내부에서 단순하게만 작용하는 것이 아니라고 보았다. 앞에서 이미 설명한 바 있듯이, 의지가 신체를 통제해 가는 과정은 결코 단순한 것이 아니다. 듀이는 의지에 의한 통제가 감정 및 지력(intellect)과 밀접한 관계를 가지면서 이루어진다고 보았다. 그에 의하면, "감정이란 우리를 어떤 결과에로 이끌어가고, 지력이란 이러한 결과, 목적, 그리고 그 수단을 인식하도록 하며, 이제 이것을 감정 안에서 의식적 동기 내지 목적으로 전환시킨다. 그렇게 함으로써 이것들을 통제하게 해준다. 이러한 통제 과정 전체가 의지이다."(*ibid.*: 329). 따라서 의지란 신체적 충동, 신체적 운동만을 통제해 가는 단순한 역할만을 하는 것이 아니라 감정과 지력의 작용을 동시에 어우르는 이중적인 역할을 담당하고 있다.

(2) 타산적 통제

듀이에 의하면, “타산적 통제(prudential control)는 신체 운동을 조정하고 규제하는데 목적이 있기보다는 충동들이 이익이 되는 것으로 여겨지는 목적으로 다가가게 하고, 해가 되는 것을 멀리 하게 하려는 목적으로 이끌어가는 모든 행동을 포함하는 활동이라는 점에서 신체적 통제와 구별된다”(*EW*, 2: 332-333). 여기서 “타산적”이라는 말은 아주 넓은 의미로 쓰이는데, 이것은 예상되는 손익의 동기에 의하여 이루어지는 행동을 표현할 때 쓰는 말이다. 듀이에 의하면, “타산적 통제란 본능적 감정에 의해서 이루어지는 신체적 통제와 구별되며, 의무감을 불러일으키는 도덕적 통제와 구별된다”(*ibid.:* 333). 우리는 흔히 타산적이라는 말을 좋은 의미로 사용하기보다는 누군가를 비난하기 위해 사용한다. 왜냐하면 타산적인 사람에게서 나타나는 공통된 성향은 자신의 행위의 결과가 과연 자신에게 얼마나 이익이 되는지를 먼저 고려하는 방향으로 기울어져 있기 때문이다. 하지만 듀이는 이 말에 보다 적극적인 의미를 부여하여 사용하고 있는 것 같다. 그에 의하면, 어떤 목적을 실현하려는 사람에게 타산적인 사고와 행동은 불가피하다.

듀이는 타산적 통제에는 세 가지 형식들, 즉 실제적 통제(practical control), 지적 통제(intellectual control), 정서적인 통제(emotional control)가 있다고 보았다. 그에 의하면, 실제적 통제란 어떤 이익을 얻으려는 방향으로 나아가려는 행동들로서, 금지(inhibition), 지연(postponement)의 단계를 거쳐 이루어질 뿐 아니라 비교적 포괄적이고 영구적인 목적을 실현하기 위한 방향으로 나아간다. 행동이 이런 단계를 거쳐 통제될 때 행동은 비로소 좀 더 합리적이거나 사려 깊은 것이 되고, 좀 더 집요하거나 인내력이 있는 것이 되며, 좀 더 단호하거나 결연한 것이 된다(*ibid.:* 338-339).

듀이에 의하면, 지적인 통제란 주의(attention)를 집중하게 하는 것이다. 즉 그것은 마음을 어떤 주제에 고정시키는 능력, 즉 어떤 사물에 대해 집중(concentration)하는 능력이다. 이러한 능력은 마음에 부속하는 정신적 과정들을 최종적인 목적으로 이끌어가는 동안 성장하고 발달한다. 사고(thinking)란 바로 이런 지적 통제의 본보기이다(*ibid.:* 339).

듀이에 의하면, 감정을 통제해 가는 첫 단계는 밖으로 드러난 표현을 억압하는 것인데 이러한 직접적인 통제방법은 오히려 감정을 악화시킬 수 있다. 따라서 감정은 다른 간접적인 방법에 의해 통제되어야 하는데 그것이 바로 사고에 의한 통제방법이다. 듀이는 어떤 감정을 통제하는 가장 효과적인 방법은 그 감정을 몰아낼 수 있는 정반대의 정서를 불러내는 것이라고 보았다. 그에 의하면, 감정 자체를 완전히 몰아내는 것은 불가능한 일이기 때문에 좀 더 강한 정반대의 감정을 불러들여야 한다(*ibid.:* 340).

(3) 도덕적 통제

도덕적 의지는 도덕적 행동을 통제함으로써 도덕적 자아를 완성해 가도록 하려는 힘이다. 도덕적 행동이란 앞에서 말한 타산적 행동과는 다른 것이다. 듀이에 의하면, 타산적 행동이 결과(result)에 의해 평가받는 데 비해 도덕적 행동은 동기(motive)에 의해 평가를 받는다. 타산적 행동의 경우는 그 행동의 결과가 나쁘더라도 그것에 대해 책임을 지지 않는 반면 도덕적 행동의 경우는 그 동기가 불순하고 결과가 나쁘면 어떤 책임을 져야 한다. 즉 전자는 행위의 결과가 나쁘더라도 비난을 받지 않는데 반하여 후자는 비난을 면하기 어렵다(*ibid.:* 342-343). 그렇다면 사람들이 행동의 결과에 대해 책임을 지지 않으려는 이유는 무엇인가? 듀이에 의하면, 타산적인 행동을 하는 사람들은 외부적인 환경이나 지식을 고려하며 행위 결정을 하기 때문에 행동의 결과에 대해 책임을 지지 않으려고 한다. 즉 외부적인 요인이라는 것은 통제 밖의 일이기 때문에 책임을 질 필요가 없다고 본다. 이에 반해 도덕적인 행동의 경우 행위 주체의 의도가 통제될 수 있음에도 불구하고 이것을 통제하지 않음으로 인해 나쁜 결과를 가져오게 되면 책임이 뒤따르게 된다. 요컨대 타산적인 행동은 어떤 사건이나 우연성(contingency)에 의해 결정된다면, 도덕적 행동은 오직 한 개인의 인격에 의해 결정이 된다.

듀이는 타산적 행동이 모두 비도덕적인(immoral) 것은 아니라고 보았다. 즉 그는 타산적 행동도 적절히 통제를 받게 되면 도덕적인 것이 될 수 있다고 보았다. 예컨대, 의사가 돈을 벌기 위한 의도로 수술을 했다면 그의 행동은 타산적이지만 오직 사람의 목숨을 구하기 위해 수술을 했다면 그의 행동은 도덕적인 것이다. 그렇다면 타산적인 행동을 도덕적인 행동으로 이끄는 힘은 무엇인가? 듀이는 그것을 인격(character)이라고 보았다. 그리하여 그는 인격이란 어떤 능력(capacity)을 실제적인 행동으로 바꾸는 의지라고 정의하였다. 그는 "의지란 자아를 도덕적으로 실현하는 힘이다. 인격이란 실현된 자아이다."(*ibid.:* 352)라고 주장했다. 이러한 듀이의 주장에 따르자면, 의지란 도덕적 자아를 적절하게 통제함으로써 인격을 완성하도록 돕는 역할을 한다. 듀이는 의지가 인격 형성에 깊이 관여하고 있음을 다음과 같이 적었다.

> 인격이란 이루려는 목적으로 이끌어 가는 에너지의 저장고이다. 인격 안에는 앞선 행동의 결과들이 저장되어 있다. 인격이란 그 자체의 힘을 의지에 빌려준다. 인격이란 확산된 의지력(multiplied volition)이다. 그것은 행동들이 분리되는 것을 멈추게 하고 그 자체를 집중시키는 의지이다. 그것은 더 이상 산발적인 것이 아니라 힘을 한 방향으로 모으는 의지이다. 인격을 갖춘 사람은 좋든 싫든 쉽사리 기세가 꺾이지 않는다. 그는 방해물들을 개의치 않으며 그의 눈은 목적, 아니 목적만을 응시하고 있다. 위약함이란 변덕을 의미한다. 변덕이란 인격의 결핍을 말한다(*ibid.:* 355).

'인격이 곧 의지력이다'라는 듀이의 주장은 어떤 의미를 가지는가? 이것은 인격이 의지와 동일한 의미를 가진다는 주장이라기보다는 오히려 인격형성에 있어서 의지가 차지하는 비중과 역할이 그만큼 중요하다는 것을 강조한 주장이라고 봐야 한다. 인격이란 도덕적 자아의 통합체로서 도덕적 지식, 도덕적 감정, 도덕적 의지가 서로 조화를 이룬 상태를 말한다. 듀이는 이 세 가지 요소들 중에서 도덕적 의지의 역할을 무엇보다 중요시하였다. 그는 도덕적 지식과 도덕적 감정의 소유는 도덕적인 사람이 되는데 필요하지만 충분한 것은 아니라고 생각했다. 그리하여 그는 이것들이 의지의 통제 및 조력을 받지 않고는 무기력하거나 맹목적인 것이 되어 결국 도덕적 자아를 분열시킨다고 생각했다. 이러한 점에서 그는 도덕적 삶에 있어서 도덕적 의지가 지니는 가치와 중요성을 부각시켰으며 그것이 도덕적 자아형성에 미치는 영향이 상대적으로 크다는 점을 강조했다고 할 수 있다.

3. 의지와 자아실현

앞에서 살펴본 바와 같이 듀이가 설명한 의지는 지식, 감정과 더불어 인간의 의식세계를 구성하는 중요한 심리학적 요소로서 객관적인 지식과 주관적인 감정을 통제하고 때로는 조화시킴으로써 자아를 통합해 가는 중요한 기능을 지니고 있다. 일반적으로 교육이 추구하는 궁극적인 목적은 학습자의 자아 형성을 돕고 그것을 실현하도록 하는 것이다. 듀이는 이 자아실현 과정에서 의지가 지니는 중요성과 기능을 무엇보다 중시했다. 특히 의지가 통합된 자아(integrated self) 형성에 결정적인 영향을 준다고 믿었다. 그의 의지의 개념은 지나치게 다의적인 의미를 담고 있어서 명료화하기 쉽지 않지만 의지, 의지력에 대한 그의 논의들은 교육이론 및 실제에 의미 있는 시사를 던져 준다. 특히 인지교육, 정서교육, 도덕교육 분야에 중요한 메시지를 던져 준다.

1) 인지교육과 의지

앞에서 살펴본 바와 같이 이원론(二元論)을 배격했던 듀이는 의지와 지식은 뗄 수 없는 불가분의 관계를 가지거니와 의지의 도움 없이는 지식이 제대로 생성, 변화, 발전해 갈 수 없다는 점을 누누이 강조했다. 말하자면 의지는 지식성립의 토대요, 원천이라는 점을 역설하였다. 일반적으로 인식의 주체가 대상을 인식할 때 비로소 앎이 가능해진다. 그러나 인식의 주체가 대상을 인식하려는 의지를 가지지 않고는 앎은 성립할 수 없다. 예컨대 인식의 주체가 인식하려는 대상에 대해 무관심하거나 주의를 게을리 하게 되면 앎이 불가능해진다. 의지란 인식의 주체가 앎의 대상으로 주의(intention)를 기울이게 하고 집중(concentration)하게 하는 역할을 한다.

전통적으로 철학자들은 앎이 어떻게 이루어지는가에 대해 지대한 관심을 가지고 있었다. 앎의 과정을 탐구해 온 전통적인 인식론은 크게 두 가지로 나뉘어지는데, 그 중 하나는 경험론(empiricism)이요, 다른 하나는 합리론(rationalism)이다. 베이컨(F. Bacon), 로크(J. Locke), 흄(D. Hume)과 같은 경험론자들은 앎의 근거가 경험이라고 주장했다. 경험론자들의 생각을 아주 소박하게 표현해 보면, 경험이란 인식의 주체가 오관(五官)을 통해 앎의 대상을 지각하는 과정을 말한다. 이들에 의하면, 보고 듣고 배우는 과정이 바로 경험이며 이 경험이 인식의 근원을 이룬다는 것이다. 즉, 경험이 없이는 그 어떤 지식도 성립할 수 없다는 것이다. 듀이는 경험이 인식의 토대를 이룬다는 경험론자들의 주장을 부분적으로 받아들였지만 경험의 내용들이 곧바로 지식을 이루는 것은 아니라고 보았다. 앞에서 살펴 본 바와 같이, 듀이는 인지과정에 있어서 의지가 중요한 역할을 담당하고 있다고 생각했다. 그는 의지가 곧바로 지식을 생성해 내거나 구성하는 것은 아니지만 인식의 과정에 힘을 불어넣어 주는 역할을 한다고 보았다. 의지는 인식의 주체로 하여금 알려고 하는 욕망을 불러일으키고 그 욕망을 대상으로 이끌고 가는 강력한 추진력을 가진다고 보았다. 이러한 의미에서 듀이가 의지를 일종의 충동으로 표현한 것은 적절한 것처럼 보인다(*EW*, 2: 309). 충동이 알려고 하는 의욕을 불러일으키지 않는다면 앎이란 성립할 수 없다. 교육적 관점에서 볼 때 이러한 충동 및 의욕을 무조건 억압하는 것은 바람직하지 못하다. 그의 주장에 비추어볼 때 경험론자들은 인식의 과정에서 의지가 차지하는 비중과 중요성을 간과한 것 같다는 생각이 든다.

데카르트(R. Descartes)를 비롯한 합리론자들은 이성(理性)이 인식의 근거라고 생각했다. 이들에 의하면, 인간에게는 사물을 이치에 맞도록 생각하는 힘 즉 이성을 소유하고 있다. 이러한 이성의 힘을 발휘함으로써 인간은 사물을 인식하고 선악을 판단할 수 있다. 그러나 듀이는 『인간성과 행위』(*Human Nature and Conduct*)에서 칸트(I. Kant)의 '이성'(Reason) 개념을 신랄하게 비판한 바 있는데, 거기서 그는 "이성이란 아무리 되풀이해도 어디까지나 결과이며 기능이지 본원적인 힘은 아니다"(*MW*,[2] 14: 1983: 170)라고 주장한 바 있다. 그렇다면 듀이가 '본원적인 힘'이라고 한 것은 무엇인가? 듀이는 그것을 의지라고 생각했다. 사물

2) 여기서 *MW*란 미국 일리노이즈 대학교에서 출판한 듀이 전집 중 *John Dewey: The Middle Works, 1899-1924*를 가리킨다.

을 지각하고 인식하도록 하는 근원적인 힘이 의지라는 것이다. 합리론자들이 인간의 인식과정에서 간과한 것이 있다면 그것은 바로 의지의 역할과 기능을 소홀하게 생각했다는 점이다. 듀이에 의하면, 의지란 이성을 움직이는 원동력이다. 따라서 의지의 작용 없이 이성은 무기력해 질 수밖에 없다. 의지란 앎을 가능하게 하는 강력한 추진력이기 때문이다.

요컨대, 듀이에 의하면, 인식의 근거를 경험으로 보건, 아니면 이성으로 보건 경험과 이성은 그 자체로서 지식을 낳는 것이 아니다. 이것들은 의지의 도움을 받지 않고는 제대로 작용할 수 없다. 경험은 의지의 도움을 받음으로써 인식의 내용으로 조직될 수 있다. 이성 또한 의지의 도움을 받음으로써 인식의 형식(form)을 가지게 된다. 의지가 결여된 경험은 맹목이며 의지가 결여된 이성은 비생산적이다. 이와 같은 듀이의 통찰은 지금까지 인지교육의 과정에서 늘 주변부로 밀려나 제 위치를 찾지 못했던 의지의 개념에 고유한 가치와 의의를 부여하고 그 역할과 기능을 새롭게 해석할 수 있는 가능성을 열어주었다는 점에서 큰 의의가 있다고 할 수 있다.

2) 정서교육과 의지

앞에서 설명한 바와 같이 듀이는 감정과 의지가 긴밀한 관계를 가지고 있다는 점을 누누이 강조하였다. 이 둘은 지식과 더불어 의식세계를 이루는 중요 요인으로서 각기 독립적으로 작용하는 것이 아니라 상호 의존적으로 작용한다고 보았다. 그는 의지가 감정에 대해 가지는 가장 중요한 역할은 감정을 통제하고 순화시키는 것이라고 보았다. 감정이란 지극히 주관적, 개별적인 것으로서, 맹목적이고 무분별하며 충동적이다. 감정이 잘못 분출되거나 드러나게 되면 한 개인의 인간성을 황폐하게 만들며 나아가 공동체를 위협하기도 한다. 따라서 감정은 적절하게 정제되고 규제되고 순화되어야 한다. 듀이는 의지가 이러한 감정을 통제하고 정제하고 순화하는데 중요한 역할을 담당하고 있다고 보았다. 그렇다면 이러한 그의 주장은 오늘날 정서교육에 어떤 시사를 던져줄 수 있는가? 일반적으로 정서교육은 감정 혹은 정서를 순화시키고 승화시키는데 관심을 가진다. 정서의 순화란 자기중심적인 감정이 자기 초월적인 감정으로 변화되었다는 것을 의미한다(Dunlop, 1984, 98). 예컨대, 성욕, 소유욕, 이기심, 질투심, 시기심과 같은 자기중심적인 감정들이 한 차원 높은 단계로 승화된 것을 말한다. 분노, 슬픔, 공포, 증오, 혐오, 놀람, 두려움, 자만심, 수치심, 후회, 무관심, 수줍음 등도 순화되거나 승화되어야 하는 감정 및 정서들이다. 또 정서교육은 정서적 자율성을 가지도록 하는 데 관심을 가지고 있다. 즉 타인의 지시나 강요 없이도 자신의 감정과 정서를 통제하고 합리적으로 표현하도록 하는 데 목적을 가지고 있다. 결국 정서교육의 목적이란 자기중심적인 감정을 순화하도록 지도함으로써 정서적 자율성을 획득하도록 돕는 데 있다고 할 수 있다.

일반적으로 철학자들은 감정과 이성이 서로 대립하거나 충돌하는 관계에 있으며 이성이 감정 혹은 정서를 지배해야 좋은 생활을 할 수 있다고 생각해 왔다. 고대로부터 근대에 이르기까지 철학자들은 이성과 정서의 관계를 이원론적으로 다루었다. 그들은 늘 감정에 대한 이성의 우위를 강조했으며, 이성이 감정을 지배할 때 비로소 좋은 삶(good life)을 향유해 갈 수 있다고 믿었다. 하지만 이성에 우위를 두는 이원론적인 사유방식은 19세기말 쇼펜하우어, 니이체, 베르그송과 같은 생철학자들의 도전을 받게 되었으며, 최근 심리철학의 등장으로 말미암아 이제는 이성과 감정은 지배와 종속의 관계를 가지는 것이 아니라 상호 의존적인 관계를 가진다는 점이 밝혀지게 되었다.

이성과 감정의 관계를 이원론적인 관점이 아닌 상호 유기적 관점에서 바라본 심리철학자가 바로 듀이이다. 이미 앞에서 밝혔듯이, 그의 의식이론에 의하면, 의지의 도움을 받지 않고는 이성이 감정에 영향을 줄 수 없으며 또한 감정이 이성에 영향을 줄 수 없다. 감정은 그 자체로서 충동적이고 맹목적이며 방향이 없다. 이성 역시 그 자체로서 자족적인 것이 아니다. 무기력한 이성이라는 말이 있듯이, 이성도 비생산적인 경우가 있다. 정서교육의 관점에서 볼 때, 차원이 낮은 감정들은 순화 혹은 승화되어야 하고 차디차고 냉혹한 이성은 생기와 활기를 되찾아야 한다. 듀이는 이러한 것이 가능해 지기 위해서는 의지의 도움이 있어야 한다고 보았다. 듀이의 의지의 개념에 의하면, 감정과 이성에 대해 의지가 해야 할 중요한 역할은 무분별한 감정을 통제하고 순화시키는 일이요, 차디찬 이성에 생기를 불어넣는 일이다. 의지는 그 자체로서 인지적 특성을 가지기 때문에 감정과 정서가 바람직한 방향으로 나아갈 수 있는 통로를 마련해 준다. 또 의지는 그 자체로서 충동의 특성을 지니기 때문에 무기력하고 차디찬 이성에 활력을 불어 넣어준다. 말하자면 의지는 감정을 순화시키는 지적 진정제요, 이성에 활기를 불어넣는 정서적 자극제이다. 이러한 듀이의 주장은 오늘날 정서교육에서 비교적 소홀하게 다루어졌던 의지 개념의 중요성과 그 역할을 부각시켰다는 점에서 그 의의가 크다고 하겠다.

3) 도덕교육과 의지

듀이는 "의지란 자아를 도덕적으로 실현하는 힘"이라고 정의한 바 있듯이(*EW*, 2: 352), 의지의 중요한 역할 중의 하나가 도덕적 자아를 실현하도록 돕는 것이라고 보았다. 그는 우리가 도덕적인 사람이 되기 위해서 도덕적으로 생각하고 판단하고 결정하는 능력을 가지고 있어야 하며, 그러한 결정을 행동으로 옮기는 강한 의지를 가지고 있어야 한다고 보았다. 실제로 많은 사람들이 도덕적으로 생각하고 판단하고 결정하는 도덕적 인지능력을 소유하고는 있으나 그것을 실천에 옮기지 못하고 있다. 듀이는 아리스토텔레스(Aristoteles)와 마찬가지로 그것이 나약한 의지력(weak volition) 때문이라고 생각했다. 자신이 옳다고 생각하는 것을 행동으로 옮기는 데는 여러 가지 장애요인들이 있기 마련이다. 오랜 시간 숙고하고 인내해야 할 뿐 아니라 유혹과 반대에 부딪칠 때가 있다. 이러한 경우 의지가 약한 사람은 우유부단하거나 본래의 목적을 포기하거나 행동노선을 바꾸어 버린다. 듀이는 의지력이 약한 사람의 특성에 대해 다음과 같이 적고 있다.

> 의지력이 약한 사람들은 언제나 행동의 결과에 대해 자기를 기만한다. 그들은 일이 뜻대로 되지 않으면 운(運)을 탓하거나 행동 노선을 쉽게 바꾸어 버린다. 강한 의지와 약한 의지의 차이는 지적인 것으로서 행동의 결과를 고려함에 있어서 얼마나 확고하고 그리고 충분히 생각하는가에 달려 있다는 것을 아무리 강조해도 지나침이 없다. 과도한 지성의 경우는 있을 수 없지만 한편에 치우친 지성은 있을 수 있다. 장애물이나 유혹에 직면했을 대부분의 사람들은 처음에 마음먹었던 행동 노선을 쉽게 바꾸는 경향을 보여 준다(*MW*, 9, 1980: 135).

어느 사회이건 도덕교육이 직면하고 있는 문제들 중의 하나는 연약한 의지를 가진 사람들이 존재한다는 점이다. 연약한 의지를 가진 사람들은 외부의 압력, 유혹, 난관 그리고 타인의 기대에 쉽게 굴복하는 사람이다. 이러한 사람들의 행동은 예측하기 어려우며 따라서 신뢰하기 어렵다. 나약한 인격을 소유한 사람들은 개인과 공동체를 불행하게 만들 수 있다. 그들은 쉽게 부패할 수 있으며, 부정한 권력에 쉽게 굴복하는 경향이 있다. 이러한 점에 비추어볼 때 도덕교육은 의지의 훈련을 통해 강한 인격(strong character)을 형성하는 데 관심을 가져야 한다.

듀이는 의지의 훈련과 인격형성은 불가분의 관계에 있다고 역설하였다. 심지어 그는 "인격이 곧 의지"(*EW*, 2: 355)라고 말할 정도로 인격형성에 있어서 의지가 차지하는 비중과 역할을 중시했다. 인격이 곧 의지라는 주장은 무엇을 의미하는가? 이것은 의지의 도움이 없이는 인격이 형성될 수 없을 뿐만 아니라 인격이 드러날 수 없다는 것을 말해준다. 도덕적인 행위가 이루어지기 위해서는 도덕적인 사고, 도덕적인 선택, 도덕적 판단을 할 수 있는 능력을 소유해야 한다. 하지만 이러한 인지적 능력의 소유만 가지고는 도덕적 행위가 이루어질 수 없다. 듀이는 이러한 도덕적 인지 혹은 감정을 행동으로 옮기도록 하는 것이 바로 도덕적 의지라고 보았다. 도덕적 의지가 작용하지 않고는 도덕적 지식은 무기력할 뿐이며 도덕적 감정 역시 맹목적일 수밖에 없다. 요컨대 도덕적 의지가 작용하지 않고는 통합된 인격, 통합된 자아실현이 불가능하다. 이러한 관점에서 볼 때 듀이가 도덕적 인지과정과 실천과정에서 도덕적 의지가 가지는 중요성과 역할을 중시한 점은 주목할 만한 것이다.

듀이의 의지 개념에 비추어볼 때 앞으로의 도덕교육은 강한 의지와 선한 의지를 기르는 일에도 관심을 가져야 한다. 왜냐하면 의지의 훈련은 좋은 인격 형성의 전제조건이 되기 때문이다. 강한 의지의 소유자는 강한 인격을 가질 가능성이 높다. 약한 의지의 소유자는 약한 인격을 가질 가능성이 높다. 이러한 점에서 의지를 어떻게 기르고 훈련할 것이냐 하는 것이 도덕교육의 성패를 좌우할 수 있다. 따라서 도덕적 의지를 기르기 위한 효과적인 방법들이 꾸준히 개발되어야 할 것이다.

4. 맺는 말

이 글은 듀이의 심리학 특히 의식이론에 나타난 의지의 개념을 탐색하고 그것이 인지교육, 정서교육, 그리고 도덕교육에 어떤 시사점을 던져 주는지를 밝히려는 데 목적이 있었다. 이상에서 논의한 바를 요약하면 다음과 같다.

첫째, 듀이가 사용한 의지, 혹은 의지력의 개념은 다의적이어서 명료화하기 어렵지만 다음 몇 가지로 요약할 수 있다. (i) 의지란 지식, 감정과 더불어 의식세계를 구성하는 요인이다. 이것은 지식, 감정과 독립해서 작용하는 것이 아니라 서로 의존적 관계를 가지면서 작용한다. 이것들은 서로 연합하기도 하고 대립하기도 하면서 의식을 구성한다. (ii) 의지는 한편으로 주관적인 감정을 통제하고, 다른 한편으로는 객관적인 지식에 자극을 줌으로써 자아의 세계를 완성해 가는 통합적인 자아이다. (iii) 의지란 자아의 활동을 주어진 목표로 이끌어가는 추진력을 제공한다는 점에서 조정된 충동이다. (iv) 의지는 선천적으로 타고나는 생득적인 능력이 아니라 후천적인 성향이다. 이것은 의지가 훈련 혹은 교육 가능한 성향임을 말해준다. 이러한 그의 의지 개념은 상식적인 정의, 혹은 사전적인 정의를 넘어서는 것으로, 규범적이고 규정적인 성격이 강하다.

둘째, 듀이는 의지가 고유한 내용을 가질 뿐 아니라 일정한 과정에 의해 발달해 가며, 다양한 기능들을 가진다고 보았다. (i) 의지의 내용이란 감각적 충동들 즉, 일반적인 충동들, 특수한 충동들, 지각충동들, 모방충동들, 관념적인 충동들, 본능적인 충동들을 포함하는 다양한 충동들로 이루어진다. (ii) 의지력은 욕구의 단계, 사려의 단계, 선택의 단계, 동기의 단계를 거쳐 발달해 간다. (iii) 의지란 신체적 통제, 타산적 통제, 도덕적 통제를 통해 자아를 완성해 가는 중요한 기능을 가진다. 듀이는 여기서 의지의 궁극적 목적이 자아실현 혹은 인격완성에 있음을 분명히 밝히고자 하였다.

셋째, 그 자체의 고유한 내용과 형식, 기능을 가지는 듀이의 의지 개념은 오늘날의 인지교육, 정서교육, 도덕교육에 의미 있는 시사를 던져 준다. (i) 인지교육의 차원에서 의지는 앎의 주체를 앎의 대상으로 이끌어가는 역할을 한다. 사물에 주의하도록 한다든지 관심을 집중시킨다든지 하는 것은 모두 의지의 작용이다. 또 의지는 알려고 하는 욕구와 충동에 객관적인 통로를 만들어준다. 이러한 점에서 지금까지 인지학습의 과정에서 소홀하게 다루어져왔던 의지의 기능과 역할을 재고할 필요가 있다. (ii) 의지는 정서교육 분야에서도 중요한 역할을 담당한다. 즉 의지는 맹목적인 감정을 순화하고 승화시키는 역할을 함으로써 수준 높은 정서생활을 가능하게 해 준다. 이러한 듀이의 의지 개념에 비추어보면 이성의 계발을 통해 정서를 순화할 수 있다고 믿는 정서교육관은 재고되어야 한다. (iii) 의지는 도덕교육 분야에서도 중요한 역할을 담당한다. 의지는 도덕적 지식 및 도덕적 감정과 긴밀한 관계를 가지면서 통합된 인격, 통합된 자아를 형성해 가는데 중요한 역할을 한다. 이러한 그의 의지 개념에 비추어 볼 때 의지를 도덕성을 구성하는 하위요인 혹은 보조요인으로 바라보았던 기존의 도덕교육론은 재고되어야 한다.

듀이는 흔히 경험의 철학자요 지성의 철학자로 알려져 있지만, 그는 의지의 중요성과 가치를 무엇보다 중요시했던 철학자였다. 이런 점에서 그를 의지의 철학자라고 불러도 무리가 없을 듯하다. 그의 의지의 개념은 그의 심리철학, 도덕철학에서 중요한 위치를 차지하고 있으며 교육 분야에 주는 시사 또한 적지 않다. 이 글은 제한된 범위 안에서 듀이의 의지 개념을 연구하였기 때문에 그의 의지 개념에 대한 철학적 논의가 충분하게 이루어지지 못한 점이 있으며, 그의 입장을 다른 의지 철학자들의 입장과 충분하게 비교 검토하지 못한 점이 있다. 앞으로 듀이의 의지의 개념을 좀 더 체계적으로 분석하는 작업들이 이루어지길 바라며 동시에 듀이의 의지철학을 새롭게 재조명하는 연구들이 후속하길 바란다.

참고문헌

Carr, D.(1999). "Virtue, Akrasia and Moral Weakness", Carr, D. and Steutel, J.(eds.). *Virtue Ethics and Moral Eduation.* London and New York: Routledge, 138-151.

Dewey, J.(1887). Psychology, *John Dewey The Early Works,* 1882-1898. vol. 2, Carbondale and Edwardsville: Southern Illinois University Press, 1967.

______(1887). "Leibniz's New Essays Concerning the Human Understanding", *John Dewey The Early Works, 1882-1898.* vol. 3, Carbondale and Edwardsville: Southern Illinois University Press, 1969.

______(1895). "Interest as Related to Will", *John Dewey The Early Works, 1882-1898.* vol. 5, Carbondale and Edwardsville: Southern Illinois University Press, 1972.

______(1916). *Democracy and Education,* Boydston, J. A. ed.(1980). *John Dewey The Middle Works, 1899-1824.* vol. 9, Carbondale and Edwardsville: Southern Illinois University Press.

______(1922). *Human Nature and Conduct: An Introduction to Social Psychology,* Boydston, J. A. ed.(1983). *John Dewey The Middle Works, 1899-1824.* vol. 14, Carbondale and Edwardsville: Southern Illinois University Press.

Dunlop, F.(1984). *The Education of Feeling and Emotion.* Lon don: George Allen and Unwin.

Kent, B.(1996). *Virtues of Will: The Transformation of Ethics in the Late Thirteenth Century.* Washington D. C.: Catholic University of America Press.

Merriam-Webster, *Webster's New International Dictionary.* 1984.

Roberts, R. C.(1984). "Will-Power and the Virtues", The Philosophical Review, 93, 2: 227-247.

Smith, B.(1985). "John Dewey's Theory of Consciousness", *Educational Theory*. 35, 3: 267-272.

Steutel, J.(1999). "The Virtues of Will-Power: Self-Control and Deliberation", Carr, D. and Steutel, J.(eds.). *Virtue Ethics and Moral Education*. London and New York: Routledge, 125-137.

Whitehead, A. N.(1958). *The Aims of Education*. 9th Printing. New York: Mentor Book.

제 4 장 ●○

●○●○ 자연에 관한 담론과 생태교육

1. 들어가는 말

죤 듀이(John Dewey) 철학의 가장 큰 특징은 이원론(二元論: dualism)을 배격했다는 데 있다. 그는 전통철학의 맹점이라고 할 수 있는 이원론적 인간관, 사회관, 지식관을 비판했다(Peters, 1977: 102). 최근 생태학(生態學: ecology[1])이 출현하기 전까지만 해도 서양 철학자들은 인간을 이원론적 관점에서 설명했을 뿐 아니라 인간과 자연의 관계를 이원론적으로 분리해서 설명해 왔다. 게다가 그들은 정신을 육체보다 우위에 두었으며, 이성을 감성보다 우위에 두었다. 인간의 이성과 정신을 우위에 둔 서구 철학은 자연히 과학적 이성의 힘을 절대시했으며 이를 기초로 자연을 정복의 대상으로 다루어 왔다.

듀이는 이러한 이원론이 서구인들에게 그릇된 사고방식 및 생활방식을 가져다주었으며 잘못된 교육관을 낳게 했다고 지적했다. 산업분야에서 정신노동을 육체노동보다 중시하는 것, 교육분야에서 지적인 교과를 기술교과보다 중시하는 것, 인문교과를 자연교과보다 중시하는 것은 바로 이러한 이원론의 폐해라고 생

1) 원래 생태학이라는 용어는 1870년 헥켈(E. Haeckel)이 생물과 환경과의 관계를 생물학의 범주에서 논의하면서 처음으로 사용된 용어이다. 그러나 현재는 생물학의 범위를 넘어 새로운 초과학의 분야로 이해되고 있다. 특히 환경오염이나 생명파괴 등과 같은 생태학적 문제들과 연관되면서 철학, 사회학, 자연과학, 윤리학 등에 접두어로 붙여지고 있다.

각했다. 그는 인간과 자연을 대립적인 것으로 보고 이를 각각 분리해서 가르치거나 배우게 해서는 안 된다고 강조했다. 즉 경험의 관점에서 볼 때 인간과 자연은 상호 의존적인 관계에 있기 때문에 이를 분리해서 연구하거나 가르치는 것은 바람직하지 못하다고 보았다. 그는 "인간의 보금자리는 자연이며, 인간의 목적이나 목표가 달성되고 안 되고는 자연적 조건에 달려 있다. 이 자연적 조건과 분리될 때 인간의 목적은 헛된 꿈이나 환상에 불가하다"(*The Middle Works,*[2] vol. 9, 1980: 294)고 보았다. 또 그는 "인간은 자연 바깥에 있는 국외자(局外者)로서 자연적 과정에 들어오는 것이 아니라 자연의 연속적인 존재"(*ibid.*: 294)라고 보았다.

이처럼 인간의 삶을 자연과 관련지어 설명하려는 듀이의 관점은 최근 생태론자들이 주장하는 생태사상[3]과 관련이 깊으며, 오히려 그들의 주장에 앞서는 것이라고 할 수 있다. 인간은 '자연의 일부'이며, '자연의 연속체'라는 주장이나 자연과 인간을 분리해서 취급하는 이원론이 그릇된 자연관을 낳았다는 듀이의 주

---

2) 여기서 *The Middle Works*는 Southern Illinois 대학교 출판부에서 출판한 듀이 전집 중 중기저작(1899-1924)을 의미한다. 이하에서는 이것을 *MW*로 표기한다.

3) 오늘날 생태사상 형성의 토대가 된 책으로서는 Aldo Leopold, *A Sand County Almanac*(Oxford: Oxford University Press, 1949)와 R. Carson, *Silent Spring*(Boston: Houghton Mifflin, 1962)를 들 수 있다. 생태사상의 역사를 가장 잘 설명한 책으로서는 Donald Worster, *Nature's Economy*(Cambridge: Cambridge University Press, 1984)가 있다.

Margaritta Bowen의 *Empiricism and Geographical Thought*(Cambridge: Cambridge University Press, 1981)은 지리사상의 역사인 동시에 그리스 시대로부터 현대에 이르기까지 자연철학에 대한 치밀한 설명을 해주고 있으며, 특히 무시당해온 훔볼트의 자연철학에 특별한 관심을 보여주고 있다. 생태학에 대한 입문서로서 두 권의 책이 있는데 하나는 Paul Sears, *Where There Is Life,* rev. ed.(New York: Dell Publishing, 1972)이며, 다른 하나는 Marston Bates, *The Forest and the Sea* (New York: Mentor Books, 1961)이 있는데, 그 중 제 16장은 철학적으로 상당히 흥미로운 장이다. 생태학에 대한 매우 훌륭한 저작으로서는 Raymond Dasmann, *Environmental Conservation,* 4th ed.(New York: John Wiley, 1983)이 있다.

생태학적 테마에 대해 철학자들이 쓴 문헌으로서는 John Passmore, *Man's Responsibility for Nature*(New York: Scribner's 1974)가 대표적인 것이다. 또한 K.E. Goodpaster와 K.M. Sayre가 편집한 *Ethics and the Problems of the 21st Century*(Notre Dame, Ind.: University of Notre Dame Press, 1979)에 실린 에세이들이 있다. R.G. Collingwood, *The Idea of Nature*(New York: Oxford University Press, 1960)는 생태학을 논하지는 않았지만 화이트헤드를 비롯한 고전 철학자들의 자연관을 설명한 책으로 무시되어서는 안 될 책이다. 최근 Stephen Toulmin은 *The Return to Cosmology*(Berkeley: University of California Press, 1982)에서 생태학에 대한 지대한 관심을 표명하고 있다. 또한 교육철학 분야에서 생태론의 의미를 밝힌 논문으로서는 Tom Collwell, "The Significance of Ecology for Philosophy of Education," *in Philosophy of Education, Proceedings of the 38th Annual Meeting of the Philosophy of Education Society*(Normal, Ill.: PES, Illinois State University, 1982, 177-85이 있다.

장은 생태론자들의 전체론(holism)에 근접해 있으며, 인간 중심주의(anthropocentrism)[4]에 대한 그들의 비판 내용과 가깝다고 할 수 있다. 이런 맥락에서 콜웰(Tom Colwell)은 듀이를 인간 중심주의로부터 생명 중심주의(biocentrism)[5]에로의 운동을 정교화하려고 했던 사상가로 평가했으며, 심지어 듀이를 '생태론적 교육사상의 선구자'로 불렀다(1985: 257, 265). 또 노상우는 교육과정의 측면에서 듀이를 이원론적 학문구조의 문제점을 지적하고 '생태학적 방안'을 제시한 학자로 평가하고 있다[6](김귀성·노상우, 2001: 352).

이들의 평가가 설득력이 있는 것이라면 듀이의 교육철학은 좀 더 새로운 관점에서 평가되어야 할 것이다. 지금까지 실용주의 철학자요, 도구주의 철학자요, 경험 중심의 교육철학자로만 알려진 듀이의 사상 속에서 생태론적 주장을 밝혀내고 규명해내는 일은 학문적으로 매우 의의 있는 일이 될 것이다. 특히 인간

4) 인간중심주의(anthropocentrism)는 환경문제를 순전히 인간의 이익과 행복의 관점에서 바라보고 해석하는 입장을 말한다. 롤스는 이 견해를 '인간은 우리 인간존재에 대해서만 도덕적인 의무를 가진다는 견해'라고 정의했으며(Rawles, 1998: 275), 애트필드는 이 견해를 '오직 전적으로 인간적 이익의 관점에서만 그 독자적인 가치를 인정하려는 규범윤리학 이론'으로 규정한다(Attfield, 1998: 73).

5) 생명중심주의(biocentrism)는 생명(生命)을 최고의 가치로 여기는 철학적 입장 내지 윤리학적 견해를 말한다. 말하자면 이 세상에는 생명 보다 더 귀하고 가치 있는 것이 있을 수 없다고 주장하는 입장이다. 따라서 인간이 자기이익이나 복지의 관점에서 다른 생명체를 방해하거나 해치는 것은 정당화될 수 없으며 때로는 죄악으로 간주된다. 이 같은 견해에 의하면, 자연의 모든 생명체는 그 자체로서 내재적 가치(intrinsic value)를 가지기 때문에 다른 어떤 목적을 이루기 위한 수단이나 도구가 될 수 없다. 이러한 입장을 가장 잘 대변한 학자는 Paul. W. Taylor로서 그는 *Respect for Nature: A Theory of Environmental Ethics*(Princeton: Princeton University Press, 1986 에서 생명중심주의 사상을 체계적으로 전개하였다.

6) 듀이에 대한 이러한 평가는 상당한 논란을 불러일으킬 수 있다. 왜냐하면 지금까지 탐구되어 온 듀이의 모습은 진보주의자로서, 인문적 과학주의자로서의 모습에 더 가까우며 그의 철학사상 역시 인간중심주의에 더 가깝기 때문이다. 사실, 듀이는 생태사상을 본격적으로 전개하지도 않았거니와, 그의 사상을 생태론적 관점에서 조명한 연구 문헌도 찾아보기 힘들다. 그러나 다음 몇 편의 글은 듀이의 생태사상을 이해하는 데 부분적으로 도움을 준다. 예컨대, Michael Zimmerman, "Dewey, Heidegger and the Quest for Certainty," *Southwest Journal of Philosophy* 9, no. 1(1978): 87-95, James Bowen, *A History of Western Education,* vol. 3(New York: St. Martin's Press, 1981), chaps. 12, 15, D.C. Phillips, "John Dewey and the Organismic Archetype" in *Melbourne Studies in Education,* ed. R.J.W. Selleck(Melbourne: Melbourne University Press, 1971), 232-71. Phillips의 글은 유기체론과 생태론의 관계를 밝히지 않았다고 할지라도, 생태철학자로서의 Dewey를 이해하는데 반드시 읽어야 할 글이다. 듀이의 생태론적 관점을 이해하는데 도움을 줄 수 있는 글로서는 Tom Colwell(1985), "The Ecological Perspective in John Dewey's Philosophy of Education." *Educational Theory,* 35: 3, 255-266이 있다.

중심주의 교육 및 이성 중심주의 교육의 한계를 넘어서서 생태 중심의 교육을 해 가야 할 시대적 흐름 속에서 듀이의 생태론적 관점을 고찰해 보는 일은 '생태론적 교육론'을 새로운 학문적 패러다임으로 재구성하려는 사람들에게 매우 중요한 의미를 던져 줄 것으로 보인다.

따라서 이 글에서는 우선, 듀이가 자연과 인간의 관계를 어떻게 파악했는가를 살펴본 다음 그의 자연주의 사상에 스미어 있는 생태론적 관점을 밝혀내고, 이를 근거로 그의 생태론적 관점이 오늘날 생태론적 교육이론의 정립에 어떤 시사를 줄 수 있을 것인지를 차례로 고찰해 보고자 한다.

2. 인간과 자연의 관계

듀이는 자연을 어떻게 정의하였으며 자연과 인간의 관계를 어떻게 이해했는가? 사실 듀이는 자연의 개념을 독립적으로 분리해서 정의하기보다는 인간과의 관계 속에서 그것을 설명하려고 하였다. 왜냐하면 자연은 인간과의 관계 속에서만이 의미를 가질 수 있기 때문이다. 듀이는 자연이 구체적으로 무엇을 의미하는지를 밝히고 있지는 않지만 듀이가 자연이란 말을 사용한 맥락에 비추어볼 때 그것은 지구상에 존재하는 모든 것들의 총체 즉 오늘날 생태학자들이 말하는 소위 생태계(生態界: eco-system)를 의미한다. 자연주의 철학자로서 듀이는 자연을 무수히 분리된 객체들로 구성된 기계로 보지 않고 분할할 수 없는 전체로 바라보고 있다.

이러한 듀이의 입장은 그의 1925년 저작, 『경험과 자연』(*Experience and Nature*) 제1장에 잘 나타나 있다. 여기서 그는 자신의 철학적 입장을 '경험적 자연주의', '자연주의적 경험론' 또는 '자연주의적 경험론'라고 밝힌 바 있다(*The Later Works*,[7] vol. 1, 1981: 10). 그의 이러한 말에 비추어보면, 그는 자연주의자인 동시에 경험론자이며 인본주의자이다. 그의 철학적 입장을 어떻게 규정하든 분명한 사실 하나는 그가 인간의 경험과 자연을 밀접히 관련시켰다는 점이다. 그는

7) 여기서 *The Later Works*는 Southern Illinois 대학교 출판부에서 출판한 듀이 전집 중 후기 저작(1925-1953)을 의미한다. 이하에서는 이것을 *LW*로 표기한다.

이 점에 대해 다음과 같이 적었다.

> 새로운 서론은 방법의 문제를 다루었는데 특별히 경험과 자연 사이에 존재하는 관계를 다룬다. 이 방법이 자연의 실재들을 해명하는 수단으로서 지성적으로 사용될 때 그것은 경험에 대한 신앙을 높여준다. 그것은 자연과 경험이 적(敵)도 아니며 소원한 관계도 아님을 발견한다. 경험은 자연으로부터 사람을 가로막는 장막이 아니다. 그것은 계속적으로 자연의 중심으로 관통하게 하는 수단이다(*LW,* vol. 1, 1981: 5).

듀이는 자연과 인간의 경험을 분리시키고 이를 대립적인 관계로 바라보는 기존의 철학적 관점을 안타깝게 생각했다. 그는 자연과 경험의 관계를 이원론(二元論)적으로 이해했던 기존의 철학적 입장 두 가지를 비판했다. 즉 경험을 자연 위에 덧붙여진 어떤 것으로 이해하거나 초월해야 할 어떤 것으로 생각하는 관념론(觀念論)적 입장과, 경험은 나쁜 것이며, 자연은 전적으로 물질적이고 기계적인 것이라고 여기는 기계론(機械論)적 입장을 비판했다(*ibid.:* 10). 사실, 관념론적 입장은 자연 속에서 이루어지는 경험의 가치를 경시하거나 도외시하였으며 결국 경험을 정신 및 이성보다 열등한 것으로 여기게 되었다. 반면에 기계론적 입장은 자연을 순전히 물질적인 것으로만 이루어진 대상으로 취급함으로써 자연을 도구시하는 결과를 가져왔다. 결국 이 두 철학적 입장은 인간과 자연의 상호의존관계를 무시하는 그릇된 결과를 낳게 했다는 것이다. 이 두 입장이 가져온 불행한 결과를 염두에 두고 있던 듀이는 어디까지나 일원론(一元論)적 관점에서 인간의 경험과 자연의 관계를 이해하고자 했다. 한 마디로 듀이의 자연주의는 그 어떤 이원론도 거부하는 일원론에 바탕을 두고 있다고 할 수 있다(소흥렬, 1982: 210).

> 인간의 경험은 자연 안에 있으며, 자연적인 것이다. . . 경험되어지는 것은 경험이 아니라 자연이다. 어떤 방식으로 상호작용하고 있는 사물은 경험이다. 그들은 경험되어지는 것이다. 다른 자연적 대상 즉 인간유기체와 관련된다면 그들은 정말 경험되어지는 것이다. 이와 같이 경험은 자연 속으로 도달하고 그것은 깊이를 가

진다(*LW*, vol. 1, 1981: 12-13).

듀이는 인간의 삶은 곧 경험의 과정이라고 주장했다. 여기서 그가 말하는 경험의 과정이란 행위의 주체가 보고 듣고, 냄새 맡고 느낌으로써 이루어지는 것이다. 그러나 그 행위의 주체는 저절로 보고, 듣고, 냄새 맡는 것이 결코 아니다. 그 주체는 그를 둘러싸고 있는 자연 안에서 보고 듣고 냄새 맡는 것이다. 즉 경험은 저절로 이루어지는 것이 아니라 자연 안에서 이루어지고 성장하고 자란다는 것이다. 이렇게 보면 인간의 마음, 지각, 감정, 사고, 지식이라는 것도 인간 유기체가 자연과의 상호작용을 통해 얻어낸 소산물이라고 볼 수 있을 것이다. 결국 듀이는 자연이 곧 인간 경험의 토대이며 토양이며 출발지임을 강조하고 있는 것이다. 그는 『민주주의와 교육』(*Democracy and Education*)에서 이 점에 대해 다음과 같이 적고 있다.

> 인간의 삶은 진공 속에서 일어나는 것이 아니요, 자연 또한 인간이 연극을 벌이는 단순한 무대장치가 아니다. 인간의 삶은 자연적 과정에 결부되어 있고, 인간의 생애, 성공과 패배는 자연이 어떤 방식으로 거기에 스미어 들어오느냐에 달려 있다. 인간이 스스로의 일을 의도적으로 통제해 나가는 힘은 자연의 에너지를 활용해 나가는 능력에 있으며, 이 능력은 다시 자연적 과정에 대한 통찰에서 나온다(*MW*, vol. 9, 1980: 236).

이러한 듀이의 관점은 최근 생태론자들의 사유방식과 관련이 깊다. 생태론자들은 인간이 자연 안에 속해 있으며 자연과 좀 더 협동적으로 살아가야 한다는 자연주의적인 전제를 수용한다. 그러나 듀이는 이러한 생태론적 관점이 대두하기 오래 전부터 인간과 자연과의 긴밀한 관계를 철학적으로 깊이 사색하였으며, 자연이 인간에게 미치는 영향에 대해 깊이 통찰하였다.

요컨대, 듀이가 인간과 자연을 바라보는 관점은 일원론적이며, 전체론적이다. 이 둘은 독립된 실체라기보다는 상호작용을 통해 생명을 유지, 발전시켜 나가며, 특히 인간 유기체는 자연환경을 토대로 삶을 영위해 가는 존재이다. 여기서 결국 듀이는 인간은 자연으로부터 자기-지도(自己指導)의 원천을 얻어낼 수 있다는 긍정적인 생각을 전개하였다.

3. 자연과 교육

1) 자연과 교육의 관계

듀이는 자연이 경험의 토대이듯이, 자연이 교육의 토대임을 강조했다. 그가 『민주주의와 교육』 제9장에서 루소(J. J. Rousseau)의 자연주의 교육사상을 부분적으로 비판했지만 자연이 교육의 원천임을 부정하지 않았다. 교육사적으로 보면 자연과 교육의 관계를 밀접히 관련지은 것은 17세기 코메니우스(J. A. Comenius)의 감각적 실학주의 교육론에까지 거슬러 올라가지만 루소만큼 자연이 가지는 교육적 중요성을 강조한 사상가도 없다. 듀이는 루소의 자연주의 교육사상을 검토하는 가운데 자연이 교육적 경험의 토대임을 강조하였다.

> 루소는 말한다. "우리가 받은 교육은 세 가지 원천에서 나온다 - 자연과 인간과 사물이 그것이다. 우리의 기관과 능력이 자발적으로 발달하는 것은 자연의 교육이다. 이렇게 발달한 기관과 능력을 어디에 쓰는가 하는 것은 인간의 교육이다. 주위의 사물에서 개인이 각각 경험을 얻는 것은 사물의 교육이다. 이 세 가지 교육이 서로 협응(協應)하여 동일한 목적을 향할 때 비로소 인간은 그 진정한 목적을 추구할 수 있다. . . 이 목적이 무엇인가 하고 물으면 그 대답은 자연이다. 왜냐하면 교육이 완전한 것이 되려고 하면 그 세 가지가 협응해야 하는 만큼, 우리 인간의 통제에서 완전히 벗어나 있는 교육이 나머지 두 교육을 이끌 수밖에 없기 때문이다"(*MW*, vol. 9, 1980: 119).

듀이는 자연이 교육의 중요한 원천이라는 주장을 받아들이면서도 루소가 통찰하지 못한 부분들을 지적하였다. 듀이는 루소의 자연주의 교육사상이 갖는 강점과 약점을 예리하게 통찰했다. 즉 루소는 그 당시 판에 박힌 듯한 형식적이고 인위적인 교육의 폐단을 시정할 수 있도록 자극을 주었으며, 교육이 효율성을 가지려면 특정한 자연적 조건이 필요하다는 것, 그리고 그 조건이 무엇인가를 알고 우리의 교육을 그것에 합치시키지 않는 한, 아무리 고귀하고 이상적인 목적도 실패할 수밖에 없다는 것을 환기시켜 주었다는 것이다(*ibid.:* 122).

하지만 듀이는 루소의 주장 속에 담긴 약점도 지적했다. 우선, 듀이는 루소가 '자연'이라는 말을 너무 좁게 해석했으며, 자연을 순전히 물리적인 실체로만 파악했다고 지적했다. 이점에 대해 듀이는 "(루소의) 견해가 가지고 있는 약점은 '자연적'이라는 말에는 '정상적'이라는 뜻이 있는데도 그런 의미에서의 '자연적'이라는 것을 '물리적'이라는 것과 혼동하는 경향이 있다"(*ibid.:* 119)[8]라고 적었다.

듀이는 루소가 가진 또 다른 약점은 자연, 인간, 사물이 각각 독립적으로 작용하는 것으로 보아, 생득적인 기관과 능력이 독립적인 것으로 또는 '자발적으로' 발달한다고 믿은 것이라고 보았다. 이러한 루소의 오류는 그가 '자연'을 신(神)과 동일한 것으로 생각한데서 기인한다고 듀이는 생각했다. 즉 루소는 신이 인간의 생득적인 기관과 능력을 만들었기 때문에 그러한 기관이나 능력은 그것이 어디에 쓰일 것이냐와는 아무 관계없이 스스로 발달해 간다고 보았다는 것이다. 이러한 루소의 주장은 결국 사회적 접촉에 의해 이루어지는 교육을 자연에 의해 이루어지는 교육에 종속시켜 버리는 결과를 낳게 했다는 것이다(*ibid.:* 120-121).

결국 듀이는 루소가 가진 이러한 약점들이 인간과 환경의 상호작용의 중요성을 간과한 데에서 기인하는 것이라고 보았다. 물론 여기서 듀이가 말하는 '환경'이란 자연환경과 사회환경을 모두 포괄하는 개념이다. 듀이 주장의 핵심은 자연환경과 사회환경이 모두 중요한 교육적 원천임에도 불구하고 루소는 자연환경만을 지나치게 강조함으로써 사회환경을 상대적으로 소홀하게 취급했으며, 인간과 자연과의 상호작용이 갖는 중요성을 소홀히 다루었다는 것이다.

듀이는 청년시절 한 때 헤겔(Hegel)의 열렬한 지지자이기도 했지만 다윈(C. Darwin)의 생물학적 진화론의 영향으로 인해 인간, 자연, 그리고 교육을 생물학적 관점에서 설명하고자 했다. 즉 그는 생명 유기체들이 환경과의 상호작용을 통해 생명을 유지 발전시켜나가듯이, 인간도 여타의 생명체들과 마찬가지로 주

8) '자연적'이라는 말에 '정상적'이라는 뜻이 들어있다는 것은 '옷차림이 자연스럽다'고 하는 경우를 생각해보면 알 수 있다. 이 경우의 '자연'은 '있는 그대로의', 또는 '인공이 가미되지 않은', 또는 '물리적'이라는 뜻에서의 자연과 다르다. 이와 같이 자연이라는 말은 가장 '자연스러운' 것과 가장 '자연스럽지 않은' 것을 동시에 지칭할 수 있다(이홍우 역, 1992: 176).

변 환경(자연환경 및 사회환경)과의 부단한 상호작용을 통해서 경험을 얻고 그 경험을 새롭게 갱신(更新: renewal)함으로써 삶을 성장시켜 나간다고 보았다.

그러나 듀이는 『경험과 교육』(*Experience and Education*)에서, “교육이란 경험 안에서, 경험에 의하여, 경험을 위하여 이루어지는” 활동이기는 하지만(*LW*, vol. 13, 1988: 13), 자연과의 상호작용의 결과 얻어낸 경험이 모두 교육적인 것은 아니라고 생각했다(*ibid.*: 11). 왜냐하면 자연으로부터 배운 경험들 중에는 우리들의 지적, 도덕적, 정서적 성장을 증진시키기보다는 이를 가로막거나 방해하는 것들이 있기 때문이다. 그래서 듀이는 교육적인 경험과 비교육적인 경험을 구분할 수 있는 기준이 무엇이며, 교육적인 경험을 재구성하기 위해서는 어떻게 해야 하는가에 관심을 기울였다.

우선, 듀이에 의하면, 교육적인 경험과 비교육적인 경험을 구분하는 가장 중요한 척도는 ‘연속성’(continuity)과 ‘상호작용’(interaction)이다(*ibid.*: 26). 하나의 경험이 다음에 올 경험의 성장에 ‘연속적’으로 영향을 주지 못한다면 그것은 교육적인 경험일 수 없다는 것이다. 또 하나의 경험이 주위 환경(자연환경 및 사회환경)의 변화에 영향을 주지 못한다면 이것 또한 교육적인 경험일 수 없다는 것이다.

듀이는 하나의 경험이 교육적인 경험이 되도록 하기 위해서는 무엇보다 교사의 태도가 중요하다고 보았다. 먼저, 교사는 경험이 어떤 방향으로 움직이는가를 예의 주시해야 하며, 다음으로 어떤 환경이 교육적 경험의 성장에 도움을 줄 수 있을 것인지에 대해 바르게 인식하고 있어야 한다는 것이다. 이 점에 대해 듀이는 다음과 같이 말했다.

> 교육자의 제 1의 책임은 실제 경험이 그를 둘러싼 상태에 의하여 형성되는 일반적 원리가 무엇인가를 알아야 할뿐 아니라, 나아가서는 구체적으로 어떠한 환경이 성장에로 인도하는 경험을 가지는데 도움이 되는가를 인식하는 일이다. 무엇보다도 먼저 교육자는 현존하는 물질적 환경 또는 사회적 환경을 잘 이용하여 어떻게 하면 가치있는 경험을 형성하는데 기여할 수 있는 모든 것을 그 환경으로부터 축출할 수 있는가를 알아야 한다.(*LW*, vol. 13, 1988: 21).

듀이는 경험이 진공 속에서 일어나는 것이 아닌 만큼 교사는 경험이 일어나는 원천으로서의 환경에 대해 깊은 관심을 가져야 한다고 보았다. 여기서 듀이가 말하는 환경이란 물리적이고 사회적인 환경을 모두 포함하는 자연적 환경, 즉 생태적 환경을 말한다. 그래서 듀이는 학습자가 처한 자연환경을 제대로 이해하는 일이야말로 교육적 경험의 성장의 토대이며 조건이 된다고 주장했다. 그는 쓰기를, "인간의 보금자리는 자연이며, 인간의 목표가 달성되고 안 되고는 자연적 조건에 달려 있다"(*MW*, vol. 9, 1980: 294)고 까지 강조했다.

2) 자연 연구의 태도

듀이는 자연이 인간 삶의 토대요, 교육적 경험의 토양임에도 불구하고 사람들이 이것을 이원론적으로 다룸으로써 자연의 본질을 제대로 파악하지 못하는 실수를 했다고 지적했다. 인간은 자연의 연속적인 존재이며 그가 구성하는 경험은 하나의 자연적 과정임에도 불구하고 이를 분리해서 연구하는 태도는 잘못이라는 것이다. 즉 그는 지리학(地理學)을 물리적 측면을 연구하는 분야로, 반면에 역사학(歷史學)을 사회적 측면을 연구하는 분야로 양분한 후 이 두 분야가 아무런 관계가 없는 것인 양 다루거나 이를 가르치려는 것은 크게 잘못된 것이라고 비판했다. 그는 이 점에 대해 다음과 같이 썼다.

> 지리는 물리적 측면을, 또 역사는 사회적 측면을 강조하지만, 이것은 모두 공동의 토픽, 즉 인간의 단체생활을 다루고 있다. 그럴 수밖에 없는 것이 이 단체생활, 그리고 그 안에서 이루어지는 여러 가지 노력, 여러 가지 생활방식과 방편, 업적과 실패 등은 하늘에서 일어나는 것도 아니요, 진공 속에서 일어나는 것도 아니다. 그것은 이 땅 위에서 일어난다. 이 자연의 배경과 사회활동 사이의 관계는 연극에서의 무대와 공연 사이의 관계와 동일하다고 생각할지 모르지만 사실은 그렇지 않다. 자연의 배경은 역사를 이루는 사회적 사건 속에 그 한 부분으로 들어온다. 자연은 바로 사회적 사건의 매체인 것이다. 최초의 자극도, 또 장애도 자원도 거기서 나온다. 문명이라는 것은 자연이 가지고 있는 다양한 에너지를 점진적으로 통제해 가는 과정이다. 인간에 강조를 두는 역사와 자연에 강조를 두는 지리 사이

의 이러한 상호작용이 도외시될 때, 역사라는 것은 중요하다고 밑줄을 그은 연대나 사건의 목록으로 전락해 버리거나 아니면 문학적 환상이 되어 버린다(*MW,* vol. 9, 1980: 218-219).

듀이는 지리학이 자연을 이해하기 위한 중요한 교과목이라고 생각했다. 왜냐하면 지리는 자연적 사실과 사회적 사건 및 그 결과가 짝이 되어서 관련을 맺는 데서 교육적 효과를 가진다고 판단했기 때문이다. 그는 지리학적 자료가 인간의 현상과 함께 묶여 다루어지지 않게 되면 지리는 산의 높이, 강의 흐름, 한 도시가 생산하는 목재의 양, 한 항구의 선적 톤수, 군의 경계, 주의 수도 등 자질구레한 지식을 나열해 놓은 문자 그대로 잡동사니의 교과로 전락한다는 것이다.

여기서 듀이는 아주 중요한 제안 하나를 했다. 즉 지리가 교육적 경험을 증진시키는 살아있는 교과가 되기 위해서는 지리학적 자료들을 사회적 사건과 관련짓기도 해야 하지만, 더 중요한 것은 지리연구의 대상이 자연 전체로 확대되어야 한다는 주장을 했다. 그는 "자연과 땅은 같은 의미를 가진 용어라고 보아야 하며, 따라서 땅의 공부와 자연의 공부도 동일한 것이어야 한다."(*ibid.:* 221)고 주장했다. 듀이는 자연을 공부하기 위한 방안을 다음과 같이 제시했다.

자연 공부가 제대로 되기 위해서는 자연이 작용하고 있는 사태에서 완전히 떼어내서 자연의 조각들을 배워서는 안 된다. 땅을 그것에 들어있는 여러 관련에 비추어 전체로 취급하듯이, 자연을 전체로 취급한다면, 그 현상은 인간생활과의 공감과 교섭이라는 자연적인 관계 속에 들어오며, 따로 인위적인 대용물에 의존할 필요가 없다(*MW,* vol. 9, 1980: 221).

여기서 듀이가 자연을 '땅'과 동일시하고 있다는 점은 매우 중요한 시사를 던져 준다. 즉 그가 말하는 땅은 지구를 의미하며 지구는 곧 생태계 전체를 의미한다는 것이다. 적어도 그는 자연을 통합적 개념(unitary conception)으로 이해했으며, 이것은 현대 생태 사상가들이 말하는 전체론(holism)적 관점과 일맥상통한다고 할 수 있다.

일반적으로 전체론이란 도덕적으로 고려할 대상이나 범위를 개체의 차원에

국한시킬 것이 아니라 생명 공동체 전체로 확대해야 한다고 주장하는 이론을 말한다(구승희, 1997: 267). 전체론에는 두 가지 견해가 있다. 즉 생물권을 하나의 전체적인 공동체로 생각하는 견해와 그것을 '유기적 전체'로 생각하는 견해가 있다. 이 전체론은 모두 레오폴드(Aldo Leopold)의 저서에 기원을 두고 있다. 레오폴드는 1949년에 쓴 『모래시 연감』(*A Sand County Almanac*)이라는 책에서, "모든 진보된 윤리는 개인이란 공동체의 상호의존적인 부분이라는 단 하나의 가설에 의존하고 있다 · · · 간단히 말해서 땅의 윤리는 토양, 물, 식물, 동물, 혹은 집합적으로 대지(大地) 전체를 포함하는 공동체 영역을 확대한 것이다"(Leopold, 1949: 203)라고 쓴 바 있다. 고려의 대상을 개체로부터 '생태계 전체로 확대해야 한다'는 레오폴드의 전체론(holism)적 입장과 '자연을 전체로 취급해야 한다'는 듀이의 생각이 서로 일치한다는 점은 참으로 흥미로운 일이다. 듀이가 교과를 이리 저리 쪼개서 가르치는 것이 바람직하지 않다고 누누이 강조한 것은 바로 그가 자연을 통합적이고 일원론적이고 전체론적인 관점에서 바라본 데 기인한다고 봐야 할 것이다.

4. 자연주의의 가능성과 한계

앞 장들에서 살펴본 바와 같이 듀이는 인간을 자연의 일부로 바라보는 자연주의적 관점을 지지했다. 자연주의(naturalism)에 의하면, 인간은 자연환경 안에서 살아가는 생명체들 중의 하나이다. 인간 생명체는 결코 자연환경과 독립하여 존재할 수 없다. 인간은 자연환경과의 끊임없는 상호작용을 통해 스스로의 삶을 유지, 발전시켜나가는 존재일 뿐이다. 생물학적 진화론으로부터 크게 영향을 받았던 듀이는 생명체와 비생명체는 근본적으로 차이가 없다고 보았다. 차이가 있다면 그것은 단지 물리—화학적 에너지가 작용하는 상호작용의 방식에 있어서 차이가 있을 뿐이라고 보았다. 그것들 간에는 활동방식과 정도에 있어서만 차이가 있을 뿐이라고 보았다(정대현, 1982: 192).

인간존재를 하나의 생명체로 해석하는 듀이의 자연주의적 관점은 교육을 바라보는 관점에도 그대로 적용되었다. 듀이에 의하면, 교육은 인간존재가 경험을 축적하고 확대해 가는 과정이다. 그런데 그 경험의 원천은 바로 자연이다. 말하자면, 교육은 학습자가 자연과의 상호작용을 해 가는 동안 무엇인가를 경험하는 과정이다. 따라서 교육활동에서 중시하는 사고, 지식, 정보, 가치라는 것도 따지고 보면 학습자가 자연과의 상호작용을 통해 얻어낸 경험의 산물에 지나지 않는다.

하지만 우리는 듀이가 인간의 삶이 자연적 과정과 밀접히 관련되어 있으며, 자연은 인간 경험의 토대인 동시에 교육적 경험의 원천이 된다는 주장을 했다고 해서 곧바로 그를 '생태사상의 선구자'로 평가할 수 있을까? 듀이가 교육적 경험을 생물학적 관점에서 해석했다고 해서 그의 생각이 근본적으로 생태학적이고 생명 중심주의적이라고 말할 수 있을까? 이러한 질문에 대해 두 가지 상이한 답이 제시될 수 있을 것이다. 그중 하나는 듀이의 철학적 입장은 자연주의적이지 결코 생태주의적이지 않다는 것이며, 다른 하나는 듀이가 본격적인 의미의 생태주의 사상가는 아니지만 생태학적 관점을 제시한 중요한 사상가라는 것이다.

지금까지 듀이를 연구한 학자들의 관점에서 볼 때 듀이의 관점은 생태론적이기보다는 인간 중심주의적이다. 듀이를 인본적 자연주의자로 바라보는 사람들은 그가 존중의 대상을 인간존재로부터 자연 전체로 확대해야 한다는 명확한 논리를 전개한 적이 없다고 지적한다. 아담스(George P. Adams) 같은 학자는 자연을 해석할 때 "듀이가 인간의 경험 안에 들어오는 자연만 논의했지 인생과 인간 경험의 환경을 포괄하는 자연세계에 대해서는 등한시했다"고 지적한다(신득렬 역, 1982: 402). 사실, 듀이는 경험과 자연이 관련되어 있다는 것을 논하면서도 인간 경험에 관련되는 자연만을 해석했지, 자연 그 자체로서, 인간의 전망과는 관계없이 자연이 가지는 내재적 가치(intrinsic value)를 논의하지는 않았다.

듀이의 친구이며 탁월한 비평가였던 코헨(Morris R. Cohen)은 듀이가 자신의 입장을 인본적 자연주의(humanistic naturalism)라고 불렀지만, 사실 그의 입장은 오히려 '인간중심주의적 자연주의'(anthropocentric naturalism)라고 부르는 것이 더 적절하다고 보았다. 그는 의심할 바 없이 듀이의 철학이 인간적 상황을 넘어선 자연에 대해 그 어떤 전망도 제시하지 않았으며, 태양계의 기원과 미래, 그리고 지구상에서의 인류의 종말에 관한 자연적인 조건에 관해 그 어떤 관심도 기울이지 않았다고 보았다(*LW*, 14: 380-381).[9)]

---

9) 이 같은 코헨의 비판에 대해 듀이는 "경험 안에서의 자연"(Nature in Experience)이라는 논문을

또 듀이의 사상을 실용주의에 바탕을 둔 도구주의(instrumentalism)로 등식화시켜온 연구자들은 듀이가 생태론적 관점을 제시한 사상가라는 주장에 대해 상당한 거부감을 느낄 것이다. 도구주의에 의하면, 우리가 배우는 지식이나 정보는 문제를 해결하기 위한 하나의 도구에 지나지 않으며 그것을 활용한 결과 문제를 제대로 해결했을 때 비로소 가치를 갖는다. 이러한 도구주의 관점에서 보면 자연 속의 생명체 및 비생명체도 인류의 이익 및 복지를 증진하기 위한 도구에 지나지 않는다. 말하자면 인간 이외의 자연 대상물은 하나의 도구로서의 가치를 가질 뿐이라는 것이다. 이러한 관점에서 듀이의 사상을 이해하는 사람들은 듀이의 철학이 철저하리만큼 인간 중심주의에 뿌리를 박고 있다고 주장할 것이다.

하지만 필자는 이러한 주장들이 전혀 근거가 없는 것은 아니지만, 듀이 사상에 대한 다양한 해석의 가능성을 위축시킨다는 점에서 재론의 여지가 있다고 생각한다. 현대 생태론자들의 주장에 비추어보면 듀이의 생태학적 관점은 언뜻 보기에 엉성하며 일관성과 정합성(整合性)이 없어 보인다. 그러나 그의 자연주의 사상 속에는 현대 생태사상의 씨앗이 될 만한 생태론적 사유방식이 곳곳에 스미어 있다. 듀이를 생태사상의 선구적인 인물로 부각시키려고 했던 톰 콜웰(Tom Colwell)은 듀이를 다음과 같이 평가한다.

> 교육을 경험의 재구성으로 바라보는 듀이의 개념은 근본적으로 생태학적이고 생명 중심주의적인 것이다 · · · 사람들이 듀이가 단지 교육의 사회적 이론만을 제시한 것으로 받아들여지고 있는 것은 유감스러운 일이다. 하지만 이것은 아마도 생태학적 사상이 등장하기 전에 오랫동안 사람들이 지니고 있던 어쩔 수 없는 생각인 것 같다. 듀이는 전 생태학적 세계(pre-ecological world) 안에서 하나의 토대(foot)를 이루고 있으며, 오늘날 생태학적 세계 안에서도 하나의 토대를 이루고 있다(Colwell, 1985: 265).

통해 자신의 입장을 분명히 하고자 했다. 그는 자신이 인간적인 경험에만 지나치게 몰두한 나머지 인간이 아닌 비생명체나 물리적인 자연에 대한 이론을 제시하는 데는 비교적 무관심했던 것은 사실이지만 자신이 경험의 개념을 인간적인 영역에만 국한시킨 것이 아니라고 주장했다. 그는 인간이 자연과의 연속적인 상호작용을 통해 살아가는 존재라는 점을 하나의 엄연한 '사실'(fact)로 부각시켰다(*LW*, 14: 143-144).

그렇다면 구체적으로 어떤 측면에서 듀이를 현대 생태사상에 있어서 선구적인 노력을 한 사상가로 볼 수 있다는 것인가? 이러한 질문에 답하기 위해서는 우선 현대 생태주의의 입장을 먼저 살펴봐야 할 것이다.

현대 생태주의[10]는 인간과 자연과의 관계가 무엇보다도 공생적(共生的)인 관계에 놓여있다고 강조한다. 이 사상에 의하면, 인간존재는 자연의 일부이며, 각 유기체의 활동은 다른 유기체에 영향을 주며 생태계를 구성하는 자연 전체에 영향을 준다는 것이다. 인간의 삶을 알고 배운다는 것은 자연이 우리 인간에게 어떻게 봉사해야 할 것인가를 인간 중심적으로 고려하는 것을 말하는 것이 아니라, 어떻게 우리 인간이 자연에 봉사할 것인가, 그리고 자연을 제대로 이해함으로써 자연의 복지를 위해 우리가 어떻게 봉사할 것인가를 고려한다는 것을 의미한다. 현대 생태사상의 핵심은 생명 중심주의적인 것으로, 인간과 자연을 분리해서 바라보는 인간 중심주의적인 이원론과는 근본적으로 다른 것이다. 그것은 인간을 포함한 모든 생명체를 상호 공생적인 지구 가족으로 바라보는 일원적이고 포괄적이며 통일적인 견해를 내세운다.

여기서 흥미로운 것은 이들 생태사상가들의 주장과 듀이의 주장 간에는 공유(共有)하는 바가 많다는 점이다.

첫째, 듀이의 자연주의와 생태사상은 모두 생물학을 토대로 인간 유기체와 자연과의 관계를 설명하고 있다는 점이다. 즉 생물학은 자연생물과 자연계의 복잡한 상호작용에 관한, 그리고 종 상호 간의 장기적이고 예기치 못한 결과를 밝히려는 학문이라고 볼 수 있는데, 자연주의와 생태사상은 적어도 이러한 생물학을 기초로 인간과 환경과의 관계를 설명하고 있다. 생물학적 진화론의 영향을 받았던 듀이는 삶이란 인간 유기체와 자연환경과의 부단한 상호작용의 결과에 불과하다는 점을 분명히 하고 있다. 이러한 주장은 인간의 삶이 다른 유기체와의 상호작용의 결과라면 인간존재가 다른 생명체에 비해 반드시 우위에 있는 것이 아니라고 주장하는 생태사상가들의 입장과 일맥상통한다.

---

10) 생태주의적 입장은 크게 드볼(B. Devall), 세션(G. Sessions), 카프라(F. Capra)를 중심으로 한 심층생태학, 북친(M. Bookchin)을 중심으로 한 사회생태학, 그룬트만(Grundman)을 중심으로 한 마르크스주의적 생태학으로 나누어지기도 한다(김귀성·노상우, 2001: 329-335 참조).

둘째, 듀이의 자연주의와 생태사상은 모두 이원론적 자연관을 배격한다는 점이다. 이 두 사상은 인류가 인간과 자연을 이원론적으로 다룸으로써 학문적으로나 실제적으로 불행한 결과를 가져왔음을 인식하고 있다. 그래서 듀이는 인간과 자연의 관계를 결코 분리해서 연구해서는 안 된다고 누차 강조하였다. 그는 신비주의적이고 기계론적인 자연관을 배격하고 통합적이고 일원론적 자연관을 정립하려고 하였다.

이러한 그의 자연관은 현대 생태사상가들이 내세우는 전체론의 내용과 관련이 깊다. 전체론은 생물권을 전체적인 공동체 혹은 유기적 전체로 생각하는 이론을 말한다. 레오폴드의 "땅의 윤리"(Ethic of Land)에 기원을 두고 있는 이 이론에 의하면, 인간 개체는 이 생명 공동체의 일원으로서 이 공동체를 스스로 보전, 영속시키고, 아름다움을 증진시킬 책임이 있다. 이런 관점에서 본다면 인간은 결코 이 생명공동체의 주인이 아니며, 따라서 다른 생명체를 함부로 대할 권리를 가지지 못한다. 이 같은 레오폴드의 전체론적 자연관이 근본적으로 다른 근원에서 나온 것은 사실이지만 그의 자연관이 듀이의 통합적 자연개념과 공유하는 바가 있다는 점은 흥미로운 일이다.

셋째, 듀이의 자연주의 사상과 생태사상은 모두 생명 공동체의 평형성과 안정성을 중시한다는 점이다. 이 두 사상은 인간의 행위가 자연계 내의 다른 생명체나 비생명체에 어떤 영향을 미칠 것인가에 대해 깊이 있게 관찰하고 통찰한다. 이 두 사상은 과학주의가 자연세계의 평형과 안전성을 해친 주범이라고 생각한다. 이 두 사상은 과학·기술이 자연세계를 이해하기보다는 오직 정복하는 데에만 쓰이고 있는 현실을 비판했다.

듀이는 지금까지 "과학의 진보가 자연에 대한 인간의 힘을 증대시켰으며"(*MW*, vol. 9, 1980: 293), "과학이 인류의 이익을 위해서 자연을 통제할 수 있다는 신념을 안겨 주었음"(*ibid.*: 231)을 부정하지 않았다. 하지만 듀이는 과학이 자연세계를 정복하기 위한 수단으로써만 쓰이는 것에 대해서는 못마땅하게 생각했다. 오히려 그는 과학이 인간과 자연과의 관계를 밝히는 데 도움을 주어야 한다고 생각했다.

생태사상가들 역시 과학 자체를 거부하기보다는 그릇된 과학관을 비판한다. 생태주의자들은 과학의 몰가치화와 과학기술의 남용이 생태계를 황폐하게 만들었다고 진단한다(진교훈, 1999: 45-46). 그리하여 그들은 미래의 과학은 인간과 자연의 공생관계를 증진시키기 위한 방안을 모색하는 데 기여해야 한다고 생각한다.

듀이의 관점과 생태사상의 관점은 여러 가지 측면에서 일치하기도 하지만 일치하지 않는 부분도 많다. 듀이의 자연주의가 반드시 생태사상의 형성에 결정적 영향을 미친 것은 아니지만 적어도 부분적으로는 그의 자연관은 생태사상의 철학적이고 지적인 토양이 되었다고 할 수 있다. 그는 결코 본격적인 의미의 생태사상가가 아니지만 생태사상의 토양이 되는 생태학적 사유를 전개한 사상가라고 봐야 할 것이다. 현대 생태사상의 기원이라고 할 수 있는 레오폴드의 "땅의 윤리"가 사람들의 관심을 받기 시작한 1960-70년대보다 한 세대를 앞서 자연의 본래적 가치를 부각시키고, 인간과 자연의 관계, 자연과 교육과의 관계를 새롭게 해석하려고 한 듀이의 노력은 높이 평가되어야 할 것이다.

5. 맺는 말

이 글은 존 듀이의 자연주의 사상에 스미어 있는 생태론적 관점을 밝혀내고, 이를 근거로 그의 생태론적 관점이 오늘날 생태론적 교육이론의 정립에 어떤 시사를 줄 수 있을 것인지를 논의하려고 하였다.

첫째, 듀이는 자연과 인간을 분리하지 않을 뿐 아니라 인간의 삶을 자연의 과정으로 파악한다는 점에서 그는 자연주의 철학에 충실한 사상가이다. 즉 그는 자연을 일원론적 관점에서 파악했으며 자연을 통합적 개념으로 이해했다. 또한 그는 자연을 인간의 보금자리요, 인간 경험의 원천이며, 교육활동의 원천으로 파악했다. 즉 듀이의 자연주의 철학에 비추어보면 교육이란 학습자가 자연과의 상호작용을 통해 지식과 정보를 얻어내는 경험의 과정이다. 따라서 자연은 교육활동의 토대이며 출발점이다. 이러한 의미에서 듀이의 생각은 다분히 생태론적이라고 할 수 있다.

둘째, 듀이는 본격적인 의미에서 생태주의 사상가는 아니지만 그의 자연주의 사상 안에는 오늘날 생태주의 사상가들의 주장의 밑거름이 될 만한 생태학적 사유방식들이 담겨져 있다. 인간-자연의 이원론을 철저하게 배격하고 일원론적으로 자연을 설명한 점, 생물학적 관점에서 인간을 생명공동체의 일원으로 바라보고 이 공동체의 안정과 유지, 발전에 기여해야 할 존재로 파악한 점, 자연을 무수히 분리된 객체들로 구성된 기계로 보지 않고 분할할 수 없는 전체로 평가한 점 등은 현대 생태론의 주장과 일맥상통한다고 봐야 한다.

셋째, 듀이의 주장이 현대 생태주의 사상가들의 주장만큼 학문적 체계와 논리를 가지고 있지는 않다고 하더라도 그의 주장은 생태학적 교육이론을 정립하는 데 중요한 시사를 던져 줄 수 있을 것이다. 그는 『민주주의와 교육』 제21장 서두에서 새로운 교육이론의 방향을 다음과 같이 제시한 바 있다. 즉 "현재 나와 있는 것보다 더 통합된 교육방안을 제시하려는 교육이론이라면 당연히 인간과 자연의 관계 문제를 다루어야 할 것이다."(*MW,* vol. 9, 1980: 286).

우리는 듀이의 이런 표현을 아주 의미심장하게 받아들일 필요가 있다. 1970년대 생태학이 출현한 이후 생태학적 위기는 곧 인류문명의 위기라는 의식이 고조되고 있다. 많은 이들은 이러한 위기에서 벗어나기 위해서는 의식의 전환 즉 인간중심적 사유에서 벗어나 생태학적 사유로 나아가야 한다고 강조한다. 이러한 시대적 요청은 무엇보다도 교육의 변화를 요구한다. 인간중심적 교육으로부터 생태중심적인 교육에로의 변화를 요구하고 있다. 생태중심의 교육은 결국 인간을 구하고 인류를 구하며 나아가 생태계를 구하는 일이 될 것이다. 이런 의미에서 인간과 자연의 관계를 고려하여 교육이론을 정립해야 한다는 듀이의 주장은 생태학적 교육이론을 구성하고 이를 정당화하려는 학자들에게 커다란 자극제가 될 수 있을 것이다.

참고문헌

구승희(2001). 생태철학과 환경윤리. 서울: 동국대학교출판부.

______역(1997), Robin Attfield 저. 환경윤리학의 제문제. 서울: 도서출판 따님.

김귀성·노상우(2001). 현대교육사상. 서울: 학지사.

소흥렬(1982). "존 듀우이의 Meta-Philosophy", 한국철학회, 한국교육학회, 존 듀이 연구회 편. 존 듀이와 프래그마티즘. 서울: 삼일당.

신득렬 역(1982), John Dewey 저. 경험과 자연, 대구: 계명대학교출판부.

오천석 역, 존 듀이 저(1978). 경험과 교육. 서울: 박영사.

이홍우 편역·주석(1992), John Dewey 저. 민주주의와 교육. 서울: 교육과학사.

정대환(1982). "듀우이의 탐구논리의 포괄성", 한국철학회 외 편, 존 듀이와 프래그마티즘. 서울: 삼일당.

진교훈(1999). 환경윤리- 동서양의 자연보전과 생명존중, 서울: 민음사.

Attfield, R.(1998). "Environmental Ethics", *Encyclopedia of Applied Ethics.* Vol. 2, San Diego: Academic Press, 73-81.

Bates, M.(1961). *The Forest and the Sea.* New York: Mentor Books.

Bowen, J.(1981). *A History of Western Education,* vol. 3(New York: St. Martin's Press.

Bowen, M.(1981). *Empiricism and Geographical Thought.* Cambridge: Cambridge University Press.

Boydston, J. A. ed.(1979). *John Dewey the Middle Works.* vol. 8, Carbondale and Edwardsville: Southern Illinois University Press.

______(1980). *John Dewey the Middle Works.* vol. 9, Carbondale and Edwardsville: Southern Illinois University Press.

______(1981). *John Dewey the Later Works.* vol. 1, Carbondale and Edwardsville: Southern

Illinois University Press.

______(1984). *John Dewey the Later Works.* vol. 2, Carbondale and Edwardsville: Southern Illinois University Press.

______(1988). *John Dewey the Later Works.* vol. 13, Carbondale and Edwardsville: Southern Illinois University Press.

______(1988). *John Dewey the Later Works.* vol. 14, Carbondale and Edwardsville: Southern Illinois University Press.

Carson, R.(1962). *Silent Spring.* Boston: Houghton Mifflin.

Collingwood, R. G.(1960). *The Idea of Nature.* New York: Oxford University Press.

Collwell, T.(1982). "The Significance of Ecology for Philosophy of Education", in *Philosophy of Education, Proceedings of the 38th Annual Meeting of the Philosophy* of *Education Society,* Normal, Ill.: PES, Illinois State University, 177-85.

______(1985). "The Ecological Perspective in John Dewey's Philosophy of Education.", *Educational Theory,* 35: 3, 2 55-266.

Dasmann, R.(1983). *Environmental Conservation,* 4th ed. New York: John Wiley.

Goodpaster, K. E. and K.M. Sayre, eds.(1979). *Ethics and the Problems of the 21st Century.* Notre Dame, Ind.: University of Notre Dame Press.

Leopold, A.(1949). *A Sand County Almanac.* Oxford University Press.

Passmore, J.(1974). *Man's Responsibility for Nature.* New York : Scribner's.

Peters, R. S.(1977). *John Dewey Reconsidered.* London: RKP.

Phillips, D. C.(1971). "John Dewey and the Organismic Archetype" in *Melbourne Studies in Education,* ed. R. J. W. Selleck, Melbourne: Melbourne University Pre ss, 232-71.

Rawles, K.(1998), "Biocentrism", *Encyclopedia of Applied Ethics.* Vol. 1, SanDiego: Academic Press, 275-283.

Sears, P.(1972). Where *There Is Life,* rev. ed. New York: Dell Publishing.

Taylor, P. W.(1986). *Respect for Nature: A Theory of Environmental Ethics.* Princeton: Princeton University Press.

Talbot, C.(1998). "Deep Ecology", *Encyclopedia of Applied Ethics.* Vol. 1, San Diego: Academic Press, 747-753.

Toulmin, S.(1982). *The Return to Cosmology.* Berkeley: Univer sity of California Press.

Worster, D.(1984). *Nature's Economy.* Cambridge: Cambridge University Press.

Zimmerman, M.(1978). "Dewey, Heidegger and the Quest for Certainty", *Southwest Journal of Philosophy* 9, no. 1: 87-95.

제 2 부

피터스의 교육담론

제 5 장

교육받은 사람에 관한 담론과 비판적 성찰

1. 들어가는 말

이 글은 20세기 후반 영미 교육철학계에 커다란 영향을 끼쳐온 영국의 교육철학자 피터스(Richard. S. Peters: 1919-2011)의 '교육받은 사람'(educated man)의 개념을 비판적으로 검토하고, 나아가 그의 개념이 오늘날 학교교육 실제에 줄 수 있는 시사점이 무엇인가를 고찰하는 데 목적이 있다.

일찍이 피터스는 1964년 "입문으로서의 교육"(Education as Initiation) (Archambault, ed., 1965: 87-110)과 1966년의 『윤리학과 교육』(*Ethics and Education*)에서 교육받은 사람의 개념을 소개했고(1966: 23-62), 1970년에는 "교육과 교육받은 사람"(Education and the Educated Man)이란 논문에서 교육받은 사람의 형식적 조건들을 제시하였다(1977: 3-21). 물론 이 같은 그의 입장은 70년대 말과 80년대에 발표된 글에서는 상당히 수정되기는 하였지만 근본적으로 달라졌다고는 볼 수 없다. 위의 논저들에 나타난 '교육받은 사람'의 개념은 다음 세 가지로 요약할 수 있다. 첫째, 교육받은 사람은 가치 있는 '삶의 형식'에 입문한 사람이다. 물론 삶의 형식은 '지식의 형식'으로 표현되기도 하고(Hirst and Peters, 1977: 62), '각성의 형식'으로 표현되기도 하며(1977: 29), 분화된 '사고의 형식'이란 말로도 표현된다(1966: 31, 160). 둘째, 교육받은 사람은 무기력하지 않은 지식, 폭 넓은 이해, 인지적 안목을 가지고 사물과 세상을 바라보는 사람이다. 셋째, 교육받은 사람은 합리적 정열을 소유한 사람으로 사실과 증거를 존중하고, 정확성과 명료함을 존중하며, 나아가 일관성을 유지하려는 사람이다. 말하자면 교육받은 사람은 합리적 태도를 가지고 진리를 추구하는 사람의 모습이다.

피터스의 논저들에 나타난 '교육받은 사람'의 삶의 모습은 두 가지의 두드러진 특징을 보여준다. 하나는, 그의 삶이 전통 지향적이고 보수적이라는 점이며, 다른 하나는 이론적이고 학문 중심적이라는 점이다. 말하자면 그는 실천가 및 행동인으로서 삶을 살아가기보다는 이론가 및 학자로서 삶을 영위하며 그것이 훨씬 가치롭다고 여긴다. 물론 이러한 삶은 현존하는 학교교육을 통해서 실현될 수 있다고 여기는 것이 피터스의 견해이다.

그러나 이러한 피터스의 '교육받은 사람'은 과연 오늘날 같이 급변하고 있는 후기 산업사회에서 어느 정도 의미 있는 삶을 살아갈 수 있을 것인가? 그것은 학교가 길러내고자 하는 이상적인 인간상이라고 볼 수 있는가? 또 실제로 오늘날의 학교교육제도는 피터스가 그린 교육받은 사람을 제대로 길러낼 수 있는가?

그의 '교육받은 사람'의 개념이 소개된 이후로 많은 논의와 비판이 여러 각도에서 활발하게 전개되어 왔다. 이 논의와 비판은 다음 세 가지로 요약된다. 우선, 우즈(Woods)와 드레이(Dray)가 지적한 것처럼 피터스의 기준은 지나치게 엄격해서 교육받은 사람의 다른 여러 가지 조건들을 도외시하는 결과를 초래했다(Peters, ed., 1973: 33). 말하자면 그의 기준은 서로 다른 문화권에서 교육받은 사람을 평가하는 데는 여러 가지 난점을 안고 있다. 또한 리이드(Reid, 1962: 162-163), 토빈(Tobin, 1989: 26), 신득렬(1989: 26)의 지적처럼, 피터스는 교육받은 사람의 인지적 기준을 지나치게 강조함으로써 다른 조건들을 경시했다고 볼 수 있다. 그러나 이 같은 비판들은 피터스의 개념 자체를 거부했다고 하기보다는 비판적으로 수용하려는 노력의 일환으로 이해할 수 있다. 둘째, 마틴(Martin, 1981: 7-8) 여사에 의해 제기된 비판은 시각을 달리하는 것으로, 그녀는 피터스의 '교육받은 사람'의 이상(ideal)이 지나치게 남성 중심적인 이데올로기를 담고 있다고 비판했다. 로이머(Roemer, 1981: 120-123) 역시 마틴의 비판을 옹호하는 가운데 피터스가 여성을 이론적이고 지적인 학문분야에서 소외시키고 여성의 삶을 왜곡했으며, 나아가 그의 견해는 일방적일 뿐이라고 비판했다. 셋째, 이들 보다 좀 더 과격한 비판은 사럽(Sarup, 1978: 51-67)과 해리스(Harris, 1977: 33-48)와 같은 마르크스주의 교육론자들에 의해서 이루어졌는데, 이들은 피터스의 개념이 기껏해야 자본주의 사회의 지배 이데올로기를 정당화하고 합법화하고 있을 뿐이라는 것이다. 이들의 논리대로라면 피터스가 그린 '교육받은 사람'의 모습은 왜곡된 인간일 수밖에 없을 것이다.

이상과 같은 비판을 종합해 보면, 피터스가 제시한 교육받은 사람의 모습은 온전한 모습이라기보다는 왜곡된 모습이며, 나아가 그것은 교육이 성취하고자 하는 이상(理想: ideal)이라기보다는 오히려 해악(害惡: harm)이 된다는 것이다. 말하자면 그가 그린 교육받은 사람은 '전인'(全人: whole man)이라기보다는 무엇인가가 부족한 인간 즉 조화로운 발달이 이루어지지 않은 인간의 모습일 뿐이다.[1)]

실제로 피터스의 개념을 받아들이는 것이 이롭기보다는 해가 된다는 주장의 근거는 무엇인가? 만약 그의 개념이 해롭다면 수용하기보다는 거부하는 것이 더 바람직한 것이 아닐까? 또 그의 개념을 거부할 때 우리는 다른 대안을 제시해야 되지 않을까? 앞의 연구들은 피터스의 견해를 비판하고 검토하기는 했지만 이렇다 할 만한 대안을 제시하지는 않았다. 이런 의미에서 이 글은 피터스의 비판가들의 견해를 종합적인 관점에서 검토함으로써 그의 개념의 적용 가능성 및 한계를 비판적으로 고찰해 보고자 한다.

2. '교육받은 사람'의 개념

분석교육철학자로서 피터스는 '교육'이나 '교육받은 사람'을 하나의 개념으로 분석하고 의미를 명료화하고자 했다. 이러한 그의 철학적 방법론은 그 당시 영미의 학계를 지배했던 분석철학 특히 비트겐슈타인(L. Wittgenstein)의 학문적 조류에 편승한 것이기도 하지만, 교육을 아무런 기준 없이 사용하고 있는 그릇된

---

1) 물론 Peters는 '교육'이 곧 '전인을 위한 교육'이어야 함을 강조했다. 그러나 그는 전인교육이란 말의 의미를 대단히 좁게 이해했다. 다음 글은 이 점을 잘 말해주고 있다. "'교육은 전인을 기른다'는 말은 교육에 있어서의 지나치게 전문화된 훈련을 경계하라는 뜻을 나타내고 있지만, 그 뿐만 아니라 '교육'이라는 말 속에 이미 자기가 하는 일의 의미를 넓은 안목으로 파악한다는 뜻이 들어있다는 개념적 관련을 나타내기도 한다."(1966, 32) 그가 말한 전인교육은 우리가 말하는 일상용법과 다르며, 순전히 인지적 안목과 관련짓고 있을 뿐이다.

교육현실의 진단과 통찰에서 비롯된 것이라고 봐야 한다. 말하자면 그는 교육현실이 왜곡되고 비뚤어진 원인 중의 하나가 교육이란 말의 의미를 저마다 다르게 규정하거나 자의(恣意)적으로 사용해온 데 있다고 생각했다. 그래서 불완전하기는 하지만 모종의 기준들에 비추어서 교육활동이나 과정(過程)을 평가해 볼 필요가 있다고 느꼈다. 그가 제시한 '교육받은 사람'의 개념도 이 같은 맥락에서 제시되고 정당화되었다고 볼 수 있다. 그의 '교육받은 사람'은 철저하리만큼 교육의 개념에 대한 분석으로부터 자연스럽게 추론(推論)되어 나온 개념이다. 이런 점에서 그의 접근방법은 기존의 역사적 연구방법들[2]과 구별된다고 하겠다. 본장은 우선 그의 교육개념을 간략하게 소개하고 그로부터 추론된 교육받은 사람의 개념을 차례로 고찰해 보고자 한다.

1) 교육의 개념과 '교육받은 사람'의 관계

피터스의 '교육받은 사람'의 개념이 교육의 개념으로부터 추론되어 나왔다면 그가 제시한 교육의 개념을 먼저 살펴봐야 할 것이다. 그의 논저들에 나타난 교육의 개념은 다음 두 가지로 요약된다.

첫째, 교육은 공적 전통에로의 입문(入門: initiation)과정이다. 여기서 입문이란 말은 그가 새로이 만들어낸 독창적인 용어는 아니다. 왜냐하면 이 말은 일찍이 오크쇼트(M. Oakeshott)가 교육 또는 교수를 정의할 때 사용했던 용어이기 때문이다. 오크쇼트는 1959년의 논문에서 다음과 같이 말한 바 있다.

> 문명화된 인간존재로서, 우리는 우리 자신과 세계에 대한 탐구의 상속자가 아니며, 축적된 일련의 지식의 상속자도 아니며, 태고의 숲속에서 시작하여 이어진

2) '교육받은 사람'의 개념에 대한 역사적 연구의 대표적 연구로서는 P. Nash, A. M. Kazamias, and H. J. Perkinson(eds.), Educated Man: Studies in the History of Educational Thought(New Yorks: John Wiley & Sons., Inc., 1965).을 들 수 있다. 이 책은 교육사상사에 있어 탁월한 업적을 남긴 15명의 교육사상가들이 제시한 교육받은 사람의 개념을 역사적으로 기술했다. 이와 유사한 연구는 W. B. Bouwsma, "Models of Educated Man," in M. Kaplan(ed.), What is an Educated Person?(New York: Praeger Publishers, 1980)을 들 수 있다. Bouwsma는 서구사회에 나타난 교육받은 사람의 이상적 모델들 즉 귀족주의적 인간상, 학자적 인간상, 시민적 인간상, 기독교적 인간상, 낭만적-자연주의적 인간상을 제시했다.

여러 세기의 과정에서 보다 명료하게 만든 대화의 상속자들이다 · · · 적절히 표현 하자면 교육은 이러한 대화의 기술과 협력으로서의 입문이다(1962, 199).

이 같은 교육개념은 오크쇼트에 의해서 제시된 것이기는 하지만 오랜 역사와 전통 그리고 문화적 유산을 자랑해온 영국사회의 전통적 보수주의 교육론자들에 의해서 지지된 것이며, 특히 피터스에 의해서 전폭적인 지지를 받았다. 그러나 피터스는 '입문'이란 말을 교육 분야에로 깊숙이 끌어들였고 이 개념을 교육을 설명하는 중요한 교육언어로 부각시켰다. 심지어 그는 이 개념을 전통적인 교육모델들의 장단점을 비판적으로 종합한 교육모델로까지 확대 적용했다.

그가 말하는 전통적인 모델은 주형모델(moulding model)과 성장모델(growth model)로, 이 모델들은 각각 장점과 단점으로 공유하고 있다고 보았다. 그는 이 모델들이 지닌 한계 및 약점을 다음과 같이 지적했다.

교육이라는 것은 다른 사람을 일정한 형태로 조형하는 것이라고 생각한다든지, 아니면 개인이 성장할 수 있도록 환경을 마련해 주는 것이라고 생각하는 것은 다 같이 교육의 비개인적 성격(impersonality)을 도외시하고 있는 것이다. 교육의 비개인적인 성격이라는 것은 교육에서 전달되고 있는 내용과 그 내용을 비판하고 발전시키는 방법상의 기준이 교사의 것도, 학생의 것도 아닌 양자에 의해 공유된다는 것을 의미한다. 말하자면 이 두 모형은 모두 교육이라는 것이 본질상 한 집단의 언어와 개념에 의하며 규정되는 공적인 세계로 사람들을 입문시키며 분화된 사고의 형식에 상응하는 경험 영역들을 탐구하는 일에 참여하도록 이끄는 일이라는 중요한 사실을 간과하고 있는 것이다(Peters, 1966: 52).

피터스에 의하면, 교육은 '조형하는 일'도 아니요, '성장의 조건을 마련해 주는 일'이 아니라, '공적 세계로 입문시키는 일'이다. 그의 지적처럼, 위의 두 교육모델이 교육의 본질을 왜곡하고, 교육을 그릇되게 운영해 왔다면 그들이 육성하고자 했던 '교육받은 사람'의 모습 역시 왜곡된 모습일 가능성이 높다. 피터스에 의하면, 주형모델의 약점은 가르쳐야 할 내용을 지나치게 강조한 나머지 교육이란 개념이 가져야 할 도덕적 온당성의 기준을 도외시한 반면에, 성장모델의 약점은 아동존중의 심리학적 원리를 중요시하기는 했지만, 교육의 주도권을 아동에게 넘김으로써 교육내용을 간과하는 실수를 범했다는 것이다. 그 어느 교육모델도 교육의 개념이 갖는 본래의 모습을 제대로 그렸다고 볼 수 없다는 것이다(*ibid.*: 46). 이런 이유에서 두 모델이 그렸던 이상적 인간상의 모습 역시 비뚤어질 수밖에 없다는 것이 피터스의 주장이다. 교육의 두 모델이 육성하고자 한 이상적 인간상은 차라리 교육받은 사람이라고 부르기보다는 다른 용어로 부르는 것이 더 타당하다는 것이다. 그가 교육받은 사람과 '훈련받은 사람'(trained man)을 구별하고자 한 점은 이 같은 그의 논리를 잘 보여준다.

둘째, 교육은 과정이나 활동이 따라야할 기준들(criteria)이다. 피터스는 다음과 같이 말한 바 있다. "교육이라는 용어는, '재배'(gardening)라는 용어와는 달리, 어떤 특정한 활동을 지칭하는 용어가 아니다 · · ·. 교육은 '개선'(reform)과 마찬가지로, 특정한 활동이나 과정을 꼬집어서 지칭하는 것이 아니라, 어떤 활동이나 과정이 갖추어야 하는 기준을 명시하는 것이다."(*ibid.*: 24-25). 그는『윤리학과 교육』제1장에서 교육이란 말의 의미를 세 가지 측면에서 검토한 후 이 말의 핵심적 어의에 내포되어 있는 사용기준을 다음과 같이 제시했다.

> (1) 교육은 가치 있는 일을 전달함으로써 그것에 헌신하는 사람을 만든다는 뜻을 가지고 있다.
>
> (2) 교육은 지식, 이해, 그리고 모종의 인지적 안목을 길러주는 일이며, 이런 것들은 무기력한 것이어서는 안 된다.
>
> (3) 교육은 교육받은 사람의 의식과 자발성을 전제로 한다는 점에서, 몇 가지 전달과정은 교육의 과정으로 인정될 수 없다(*ibid.*: 45).

이 기준들을 바꾸어 표현하면, (1)은 규범적 기준(가치기준), (2)는 인지적 기준(지식기준), (3)은 방법적 기준(도덕적 온당성의 기준) 으로 요약할 수 있다. 그에 의하면 어떤 활동이나 과정들이 교육이라는 칭호를 획득하기 위해서는 이 같은 기준들을 만족시켜야 한다는 것이다. 마찬가지로 우리가 어떤 사람을 '교육받은 사람'이라고 부르기 위해서는 그 역시 이 같은 기준들을 논리적으로나 실제적으로 만족시켜야 한다는 것이다.

이 세 기준에 의하면, 우리가 누군가를 '교육받은 사람'이라고 부르기 위해서는 우선, 그가 가치 있는 것에 관심을 가지고 그것에 헌신해야 한다는 것이다. 예컨대 "어떤 사람이 교육을 받았으나 하등 좋은 방향으로 달라진 것이 없다고 말한다든지, 자기 아들을 교육하면서 아무런 가치 있는 것도 가르쳐 주지 않았다고 말하는 것은 논리적 모순이라는 것이다"(*ibid.:* p.25).

둘째, 인지적 조건(기준)의 측면에서 교육받은 사람은 단순히 기술 내지 방법상의 요령을 터득했다든지, 정보를 많이 가지고 있는 사람이 아니다. 이 점에 대해 피터스는 다음과 같이 썼다.

> 교육받은 사람이 되는 데는 일군의 지식과 모종의 개념구조를 가지고 있어서 그런 방법상의 요령을 터득하기만 해서는 부족하다. 그런 방법상의 요령을 잡다한 사실수집 이상으로 끌어올릴 수 있어야 한다 · · · 우리는 단순히 여러 가지 정보를 가지고 있는 사람을 교육받은 사람이라고 부르지 않을 것이다. 교육받은 사람이 되려고 하면 또한 사물이 왜 그렇게 되어있는가 하는 '이유'에 관하여 다소간의 이해를 가지고 있어야 한다(*ibid.:* 30).

그러나 피터스는 지식과 이해가 교육받은 사람이 되기 위한 필요조건은 되지만 충분조건이라고는 보지 않았다. 왜냐하면 진정으로 교육받은 사람이 되기 위해서는 '인지적 안목'(cognitive perspective)을 가져야 한다고 믿었기 때문이다. 이 기준에 비추어 보면 전문적인 훈련을 받았지만 정연한 '삶의 패턴' 속에서 자기가 하는 일이 차지하고 있는 위치를 볼 수 없다든가 그의 관심이 제한되어 있다든가 한 사람은 교육받은 사람이라고 할 수 없다는 것이다. 고도 산업사회에서의 교육은 전문인을 양성하는 일에 관심을 갖고 있다. 특수한 분야에 종사하는 전문인들은 타 분야에 관심이 없는 경우가 허다하며 실제로 그 분야에 대해 문외한인 경우가 많다. 피터스가 제시한 인지적 안목의 관점에서 보면 이 같은 전문가들은 교육받은 사람에게서 제외된다.

셋째, 교육이란 말은 교육받는 사람의 의식과 자발성을 전제로 한다는 점에서 도덕적 온당성의 기준을 만족시켜야 한다. 앞의 두 조건들 즉 가치기준과 지식기준이 아무리 만족되었다 할지라도 이 도덕적 온당성의 기준을 무시하는 한 교육받았다고 할 수 없다는 것이 피터스의 주장이다. 예컨대 조건화, 세뇌, 교화 등은 교육의 온당한 방법일 수 없다는 것이다. 왜냐하면, 이 같은 방법들은 학습자의 의식과 자발성을 존중하지 않는다는 점에서 비도덕적 방법들이기 때문이다. 이 기준에 비추어 보면 아무리 가치 있는 지식을 전달받았다 할지라도 그 전달방법이 도덕적으로 온당하지 않은 것이라면 그는 진정으로 교육받은 사람이라고 보기 어렵다는 것이다.

이상에서 살펴본 바와 같이 피터스의 교육받은 사람의 개념은 그의 교육개념에 대한 분석으로부터 추론되어 나왔다. 그의 교육의 개념은 (1) 그 자체로서 가치어(value word)의 성격을 띤다. (2) 교육은 과정이나 활동이 아니라 그것들이 따라야 할 기준이다. 이 같은 개념에 비추어 볼 때 그가 제시한 교육받은 사람의 개념 역시 가치어의 성격을 가지며, 이 개념은 그가 제시한 세 가지 형식적인 기준들에 의해 다른 유사 개념들과 구별될 수 있다.

2) '교육받은 사람'의 주요 행동유형

연구자는 피터스가 교육의 개념을 분석한 후 자연스럽게 추론해낸 '교육받은 사람'의 개념을 좀 더 선명하게 이해하기 위한 방법으로서 그의 논저들에 나타난 교육받은 사람의 모습을 다음 몇 가지 행동유형으로 묶어 소개하고자 한다. 물론 여기서 말하는 행동이란 외현적인 것 뿐 아니라 내면적인 것까지도 포함한다. 그렇다면 피터스가 제시한 교육받은 사람에게서 나타나는 주된 행동유형(특성)들은 무엇인가?

첫째, 피터스의 '교육받은 사람'에게서 나타난 두드러진 행동유형 중의 하나는 다양한 삶의 형식들(forms of life)에의 입문이다. 그는 『교육의 개념』(*The Concept of Education*)에서 '교육받은 사람'의 모습을 다음과 같이 기술했다.

> 교육받은 사람이란 바람직한 것으로 여겨지는 삶의 형식을 소유한 사람이다. 삶의 형식이란 다름 아닌 그의 행위, 즉 그가 헌신하는 활동들, 판단과 감정 안에서 나타나는 형식이다(Peters, ed., 1967: 9)

그가 말하는 '삶의 형식'이란 다양한 용어들로 표현되고 있기 때문에 그 의미를 명료화하기는 어렵지만 다음과 같은 그의 설명을 통해 그 의미를 이해할 수 있다. 즉 삶의 형식이란 "일을 하는 데는 올바른 방법과 그릇된 방법이 있다는 생각, 어떤 것은 옳고 어떤 것은 그르다는 생각, 어떻게 말하고 행동하는가가 결정적으로 중요하다는 생각"(1966: 259)을 가지고 사는 삶을 사는 형식이다. 그는 교육이 이 같은 삶의 형식과 분리될 수 없다고 보았다. 왜냐하면 교육은 이 같은 삶의 형식들을 가르치고 배우는 일과 관련되어 있다고 보기 때문이다.

둘째, 피터스의 교육받은 사람에게서 나타나는 주된 행동유형 중의 하나는 가치 있는 것을 배려하고 그것에 헌신하는 행동이다. 그는 "Education as Initiation"에서 쓰기를 "교육받은 개인은 가치 있는 것들이 포함된 것들에 관하여 배려하며, 당면한 문제들에 관련된 적절한 표준들을 성취하고자 하는 사람이다."(Archambault, ed., 1965: 96). 그는 이 점에 대해 다음과 같이 요약했다. "교육받았다는 것은 (1) 가치있는 것을 배려하며, (2) 가치있는 것에의 배려에 몰두한다는 것을 의미한다."(*ibid.*: 97). 『윤리학과 교육』(*Ethics and Education*)에서 그는 교육받은 사람에게서 나타나는 중요한 행동유형으로서 가치 있는 것에의 '헌신'(commitment)을 강조했다.

> 교육받은 사람의 지식은 어떤 사고의 형식 안에 들어와 있다는데서 당연히 따라오는 그러한 헌신을 내포하고 있어야 한다(1966: 31).

여기서 '헌신한다'는 것은 무엇인가를 소중히 여기고 이해한다는 것 이상의 정열을 함축하고 있는 말이다. 헌신이라는 말이 갖는 본래 뜻은 '몸을 던짐'을 의미한다. 하지만 피터스가 하고자 한 말의 의미는 몸과 마음을 다해 가치 있는 것을 성취하기 위해 노력해야 한다는 뜻을 함축하고 있다. 이 같은 정열이 결여될 때 인간의 삶이란 무료해지고 무의미해질 수밖에 없다는 것이다. 인류의 위대한 유산은 앞 세대들의 헌신의 결과라고 해도 과언은 아닐 것이다.

그렇다면 교육받은 사람이 헌신해야 할 '가치 있는 것'이란 구체적으로 무엇을 지칭하는가? 그것은 바로 그의 동료인 허스트(P. Hirst)와 함께 '지식의 형식'(forms of knowledge)이라고 명명한 것이다(Hirst and Peters, 1977: 62). 그들은 지식의 형식이 다음 두 가지의 특징을 가진다고 보았다. 첫째, 지식의 형식은 그 자체로서 가치를 지닌다는 것이다. 말하자면 그것은 다른 어떤 것의 수단일 수 없는 내재적 가치(intrinsic value)를 가진다는 것이다. 따라서 그것을 추구하는 것은 그 결과가 우리들에게 만족이나 쾌락을 가져다주기 때문이 아니라 그 자체로서 즐거움과 희열을 느끼게 하기 때문이다. 둘째, 지식의 형식은 실제적이기보다는 이론적인 특성을 지닌다. 피터스와 허스트는 이론적이고 지적인 활동이 실제적인 활동보다 가치가 있으며, 우위에 있다고 보았다. 피터스는 이 점을 다음과 같이 정당화했다. 이론적 활동의 가치는 신체적 조건에 좌우되지 않는다는 점, 대상의 희귀성도 경쟁의 대상도 없다는 점, 기술과 분별력을 위한 계속적인 기회를 제공한다는 점, 그리고 너무나 정통한 나머지 싫증이 나는 일이 없다는 점 등을 들었다(1966: 157-158).

셋째, 피터스의 교육받은 사람에게서 나타나는 가장 두드러진 행동유형은 인지적 안목(cognitive perspective)의 발달 및 심화이다. 그는 말하기를, "인지적 안목의 발달은 교육받은 사람의 중요한 특징 중의 하나"(*ibid.:* 64)라는 것이다. 일반적으로 안목이 넓다든가 깊다는 말은 두 가지 의미를 함축하고 있다. 하나는 어떤 사물이나 세상을 바라보는 시야가 넓다는 것이요, 다른 하나는 앞을 예견하는 능력이 있다는 것이다. 넓은 시야와 예견력을 가질 때 그는 자신 앞에 전개되고 있는 현상이나 사건들을 전체적인 관점에서 탐색하고, 분석하고, 예측하며, 판단하고, 종합할 수 있는 힘을 가지게 될 것이며, 나아가 그의 삶의 의미가 좀 더 깊어지고 풍부해질 수 있을 것이다. 이런 맥락에서 '교육받았다'는 것은 사물과 현상을 전체적으로 조망할 수 있는 능력을 구사할 수 있다는 것을 의미한다. 그렇다면 이 같은 안목은 어떻게 넓어지고 심화될 수 있다는 것인가? 피터스에 의하면, 무기력하지 않은 지식의 습득과 사물의 이치를 밝히는 원리들에 대한 이해를 통해서이다.

인지적 안목이란 말이 지닌 또 다른 함축된 의미는 '전체성'(wholeness)이다(1977: 30). 즉 안목이 넓고 깊은 사람은 사물과 현상을 '전체적으로' 조망할 수 있는 능력을 가졌다는 점이다. 피터스에 의하면 이 같은 전체적 조망능력은 어떤 특수한 분야에서 고도의 전문적인 훈련을 받았다고 해서 생기는 것은 아니다. 그는 교육받은 사람과 훈련받은 사람을 다음과 같이 구별했다.

훈련받은 예술가, 과학자, 또는 역사가는 반드시 교육받은 사람이라고 할 수 있다. 왜냐하면 훈련받은 사람은 깊이 몰두할 수 있을지는 모르지만 자기가 종사하고 있는 분야 중 어느 하나에만 제한된 이해를 가지고 있기 때문이다(*ibid.*: 30).

넷째, 피터스의 교육받은 사람에게서 나타나는 또 다른 행동유형은 '합리적 정열'(rational passion)의 소유이다. 합리적 정열이란 무엇을 의미하는가? 그는 합리성에 내포된 정열을 합리적 정열이란 말로 표현했다(Dearden, et. al., 1972: 222, 225-227). 이홍우는 피터스의 합리적 정열의 개념을 다음과 같이 해석했다. 즉 "합리적 정열이란 사물의 이치 또는 이유를 집요하게 추구하려는 정열, 오직 이성으로 받아들여질 수 있는 이유에 입각하여 문제를 해결하려는 정열을 가리킨다."(이홍우, 1977: 176). 또 토빈에 의하면, 피터스의 합리적 정열의 개념은 합리적 도덕성을 가진 사람이 갖추어야 할 감정의 세 번째 양식으로서 여기에는 진리에 대한 사랑, 일관성에 대한 관심, 적합성에 대한 감각, 적극적인 탐구 및 비판정신 등이 있다는 것이다(Tobin, 1989: 18).

피터스는 인간의 이성 및 합리성이 세 단계를 걸쳐 발달한다고 보았다. 즉 인간은 불합리한 인생단계로부터 비합리적인 단계로 그리고 합리적 정열의 단계로 발달해 간다는 것이다(Dearden, et. al., 218-227). 그는 앞의 두 단계의 수준에서 살아가는 사람의 특징을 다음과 같이 기술했다. 불합리한 인생단계에 있는 사람 즉 불합리한 사람(irrational man)은 "욕구와 혐오에 의해 지배받는다."(*ibid.*: 219)는 것이다. 인생의 두 번째 단계를 살고 있는 비합리적인 사람(unreasonable man)은 "자신의 행동에 대한 이유를 가지고 있긴 하지만 그 이유들은 아주 불충분하며, 다른 사람들의 이유들에 주의를 제대로 기울이지 않는 사람"(*ibid.*: 216)이다.

가장 높은 인생의 단계를 살아가는 사람 즉 합리적 정열을 가진 사람에게서 나타나는 특징은 무엇인가? 합리적 정열을 가진 사람은 "추리하고 논증할 수 있으며, 진리에 관심을 가지는 사람이다. 그는 정확성에 관심을 가지며, 일관성과 명료함을 배려하며, 무관련성과 자의성을 배격하며, 진지함을 높이 평가하는 사람이다"(*ibid.*: 226).

이상에서 소개한 것처럼, 피터스의 논저들에 나타난 교육받은 사람의 주요 행동유형들은 공적 전통에 입문하고, 가치 있는 활동에 헌신하며, 인지적 안목을 심화, 확대해 가며, 합리적 정열을 소유한 사람의 모습이었다. 그의 교육받은 사람에게서 나타나는 특징은 다음 두 가지로 요약된다. 첫째, 교육받은 사람은 과거의 문화유산에 입문한 사람이라는 의미에서 그는 전통 지향적이며, 보수적인 성향을 지닌 사람이다. 둘째, 교육받은 사람은 실천적인 문제해결을 위해 행동을 취하는 행동가(action man)내지는 실천가(practician)라기보다는 사물과 현상을 정확하게 바라보고 이해하려는 이론가(theorist) 내지 학자(schola)의 모습이다. 말하자면 피터스가 제시한 교육받은 사람은 세상을 바꾸려는 참여자라기보다는 세상을 이해하려는 관조자(spectator)의 모습을 하고 있다. 이것은 그가 철학자를 '관조자'로 이해했던 플라톤(Platon)의 관점과 일치한다.

3. 논의 및 비판적 고찰

피터스가 '교육받은 사람'의 개념을 제시하고 논의한 후 그는 그의 동료학자와 후학들로부터 비판을 받아왔다. 그에게 주어진 비판들은 다음 몇 가지 범주로 묶어볼 수 있다. 첫째, 피터스는 교육받은 사람의 개념을 지나치게 좁게 규정함으로써 교육받은 사람의 삶의 다른 차원들을 무시하는 우를 범했다는 비판이 있다. 둘째, 피터스는 '교육받은 남성'에 대해 논의했지 '교육받은 여성'에 대해서는 언급하지 않음으로써 남성 중심적 이데올로기를 정당화했다는 비판이 있다. 셋째, 피터스는 교육이 이루어지고 있는 문화적 상황을 고려하지 않음으로써 문화적 상대성을 도외시하는 결과를 초래했다는 비판이 있다. 본 장은 이 같은 비판들을 토대로 피터스의 '교육받은 사람'의 개념을 검토하고자 한다.

1) '교육받은 사람'과 학교교육을 받은 사람

피터스에게 주어질 수 있는 첫째 비판은, 그가 '교육'(education)과 '학교교육'(schooling)을 명확하게 구별하지 않았다는 점이다. 말하자면 그는 '교육'이란 말을 학교라는 제도 안에서 이루어지는 모든 활동과 구별 없이 사용했다. 이 같은 지적은 이미 해리스(Harris, 1977)와 임태평(1987)의 논문에 잘 나타나 있다. 해리스에 의하면, 그가 그리고자 한 '교육받은 사람'은 학교제도 특히 자본주의 학교제도가 그리고자 한 사람의 모습과 일치할 뿐이라는 것이다. 임태평은 피터스가 교육이라는 말이 갖는 일반적인 의미(교육의 특수개념)와 특수한 의미(교육의 특수개념)를 단지 구분했을 뿐 그 구분의 기준을 제시하지 않음으로써 혼란을 가져왔다고 비판했다(1987: 109). 여기서 우리는 다음과 같은 의문을 제기하지 않을 수 없다. 즉 그가 말한 것처럼, 교육받은 사람이란 '학교교육을 받은 사람'이라고 한다면, 소정의 학교교육과정을 끝내고 졸업장을 받은 그 어느 누구도 교육받은 사람이라는 칭호가 붙을 수 있는 것이 아닌가? 그렇다면 교육받은 사람과 그렇지 않은 사람을 구별하는 기준은 학교교육 유무에 있는 것인가? 또 교육받은 사람이 학교를 졸업한 사람이라고 할 때, 학교는 어느 단계의 학교를 말하는가? 초등학교인가 아니면 대학교인가 아니면 그 이상인가?

이홍우 또한 피터스가 교육의 개념을 지나치게 좁게 규정하는 실수를 했다고 지적했다(1992: 97). 여기서 '지나치게 좁게 규정했다'는 말은 곧 '교육=학교교육'으로 규정했다는 의미를 함축하고 있다. 이 경우 학교교육을 받지 않은 사람들은 교육받은 사람의 대열에서 제외되는 결과를 가져온다. 예컨대 근대적인 의미에서의 학교교육을 받지 않은 사람들, 이런 저런 이유로 졸업장을 받지 못한 사람들, 개인적으로 지도를 받은 사람들은 교육받은 사람이 아니라는 결론에 도달하게 된다. 그러나 역사적으로 위대한 인물들의 인격은 학교교육의 소산이 아니다. 그들은 비형식적인 의미의 교육 즉 자기각성, 자기성찰, 실존적 자각, 명상을 통해 자기를 완성한 인류의 스승이요 표본이 된 인물들이다. 이들을 교육받은 사람의 대상에서 제외하는 것은 그릇된 것이다.

이런 관점에서 보면 피터스의 교육받은 사람의 개념은 지나치게 좁고 엄격할 수밖에 없기 때문에 보편성을 가지기 어렵다. 이홍우가 지적했듯이, "피터스가 제시한 교육받은 사람은 보편적 인간 이전에 특수한 사회에서 살아가는 특수한 인간일 뿐이라는 비판은 타당성이 있다."(1992: 99). 마찬가지로 피터스가 교육받은 사람을 그렇지 않은 사람과 구별하기 위해 제시한 기준들에 문제를 제시했던 우즈(Woods)의 비판도 같은 맥락에서 이해할 수 있다. 그는 피터스의 교육받은 사람의 개념에 대해 다음과 같이 반박했다. "1) 전문적인 훈련을 받은 사람도 교육받은 사람이라고 할 수 있다. 2) 피터스의 기준에 부합하지 않는 사람도 교육받은 사람일 수 있다."(Peters, ed., 1973: 33).

2) 인지형식의 지나친 강조

피터스의 교육받은 사람의 개념이 보편성을 가지기 어렵다는 비판은, 그가 교육받은 사람의 '인지의 형식'(form of cognition)을 지나치게 강조함으로써 삶의 다른 차원 및 영역을 도외시하는 실수를 범했다는 점에서도 제기될 수 있다. 엔더슨이 지적한 바대로 그는 인간의 감정과 정서 또는 의지까지도 인지의 한 형식으로 취급했을 뿐이다(Anderson, 1990: 63).[3] 이 같은 태도는 그가 인간의 이성과 합리성을 지나치게 강조한 데 기인한다고 할 수 있다. 브라운이 지적한 것처럼, "피터스의 이상은 무엇보다도 합리적인 인간에 관한 것이며, 그가 선호했던 성향은 지적인 것"(Brown, 1970: 81)이라고 봐야 한다.

이 같은 점에서 피터스에 의해서 그려진 교육받은 사람의 가장 두드러진 특징은 지적 탁월성이다. 그가 교육받은 사람의 척도로서 '이해'(understanding)를 강조하고 있지만 이것 역시 인지의 형식으로서 다루어지고 있을 뿐이다. 안목의 확대와 심화를 강조하면서도 그는 순전히 인지적인 안목의 확대만을 지나치게 강조하고 있는 듯한 인상을 준다.

우리는 흔히 교육받은 사람을 '전인'(whole man)이란 말로 불러도 무방할 것이다. 그렇다면 피터스가 그린 교육받은 사람은 전인의 이상을 잘 담고 있다고 말할 수 있는가? 한 마디로 말해서 그렇지 않다. 왜냐하면 우리가 누군가를 전인이라고 불렀을 때 그것은 그가 지식과 덕과 육체를 조화롭게 겸비했거나 혹은 지식과 정서와 의지를 조화롭게 겸비하고 있다는 의미를 논리적으로 함축하고 있다. 그러나 피터스가 그린 교육받은 사람은 전인의 이상과는 거리가 멀다. 왜냐하면 지식(이성)은 강조되었으되 다른 부분들이 경시되었기 때문이다. 그가 부

---

3) 이 같은 비판은 일찍이 B. M. Tobin의 논문(1989, 26)과 신득렬(1989, 26)의 논문에서 제기되었다.

분적으로 교육받은 사람의 이해와 합리적 정열의 소유를 강조함으로써 정서의 중요성을 언급하기는 했지만 그것은 어디까지나 이성의 위치를 드높이기 위한 수단으로써 가치를 갖는다. 이런 점에서 그는 유럽의 합리주의 교육론자들이나 및 주지주의 교육론자들이 범했던 오류를 극복하기보다는 그것을 반복하고 있는 듯한 인상을 준다. 그의 개념을 이런 맥락에서 바라볼 경우, 우리는 그가 특별하고 독특한 교육받은 사람의 모습을 제시했다고 보기 어렵다. 오히려 그의 교육받은 사람의 개념은 왜곡되었으며, 따라야 할 이상(理想)이라기보다는 해(害)가 될 수 있다는 비판이 제기될 수 있다.

3) 교육받은 남성과 여성

피터스가 제시한 '교육받은 사람'의 영어식 표기는 'educated person'이 아니라 'educated man'으로 되어 있다. 여기서 우리는 'man'과 'person'이라는 말이 갖는 함축된 의미가 다르다는 점에 유념할 필요가 있다. 'man'은 단지 성(sex)을 생물학적 관점에서 구별하는 가치 중립어임에 비하여 'person'은 남성과 여성 양성을 함축하고 있을 뿐 아니라 그 자체로서 가치를 담고 있는 가치어라는 점이다. 의미론적 측면에서 피터스가 제시한 교육받은 사람은 교육받은 남성과 여성을 포함하는 개념이 아니라 '교육받은 남성'만을 지칭하고 있다고 말할 수 있다. 이렇게 볼 때 피터스는 지금까지 교육받은 남성에 대해서만 논의했을 뿐이지 교육받은 여성에 대해서는 논의하지 않았다고 볼 수 있다.

이런 관점에서 마틴은 피터스의 교육받은 사람의 이상은 불만족스럽다고 비판했다. 그녀의 주장을 요약하면 다음과 같다. (1) 피터스의 이상은 여성에게도 해로울 뿐 아니라 남성에게도 해롭다(Martin, 1981: 3). (2) 피터스가 제시한 이상은 결코 색다른 것이 아니다(*ibid.*). (3) 피터스는 교육받은 남성에 대해 논의했을 뿐이지 교육받은 '여성'에 대해서는 언급하지 않았다(*ibid.*: 7). (4) 피터스가 강조한 인지적 안목 역시 남성중심적인 것이다(*ibid.*: 8).

이 같은 마틴의 비판에 대하여 서로 상반되는 연구들이 있었다. 로이머는 "Harm and Ideal of the Educated Person : Response to Jane Roland Martin"이라는 논문에서 과연 마틴이 피터스의 견해를 정확히 이해를 했는가 그리고 피터스의 이상이 과연 다른 사람들이 제시한 이상과 확연하게 구별되는 면이 있는가를 문제 삼았다. 그는 마틴의 비판은 타당하며, 피터스의 이상은 새롭고 특이할 만한 것이 아니라고 주장했다(1981: 115-117). 그는 피터스의 교육받은 사람의 이상이 가져온 해악을 다음 세 가지로 요약했다. 첫째, 피터스가 교육받은 사람이 되기 위해 정통해야 한다고 강조했던 인지적이고 이론적인 학문분야들로부터 여성이 제외되었으며, 둘째, 피터스의 이상은 여성의 삶을 왜곡시켰으며, 셋째, 피터스의 견해는 일방적이라는 것이다(*ibid.:* 120-123).

이상과 같은 마틴과 로이머의 비판에 덧붙여 필자는 피터스가 교육받은 여성을 교육받은 사람의 이상으로부터 제외하고 소외시켰다면 이것은 그가 『윤리학과 교육』의 제8장에서 그토록 강조하고 정당화하고자 한 인간존중의 정신과도 위배된다는 점에 주목하고자 한다. 아이러니하게도 피터스는 이 장에서 'man'이 아니라 'person'이란 말이 갖는 윤리학적 의미를 강조하고 있다. 그에 의하면, " · · · 인간이 된다는 것은 어떤 것인가를 설명하는 여러 가지 특징에 이미 나타나 있다고 볼 수 있다. 그 중에서도 가장 중요한 것은 개인이 '자기 운명을 결정하는 주체'가 된다든가 '자율적 관점'을 나타낸다는 것이다."(1966: 214). 앞에서 비판했듯이, 그가 교육받은 여성을 교육받은 사람에게서 제외시켰다는 주장이 맞는다면, 피터스는 여성을 존중의 대상으로 보지 않았다는 결론이 도출된다. 말하자면 그는 여성을 자기 운명을 결정하는 주체라고 보지도 않으며, 자율적인 관점을 가지고 살아가는 존재로 보지 않는다는 의미가 함의되어 있다. 요컨대 피터스는 여성을 존중의 대상에서 제외시켰으며, 나아가 여성을 교육받은 사람으로 보지 않았다는 것이다. 인간존중을 중요한 윤리학적 원리로 강조하면서도 여성을 제외한 것은 그가 인간의 모습을 제대로 이해하지 못했다는 비판을 면하기 어렵다. 나아가 인간의 삶의 모습을 편향되게 바라보았다는 비판을 면하기 어렵다.

4) 교육받은 사람의 이상의 거부

앞에서 피터스의 교육받은 사람의 개념을 비판했던 사람들의 견해의 공통점은 대체로 두 가지로 요약된다. 하나는 그의 개념이 갖는 한계를 지적하고 극복하려는 시도를 했다는 점이요, 다른 하나는 피터스의 입장과는 다른 대안을 제시한 이론가의 입장을 절충하려는 시도를 했다는 점이다. 이런 점에서 그들의 접근법은 온건하고 개량주의적이다. 그러나 최근 마르크스의 사상에 이론적 토대를 두고 있는 교육론자들은 피터스의 견해를 좀 더 급진주의(radicalism)적인 관점에서 비판하고 배척하려 한다.

그들의 기본 입장은 피터스의 주장을 비판적으로 수용하자는 것이 아니라 근본적으로 배척하고 거부하려는 것이다. 이것은 마틴이 피터스를 비판했던 것과는 다른 차원의 것이라고 봐야한다. 그렇다면 마르크스주의 교육론자들이 그의 입장을 배척하고 거부한 이유는 무엇인가? 그 이유는 다음 세 가지 측면에서 설명할 수 있다. 첫째, 피터스는 문화적 상대성을 도외시했다는 것이다. 말하자면 그는 자신이 제기한 교육의 개념 기준이 모든 문화에 똑같이 적용될 수 있다고 봄으로써 서로 다른 삶의 방식을 지향하는 문화의 독창성 및 고유성을 부인했다는 것이다. 둘째, 피터스는 지식을 마치 본래부터 존재하는 것인 양 보편 타당시하고 절대시함으로써 지식을 실체화(實體化: reification) 했다는 것이다(Sarup, 1978: 65). 셋째, 피터스는 교육받은 사람을 육성하는 것을 본래적 사명으로 하는 학교교육의 본질 및 기능을 지나치게 낙관적으로 이해했다는 것이다.

피터스가 문화적 상대성을 도외시했다는 비판은 어떤 맥락에서인가? 급진주의 교육론자들에 의하면, 피터스의 교육의 개념과 교육받은 사람의 이상은 결코 보편적이고 타당한 것이라고 볼 수 없다. 그의 개념은 영국이라는 특수한 문화의 산물일 뿐이다. 예컨대, 그가 교육을 '공적 전통에로의 입문'이라는 메타포를 사용해서 설명했을 때, 그 전통은 한국의 전통을 이야기하는 것도 아니며, 프랑스의 전통을 말하는 것도 아니다. 마찬가지로 그가 교육받은 사람을 '가치 있는 것에 헌신하는 사람'이라고 규정했을 때, '가치 있는 것' 역시 영국 사람들이 지향해온 것을 대변하고 있을 뿐이다. 적어도 피터스는 문화권에 따라 교육의 개념이 다르고, 가치있는 것의 내용이 다를 수 있다는 상대성을 인정하려 하지 않았다는 점에서 비판을 면하기 힘들다. 요컨대 영국과는 다른 문화권에서의 교육현상이나 교육행위는 피터스의 교육개념으로 설명될 수 없는 그 자체의 논리와 언어를 가지고 있다는 점이다. 이처럼 피터스의 견해는 고유한 문화들이 갖는 이 같은 상대적인 측면을 도외시하는 경향이 짙다.

급진주의적 교육론자들의 피터스에 대한 더 신랄한 비판은 교육받은 사람을 특징짓는 징표 중의 하나인 '지식'을 실체화시켰다는 점에서 찾아진다. 지식을 실체화시켰다는 것은 무슨 뜻인가? 그들에 의하면, 지식을 실체화시켰다는 것은 '지식'이 원래 유동적이고 변화하는 것임에도 불구하고 어느 순간에 합법화되어 우리들이 그것을 자연스럽고 필연적인 사실로 여기게 될 때 나타나는 현상을 말한다.

그들에 의하면, 지식이 실체화되고 있는 곳은 기존의 학교 안에서이며, 교육과정은 이 같은 실체화를 가속화 내지 영속화시키고 있을 뿐이라는 것이다. 지식은 본래 인식 주체와 인식 대상을 초월해 존재하는 것으로서 보편적이고 절대적이라고 믿는 신념은 피터스와 허스트가 자주 사용해온 선험적 논의 내지 가정과 관련이 깊다. 사럽(M. Sarup)은 이 점에 대해 다음과 같이 적었다.

> 피터스와 허스트같은 '자유주의 철학자들'은 지식의 형식에 관한 선험적 가정에서 출발한다. 그들은 지식에 대한 절대적인 관념을 가지고 있는데, 그것에 의해 특정 시기의 사회, 역사적 구성물에 불과한 것을 절대적인 것으로 정당화하고 있다. 그들은 학교에서 가르치는 지식은 특정 시기에 가능한 모든 지식 중에서 의식적, 무의식적으로 선택되고 조직된 것이라는 점을 간과하고 있다(Sarup, 1978: 14).

사럽을 비롯한 급진주의 교육론자들의 비판의 핵심은, 지식을 실체화한 피터스의 주장은 왜곡되었다는 것이다. 그러나 그들의 비판은 여기서 멈추지 않았다. 그들은 피터스가 전개해 온 교육의 개념, 지식관, 학교관, 그리고 세계관을 하나의 이데올로기로 해석했다. 마르크스적인 이데올로기의 개념을 받아들였던 급진주의 교육론자들은 "피터스와 허스트가 널리 전파시킨 교육철학은 권력과 특권의 기존형태를 지지하는 이데올로기이다"라고 주장한다(Sarup, 1978: 87).

이데올로기를 '허위의식'(false consciousness)이란 말로 이해했던 해리스 역시 피터스의 주장에 대해 비판적이었다. 그는 말하기를, "교육이란 의식을 조작할 뿐 아니라, 자본주의 사회에서의 교육이란 단지 특정한 의식을 생산해 낼 뿐이다. 그것은 자본주의 생산양식에 적합할 따름이다."(Small, 1983: 26). 급진주의 교육론자들의 주장의 밑바탕에 깔려있는 기존적인 가정은, 피터스의 주장은 단지 자본주의의 지배 이데올로기를 합법화하고 있으며, 이 합법화를 위한 방법으로서 실체화된 지식을 전수하고 있다는 것이다. 그들에 의하면, '교육받았다'는 것은 기껏해야 이처럼 왜곡되고 실체화된 지식을 전달받았다는 것을 의미할 뿐이다. 이 같은 해석이 옳다면, 피터스가 제시한 교육받은 사람은 그릇된 지식을 가진 사람으로서 온전한 사람, 전인적인 발달을 성취한 사람이라고 보기 힘들다. 허위의식을 가진 사람을 어떻게 교육받은 사람이라고 부를 수 있겠는가?

이 같은 급진주의 교육론자들의 비판이 어느 정도 타당성이 있으며, 정당한가 하는 것은 또 다른 논의를 요구한다. 다만 그들은 피터스가 통찰하지 못한 부분을 제시하고 비판했다는 점에서 나름대로 의의를 갖는다. 예컨대 교육의 개념이 생겨나고 적용되는 특정한 문화가 존재하며, 교육받은 사람이 소유해야 할 지식 역시 특정문화의 산물에 지나지 않는다는 점, 그리고 학교가 반드시 교육받은 사람을 길러내는 긍정적 기능만을 가진 것이 아니라 역기능 역시 심각하다는 점을 일깨우고 환기시켰다는 점은 충분히 수긍이 가는 주장들이다. 그러나 그들은 피터스 교육개념의 부분적 수정이나 보완을 요구하기보다는 폐지를 요구한다. 오히려 그들은 새로운 교육개념, 또는 교육받은 사람의 이상을 요구한다.

4. 교육에의 시사

앞 장에서 고찰한 바와 같이 피터스의 '교육받은 사람'의 개념은 강점도 지니지만 약점을 더 많이 지니고 있다. 오늘의 교육현실에 비추어볼 때 그의 개념이 안고 있는 강점은 좀 더 확대되어야 할 것이며, 약점은 개선되고 보완되어야 할 필요가 있다. 그의 교육받은 사람의 개념이 오늘날 우리 한국교육에 주는 시사들은 무엇인가?

첫째, 우리는 피터스의 교육받은 사람의 개념에 대한 논의를 통하여 지금까지 우리의 교육이 추구해온 교육받은 사람의 개념 내지 이상을 재고해봐야 할 필요가 있다. 그의 개념은 부분적으로 난점을 안고 있지만 전통적인 교육적 인간상을 검토하고 새로운 시대에 맞는 인간상을 재정립하기 위한 지침으로서 참고가 될 수 있을 것이다. 실제로 우리는 교육활동에 직접 또는 간접으로 관여하고 있지만, 길러내고자 하는 '교육받은 사람'에 대한 명확한 인식 내지 개념이 정립되어 있지 않은 형편이다. 피터스의 개념이 문화적 상대성을 경시한 것은 사실이나 그가 마련한 교육받은 사람의 형식적 기준들은 과연 우리 스스로가 '교육받은 사람인가'를 반추하고 평가해 볼 수 있는 좋은 기회를 제공한다는 점에서 의의를 지닌다고 하겠다.

둘째, 피터스가 제시한 교육받은 사람의 이상은 너무 엄격하고 너무 고차원적인 것이어서 이를 실제로 실현하는 일은 어려울지 모른다. 그러나 그가 보여주고자 하는 정신은 높이 평가해야 한다. 오늘날 우리사회 안에서 사람들은 저마다 교육받은 사람으로 자처하고 있다. 실제로 우리사회에서 특정한 교육과정만을 이수하기만 하면 모두 교육받은 사람이라는 자격을 획득하고 있다. 그가 어떻게 교육받았고 무엇을 배웠는가 하는 점은 거의 무시되고 있는 실정이다. 자기 자신의 지적, 정서적, 신체적 성장을 비추어 보고 저울질해 볼 수 있는 거울과 저울이 없다. 우리사회는 자신을 평가할 수 있는 이상적 모델을 상실하고 있다. 피터스가 제시한 교육받은 사람의 이상이 반드시 우리가 추구하고 따라야 할 이상적 모델은 아니더라도 우리의 모습을 비추어볼 수 있는 거울의 역할을 할 수 있을 것이다.

셋째, 피터스의 교육받은 사람의 개념에 내재해 있는 형식적 기준들에 비추어 보면 우리들 대부분은 '교육받은 사람'이라고 하기 어렵다. 특히 우리의 교육현장에서 길러 내고자 하는 이상적 인간상은 피터스의 그것과는 너무나도 거리가 멀다. 왜냐하면 입시를 위한 교육은 무기력한 지식을 가진 사람들만을 양산해 내고 있기 때문이다. 또 우리의 교육은 교육받은 사람을 길러내는데 요구되는 최소한의 형식적 기준들조차 만족시키지 못하고 있기 때문이다. 우리 사회의 교육받은 성인들은 가치있는 일에 헌신하지도 않고 있으며, 인지적 안목도 넓고 깊지 못하며, 합리적 정열도 지니지 못하고 있는 형편이다. 소수의 사람들을 제외하고는 이 같은 조건들을 만족시키면서 살아가는 사람들은 거의 찾아보기 힘든다.

넷째, 피터스의 교육받은 사람의 이상이 실현되기 위해서는 다음 몇 가지의 여건이 갖추어져야 한다. 첫째, 교육받은 성인들의 높은 지적, 도덕적 수준이 어느 정도의 수준에 이르러야 한다. 둘째, 교육받은 성인들이 보여주는 행동은 자라나는 세대들이 따라야 할 도덕적 행동모델이 되어야 한다. 셋째, 그의 이상이 실현되기 위해서는 물적 제도적 여건뿐만 아니라 교육받은 사람을 존중하고 귀하게 여기는 지적, 문화적 풍토가 조성되어야 한다.

다섯째, 우리는 피터스의 교육받은 사람의 개념에 대한 논의를 통해 교육이론 및 교육실제의 측면에서 '교육받은 사람'의 개념에 대한 철학적, 사회학적, 심리학적 논의를 활발하게 전개할 필요가 있다. 교육받은 사람을 기르는 것을 교육의 일반 목표라고 할 경우 이에 대한 충분한 논의를 하지 않으면서 가르쳐야 할 교육내용을 선정, 조직하고 바람직한 교육방법이 무엇이냐를 논의하는 것은 논리상 이치에 맞지 않는다. 피터스의 논의가 반드시 충분한 것은 아니지만 우리의 실정에 어울리는 교육받은 사람의 이상을 재정립하고 확대해 가는데 참고할 수 있을 것이다.

5. 맺는 말

앞에서 고찰한 바와 같이 피터스의 개념은 그가 분석하고 명료화하고자 했던 '교육'의 개념으로부터 자연스럽게 추론되어 나온 것으로서, 그의 접근법은 기존의 역사적 연구들과 구별되는 것이었다. 그는 교육의 개념이 갖는 형식적 기준들에 비추어서 교육받은 사람의 이상을 설정하고 정당화하고자 했다.

피터스가 제시한 교육받은 사람에게서 나타나는 두드러진 행동유형들은 (1) 삶의 형식에의 입문, (2) 가치 있는 것에의 헌신, (3) 폭 넓은 인지적 안목의 소유, (4) 합리적 정열의 구사 등으로 요약된다. 이 유형들은 실천적이기보다는 이론적이고 지적인 것이다. 따라서 그가 그린 교육받은 사람의 모습은 세상을 '변혁'하려는 실천가라기보다는 세상을 '이해'하려는 이론가와 가깝다. 피터스는 현존하는 학교교육을 통해서 이 같은 특성을 지닌 사람을 길러낼 수 있을 것인가에 대해 전혀 의심해 보지 않았다.

이 같은 피터스의 교육받은 사람의 개념은 많은 사람들로부터 비판을 받았다. 비판자들의 논의는 다음 두 가지 유형으로 나뉘어진다. 하나는 피터스의 개념이 갖는 약점을 비판하고 그 한계를 드러냄으로써 그의 주장을 부분적으로 수정하거나 확대하려는 시도가 있는 반면에, 다른 하나는 피터스의 주장 자체를 특정 지배 이데올로기를 대변하는 것으로 해석하려는 시도들이 있었다. 전자가 개량주의적 교육론자들에 의해 시도되었다면, 후자는 지식사회학 및 신교육사회학에 토대를 둔 급진주의 교육론자들에 의해서 시도되었다.

어떤 비판이 더 바람직하고 타당한지의 우열을 정할 수 없지만, 전자가 피터스의 주장을 비판적으로 수용하려는 데 비하여, 후자는 그의 주장 자체를 거부하거나 배척한다는 점에서 차이를 보였다. 급진주의 교육론자들은 피터스의 견해의 부분적 수정이 아니라 전혀 새로운 교육받은 사람의 개념의 도입을 요구한다.

피터스의 교육받은 사람의 개념을 받아들이고 적용하는 데는 많은 어려움이 있다. 왜냐하면 그의 개념은 문화적 상대성을 고려하지 않았다는 점, 인지적 측면을 지나치게 강조함으로써 정의적인 측면을 도외시했다는 점, 여성을 교육받은 사람으로부터 제외시켰다는 점, 학교교육을 지나치게 맹신했다는 점은 그의 견해가 안고 있는 한계라고 볼 수 있다.

이러한 관점에서 그의 교육받은 사람의 개념과 이상은 좀 더 확대되고 개선되어야 한다. 비형식적인 교육을 통해서 교육받은 사람을 길러낼 수 있다는 가능성도 고려되어야 하며, 정의적인 교육의 중요성도 다시 한번 강조될 필요가 있다. 또 평생교육이라는 맥락에서 그의 교육 및 교육받은 사람의 개념은 확대되어야 할 것이다.

참고문헌

신득렬(1988). "교육받은 사람의 이상", 敎育哲學. 第6輯, 韓國敎育哲學會, 5-22.

______(1989). "Peters의 정서개념", 敎育學硏究. 第6號, 啓明大學校敎育硏究所, 5-28.

李烘雨(1977). 敎育課程探究. 서울: 博英社.

______(1992). 敎育의 槪念. 서울: 文音社.

林泰平(1987). "Richard S. Peters의 도덕교육론", 博士學位論文. 嶺南大學校大學院.

Anderson, James D.(1990). "The Morally Educated Person: John Dewey, Richard Peters, Lawrence Kohlberg, and the Aims of Education, *Dissertation*(Ph. D.), Harvard University.

Archambault, R. D., ed.(1965). *Philosophical Analysis and Education.* London: Routledge and Kegan Paul.

Brown, L. M.(1970). *Aims of Education.* New York: Teachers College Press.

Dearden, R. F., P. H. Hirst and R. S. Peters, eds.(1972). *Education and the Development of Reason.* London: Routledge and Kegan Paul.

Harris, K.(1977). "Peters on schooling", *Educational Philosophy and Theory.* vol. 9, no. 1: 33-48.

Hirst, P. H. and R. S. Peters(1977). *The Logic of Education.* New York: Humanities Press.

Kaplan, M., ed.(1980). *Educated Person?: The Decades Ahead.* New York: Praeger Publishers.

Martin, J. R.(1981), "The Ideal of the Educated Person", *Philosophy of Education.* Presidential Address, Proceedings of Thirty-Seventh Annual Meeting of the Philosophy of Education, Normal Illinois: Philosophy of Education Society.

Nash, P., A. M. Kazamias, and H.J. Perkinson, eds.(1965). *The Educated Man: Studiesin the History of Educational Thought.* New York: John Wiley & sons.

Oakeshott, M.(1962). *Rationalism in the Politics and Other Essays.* London: Methuen & Co., Ltd.

Peters, R. S.(1977). *Education and Education of Teachers.* London: Routledge and Kegan Paul.

______(1966). *Ethics and Education.* London: George Allen and Unwin.

______ed.(1967). *The Concept of Education.* London: Routledge and Kegan Paul.

______ed.(1973). *The Philosophy of Education.* Oxford: Oxford University Press.

Reid, L. A.(1962). *Philosophy and Education: An Introduction.* London: Heinemann Educational Books.

Roemer, E. K.(1981). "Harm and the Ideal of Educated Person: Response to Jane Roland Martin", *Educational Theory.* vol. 31, no. 2: 115-124.

Sarup, M.(1978). *Marxism and Education.* London: Routledge and Kegan Paul.

Small, R.(1983). "Knowledge and Ideology in Marxist Philosophy of Education", *Educational Philosophy and Theory.* vol. 15, no. 2: 15-37.

Tobin, B. M.(1989). "Richard Peters's Theory of Moral Development", *Journal of Philosophy of Education.* vol. 23, no. 1: 15-27.

제 6 장

교육의 개념에 관한 담론과 교사의 이상(理想)

1. 들어가는 말

교사를 바라보는 관점은 교육을 바라보는 관점만큼이나 다양하며, 전자는 주로 후자의 영향을 받아 성립되거나 그것을 토대로 전개된다. 예컨대, 교육계에 널리 알려진 뒤르켕(E. Durkheim)의 교사관은 교육을 사회화의 수단으로 바라보는 교육개념과 분리되지 않는다. 그의 교육개념에 비추어볼 때, 교사의 주된 역할은 학생을 사회화하는 것이다. 듀이(J. Dewey)의 교사관 역시 교육을 경험의 연속적인 성장과정으로 바라보는 그의 교육개념과 분리될 수 없다. 듀이의 관점에서 볼 때, 교사의 주된 역할은 학생이 스스로 경험을 재구성하고 확장해 가도록 돕는 것이다. 정범모(鄭範謨)의 교사관도 교육을 "인간 행동의 계획적 변화"라고 규정한 행동과학적 혹은 공학적 교육관과 무관하지 않다. 그의 교육개념에 비추어볼 때, 교사의 주된 역할은 학습자의 행동(내면적이고 외면적인 행동)을 변화시키기 위해 과학적인 계획을 세우고 추진하는 일이다.

1960-70년대 영국에서 활동했던 피터스의 교사관 역시 그의 교육개념과 분리될 수 없는 것이다. 『윤리학과 교육』(*Ethics and Education,* 1966)에서 밝힌 그의 주장에 의하면, 어떤 활동이 교육이라는 이름으로 불리기 위해서는 세 가지 기준(criteria), 즉 규범적 기준, 인지적 기준, 그리고 과정적 기준에 부합해야 한

다. 즉, 규범적 기준에 따르면, 어떤 활동이 교육이라고 불리기 위해서는 그것이 가치있는 것을 전수하는 것이어야 하고, 인지적 기준에 따르면 그것이 지식, 이해, 인지적 안목을 넓혀주는 것이어야 하며, 과정적 기준에 따르면, 그것이 도덕적으로 온당한 방법으로 이루어져야 한다. 그는 이러한 엄격한 기준을 적용함으로써 '교육'과 '교육이 아닌 것'을 구별해 내고자 하였다. 이러한 엄격한 개념적 기준들에 비추어볼 때, '교육'은 부분적으로 '훈육' 혹은 '교화'와 구별되며, '훈련', '세뇌', '조건화' 등과는 보다 엄격하게 구별된다. 이러한 그의 교육개념에 비추어 볼 때, 교사가 해야 할 가장 중요한 과업 혹은 역할이란 이러한 기준들에 부합하는 교육을 해 내는 일이다. 따라서 교사의 역할과 자질은 그가 이러한 교육의 개념적 기준을 어느 정도 만족시켰는가에 의해 좌우된다. 즉 교사의 자질은 우선, 그가 학생에게 가치있는 것을 제대로 전수했는가, 다음으로 학생에게 모종의 지식을 전수하고 그의 이해와 안목의 폭을 넓혀 주었는가, 끝으로 도덕적으로 바람직한 방법으로 가르쳤는가에 의해 결정된다. 이러한 관점에서 볼 때 교사의 자질과 역할에 대한 그의 견해는 매우 엄격하고 원론적이라고 할 수 있다.

이러한 그의 교사관을 어떻게 이해해야 할 것인가? 주지하다시피 그의 교육개념이 여러 가지 문제를 안고 있듯이, 그의 교사관 역시 여러 가지 문제를 안고 있다. 그동안 학계에서 그에게 주어졌던 비판은, 교육개념에 대한 그의 논의가 탈문화적이고 탈역사적인 것이라는 점이었다. 그는 전기 저작[1]에서 자신이 분석한 교육의 개념이 사회와 문화와 역사를 초월하는 보편성과 객관성을 가지고 있는 것으로 믿었으며 이것을 선험적 논의(transcendental argument)를 통해 정당화하려고 하였다. 그에 의하면, 교육이란 학생을 가치있는 것에 입문(入門)시키는 과정이며, 학교란 이러한 입문이 이루어지는 최적의 장소이다. 또 교사의 주된 역할이란 학생을 가치있는 것에 입문시키는 일이다. 이때까지만 해도 피터스는 '교육', '학교', '교사', '지식'이 전혀 다른 관점에서 해석될 수 있는 가능성이 있다는 점을 통찰하지 못하였다. 전기 저작들에 나타난 교육의 개념은 학교교육(schooling)의 개념과 구별되지 않으며, 마찬가지로 교사의 개념 역시 학교교사

1) 피터스의 저작은 크게 전기 저작과 후기 저작으로 나뉜다, 여기서 전기 저작이라 함은 교육에 대해 본격적으로 글을 쓰기 시작한 1960년대에 쓰인 저술들을 말하는 것으로, 주로 "교육자는 목적을 가져야 하는가?"(1959), "입문으로서의 교육"(1964)과 『윤리학과 교육』(1966)을 가리킨다.

(school teacher)와 구별되지 않는다.

이러한 피터스의 주장이 안고 있는 심각한 문제점 중의 하나는 학교교사의 역할을 조금도 의심해 보지 않았다는 점이다. 즉 교사란 늘 합리성과 자율성을 가진 교육받은 사람(educated person)을 길러내는 일에 종사하는 것이 아니라 사회가 필요로 하는 지식과 기술만을 전수하는 체제 유지의 대리인(代理人)으로 이해될 수 있으며, 때론 특정 지배계급의 이데올로기를 재생산해 내는 사람으로 이해될 수도 있다는 점에 대해 숙고해 보지 않았다는 점이다. 그는 자신의 저서 여러 곳에서, 교사의 주된 역할이 학생을 가치있는 것, 즉 '공적 전통', '지식의 형식', '삶의 형식'에 입문시키는 것이라고 주장하지만 이러한 주장이 오히려 특정 이데올로기를 합리화하는 발언이 될 수 있다는 점을 간과하였다. 엘리어트(Elliott, 1986: 45)가 암시한 바와 같이, 그의 전통적이고 보수적인 학문적 성향은 그의 교사관에 그대로 반영되었다. 즉 교사를 바라보는 그의 관점은 주지적이며 보수적이다. 그에 의하면, 교사의 주된 과업은 가치있는 지식을 전수하는 것이다. 물론 그가 말하는 가치있는 지식이란 내재적으로 가치있는 것이며, 이것은 주로 실제적인 것이라기보다는 이론적인 것이다. 그는 이론적인 지식이 왜 실제적인 지식보다 가치가 있는가를 밝히기 위해 선험적 정당화를 시도하였다.

그렇다면 이러한 피터스의 주지적이고 보수적인 교사관을 어떻게 평가해야 할 것인가? 그는 급변하는 사회 안에서 자신의 소임을 다하는 교사다운 교사의 모습을 제대로 그려냈다고 말할 수 있는가? 그는 교사의 역할과 학교교사의 역할을 지나치게 동일시한 것은 아닌가? 그는 교사의 권위를 지나치게 강조한 나머지 시대에 뒤쳐진 교사의 모습을 그려낸 것은 아닌가? 그는 보편적인 가치를 가르친다고 하면서 실제로는 특정 지배계급의 가치를 전달하는 교사를 그린 것은 아닌가? 그는 남성과 여성 모두에게 도움을 주는 교사를 그려냈다고 할 수 있는가? 이러한 실제적인 물음에 대한 구체적인 답은 그의 교사관을 면밀하게 검토한 후 찾을 수 있을 것이다. 그러나 아쉽게도 국내 학계에서 이러한 답을 찾으려는 노력은 충분하지 못하다. 그의 교육론 및 교육철학에 관한 연구들이 부분적으로 이루어지기는 했으나 그의 교사관에 관한 탐색은 본격적으로 이루어진 바가 없다. 다만 외국 학계의 경우 디어든(R. F. Dearden)이 피터스의 교사 개념과 교사교육론에 대해 부분적으로 논평을 하였을 뿐이다(1986: 69-88).

이러한 맥락에서 이 글은 피터스의 교사관을 비판적인 관점에서 고찰함으로써 그의 주장이 가지는 난점 및 한계를 좀 더 선명하게 드러내고 그것을 극복할 수 있는 대안을 찾아보려는 데 목적을 두고 있다. 이를 위해 필자는 우선 그의 교사관이 잘 담겨 있는 저술을 분석하고자 한다. 피터스는 1950년대 말 세 편의 글[2]과 1977년의 저작[3]에서 각각 교사 혹은 교사교육에 대해 논의한 바 있다. 하지만 이 저술들은 1966년의 주저인 『윤리학과 교육』(*Ethics and Education*)[4]에 비하면 그의 교사관이 잘 담겨 있다고 말하기는 어렵다. 따라서 이 글에서는 그의 교사관이 암묵적으로 가장 잘 담겨있는 『윤리학과 교육』을 주된 논의의 대상으로 삼을 것이다. 필자는 우선, 『윤리학과 교육』에 나타난 그의 교육개념 논의 안에 교사에 대한 관점이 이미 논리적으로 상정되어 있다는 점을 염두에 두면서 그가 그린 이상적인 교사의 모습 혹은 역할을 도출하고, 다음으로, 그의 교사관이 지닌 문제점들을 몇 가지 측면에서 비판적으로 논의할 것이다.[5] 이러한 비판적 논의가 모더니티(modernity)에 기반을 두고 있는 교사관의 난점을 극복할 수 있는 대안을 찾는 데 도움을 줄 것으로 보인다.

---

2) 여기서 말하는 세 편의 글이란 『권위, 책임 그리고 교육』(*Authority, Responsibility and Education, London:* George Allen & Unwin, 1959)에 실린 "교육자는 하나의 목적을 가져야 하는가?"(pp. 86-87), "경험과 교육자의 기능"(pp. 96-107), "심리학자와 교사"(pp. 119-137)를 가리킨다.

3) 『교육과 교사교육』(*Education and Education of Teachers*)은 총2부로 구성되어 있다, 제1부는 1960년대 자신이 내세웠던 '교육', '교육받은 사람', '교양교육'의 개념에 대한 수정된 관점을 담고 있으며, 제2부는 주로 교사교육에 있어서 철학의 위치, 교육철학의 교수방법, 교직과목으로서의 교육학, 대학의 역할 및 책임 등 그의 교사교육에 대한 관점을 담고 있다.

4) 『윤리학과 교육』은 단순히 교육 일반에 관해 서술한 교육학 개론서가 아니라 듀이의 『민주주의와 교육』(*Democracy and Education,* 1916) 출판 이후 쓰인 가장 훌륭한 교육철학서이다. 이 책은 교육활동의 윤리학적 근거를 찾고 정당화하려고 하였다는 점에서 교육윤리학서로서의 가치를 가지며, 왜 교사가 교육을 해야 하는지에 대한 근원적인 질문을 던지고 그 근거를 탐색했다는 점에서 이 책은 근본적으로 교사를 위한 교육철학서라고 할 수 있다. 이 책은 학습자를 염두에 두고 쓴 것이 아니라 어디까지나 교사들이 무엇을 어떻게 왜 가르쳐야 하느냐에 대해 철학적으로 깊이 성찰해 보도록 하기 위해 쓰였다는 점에서 그의 교사에 대한 관점이 가장 암묵적으로 잘 담겨있는 저서라고 할 수 있다.

5) 물론 이 글에서 다루고 있는 피터스의 교사관은 피터스 자신이 교사에 관해 직접적으로 언명한 내용을 기초로 하고 있기보다는 연구자가 그의 교육개념으로부터 도출해낸 내용을 기초로 하고 있다는 점에서 상당 부분 주관적이거나 임의적이라는 점을 밝혀둔다.

2. 교육의 개념과 교사의 이상

교사에 대한 피터스의 논의는 1960-1970년대 이루어진 '교육'과 '교육받은 사람'의 개념에 대한 그의 명료화 작업과 관련이 깊다. 일찍이 디어든이 지적한 바와 같이, 피터스의 교사관은 '교육' 및 '교육받은 사람'에 대한 그의 논의방식과 분리될 수 없다(Dearden, 1986: 69). 이 장에서는 피터스의 주저인 『윤리학과 교육』에 나타난 교육의 개념이 그의 교사관에 어떻게 투영되었는지를 살펴보고자 한다.

1) 규범적 기준과 내재적 가치의 전수

피터스의 교사관은 그가 교육의 개념을 분석할 때 가장 먼저 내세운 기준, 즉 규범적 기준(normative criterion)과 밀접한 관련을 갖는다. 여기서 밀접한 관련을 갖는다는 것은 교육이라는 말의 규범적 기준이 어떤 식으로든지 교육을 하고 있는 교사활동과 관련이 깊다는 것을 의미한다. 피터스의 관점에서 볼 때, 어느 교사의 자질 혹은 능력은 이러한 교육의 개념적 기준을 만족시켰는가 아니면 만족시키지 못했는가에 의해 평가된다. 이러한 점을 구체적으로 논의하기 전에 먼저 그가 제시한 교육의 첫 번째 개념적 기준의 내용에 대해 개관할 필요가 있다.

피터스는 교육의 개념을 분석하는 가운데, 어떤 활동이나 과정을 교육적이라고 부르기 위해서는 먼저 규범적 기준을 만족시켜야 한다고 보았다. 여기서 그가 말하는 규범적 기준이란 어떤 활동이나 과정이 과연 가치있는 것을 전달했는가를 평가하는 중요한 잣대이다. 이러한 잣대에 따르면, 우선, 도박, 흡연, 음주 등과 같은 행동은 가치있는 것이 아니라는 점에서 교육이라고 할 수 없으며, 식사, 휴식, 산책 등의 활동은 가치가 있는 일이기는 하지만 그러한 활동 자체가 교육적인 것은 아니다. 말하자면 교육이라는 말은 가치의 문제를 떠나서는 성립될 수 없는, 가치 내재적인 개념이다. 교육이라는 말 속에는 이미 가치있는 것(worthwhileness)을 전달했거나 전달받았다는 의미가 논리적으로 전제되어 있기 때문에 누군가를 교육시키면서 가치있는 어떤 것도 가르쳐주지 않았다고 말하는 것은 논리적인 모순이다. 예컨대, '나쁜 교육'(bad education)이라는 말은 논리적으로 모순된 표현이다.

피터스에 의하면, 교육이라는 말이 가지는 개념적 사실에 비춰볼 때, '교육받았다는 것'(to be educated)은 가치 혹은 규범을 바라보는 태도 및 성향과 분리될 수 없다. 그는 "입문으로서 교육"에서 "교육받았다는 것은 가치있는 것을 배려하고, 가치있는 것에 몰입한다는 것을 의미한다."라고 적었다(Archambault, ed., 1967: 97). 가치있는 것을 배려한다는 것은 그것을 깊이 있게 숙고하고, 걱정하고, 염려한다는 것을 의미하며, 가치있는 것에 몰입한다는 것은 그것의 본질을 파악하기 위해 탐구한다는 의미와 더불어 그것을 실현하기 위해 노력한다는 의미가 담겨있다. 그는 『윤리학과 교육』에서 교육받았다는 것이 가치있는 것을 대하는 태도와 긴밀한 관계를 가진다는 점을 보다 강하게 드러내 보이기 위해, '가치있는 것에 대한 헌신'이라는 표현을 썼다. 즉 "교육이란 가치있는 것을 전달함으로써 그것에 헌신하는 사람을 만든다는 뜻을 함의하고 있다."는 것이다(Peters, 1966: 45). 흔히 헌신(獻身: commitment)이란 몸과 마음을 다하고 정성을 다하는 태도를 말하는 것으로서, 교육은 그러한 헌신을 필요로 한다는 것이다. 교사가 전달하고자 하는 사고의 형식 및 지식의 형식도 이러한 헌신이 없고는 무의미하다는 것이다.

그렇다면, 교육이 가치있는 것에 대한 배려, 몰입, 헌신, 노력의 태도를 요구하는 활동이라고 했을 때 구체적으로 어떤 것에 헌신해야 한다는 것인가? 피터스는 가치있는 것이 무엇이냐에 대해 매우 다양하게 표현하였다. 예컨대, 그는 이것을 '지식의 형식'이라고 부르기도 하고, '사고 및 행위의 형식', 혹은 '탐구의 형식'이라고 부르기도 했지만, 이러한 것들은 대체로 '삶의 형식'(forms of life)이란 말로 집약된다. 피터스는 교육받은 사람이란 이러한 삶의 형식을 소유한 사람이라고 정의하면서, 삶의 형식이란 다음과 같은 두 가지 특징을 가지고 있다고 보았다. 하나는 헌신해야 할 삶의 형식은 그 자체로서 가치를 가진다는 것이요, 다른 하나는 실제적이기보다는 이론적인 특징을 가진다는 것이다. 그렇다면 그는 왜 이론적인 활동이 실제적인 활동보다 더 가치가 있다고 보는가? 그에 의하면, 이론적인 활동은 신체적 조건에 좌우되지 않는다는 점, 대상의 희귀성도 경쟁의 대상도 없다는 점, 기술과 분별을 위한 계속적인 기회를 제공한다는 점, 너무나 정통한 나머지 싫증이 나는 일이 없다는 점에서 가치가 있다(Peters, 1966: 157-158). 그는 학교 안에서 가르치고 있는 교육과정 활동들, 예컨대 과학, 역사, 문학감상, 시와 같은 활동이 가지는 가치를 이러한 기준에 비추어 정당화하였다. 이것들은 "다른 여러 영역에 빛을 던져주고 삶을 풍부하게 해주는 데에 도움을 준다는 점에서 심각한 활동"이며(*ibid.*: 159), "인지적 관심과 더불어 인지적 내용을 가지고 있다는 점에서 다른 활동들과 구별된다."고 보았다(*ibid.*).

앞에서 살펴본 바와 같이, 그가 제시한 교육의 규범적 기준 혹은 가치기준에 비추어 볼 때 교사의 일차적인 역할은 가치있는 것에 헌신하는 사람을 길러내는 일이다. 여기서 그가 말한 '가치있는 것'이란 좁게는 지식의 형식 혹은 사고의 형식이요, 넓게는 삶의 형식을 의미한다. 그에 의하면, 가치있는 것이란 다른 어떤 것을 실현하기 위한 수단이나 도구가 아닌 내재적인 가치를 가지는 것이며, 실제적인 것이기보다는 이론적인 것이다. 이를 보다 구체적으로 표현하자면, 가치있는 것이란 학교교육과정 안에 담긴 교과목들을 의미한다. 이러한 주장에 비춰볼 때 피터스가 그린 이상적인 교사란 학교 교과서에 담긴 지식을 전달하는데 헌신하는 사람이다. 이러한 그의 관점에 따르면, 우선 가치있는 것을 전달하는 데 무관심하거나 열정이 없는 교사는 교사다운 교사라고 보기 어렵다. 또한 교과지식을 전달하는 일에 소홀한 교사 역시 교사로서의 소임을 다했다고 보기 어렵다. 뿐만 아니라 실제적인 지식을 가르치는 데 열중한 나머지 이론적인 지식을 가르치는 일에 소홀한 교사 역시 교사다운 교사라고 보기 어렵다.

2) 인지적 기준과 학습자의 안목 넓히기

피터스의 교사관은 그가 제시한 교육개념의 두 번째 기준, 즉 인지적 기준(cognitive criterion)으로부터 자연스럽게 추론되어 나온다. 이러한 추론이 어떻게 가능한지를 밝히기 위해 먼저 그가 제시한 교육의 인지적 기준에 대해 개관할 필요가 있다.

피터스는 교육의 개념을 분석하는 가운데, 어떤 활동이나 과정을 교육적이라고 부르기 위한 두 번째 기준, 즉 인지적 기준을 만족시켜야 한다고 보았다. 그는 이 인지적 기준에 속하는 것으로서 지식(knowledge), 이해(understanding), 그리고 인지적 안목(cognitive perspective)을 들었다(Peters, 1966: 30). 이 기준에 의하면, 교육받았다는 것은 모종의 지식을 소유하고, 사물에 대한 폭넓은 이해를 가지고 있으며, 나아가 세상을 폭넓게 바라볼 수 있는 인지적인 안목을 가졌다는 것을 의미한다.

피터스는 지식과 이해의 소유가 교육받았다는 것을 평가할 수 있는 중요한 징표이기는 하지만 인지적 안목이 더 중요하다고 보았다. 왜냐하면 지식과 이해는 인지적 안목을 넓히기 위한 조건이라고 보기 때문이다. 예컨대, 누군가가 해박한 지식과 정보를 가졌거나 지식을 조직할 수 있는 원리를 이해한다고 해서 그에게 곧바로 교육받은 사람이라는 이름을 붙여주기는 어렵다는 것이다. 오히려 교육받은 사람은 지식과 이해를 통해서 자신과 세계를 폭넓게 바라볼 수 있는 인지적 안목을 가져야 한다고 강조한다. 이러한 점에서 피터스가 "인지적 안목의 발달은 교육받은 사람의 중요한 징표이다."(*ibid.:* 64)라고 주장한 것은 하등 이상할 것이 없다. 이 점에 대해 그는 다음과 같이 적었다.

> 지식은 서로 축적되어 있는 것이 아니라 전체적으로 사물을 보는 안목을 이루어야 한다. 역사에 관하여 이것 저것 많은 것을 알고 있어서 역사시간이나 역사시험에 정답을 할 수 있는 사람이라고 해서 반드시 자기 주위의 건물이나 제도를 역사적인 안목으로 볼 수 있는 것은 아니다(*ibid.:* 30-31).

해박한 지식을 가지고 있지만 그것이 사물을 폭넓게 이해하고 안목을 넓히는데 도움을 주지 않는다면 그러한 지식이란 '무기력한 관념'(inert idea)에 지나지 않을 것이다. 이러한 이유로 그가 '많이 알기만 하는 사람'(knowledgeable man)과 교육받은 사람을 구별하려고 한 점은 충분히 납득할 만하다. 나아가 그는 교육받은 사람이 되기 위해서는 사물이 왜 그렇게 되어 있는가 하는 '이유'(reason why)에 관한 이해가 있어야 한다고 주장한다. 그에 의하면 이해한다는 것은 사물의 이치를 밝히려는 시도이며, 진리를 탐구하려는 태도이기도 하다. 이해한다는 것은 단순히 사물과의 관계를 파악하는 것이 아니라 원인과 결과를 논리적으로 연결하여 추리할 수 있는 능력을 가지고 있다는 것을 의미한다. 여기서 피터스는 교육받은 사람에게는 추리능력으로서의 이해만이 아니라 원리(principle)를 이해하는 능력이 있어야 한다고 주장한다. 왜냐하면 오늘날 엄청나게 쏟아져 나오는 정보들과 나날이 배가(倍加)되는 지식들 모두를 이해한다는 것이 불가능하다는 점에서 사물의 이치와 현상 이면에 놓인 원리를 이해하는 것이 무엇보다 중요하다고 주장한다.

피터스는 지식과 이해가 교육받은 사람을 설명하는 중요한 조건이기는 하지만 충분한 조건은 아니라고 주장한다. 즉 어떤 사람을 교육받은 사람이라고 부르기 위해서는 또 다른 조건 즉 인지적 안목 조건이 필요하다는 것이다. 예컨대, 전문분야에 종사하는 사람들은 대체로 자기가 종사하는 분야의 전문적인 지식과 원리를 이해하고 있다는 점에서 교육받은 사람으로 불릴 수 있겠지만 이들에게 인지적 안목이 결여되어 있다면 그렇게 부를 수 없다는 것이다. 실제로 오늘날 전문가들 중에는 자기가 종사하는 일에만 능통했을 뿐 다른 분야에 대해서는 무관심한 사람들이 적지 않다. 예컨대 과학에 종사하면서 자기가 하는 일이 다른 분야에 어떻게 관련되어 있고, 어떤 영향을 미치는지에 대한 이해가 부족한 사람들이 있다. 피터스의 말대로, "삶의 정연한 패턴 속에서 과학이 차지하는 위치를 바라볼 수 있는 능력이 결여된 사람들이 있다"(*ibid.*: 31). 이러한 능력이 결여되어 있는 사람들의 두드러진 특징은 전문적인 분야에서 '훈련받았다'(trained)는 점이다. 훈련받은 사람에게서 나타나는 가장 큰 문제점은 세상을 폭넓게 조망하는 능력의 결여이다. 이러한 맥락에서 피터스가 '훈련받은 사람'과 교육받은 사람'을 엄격하게 구별하려고 한 것은 나름대로 설득력이 있는 것처럼 보인다.

앞에서 살펴본 바와 같이 피터스가 제시한 교육의 인지적 기준에 비추어볼 때 교사의 중요한 역할은 크게 세 가지로 구분된다. 첫째, 학습자에게 지식을 전수하는 일이며, 둘째, 학습자의 이해능력을 심화시키는 일이며, 셋째, 학습자의 인지적 안목을 넓히는 일이다. 그에 주장에 의하면, 교사란 학습자를 '많이 알기만 하는 사람'으로 길러가는 사람이 아니다. 그는 학습자가 잡다한 지식의 소유나 단편적인 이해의 수준을 넘어 그것들을 삶의 정연한 패턴으로 끌어올리고 통합함으로써 학습자 자신이 몸 담고 있는 세계를 폭 넓은 안목을 가지고 조망(眺望)할 수 있는 능력을 가진 사람으로 길러나가는 사람이다. 나아가 피터스가 내세운 개념적 기준에 비춰볼 때 교사가 학습자의 안목을 넓혀 가기 위해서는 학습자를 지나치게 전문화된 분야에 입문시켜서는 안 된다. 피터스는 자신의 여러 저작들에서 전문화가 가져온 폐해를 지적했거니와 이를 해결하기 위한 한 방안으로 교양교육을 누누이 강조한 바 있다. 요컨대, 피터스가 그려낸 이상적인 교사의 주된 역할은 학습자를 무기력한 지식, 단편적인 기술을 가진 기능인으로 길러내는 것이 아니라 세상을 넓은 안목을 가지고 관조(觀照)할 수 있는 능력을 갖춘 교양인(敎養人)으로 길러내는 일이다. 즉 교사의 핵심적인 역할은 특정한 지식이나 기술을 가진 전문인이 아니라 폭 넓은 안목을 가진 교양인을 길러내는 일이다.

3) 과정적 기준과 교사의 도덕적 교수

피터스의 교사관은 그가 제시하는 교육의 세 번째 기준, 즉 과정적 기준(procedural criterion)과 아주 밀접한 관련을 가지고 있다. 이 기준은, 교육을 받는 입장에서 보면, 자신이 제대로 된 교육을 받았는지를 평가하는 기준이 될 수 있지만, 교육을 하는 사람의 입장에서 보면 교육을 제대로 했는가를 평가하는 기준이 되기도 한다. 이러한 논의를 보다 구체적으로 전개하기 위해 먼저 그가 제시한 교육개념의 과정적 기준에 대해 간단히 개관할 필요가 있다.

피터스는 앞에서 제시한 두 기준 못지않게 교육의 과정적 기준을 중시하였다(1966: 35). 왜냐하면 전달되는 내용이 아무리 가치가 있다고 하더라도 그것이 전달되는 방법이 비도덕적이라면 교육의 과정 또는 교육활동이라고 부를 수 없다고 판단했기 때문이다. 실제로 많은 학교에서 학습의 결과를 중시한 나머지 과정을 무시하는 경향이 있다.

피터스는 교육과정에 관해서 전통주의와 아동중심주의 간에 오랜 논쟁이 있었다는 점을 지적하였다. 전통적인 형식교육(formal education)은 아동에게 가르쳐야 할 가치있는 교육내용이 무엇이어야 하는가를 명백히 하는데 큰 관심을 기울였으나 아동존중의 원리와 자유의 원리를 등한시하는 결과를 초래하였으며, 아동중심교육(child-centered education)은 아동의 자유와 인간 각 개인의 인격을 존중한 점에 있어서는 옳았지만 교육내용의 가치문제를 소홀히 하였다는 점에서는 결함을 가지고 있다고 지적하였다. 그에 의하면, 방법적인 측면에서 이 두 가지 형태의 교육관은 학습자와 교사가 함께 존중해야 할 성역(聖域), 즉 문명과 공적 전통을 소홀하게 취급했다는 점에서 난점을 안고 있다고 보았다. 이것들은 매우 가치있는 것이지만 이것에 입문시키는 방법은 적어도 학습자의 자발성(自發性)과 의도성(意圖性)을 존중하는 방법으로 이루어져야 한다고 보았다. 즉 그는 "교육은 학습자의 의식과 자발성을 무시하는 몇 가지 전달과정은 적어도 제외된다."(*ibid.:* 45)고 선언함으로써 전통적 교육관이 지지해온 '훈련', '교화', '조건화' 등의 방법을 비판적으로 탐색하였으며, 동시에 아동중심 교육관이 지지해온 '성장', '자아실현', '흥미' 등의 방법을 비판적으로 논의하였다(*ibid.:* 35).

피터스는 교육현장에서 교사들이 사용하는 많은 교육방법들 중에 상당히 많은 것들이 교육적으로 받아들여질 수 없는 것이라고 보았다. 예컨대, 명령(command)과 교시(教示: mere instruction)가 때로는 교육적인 방법으로 쓰이고 있으나 인간존중의 정신을 결여하고 있다는 점에서 도덕적으로 문제가 있다고 지적하였다. 그에 의하면, 명령과 교시의 방법이 안고 있는 가장 큰 난점은 학습자의 의식(意識)을 무시한 채 일방적으로 적용된다는 것이다. 말하자면 이러한 방법들은 학습자를 의식의 구심점으로 바라보지 않는다는 데 심각한 난점이 있다는 것이다.

피터스는 '훈련'(training)이 특수한 목적 내지 기능을 위하여, 또는 제한된 범위의 사고의 형식이나 실천 기준에 맞게 사용될 것을 전제로 하여 특정 기술이나 능력을 습득시키는 것임에 반하여, '교육'은 보다 넓은 신념체제를 다룬다는 측면에서 훈련과 교육은 구별되어야 한다고 주장하였다(*ibid.:* 32). 물론 훈련받은 철학자, 훈련받은 관찰자, 훈련된 마음과 같은 말들이 확대되어 쓰일 수는 있지만 훈련이라는 말은 어디까지나 어떤 일을 하거나 물건을 조작하는 기술 분야에 적용되는 제한적인 용어라고 주장하였다. 요컨대 피터스는 훈련이란 제한된 사고방식이나 제한된 기술을 길러내는 방법이라는 점에서 교육의 방법으로 채택하기에는 한계가 있다고 지적한다.

피터스는 '조건화'(conditioning)란 신념의 형성과는 하등 관계가 없는 반사적 반응일 뿐이며 사람들에게 모종의 변화가 일어났다는 의식을 전혀 주지 않는 단순한 동작에 관계되기 때문에, '교육'과는 구별되어야 한다고 주장하였다. 또한 '교화'(indoctrination)는 일종의 신념에 관련되어 있기는 하지만 학습자의 자발성과 자율성을 무시한다는 측면에서 교육과정에서 제외되어야 한다고 보았다. 이것 외에도 그는 교화가 합리적인 대화를 제지시킬 뿐만 아니라 자율적인 사고를 저해하고, 독립적인 판단능력을 흐리게 한다는 점에서 교육적인 방법일 수 없다고 단호하게 주장했다. 요컨대 훈련은 제한된 기술이나 사고방식만을 기르려는 의도에서 이루어진다는 점에서 교육적인 과정일 수 없으며, 교화 역시 조건화나 세뇌와 마찬가지로 학습자의 자발성이나 의식을 무시한다는 점에서 교육방법으로 받아들일 수 없다는 것이 피터스의 기본입장이다.

앞서 살펴본 바와 같이 피터스가 제시한 교육개념의 과정적 기준에 비추어볼 때, 학습자의 자발성과 의도를 존중하지 않는 교사는 훌륭한 교사라고 부르기 어렵다. 하지만 교육현장 안에는 아직도 이러한 기준을 만족시키지 못하는 교육방법들, 예컨대 명령, 지시, 교시, 교화, 훈련, 심지어는 조건화 및 세뇌 등이 '교육적인 방법'이란 이름으로 널리 쓰이고 있다. 사실, 이 세 번째 기준은 앞의 두 기준에 비해 교사다운 교사와 그렇지 못한 교사를 구별하는 아주 중요한 기준이다. 왜냐하면 교사의 자질은 무엇을 가르치는가 하는 '교수내용'(敎授內容)에 의해 구별되기도 하지만 어떻게 가르치는가 하는 '교수방법'(敎授方法)에 의해서도 구별되기 때문이다. 이러한 피터스의 과정적 기준에 의하면, 학습자의 자발성과 의도를 도외시한 채 특정한 교과내용만을 전달하는 데 급급한 교사는 훌륭한 교사라고 보기 어렵다. 또한 제한적인 기술이나 사고방식만을 전달하려는 교사 역시 교사다운 교사로 평가받기 어렵다. 결국 교육과정의 측면에서 교사가 도덕적 온당성(穩當性)을 확보할 때만이 교사다운 교사로서의 자격을 갖출 수 있다.

3. 비판적 논의

앞 장에서 소개한 바와 같이 피터스가 제시한 이상적인 교사의 모습 혹은 역할은 한마디로 그가 제시한 교육의 개념적 기준으로부터 자연스럽게 추론되어 나온 것이다.[6] 하지만 피터스의 교육개념이 여러 가지 측면에서 수긍하기 어려

6) 물론 피터스는 자신의 교육개념에 대한 비판을 받은 후 자신의 교육개념 및 교육받은 사람의 개념을 부분적으로 수정했다는 점을 고려해 볼 때, 그의 교육개념으로부터 추론되어 나온 교사의 모습과 역할도 달라졌다고 봐야 할 것이다. 예컨대, 50년대－60년대 제시했던 교육의 개념은 여러 학자들의 비판을 받고 나서 70년대 허스트와 함께 집필한 『교육의 논리』(1970), "교육

운 난점 및 한계를 지니고 있듯이,[7] 그의 교육개념으로부터 추론되어 나온 교사관 역시 난점과 한계를 지니고 있다. 이 장에서는 그의 교사관을 다음 몇 가지 측면에서 비판적으로 담금질해 봄으로써 그의 교사관이 가진 한계를 드러내고 이를 극복하기 위한 대안을 찾아보려고 한다.

1) 학교교사와 교사다운 교사

피터스의 교사관에서 발견되는 첫 번째 난점은, 교사에 대한 그의 논의가 주로 학교교사(school teacher)에 국한되어 있다는 점이다.[8] 적어도 초기 저작들에서 그는 '교육'을 '학교교육'과 동일시하였으며, '교사'를 '학교교사'와 동일시하고 있다. 그가 비판을 받은 1970년대까지만 해도 그는 이러한 자신의 교육개념과 교사관을 전혀 의심해 보지 않았다. 다시 말해서 교육이란 말이 다양하게 사용될 수 있다는 점을 통찰하지 못하였으며, 학교교사의 존재 및 역할이 다르게 해석될 수 있는 점에 대해 전혀 의심해 보지 않았다. 사실 그는 영국사회 안에서 교사의 존재와 역할을 상당히 높게 평가하였다. 그의 말로 표현하자면, 교사가 아니고는 가치있는 것의 전승(傳承)이 불가능할 뿐만 아니라 '삶의 형식', '지식의 형식', '사고의 형식'에로의 입문은 상상할 수도 없는 일이다. 하지만 그는 교사를 학교교사와 동일시할 경우 다음과 같은 문제가 제기될 수 있다는 점을 간과하였다.

우선, 피터스의 주장을 그대로 받아들인다면, 우리는 학교교사 모두가 교사다운 교사요, 훌륭한 교사라고 해야 할 것이다. 그러나 누구나 인정하듯이, 오늘날 학교교사가 모두 가치있는 것들에 헌신하는 것도 아니고 그것을 도덕적으로 온당한 방법으로 전달하고 있는 것도 아니다. 학교교사들 중에는 피터스가 상정하

과 교육받은 사람"(1970), "민주적 가치와 교육목적"(1979)에서 부분적으로 수정되었다. 이러한 점을 감안할 때 그의 교사를 바라보는 관점에도 모종의 변화가 있을 것이라는 생각이 든다. 하지만 이 글에서는 그의 교사관의 변천과정에 대해서는 다루지 않을 것이다.

7) 피터스의 교육개념이 안고 있는 난점에 대해서는 이미 우즈(Woods, 1973), 드레이(Dray, 1973), 솔티스(Soltis, 1970; 1978), 에델(Edel, 1973), 프랑케나(Frankena, 1973), 마틴(Martin, 1981), 이홍우(1992), 신득렬(2003) 등 여러 학자들에 의해 비판적으로 논의된 바 있다.

8) 피터스가 '학교'의 개념을 '학교교육'의 개념과 동일시하였다는 비판은 이미 해리스(K. Harris)에 의해 제기된 바 있다(Harris, 1977: 33-48; Harris, 들불편집부 역, 1989).

고 있는 교사다운 교사의 삶과는 거리가 먼 사람들이 얼마든지 존재한다. 가르치는데 게으른 교사, 입시지도에만 매몰되어 있는 교사, 아이들의 인권을 유린하는 교사, 일방적인 명령과 지시로 학생들을 지도하는 권위주의적인 교사가 얼마든지 존재한다. 이러한 점을 고려해 볼 때, 교사를 학교교사와 동일시하여 논의하는 것은 언어적으로 혼란스러울 뿐만 아니라 단지 '존재하는 교사'로부터 '존재해야 할 교사'를 이끌어냈다는 점에서 일종의 자연론적 오류(naturalistic fallacy)를 범한 것이 아닌가 하는 생각이 든다.

다음으로, 피터스가 제시한 바와 같이 교사를 학교교사와 등식화하고 나아가 학교교사만을 교사다운 교사로 생각할 경우 우리가 흔히 교육자(educator)라고 부르는 사람들이 교사다운 교사로부터 제외되어 버리는 이상한 결과를 낳을 수 있다. 역사적으로도 학교라는 울타리를 벗어나 대중에게 가치있는 것을 전수하는데 헌신한 사람들이 얼마든지 있지 않았는가? 예컨대 소크라테스와 예수는 학교교육과는 거리가 먼 사람들이지만 대중의 마음에 심대한 영향을 끼쳤을 뿐만 아니라 그것을 위해 몸을 바친 위대한 교육자들(great educators)이었다. 피터스의 논의 안에는 이들 교육자들에 대한 논의가 충분하게 이루어지지 않았으며, 심지어 학교교사와 교육자에 대한 구별이 이루어지지 않고 있다.[9] 언어적인 관점에서 볼 때 교육자와 학교교사는 구별되어야 한다. 또한 학교교사만이 반드시 학생의 삶에 심대한 영향을 끼친다고 보기도 어렵다. 오히려 학교 울타리 밖의 교육자들이 인간의 삶에 더 큰 영향을 끼치는 경우도 허다하다. 이러한 점에 비추어볼 때 피터스는 학교교사의 역할을 지나치게 낙관적으로 이해한 나머지 학교 제도권 밖에서 활동하는 교육자의 존재와 역할을 상대적으로 낮게 평가한 것이 아닌가 하는 생각이 든다.

9) 피터스는 교사에 관련된 여러 편의 글을 썼는데, 이 글들에서 교사와 교육자를 개념적 구별 없이 사용하고 있다. 예컨대, 『권위, 책임 그리고 교육』(Authority, Responsibility and Education, London: George Allen & Unwin, 1959)에 실린 여러 편의 글, 즉 "교육자는 하나의 목적을 가져야 하는가?"(pp. 86-87), "경험과 교육자의 기능"(pp. 96-107), "심리학자와 교사"(pp. 119-137), 그리고 『윤리학과 교육』(1966), 『교육와 교사교육』(1977) 등에서 교사와 교육자를 구별 없이 사용하고 있다.

2) 계몽적 교사관의 한계

피터스의 교사관에서 발견되는 또 다른 난점은, 교사의 주된 과업 혹은 역할을 합리성 및 자율성을 기르는 일에 국한시켜 논의하였다는 점에서 계몽적 교사관과 거리가 멀지 않다는 점이다. 그는 전통적인 교사관과 아동중심주의적인 교사관의 문제점을 신랄하게 비판하면서도 그는 여전히 전통적인 교사관의 논리적 지층을 이루고 있는 계몽적 교사관을 지지하고 정당화하고 있다. 18세기 계몽주의(Enlightenment)시대 이래 출현한 계몽적 교사관에 의하면, 교사의 주된 역할은 무엇보다도 이성적으로 사고하고 판단하고 행동하는 소위, 합리적이고 이지적(理智的)인 인간을 길러내는 일이다. 여러 비판가들이 지적한 바와 같이, 피터스의 교육개념은 그 자체가 후기 계몽주의의 논리를 기반으로 하거나 그것을 재해석하고 있는 것처럼 보인다.[10)]

이러한 관점이 그의 인간관, 세계관, 교육관 그리고 교사관에 투영되어 나타났다는 지적은 놀랄만한 것이 아니다. 예컨대, 브라운이 지적한 바 있듯이, "피터스의 이상은 무엇보다도 합리적인 인간에 관한 것이며, 그가 선호했던 성향은 지적인 것이다."(Brown, 1970: 81). 이러한 점에서 그가 말하는 이상적인 교사는 기본적으로 학습자의 정서 및 의지의 발달에 관심을 가지는 것이 아니라 인지발달에 관심을 가진다. 교사가 입문(入門)시켜야 한다고 주장하는 소위 '가치있는 것'이란 것도 따지고 보면 결국 지적이고 이론적인 것이다. 즉 교사가 길러내고자 하는 교육받은 사람의 이상은 인지적이고 합리적인 것이지 정서적이고 의지적인 것이 아니다. 이러한 입장은 『윤리학과 교육』 제5장에서 가치있는 활동이 무엇인지, 그리고 교육과정 안에 속한 교과목들이 다른 활동보다 왜 더 가치가 있는가를 정당화하는 과정에서 분명하게 밝히고 있듯이, 그가 상정하고 있는 교

---

10) 카아는 가다머(H. G. Gadamer), 하버마스(D. Habermas), 맥킨타이어(A. MacIntyre), 로티(R. Rorty) 등의 철학자들이 근본적으로 역사적이고 문화적인 차이를 보이고 있음에도 불구하고 분석철학을 후기 계몽적 사고의 유산으로 생각하고 있으며, 그것을 모더니티를 해결하기 위한 원천이라기보다는 모더니티가 안고 있는 문제의 부분이라고 바라본다는 점에서 큰 차이가 없다고 지적한다(Carr, 2005: 6:. 24), 카아의 지적대로라면 피터스에 의해 전개된 분석교육철학 역시 계몽적 사고와 모더니즘을 근간으로 하고 있다고 봐야 할 것이다.

사의 주된 관심사는 주로 주지적이고 합리적인 것이다.

이상과 같은 피터스의 주장은 다음과 같은 논란을 불러일으킬 가능성이 높다. 우선, 사랑과 배려(配慮)의 교사가 교사다운 교사의 자리에서 소외될 수 있다. 사랑과 배려는 가르치는 교사가 갖추어야 할 가장 중요한 마음의 태도이다. 페스탈로치를 비롯한 위대한 교사들은 교육애(教育愛)를 유감없이 보여준 인물들이다. 교육활동의 기반이요 교사 자질의 정서적 토대인 사랑과 배려를 소홀히 하고는 교육다운 교육이 이루어질 수 없다는 것은 교육사(教育史)가 보여준 소중한 가르침이다. 그럼에도 불구하고 피터스가 인간존중(respect for person)을 교육의 중요한 원리로 제시하면서 사랑과 배려의 덕목을 소홀하게 다룬 것은 이해하기 힘든 부분이다. 다음으로, 피터스의 교사관에 따르면, 실제적인 활동에 관여하고 있는 교사 역시 교사다운 교사에서 제외될 수 있다. 실제적인 활동에 관심을 가지거나 이것을 가르치는 교사는 교육받은 교사의 영역에서 제외되어 버리는 결과를 가져오게 된다. 예컨대, 비교적 실제적인 지식과 기술을 가르치는 교과교사는 교사다운 교사의 범주에 들어갈 수 없다. 이러한 관점에서 피터스가 이론과 실제를 함께 아우르는 능력을 갖춘 통합적 교사상을 그려냈다고 말하기 어렵다.

3) 성 불평등과 교사

피터스의 교사관에서 나타나는 또 다른 난점은, 그가 그린 이상적인 교사가 남성 학습자에게는 이로운 사람일 수 있으나 여성 학습자에게는 해로운 사람으로 보일 수 있다는 점이다. 일찍이 페미니스트 철학자로서 피터스의 교육철학을 신랄하게 비판하였던 마틴은 피터스의 교육받은 사람의 이상이 여성에게 해(害)로울 뿐 아니라 남성에게도 해롭다고 주장한 바 있다(Martin, 1981: 3) 그녀는 특히 피터스가 강조하는 인지적 안목(cognitive perspective) 역시 남성 중심적인 덕목에 지나지 않는다고 지적한 바 있다(*ibid.*: 8). 로이머 역시 피터스의 교육받은 사람의 이상이 가져온 해악을 지적한 바 있다. 그는 첫째, 피터스가 인지적이고 이론적인 분야로부터 여성을 제외시킨 점, 둘째, 피터스가 여성의 삶을 왜곡시킨 점, 셋째, 피터스의 견해가 일방적이라는 점들을 제시하면서 피터스의 관점을 비판한 바 있다(Roemer, 1981: 120-123).

이러한 마틴과 로이머의 비판을 있는 그대로 받아들이기는 어렵겠지만, 피터스는 자신의 저작들 여러 곳에서 이성, 합리성, 자율성, 권위의 가치를 일관되게 강조하면서 상대적으로 감정, 정서, 감성 등의 가치를 비교적 소홀하게 다루었다는 점에서 이 두 학자의 비판은 부분적으로 설득력을 가지고 있다고 봐야 한다. 이들의 주장이 어느 정도 옳다면, 피터스가 그린 이상적인 교사의 모습은 부분적으로 남성적인 이데올로기를 반영하고 있다고 볼 수 있을 것이다. 나아가 피터스가 지지하는 교사의 교수활동이 자칫 잘못하면 여성의 삶에 심대한 피해를 입히는 결과를 가져올 수도 있을 것이라는 추론이 가능하다. 남성적인 이데올로기를 기반으로 한 그의 교사관은 그가 『윤리학과 교육』 제8장에서 온갖 정성을 다해 정당화한 인간존중의 원리와도 어울리지 않는다. 여기서 그는 인간존중이란 소위 인간을 의식(意識)의 구심점이요, 자율적인 존재로 인정하는 태도라는 점을 강조하면서 이를 정당화하고자 하였다. 그럼에도 불구하고 그가 여성에게 이익을 주기보다는 해를 주는 소위 성적으로 불평등한 교사상을 그려냈다는 것은 아이러니컬한 일이 아닐 수 없다. 이러한 점에서 그가 그린 이상적인 교사의 모습은 성적으로 편향되어 있으며 따라서 보편적인 교사상이라고 말하기 어렵다.

4) 이데올로기와 교사

피터스의 교사관에서 나타나는 또 다른 난점은, 그가 그린 이상적인 교사가 교육다운 교육을 해 가기보다는 오히려 지배 이데올로기를 유지하거나 재생산하는 사람으로 해석될 가능성을 가지고 있다는 점이다. 이러한 비판은 주로 마르크스주의자들로부터 제기되는 것으로서, 일찍이 사럽은 피터스가 문화적 상대성을 도외시하였고, 지식을 실체화(實體化)하였으며, 학교교육의 기능을 지나치게 낙관적으로 이해했다고 지적한 바 있다(Sarup, 1978: 65). 이들의 비판은 피터스의 교육개념 및 교육받은 사람의 개념을 다른 관점에서 해석할 수 있는 가능성을 열어주었을 뿐만 아니라 그의 교사상을 새롭게 해석할 수 있는 가능성을 열어주었다는 점에서 의의를 가지고 있다. 그들 비판 중 피터스가 지식을 실체화하였다는 말은 무엇을 의미하는가?

마르크스주의자들에 의하면, 지식이란 원래 유동적이고 변화하는 것임에도 불구하고 그것이 어느 순간에 특정한 사람들에 의해 합법화되어 자연스럽고 필연적인 사실로 받아들여지게 되었다는 것이다. 그들에 의하면, 지식이 실체화되고 있는 곳이 바로 학교이며 교육과정은 이러한 실체화를 가속화시키고 영속화시키고 있다는 것이다. 이들은 피터스가 선험적 논의(transcendental argument)를 통해 이를 정당화했다는 것이다. 이들의 공격은 여기서 그치지 않고 있다. 즉 그들은 피터스가 지지해온 교육관, 지식관, 학교관, 세계관을 하나의 이데올로기(ideology)로 해석하면서, 그가 이러한 이데올로기를 합법화하는데 주도적인 역할을 해 왔다는 것이다. 결국 교육받았다는 것은 이 같은 그릇된 지배이데올로기를 전수받았다는 것 외에 아무 것도 아니라는 것이다.

이러한 급진주의 교육론자들의 관점에서 보면, 피터스가 지지하는 교사란 잘못 실체화된 지식, 그릇된 허위의식(false consciousness), 편향된 이데올로기를 전달하는 대리인(代理人) 혹은 사도(使徒)로 평가받을 수 있다. 급진주의 교육론자들의 비판을 전적으로 받아들이기 어렵다고 하더라도, 그가 부분적으로 인정했듯이, 교육이란 말을 지나치게 좁게 사용하고 탈문화적인 맥락에서 사용했다는 점에서 이 같은 비판은 어느 정도 설득력을 가진다고 봐야 할 것이다. 마찬가지로 그가 그린 이상적인 교사의 역할 역시 너무 좁게 규정되었다는 점에서 이런 비판의 포화로부터 자유로울 수 없다고 봐야 할 것이다. 사실, 피터스의 교사관 안에서 의식 형성자 및 전수자로서의 교사의 모습을 찾기는 쉬우나 의식의 생성자 및 비판자로서의 모습을 찾긴 어렵다.

4. 맺는 말

앞에서 논의한 바와 같이 피터스의 교육개념으로부터 추론되어 나온 교사관은 일반적으로 전통적이고 주지주의적인 것이다. 그의 교사관 안에는 어떤 교사가 과연 교사다운 교사인가에 대한 그의 이상적인 교사관이 잘 나타나 있다. 적어도 그가 그려낸 이상적인 교사의 모습은 단지 '존재하는 교사'가 아니라 '존재해야 할 교사'의 모습이다. 그가 그린 이상적인 교사의 주된 자질 혹은 역할이란 학습자에게 가치있는 것을 헌신적으로 전달하고, 학생의 인지적 안목을 넓혀주며, 나아가 도덕적으로 온당한 방법으로 가르치는 일이다. 보기에 따라서 이러한 자질들은 교사다운 교사와 그렇게 못한 교사를 구별하는 일반적인 기준으로 이해될 수 있다. 하지만 이러한 자질들은 근대적인 혹은 전통적인 교사관들에서 발견되는 자질들과 크게 다르지 않다. 다만 차이가 있다면 교사가 왜 이러한 자질들을 갖추어야 하는가에 대한 논리적 근거를 밝히고 정당화하였다는 점이다.

앞에서 지적한 바와 같이 그의 교사관은 그의 교육개념 안에 논리적으로 상정되어 있다는 점에서 그의 교사관이 안고 있는 문제점은 곧 그의 교육개념이 안고 있는 문제점과 구별되지 않는다. 연구자는 이미 피터스의 교사관이 언어분석의 측면에서 교사와 학교교사를 명료하게 구분하지 않았다는 점에서 일종의 자연론적 오류 내지는 범주적 오류를 범하였다는 점을 지적하였으며, 계몽주의적인 근대성에서 벗어나지 못한 관점을 정당화하려고 했다는 점을 지적하였다. 또 연구자는 그의 교사관이 남성 학습자에는 유리할지 몰라도 여성 학습자에게는 해가 되는 성 편견적인 관점을 드러냈으며, 교사가 때로는 특정한 지배이데올로기를 전수하는 대리인으로 해석될 가능성이 있다는 점을 간과하였음을 지적하였다.

이러한 비판들은 피터스의 교사관 자체를 부정하거나 폐기하려는 것이 아니라 그의 교사관이 안고 있는 약점을 극복하고 그 대안을 찾기 위한 근거로서 의의와 가치를 가진다고 할 수 있다. 우선, 피터스의 교사관이 가진 최대 약점은 교사의 역할을 학교교육에 지나치게 제한했다는 점이다. 교사의 일차적인 과업은 학교 안에서 주어진 교과를 가르치는 일이다. 하지만 교과를 가르치는 것만이 교사의 유일한 과업은 아니다. 교사의 중요한 과업 중의 하나는 학생과 세상을 연결시키는 일이다. 교사란 일종의 학생과 세상을 잇는 연결고리이다. 피터스의 주장대로 교사는 학생들을 지적인 삶의 세계로 입문시키기도 해야 하지만 실천적 삶의 세계로 안내해야 한다. 이러한 점에서 듀이(John Dewey)의 실천적 교사관은 피터스의 주지주의적인 교사관이 안고 있는 한계를 어느 정도 극복할 수 있는 대안으로 제시될 수 있을 것이다.

다음으로, 피터스의 교사관이 안고 있는 또 다른 약점은 계몽주의적 근대성으로부터 여전히 벗어나지 못하고 있다는 점이다. 계몽주의적 교사관의 관점에서 볼 때, 교사의 가장 중요한 과업은 이미 주어진 교과지식을 가르침으로써 합리적이고 자율적인 인간을 길러내는 일이다. 또한 교사가 가르쳐야 할 지식이란 시공을 초월하는 보편적 가치를 가지는 것, 즉 내재적으로 가치가 있는 것이다. 하지만 포스트모던의 관점에서 볼 때 실체화된 지식이란 존재하지 않으며, 또 교사가 그러한 지식을 가르쳐야 할 이유도 없다. 피터스의 계몽적 지식관은 오히려 교사와 학생을 지식 생성 및 구성의 주체로부터 밀어낼 가능성이 있다. 지식이 끊임없이 생성되고 구성되는 과정에 있다는 점에 비추어볼 때 교사의 수업내용 및 방식 역시 유연하고 융통성이 있어야 한다. 이제 교육, 학습자, 지식, 수업을 바라보는 교사의 계몽적 이해방식은 구성적 이해방식으로 수정되거나 보완되어야 한다.

끝으로, 피터스의 교사관이 안고 있는 또 다른 약점은 성적으로 불평등한 교사관을 제시함으로써 커다란 오해를 불러일으켰다는 점이다. 이러한 오해는 그가 그린 교육받은 사람의 자질이 주로 남성적인 덕목들(masculine virtues)이라는데 기인한다. 예컨대, 인지적 안목, 합리성, 자율성, 권위 등은 여성에게 어울리기보다는 남성에게 어울리는 덕목들이다. 실제로 그의 교사관 안에서는 여성적인 덕목들(feminine virtues)이라고 할 수 있는 사랑, 배려, 연민, 동정 등에 대한 덕목들이 중요하게 다루어지지 않는다. 이런 점에서 그의 교육개념, 교육받은 사람의 이상, 심지어 교사상이 성 편견적인 관점에서 비롯된 것이라는 비판을 받게 된 것은 이미 예견된 것이라고 할 수 있다. 페미니즘의 관점에서 볼 때 성적으로 불평등한 입장을 드러낸 교사관은 부분적으로 수정, 보완되어야 하며 때론 폐기되어야 한다. 왜냐하면 미래 교육이 실현하고자 하는 이념 중의 하나는 성적 배려를 통한 인간복지의 구현이기 때문이다.

이상과 같은 피터스의 교사관에 대한 비판은 그의 교사관 자체를 폐기하기 위한 것이 아니라 그것을 발전적으로 수용하기 위한 예비작업으로서 가치를 가질 수 있을 것이다. 그가 통찰하지 못한 부분은 후학들의 끊임없는 담금질과 비판을 통해 변증적으로 보완될 필요가 있을 것이다.

참고문헌

신득렬(2003). 현대교육철학. 서울: 학지사.

이홍우(1992). 교육의 개념. 서울: 문음사.

Archambault, R. D., ed.(1967). *Philosophical Analysis and Education.* London: Routledge & Kegan Paul.

Dray, W. H.(1973). "Commentary", Edited by R. S. Peters(1973). *The Philosophy of Education.* Oxford: Oxford University Press.

Brown, L. M.(1970). *Aims of Education.* New York: Teachers College Press.

Dearden, R. F.(1986). "Education, Training and the Preparation of Teachers", Edited by D. E. Cooper(1986). *Education, Values and Mind: Essays for R. S. Peters.* London: Routledge & Kegan Paul, 69-88.

Edel, A.(1973). "Analytic Philosophy of Education at the Crossroad", Edited by J. F. Doyle(1973). *Educational Judgment.* London: Routledge and Kegan Paul.

Elliott, R. K.(1986). "Richard Peters: A Philosopher in the Old Style" Edited by D. E. Cooper(1986). *Education, Values and Mind: Essays for R. S. Peters.* London: RKP, 41-68.

Frankena, W. K.(1973). "The Concepts of Education Today", Edited by J. F. Doyle (1973). *Educational Judgment.* London: Routledge and Kegan Paul.

Harris, K. 저, 들불편집부 역(1989). 교사와 계급. 광주: 들불출판사.

______(1977). "Peters on Schooling", *Educational Philosophy & Theory.* vol. 9, no. 1, 33-48.

Hirst, P. H. and Peters, R. S.(1970). *The Logic of Education.* London: Routledge & Kegan

Paul

Martin, J. R. (1981), "The Ideal of the Educated Person", *Philosophy of Education.* Presidential Address, Proceedings of Thirty-Seventh Annual Meeting of the Philosophy of Education, Normal Illinois: Philosophy of Education Society, 3-20.

Peters, R. S.(1959). "Must and Educator Have an Aim?", *in Authority, Responsibility and Education.* London: George Allen & Unwin, 83-95.

______(1959). "Experience and the Function of the Educator", in *Authority, Responsibility and Education.* London: George Allen & Unwin, 96-107.

______(1959). "The Psychologist and the Teacher", in *Authority, Responsibility and Education.* London: George Allen & Unwin, 119-137.

______(1964). "Education as Initiation", Edited by R. D. Archambault(1967). *Philosophical Analysis and Education.* London: Routledge & Kegan Paul, 87-111.

______(1966). *Ethics and Education.* London: George Allen & Unwin.

______(1970). "Education and the Educated Man", in R. S. Peters(1977). *Education and The Education of Teachers.* London: Routledge & Kegan Paul.

______(1977). *Education and The Education of Teachers.* London: Routledge & Kegan Paul.

______(1979). "Democratic Values and Education", Edited by R. S. Peters(1981). *Essays on Educators.* London: George Allen & Unwin.

Roemer, E. K.(1981). "Harm and the Ideal of Educated Person: Response to Jane Roland Martin", *Educational Theory.* vol. 31, no. 2: 115-124.

Soltis, J. F.(1970). "On Defending Education: An Apology", *Philosophy of Education 1969*, Proceedings of the Twenty-Fifth Annual Meeting of the Philosophy of Education Society, 172-176.

______(1978). *An Introduction to the Analysis of Educational Concepts.* 2nd ed., Reading, Mass.: Addison-Wesley Publishing Co.

Sarup, M.(1978). *Marxism and Education.* London: Routledge and Kegan Paul.

Woods, J.(1973). "Commentary", Edited by R. S. Peters(1973). *The Philosophy of Education.* Oxford: Oxford University Press.

제 7 장

교사교육에 관한 담론과 대학의 역할

1. 들어가는 말

피터스(R. S. Peters)는 20세기 후반부를 대표하는 영국의 교육철학자로서 무엇보다 그의 가장 큰 공적은 어중간한 위치에 머물던 교육철학을 철학의 한 분야로서 정위(定位)시켰다는 점이다. 그는 사회철학 및 심리철학을 기반으로 교육문제를 독특한 방식으로 다루었으며, 그의 연구 결과들은 영국은 물론 다른 나라의 교육학계에도 큰 반향을 불러일으켰다. 그는 언어분석을 통해 교육의 개념을 명료화하고, 교육활동을 내재적으로 정당화하였으며, 교육윤리학의 성립 가능성을 제시함으로써 교육적 논의의 지평을 넓히는데 크게 기여하였다. 영미 교육학계에서 영향력이 컸던 만큼 그의 주장에 대한 논의도 활발하게 전개되었으며, 그는 다수의 옹호자와 비판자들을 가지게 되었다. 그가 관심을 가지고 연구하였던 다양한 개념들이 권위가 있는 교육학자들에 의해 검토되었다. 예컨대, 입문 혹은 준거로서의 교육개념, 교육받은 사람의 개념, 가치있는 활동에 대한 선험적 정당화, 자유와 권위의 관계, 교양교육의 정당화, 인지주의적 도덕성 등 다양한 주제들이 비판적으로 다루어졌다.

그러나 피터스의 관심영역에 대한 다양한 연구가 이루어졌음에도 불구하고 지금까지 비교적 소홀하게 다루어진 영역이 있다면 그것은 그의 교사관과 교사교육론이다. 디어든이 지적한 바 있듯이(Dearden, 1986: 69), 피터스는 교육문제를 본격적으로 분석하기 시작한 이래 교사와 교사교육 문제에 대해 지속적인 관심을 기울여 왔을 뿐만 아니라 교사교육 이론과 실천 분야에 기여를 하였음에도 불구하고 그의 교사관 및 교사교육론에 대한 평가는 제대로 이루어지지 않고 있다. 그의 교사관과 교사교육론은 대체로 다음 세 시기로 전개되어 왔다고 할 수 있다. 우선, 전통적인 교사관 비판기로서, 그는 1959년 "교육자는 하나의 목적을 가져야 하는가"를 비롯하여 "경험과 교육자의 기능", "심리학자와 교사"라는 글을 통해 그 당시 영향력이 컸던 듀이와 진보주의 교육론자들의 교사관, 심리학자의 교사관을 비판하였다. 다음으로, 교사관 정립기로서, 그는 1964년 "입문으로서의 교육"과 1966년 『윤리학과 교육』에서 이상적인 교사의 모습을 찾고자 노력하였다. 끝으로, 교사교육론 혹은 교사교육철학 전개기로서, 그는 1977년 『교사와 교사교육』에서 수정된 교육개념을 제시하는 동시에 교사교육의 목적, 교사교육의 내용 및 방법, 교사교육에 있어서 대학의 역할 등을 본격적으로 논의하였다.

이 글은 교사관 정립기와 교사교육론 전개기에 피터스가 제시한 이상적인 교사상과 그것의 실현과정을 논한 교사교육론 혹은 교사교육의 철학을 탐구하는 데 목적이 있다. 연구자가 피터스의 교사교육론을 탐색하고자 하는 이유는 우선, 그의 연구관심이 교육개념 분석이나 정당화 근거 제시에 국한된 것이 아니라, 보다 교육실천적인 문제에도 맞춰져 있다는 점을 밝히고, 나아가 그의 교사교육론이 오늘날 사회적 요구에만 편승하는 교사교육 실제에 어떠한 시사를 던져주는가 하는 점을 제시하는 데 있다. 피터스가 60-70년대 이상적인 교사상 정립과 교사교육론 전개에 관심을 기울인 것은, 모르긴 해도, 자신이 제시한 교육의 개념이 교사다운 교사를 통해 실현될 수 있다는 강한 믿음을 가지고 있었기 때문이다. 즉 자신의 교육개념은 우수한 자질을 겸비한 교사의 교육활동을 통해 구현될 수 있다고 믿었기 때문이다. 이러한 믿음은 자연히 그러한 교사를 어떻게 길러낼 것이냐 하는 소위 교사교육론 혹은 교사교육철학으로 이어졌다고 할 수 있다. 피터스는 교육과학자로서가 아니라 교육철학자로서, 교사교육이 궁극적으로 실현하고자 하는 것이 무엇인가를 탐색하고, 교사교육 과정 및 교사교육 방법에서 무엇보다 먼저 지켜져야 할 원칙들(principles)이 무엇인지를 제시하고 있다. 교사를 바라보는 그의 관점이 엄격하고 보수적이듯이, 교사교육을 바라보는 관점 역시 엄격하고 보수적이다.

연구자는 이러한 그의 교사교육론을 고찰해 가는 동안에 그의 주장이 가지는 교육적 의의를 밝히기도 하겠지만 동시에 그 한계와 약점도 비판적으로 검토하고자 한다. 이 연구는 다음 세 단계에 걸쳐 이루어질 것이다. 우선, 피터스가 제시한 교사교육의 목적을 밝히고, 다음으로, 그가 제시한 교수내용의 원칙 및 방법상의 절차를 탐색하며, 끝으로 그가 밝힌 대학의 역할과 책임을 논의할 것이다.

2. 교사교육의 목적

피터스에 따르면, 교사교육이 실현해야 할 일반적인 목적은 훈련받은 교사(trained teacher)가 아닌 교육받은 교사(educated teacher)[1]를 양성해 내는 일이다. 그렇다면 교육받은 교사란 구체적으로 어떤 자질을 갖춘 사람인가? 이상적인 교사로서 교육받은 교사는 기존의 교사상과 어떻게 구별되는가? 피터스는 1950년대 말부터 여러 편의 글을 통해 자신의 교사관을 부분적으로 드러냈지만,[2] 그의 교육받은 교사의 이상(理想)이 가장 잘 드러난 저작은 1966년의 『윤리학과 교육』(*Ethics and Education*)과 1977년의 『교육과 교사교육』(*Education and the Education of Teachers*)이다. 이 두 저작에서 그는 교육받은 교사의 이상이 교육 개념 및 권위 개념과 밀접히 관련되어 있음을 보여주고 있다.

---

1) 피터스는 '교육받은 교사'라는 개념을 구체적으로 언급하거나 설명한 바 없다. 하지만 그는 『윤리학과 교육』(1966), 『교육과 교사교육』(1977) 등의 저작에서 '교사는 훈련만 받아서는 안 되며 교육받아야 한다'는 점을 누누이 강조하면서 그 근거들을 제시하고 있다(1966: 93; 1977: 146). 이러한 의미에서 연구자는 이하의 글에서 그가 암묵적으로 내세운 이상적 교사의 모습을 '교육받은 교사'라고 부르고자 한다. 물론 여기서 그가 제시하는 '교육받은 교사'는 교육받은 사람으로서의 일반적 자질도 갖추고 있지만 가르치는 일에 종사는 사람으로서 특수한 자질 혹은 전문성을 갖춘 사람이라고 할 수 있다.

2) 1950년대 말 피터스의 교사관이 드러난 글로는 『권위, 책임 그리고 교육』(*Authority, Responsibility and Education,* London: George Allen & Unwin, 1959)에 실린 "교육자는 하나의 목적을 가져야 하는가?"(pp. 86-87), "경험과 교육자의 기능"(pp. 96-107), "심리학자와 교사"(pp. 119-137) 등을 들 수 있다.

1) 교육의 개념과 교육받은 교사

영국의 교육철학자 디어든이 적절히 지적한 바 있듯이, 피터스가 제시한 교육받은 교사의 모습은 그의 교육의 개념 혹은 교육받은 사람의 개념과 분리될 수 없으며, 심지어 교육의 개념을 논리적으로 상정하고 있다(Dearden, 1986: 69). 그러므로 이상적 교사로서의 교육받은 교사에 대한 관점은 그가 제시한 교육의 개념으로부터 자연스럽게 추론되어 나온다.

우선, 피터스가 제시한 교육의 첫 번째 개념적 기준이란 흔히 규범적 기준(normative criterion) 혹은 가치있는 것에의 헌신기준이라고 할 수 있는 것으로서, 누군가가 교육받았다고 했을 때 그것은 최소한 그가 가치있는 것을 전달받았거나 그것에 헌신(獻身: commitment)하는 태도를 가지게 되었다는 의미를 논리적으로 함의하고 있다(Peters, 1966a: 25; 45, 1977: 28). 이러한 규범적 기준에 따르면, 누군가가 교육을 받았다는 것은 모종의 활동을 통해 가치있는 무엇인가를 전수받고, 그것에 헌신하게 되었다는 것을 의미한다. 여기서 가치있는 것에 헌신한다는 것은, 단순히 그것에 관심을 가지거나 좋아하거나 흥미를 가지고 있다는 뜻이 아니라 말 그대로 가치있는 것에 몰두(沒頭)하고 몰입(沒入)한다는 것을 의미한다. 그리하여 그는 사람이 가치있는 것에 헌신할 때에 “집중력, 인내력, 몰입, 그리고 자발적으로 학습할 수 있는 자율성이 발달한다.”고 주장한다(1977: 28). 물론 피터스가 제시하는 헌신의 대상은 소위 지식의 형식(forms of knowledge)으로 불리는 것으로서, 실제적인 것이기보다는 이론적인 것들이다.[3)]

이 같은 교육의 규범적 기준에 비춰 볼 때 교육받은 사람으로서 교사가 갖추어야 할 중요한 자질은 헌신이다. 흔히 헌신이란 가치있는 일을 구현하거나 전달하려고 할 때 요구되는 일종의 열정(passion)이다. 이러한 열정이 있을 때 비로소 교사는 스스로 가치있는 것을 탐색하는 일에 몰두하게 되며 또 탐색한 결과를 학습자에게 전달하기 위하여 열과 성을 다하게 된다. 이러한 그의 관점에서, 우선 가치있는 것이 무엇인가를 탐구하는데 무관심하거나 또 그것을 학습자에

3) 피터스는 내재적 혹은 이론적인 활동이 신체적 조건에 좌우되지 않으며, 대상의 희귀성도 경쟁의 대상도 없으며, 기술과 분별을 위한 계속적인 기회를 제공하며, 너무나 정통한 나머지 싫증이 나는 일이 없다는 근거를 들어 그것들의 가치를 정당화하고 있다(Peters, 1966a: 157-158).

게 전달하기 위해 정열을 바치지 않는 교사는 교사로서의 자질을 갖추지 못한 것이며 나아가 교사로서의 고유한 역할을 해냈다고 할 수 없다. 결국 교사의 자질과 역할은 그가 가치있는 것에 어느 정도 헌신했는가에 의해 평가된다.

다음으로, 피터스가 제시하는 교육받은 사람으로서 교사의 자질은 그가 제시한 교육의 두 번째 개념적 기준, 즉 인지적 기준과 분리하여 논의할 수 없다. 여기서 그가 제시한 인지적 기준이란 지식, 이해, 그리고 인지적 안목(cognitive perspective)으로서(Peters, 1966a: 30), 이 기준에 의하면, 교육받았다는 것은 모종의 지식을 소유하고, 사물에 대한 폭넓은 이해를 가지고 있으며, 나아가 세상을 폭넓게 바라볼 수 있는 인지적인 안목을 가졌다는 것을 의미한다. 여기서 피터스는 지식의 소유와 이해의 능력이 교육받은 사람에게 나타나는 중요한 자질들이라는 점을 부인하지 않는다. 그러나 그는 지식과 이해의 소유가 곧바로 교육받았다는 것의 충분조건은 될 수 없다고 본다. 왜냐하면 지식과 이해는 인지적 안목을 넓히기 위한 필요조건에 지나지 않기 때문이다. 예컨대, 누군가가 해박한 지식과 정보를 가졌거나 지식을 조직할 수 있는 원리를 이해한다고 해서 그에게 곧바로 교육받은 사람이라는 이름을 붙여주기는 어렵다는 것이다. 오히려 교육받은 사람은 지식과 이해를 통해서 자신과 세계를 폭넓게 바라볼 수 있는 인지적 안목을 가져야 한다고 강조한다. 이러한 점에서 피터스가 "인지적 안목의 발달은 교육받은 사람의 중요한 징표이다."(1966a.: 64)라고 주장한 것은 조금도 이상할 것이 없다.

이상과 같은 교육의 두 번째 기준에 비추어볼 때 교육받은 사람으로서 교사가 갖추어야 할 또 다른 중요한 자질은 인지적 안목이다. 교사는 일단 교단에 선 순간부터 자신이 가르치는 교과목에 대하여 해박한 지식을 소유하고 있어야 하며, 그 지식의 구성 및 조직원리에 대해 이해할 수 있는 능력을 갖추고 있어야 한다. 하지만 어떤 교사가 그러한 지식과 이해를 통해 세상을 전체적으로 조망할 수 있는 능력을 가지지 못하였다면 우리는 그 교사에게 교육받은 교사라는 이름을 붙여주기를 꺼려할 것이다. 왜냐하면 지식의 소유와 사물에 대한 이해만 가지고는 교육받은 교사로서 자질을 갖추었다고 할 수 없기 때문이다. 그것들은 어디까지나 교육받은 교사가 되기 위한 필요조건일 따름이다. 따라서 교사를 교사답게 하는 중요한 자질은 바로 인지적 안목이며, 가르침을 통해 학습자에게 이러한 안목을 넓혀주는 것이 바로 교사의 주된 역할이다. 인지적 안목이 교사의 중요한 자질인 한 교사의 주된 관심은 학습자의 인지적 안목을 확충하는 데 있다. 피터스의 주장대로라면, 인지적 안목을 갖춘 교사는 응당 학생들에게 잡다한 지식을 전달하거나 사물에 대한 단편적인 이해를 넘어 학습자들의 안목을 넓히는데 관심을 가지게 될 것이다.

끝으로, 피터스가 제시한 교육의 세 번째 개념적 기준, 즉 과정적 기준(procedural criterion)에 비추어볼 때 교육받은 사람은 가치있는 것을 도덕적으로 온당한 방법으로 전수받은 사람이다. 피터스는 앞에서 제시한 두 기준 못지않게 교육의 방법적 혹은 과정적 기준을 중시한다(1966a: 35). 왜냐하면 전달되는 내용이 아무리 가치가 있다고 하더라도 그것이 전달되는 방법이나 과정이 비도덕적이라면 교육의 과정 또는 교육활동이라고 부를 수 없다고 판단하기 때문이다. 피터스는 명령, 교시(教示), 조건화, 훈련, 교화(教化) 등을 교육적인 방법으로 받아들이는 데는 문제가 있다고 지적한다. 즉 '명령'과 '교시'는 인간존중의 정신을 결여하고 있다는 점에서 도덕적으로 문제가 있으며, '조건화'는 합리적 신념의 형성과는 하등 관계가 없는 반사적 반응을 이끌어내려고 한다는 점에서 문제가 있다고 주장한다. 아울러 '훈련' 역시 특수한 목적 내지 기능을 위하여, 또는 제한된 범위의 사고의 형식이나 실천 기준에 맞게 사용될 것을 전제로 하여 특정 기술이나 능력을 습득시키는 방법이라는 점에서 교육방법으로 받아들이기 어렵다고 주장한다. 이러한 점에서 '훈련'은 보다 넓은 신념체제를 다루는 교육과는 구별되어야 한다는 것이다(1966a: 32). 끝으로 '교화'가 일종의 신념형성과 밀접한 관련을 맺고 있어서 때로 교육방법으로 채택되는 경우도 있지만 이것은 어디까지나 학습자의 자발성과 자율성을 무시한다는 점에서 교육방법에서 제외되어야 한다고 주장한다.

이상과 같은 이러한 피터스의 주장에 의하면, 교육받은 사람으로서 교사가 갖추어야 할 중요한 자질은 교수방법의 도덕성 혹은 윤리성이다. 이러한 자질을 갖춘 교사는 명령, 지시, 교시, 교화, 훈련과 같은 비도덕적인 방법을 사용하지 않으면서 학생들을 가치있는 것에로 입문시킬 것이다. 이러한 관점에서 교수의 도덕적 온당성은 앞의 두 기준에 비해 교육받은 교사와 그렇지 못한 교사를 구별하는 중요한 기준이다. 왜냐하면 교사의 자질은 무엇을 가르치는가 하는 '교수

내용'(敎授內容)의 정통성(authority)에 의해 구별되기도 하지만 어떻게 가르치는가 하는 '교수방법'(敎授方法)의 온당성(reasonableness)에 의해서도 구별되기 때문이다(이병승, 2010: 126).

2) 실질적 권위와 교사의 자질

피터스의 교사관 혹은 교사 자질에 관한 논의를 할 때에 빼놓을 수 없는 중요한 개념이 권위(authority)이다. 『윤리학과 교육』에서 그는 권위의 다양한 개념, 종류, 정당화 논의를 검토한 후 권위를 교사의 중요한 자질로 파악하였다. 이러한 그의 견해는 한 때 권위를 '훌륭한 교사의 자질'(quality of good teacher)로 바라보았던 선배 교수 리이드(L. A. Reid)의 견해를 계승한 것이라고 볼 수 있다(Reid, 1962: 154-156).[4]

피터스에 의하면, 권위란 일반적으로 형식적 권위(formal authority)와 실질적 권위(actual authority)로 나뉜다. 전자는 법적 절차에 의해서 부여되는 권위로 일정한 사회적 지위를 획득했을 때 행사할 수 있는 권위이다. 교사는 교육대학이나 사범대학의 과정을 이수하고 교원으로서의 자격을 취득했다는 점에서 형식적 권위를 가지고 있다. 후자는 당사자가 가지고 있는 능력과 자질 등에 의하여 행해지는 권위를 말한다. 하지만 교사들 모두가 실질적 권위를 가졌다고는 볼 수 없다. 왜냐하면 교단에서 가르친다고 해서 모두 유능하고 영향력이 있는 교사라고 할 수는 없기 때문이다.

그렇다면 교사의 실질적 권위란 구체적으로 어떤 의미를 가지는가? 이러한 질문에 답하기 위해 피터스는 우선 교사의 권위를 '직위상의 권위'와 '전문지식의 권위'로 구별하였다(Peters, 1966: 240). 전자는 교사가 되려는 사람이 법적 절차를 거쳐 가르칠 권리를 획득함으로써 가지게 되는 것으로서 일종의 '권리상의 권위'이다. 교사자격증을 획득하고 교단에 선 사람들은 예외 없이 이러한 권리상의 권위를 가진다고 할 수 있다. 그러나 피터스는 이러한 권리상의 권위를 가졌다고 해서 교사-학생 간에 권위관계가 바르게 정립된 것도 아니며 훌륭한 교사

---

4) 물론 리이드는 훌륭한 교사의 자질로서 권위 이외에도 지력, 민감성, 인격, 의지, 동정심, 객관성, 겸손, 엄격함 등의 자질을 제시하고 있다(Reid, 1962: 155-156).

가 되는 것은 더더욱 아니라고 주장한다. 왜냐하면 교사가 지적 권위를 제대로 행사하지 못할 때는 직위상의 권위(권리상의 권위)마저 의심받게 되기 때문이다. 이것은 교사의 직위에 있기만 하면 누구나 훌륭한 교사가 될 수 있는 것이 아니라는 점을 말해준다. 결국 교사의 자질은 형식적 권위 혹은 직위상의 권위의 소유 여부에 의해 결정되는 것이 아니라 실질적 권위 혹은 전문지식의 권위의 합리적 행사에 의해 결정된다.

교사가 전문지식의 권위를 가지고 있다는 것은 무엇을 의미하는가? 피터스에 의하면, 이것은 가르치는 교과내용에 정통했을 뿐만 아니라 가르치는 방법에 능통했다는 것을 의미한다. 즉 교과내용의 전문성과 교육방법의 전문성을 가지고 있다는 것을 의미한다. 그러나 피터스는 이 두 가지의 전문성을 가지고 있다고 해서 훌륭한 교사로서의 자질을 갖추었다고 생각하지 않는다. 왜냐하면 이것들은 훌륭한 교사의 자질을 설명하는 충분조건이 아니라 필요조건에 지나지 않는다고 생각하기 때문이다. 그리하여 그는 교사가 교육목적의 전문성을 갖추어야 한다는 점을 강조한다(Peters, 1966a: 254). 교육목적의 전문성이란 교육을 통하여 실현코자 하는 목적이 무엇인지, 혹은 이런 저런 교과를 통해 성취하고자 하는 목적이 무엇인지에 대해 설명할 수 있는 자질이다. 이러한 자질을 갖추지 않고는 교과내용의 전문성과 교수방법의 전문성은 방향을 잃기 쉽다.

피터스는 교사가 전문지식의 권위자가 되기 위해서는 부단한 지적 탐구를 감행해야 한다고 주장한다. 즉 교사교육기관에서 받은 교과교육만으로는 충분하지 않다는 것이다. 교사가 된 이후에도 전공분야에 대한 연구와 교과교육학에 대한 탐구가 계속되어야 하며 이 분야에 종사하는 사람들과 전문적인 관계를 가져야 한다는 것이다. 특히 그는 가르치는 교과의 지식뿐만 아니라 심리학과 사회학의 산지식(working knowledge)이 교사에게 필수적이라고 주장하면서(Peters, 1966a: 256), 교사의 역할이 무엇이든지 간에 교수방법, 아동발달, 학습의 형태, 아동의 사회적 배경 등에 관하여 어느 정도 전문가일 것을 요구한다(Peters, 1966a: 257). 피터스는 권위란 절대적인 것이 아니라 상대적인 것이요, 확정된 것이 아니라 잠정적(暫定的)인 것이라는 점을 상기시키면서, 교사가 권위 행사의 정당성을 확보하기 위해서 부단한 지적 탐구를 해 가야 한다는 점을 누누이 강조한다. 요컨대, 피터스의 권위의 개념에 대한 설명에 비추어 볼 때, 실질적 권위는 훌륭한 교사가 갖추어야 할 중요한 자질이다. 하지만 그가 누차 강조하였듯이, 직위상의 권위만 가지고는 교사다운 교사의 자질을 갖추었다고 할 수 없다. 왜냐하면 직위상의 권위란 교사의 자질을 설명하는 필요조건은 될지언정 충분조건은 될 수 없기 때문이다. 그가 실질적 권위 즉 지식분야의 권위를 강조하는 것도 바로 이러한 이유에서이다.

요컨대, 피터스가 상정하고 있는 교육받은 교사란 교육의 개념적 기준들을 충족시키기 위해 노력하는 사람이다. 즉 교육이 지향하는 본질적 가치와 내재적 목적을 실현하고자 노력하는 사람이다. 그가 상정하는 교육받은 사람의 주요 자질은 가치있는 것에의 헌신적 태도, 해박한 지식, 원리에 대한 이해, 폭넓은 인지적 안목, 도덕적 온당성 등이며 이것들은 동시에 교사가 갖추어야 할 지적 권위와 도덕적 권위의 내용을 이루는 중요한 자질들이다.

3. 교사교육의 내용과 방법

앞 장에서 연구자는 피터스가 상정하고 있는 교육받은 교사의 자질은 그의 교육개념 및 권위개념을 논리적으로 상정하고 있다는 점을 제시하였다. 그렇다면 이 같은 자질을 갖춘 교사를 길러내기 위해 어떤 교육과정과 교수방법이 요청되는가? 교육철학자로서 이러한 질문에 대해 피터스는 어떤 답을 제시하고 있는가? 교사교육 내용 및 방법에 대한 그의 주장은 대체로 1960년대 말과 70년대 초 학회에서 발표하거나 학회지에 기고한 글들을 모아 펴낸 『교육과 교사교육』에 비교적 상세히 제시되어 있다. 이 장에서는 이 글들을 중심으로 그의 견해를 밝히고자 한다.

1) 교사교육과 교육철학의 지위

1964년 피터스는 헐(Hull)에서 열린 회의에서 "교사훈련에 있어서 철학의 위치"(The Place of Philosophy in the Training of Teachers)라는 제하의 글을 발표하

였다(Peters, 1977: 135). 이 글에서 그는 교사교육에 있어서 철학 혹은 교육철학이 왜 중요한지, 철학의 영역들 중 어떤 것이 먼저 가르쳐져야 할 것인지, 그리고 그것들을 어떤 방법으로 가르치는 것이 효과적인지에 대해 논의하고 있다. 이러한 문제들을 논의해 가는 중에 피터스가 보여주는 일관된 태도는 "교사는 훈련받을 수도 있지만 교육받아야 한다."는 것이며(1966a: 93; 1977: 146), 이를 위해 철학이 핵심적인 교과목으로 가르쳐져야 한다는 것이다.

피터스는 철학의 혁명 이전까지만 해도 교육철학은 여러 교사교육기관 혹은 교육학과에서 인생철학이나 교육사상사라는 이름으로 가르쳐졌다는 점을 상기시키면서 교육철학은 이제 역사적인 접근을 벗어나 실천적인 교육문제를 철학적으로 명료화해 가는 방법으로 가르쳐져야 한다고 주장한다. 그에게 교육철학은 일반철학의 응용철학도, 인생의 원리도, 교육사상사도 아니다. 그것은 어디까지나 교육문제를 명료화해 가는 하나의 엄밀한 사고과정이요, 방법이다. 따라서 교육철학 교수자의 주된 역할은 초기 교육단계에 있는 예비교사들에게 교육철학자 혹은 교육사상가의 이러저런 주장들을 전수하는 것이 아니라 철학적 사고를 통해 교육의 실천적인 문제들을 해결해 갈 수 있는 능력을 길러주는 일이다(1977: 147).

피터스는 예비교사들에게 교육에 대한 철학적 사고를 해 가는데 도움을 줄 수 있는 교육철학의 중요 분야로 (i) 마음의 철학(혹은 철학적 심리학), (ii) 윤리학과 사회철학, (iii) 지식론 등을 제시하였다(1977: 142). 그는 우선, 마음의 철학(philosophy of mind)이 교육과 관련된 개념들을 구분하고 인간본성을 이해하는 데 도움을 줄 수 있으며, 다음으로, 윤리학과 사회철학(ethics and social philosophy)은 교육목적, 가치 등을 정당화하는 데 도움을 줄 수 있고, 끝으로, 지식론(theory of knowledge)은 교육과정(教育課程)에 대한 철학적 사고를 해가는 데 도움을 줄 수 있을 것이라고 주장한다(1977: 142-143).

또한 피터스는 예비교사들에게 가르쳐야 할 주제들을 선정할 때 고려해야 할 원칙 세 가지를 제시하였다. 즉 (i) 다른 학문분야와의 관련성, (ii) 훈련받고 있는 교사들의 실제적인 문제와 관심과의 관련성, (iii) 철학 분야에서 근본적인 문제들을 이끌어갈 수 있는 능력 등을 들었다(1966b: 85; 1977: 143). 그는 이러한 세 가지 원칙에 비추어볼 때 다음과 같은 주제들이 모든 예비교사들에게 생생한 반응을 일으킬 것이라고 보았다.

> (a) '교육'이란 무엇인가? 교육목적은 무엇이어야 하는가? 교사가 교사답게 행동한다는 것은 무엇을 의미하는가? 교육은 훈련과 어떻게 다른가? 과학과 시와 같은 문명활동들(civilized activities)은 어떻게 정당화되는가? (b) 교사 권위와 관련된 문제들 (c) 처벌과 훈육의 윤리 (d) 경험으로부터의 학습, 교육과정을 아동들의 필요와 흥미에 적합하게 한다는 생각과 함께 '아동중심'의 교육개념 (e) 아동과 교사의 자유 (f) 교육에서의 평등 (g) 도덕교육(1966b: 85-86; 1977: 143-144).

피터스에 의하면, 위에 선정된 주제들(a~g)은 앞에서 제시한 첫 번째 원칙에 비추어볼 때, 서로 밀접히 관련되어 있다. 예컨대, 교육, 교육목적, 권위, 학습, 아동과 교사의 자유, 평등, 도덕교육의 문제 등은 철학, 사회학, 그리고 심리학과 서로 맞물려 있다. 여기서 이것들이 서로 맞물려 있다는 것은 예비교사가 배워야 할 주제들이 특정 학문분야에 속한 것이 아니라 다학문적 접근(interdisciplinary approach)을 해야 할 주제들이라는 점을 보여준다. 그러나 그는 실제로 교사교육기관에서 가르치는 교수내용들이 편중되어 있음을 지적한다. 예컨대, 가르치는 '방법'이 무엇보다 중요하다고 여기는 이데올로기에 매몰되어 있는 사람들에 의해 이루어지는 심리학 강의가 지배하면서 예비교사들은 가르치는 방법과 기교를 배웠으나 정작 그러한 교수방법 안에 놓여있는 합리적인 근거에 대해서는 배우지 못했다고 지적한다(1977: 145). 이러한 이유로 피터스는 교사교육 초기 단계에서 먼저 원론적(原論的)인 내용을 가르치고 후기 단계에서 구체적이고 실제적인 교수방법을 가르치는 것이 바람직하다는 입장을 지지한다. 왜냐하면 교육의 본질, 교육의 목적, 가치있는 지식에 대한 철학적 고민이 없이는 가르치는 방법이 방향을 잃기 쉬울 뿐 아니라 교육적 상황 안에서 자율적인 판단과 비판적 태도를 발휘하기 어려워진다고 보기 때문이다.

또 피터스는 교육사상사라는 이름으로 개설된 교육철학 강좌에 대해서도 강한 불만을 드러냈다. 그는 영국의 30여개 대학의 교사교육기관에서 교육철학이라는 교과목이 교육사상사라는 이름으로 가르쳐지고 있음을 확인하고는 놀랐다고 적고 있다. 그는 역사적인 접근이 과연 최선의 접근법인가 하고 의문을 제기하면서, 이러한 접근법은 교사문제를 해결하는데 하등 도움을 주지 않을 뿐만 아니라 다른 학문분야와의 조화 가능성도 희박하다고 지적한다. 오히려 그는 학문분야들 간의 조화와 실천적 관련성을 고려해 볼 때 역사적 접근방식을 버려야 한다고 강조한다(1977: 147). 물론 그는 역사적 접근법의 장점을 부정하지는 않지만, 그러한 접근법이 교육문제에 대한 철학적 사고를 배우려는 예비교사들에게 어떤 도움을 줄 수 있을지에 대해서는 회의적으로 바라보고 있다.

이제 피터스는 장차 교단에 설 예비교사들에게 교육철학을 어떻게 가르치는 것이 효과적인가에 대해 몇 가지 중요한 논의를 한다.

우선, 그는 교육철학 교수의 방법으로 팀티칭(team teaching)의 장점과 단점을 검토한다. 그는 교사에게 유용한 교육철학 강좌가 이루어지기 위해서는 최소한 교육철학 분야에서 훈련받은 전문가 한 사람이 좌장을 맡아 강의를 주도하면서 다른 분야 전문가들의 조언을 통합할 수 있는 코오스를 운용해 갈 수 있다고 생각한다. 그러나 이를 위해서는 철학, 심리학, 교육학에서 제기되는 주제들을 자유자재로 다룰 수 있는 능력이 있는 강사가 있어야 하고, 시간이 충분해야 하며, 학생 수가 적어야 한다고 지적하면서 팀티칭을 해 가기 힘든 이유를 다음과 같이 적고 있다. "왜냐하면 학생들은 개념적 도구를 갖추지 않은 상태에서 그리고 정교화된 논의형식을 배우지 않은 상태에서 보다 엄격하게 분화된 방식으로 사고할 수 없기 때문이다. 사람들은 직감으로 사고의 정밀함을 배울 수는 없다. 사람들은 사고의 정밀함에 정통한 사람에게서 그것을 배워야 한다."라고 강조한다(1977: 148). 이것은 피터스가 세미나(seminar)와 개인교수제(tutorial system)를 염두에 두고 한 말이다.

다음으로, 피터스는 좋은 교육철학 강의가 이루어지기 위해서는 세미나 및 개인교수제를 병행하는 것이 효과적이라고 생각한다. 그는 세미나의 장점에 대해 쓰길, "나는 세미나의 가치를 굳게 믿고 있는 사람으로서, 세미나는 규모가 작고 참여와 준비가 철저해야 한다는 점을 밝힌 바 있다. 물론, 사람들이 서로 모여 그룹을 이루고 그 그룹 안에서 자신들의 경험을 공유하는 방법을 배운다는 것은 나름대로 어떤 가치가 있는 일이다."(1977: 149). 그러나 그는 세미나가 너무 자주 열리는 것도 바람직한 것은 아니라고 지적한다. "나는 모임 안에서 이루어지는 요법(療法)의 가치를 폄하하고 싶지는 않다. 사실 어떤 교과 관련 학과(Subject

Departments)에서 개최한 세미나는 '알코올중독방지회'와 매우 유사하다. 하지만 교육이란 요법과는 다르다고 할 수 있는데, 교육이란 엄격하고 분화된 사고형식 및 각성형식으로의 점진적인 입문을 포함하고 있기 때문이다. 교육이란 참여뿐만 아니라 준비를 필요로 한다. 저술이 사고와 독서에 초점을 맞춘다는 점에서 최선의 준비 방법들 중의 하나이다. 왜냐하면 사람이 자신의 생각을 분명하게 설명하고 그것을 옹호할 수 있을 때까지는 어떤 주제에 관한 생각을 알 수 없기 때문이다."(1977: 149). 사실, 세미나가 제대로 이루어지지 위해서는 저술에 대한 철저한 독서와 사고가 선행되어야 한다. 세미나의 개최 횟수가 잦다고 해서 반드시 좋은 결과를 만들어낼 수 있는 것은 아니기 때문이다.

끝으로, 피터스는 아직 실험적 단계에 있는 개인교수제의 적용 가능성을 검토한 바 있다. 1964년 당시 그는 런던대학의 중앙연구소에서 작업을 끝낸 시스템에 대해 소개한 바 있다. 이 시스템에 따르면, 음악과 예술학부 450명을 우선 튜토리얼 그룹(Tutorial Group)으로 나누었는데, 각 그룹은 12명씩의 학생들로 구성되어 있으며, 여기에는 강사 한 사람이 배속되어 관심 주제를 철학적으로 다루어 나가고, 또 각각의 학생들은 교육그룹(Education Group)에 속해 있는데, 이 그룹은 15명의 학생들로 구성되어 있으며, 이 교육그룹 안에는 철학, 심리학, 사회학 분야에서 활동하는 3명의 전문가 혹은 전문적인 강사가 배속되어 가르친다. 이 그룹 안에서의 연구는 세미나와 개인교수제에 의해 이루어진다. 이 때 튜터들은 코스의 처음과 마지막에 강의가 어떻게 이루어지고 있는가를 검토하게 된다. 피터스는 이러한 시스템이 실험적 단계에 있기는 하지만, 교사들의 교육에 관한 분화되고 통합된 사고를 길러주는데 적합한 교수방안이 될 수 있을 것이라고 생각한다(1977: 148-150).

2) 교사교육의 내용과 교수방법

앞 장에서 소개한 바 있듯이, 피터스가 상정하고 있는 교사교육의 일반적인 목적이란 가치있는 것에 헌신하고, 인지적 안목이 넓고, 도덕적으로 온당한 방법으로 가르치며, 실질적인 권위를 행사하는 자질을 갖춘 교사를 양성하는 것이다. 문제는 이러한 자질을 갖춘 교사를 길러내기 위해 예비교사들에게 무엇을 먼저 가르쳐야 할 것이냐 하는 점이다. 피터스는 1967년 에버리 힐 대학(Avery Hill College)에서 개최된 학회에서 "가르치기 위한 특수한 준비과정으로서 교육"(Education as a Specific Preparation for Teaching)이란 제하의 글을 발표한 바 있는데, 이 글에서 그는 교사양성과정에서 무엇을 먼저 가르쳐야 할 것인가에 대해 논의하였다.

피터스는 교사양성과정에서 다음 2가지, 즉 내용의 우선성(priority of content)과 기술의 우선성(priority of skill)을 고려해야 한다고 주장한다(1977: 151-157). 먼저, 그는 교사가 자신이 가르치는 교과의 내용에 정통(精通)하도록 가르쳐야 한다고 주장한다. 여기서 교과에 정통하도록 가르친다는 것은 단지 예비교사들이 특정 교과안에 담긴 이런 저런 지식들을 이해하도록 하는 것뿐만 아니라 교과 지식의 선정 및 조직원리에 대해서도 이해하도록 가르치는 것이다. 그는 교사에게 이러한 태도는 매우 중요한 것이라고 생각한다. 왜냐하면, 교사들이 교과지식의 선정 및 조직원리를 이해할 때 비로소 그 교과를 왜 배워야 하는지에 대한 질문이 제기되었을 경우 교과의 가치와 중요성을 정당화할 수 있을 것이라고 믿기 때문이다.

피터스는 우수한 교사를 양성해 내기 위해서 교사교육자들이 '총체성'(wholeness)을 염두에 두고 가르쳐야 한다고 주장한다. 그는 다음과 같이 적은 바 있다.

> 총체성(wholeness)이 강조되어야 한다는 이러한 주장 안에는 어떤 중요한 교육적 진실들이 담겨져 있다. 첫째, 우리는 어떤 사람이 세계를 바라보는 이해의 폭이 너무 좁을 경우 이런 사람을 교육받은 사람이라고 부르지 않을 것이다. 예컨대, 자동차를 심미적 우아함, 역사의식, 그리고 인간의 선과 악에 대한 의식 없이 하나의 기계장치로만 바라보는 사람을 교육받은 사람이라고 부르지 않을 것이다. 둘째, 수리물리학, 사회과학사, 심리학적 이해에 대한 도덕적 판단 등 이해의 형식들이 서로 서로 활용될 수 있다는 점이다. 이 같이 총체성을 강조하는 방식은 마음을 이러한 이해의 형식들로 분화시키는 일과 같은 것이라고 할 수 있는데, 바로 이러한 이해의 형식들을 또 다른 세대에게 입문시키려는 것이 오늘날 교사들의 과업이라고 할 수 있다(1977: 154).

앞서 글은 피터스가 교사교육자들이 내용의 총체성 혹은 전체성을 염두에 두어야 한다는 점을 강하게 표명한 것이라고 할 수 있다. 그는 이러한 과업을 수행해 낼 수 있는 교사를 기르기 위해서 교육학 전문가들(education specialists)과 교과 전문가들(curriculum specialists)이 서로 협력해야 할 필요가 있다고 주장한다(1977: 155). 그는 이러한 협력이 이루어질 경우 대학 안에 존재하는 긴장과 갈등을 해소할 수 있을 것이라고 기대한다. 그는 교사교육을 위해 교과 전문가들과 교육학 전문가들이 하나의 팀(team)을 구성하여 가르치는 것이 효과적이라고 지적한다. 예컨대, 낮은 단계 수준에서 과학을 가르칠 경우 과학적 개념들의 발달에 관해 연구한 피아제(J. Piaget)와 브루너(J. S. Bruner)에 정통한 교육학 강사들과, 과학 분야에서 훈련받은 교과 전문가가 하나의 팀을 구성하여 가르치는 것이 좋을 것이라고 권고한다(1977: 154). 나아가 그는 교사 직무연수 시에도 교과를 담당한 강사들이 아동발달 및 교육철학에 대해 가르치도록 하고, 교육학 강사들이 교육과정 교재내용을 강의하도록 권함으로써 이 두 가지를 단단히 결합시킬 수 있을 것이라고 주장한다(1977: 155). 요컨대, 교사교육과정에서 피터스가 중요시한 첫 번째 고려사항은, 폭넓은 이해와 총체적인 안목을 가진 교사를 길러내기 위해 교육전문가와 교과전문가가 서로 협력해야 하며, 상호 교차적인 강의(cross teaching)를 해 갈 수 있어야 한다는 것이다.

피터스는 교사양성과정에서 우선적으로 고려해야 할 두 번째 내용으로 기술의 우선성(priority of skills)을 들었는데, 이것은 교사교육자가 장차 교사가 될 예비교사에게 교수방법 및 교수기술을 철저하게 가르쳐야 한다는 점을 강조한 것이다. 앞에서 언급한 바 있듯이 교과내용에 정통하더라도 가르치는 방법이 미숙할 경우 훌륭한 교사가 될 수 없기 때문이다. 한때 피터스는 그의 아내가 읽기를 잘 하지 못하는 아동들을 치료한 적이 있는데, 많은 아동들이 책을 잘 읽지 못하는 원인이 어느 여교사의 형편없는 가르침 때문이라고 불평한다는 이야기를 들은 바 있다(1977: 157). 그는 아내의 이러한 이야기를 통해 그 여교사의 그러한 형편없는 가르침이 결국 그녀가 수학한 교사양성기관에서의 잘못된 가르침에 기인한다는 점에 주목하였다. 즉 여교사는 대학에서 읽기내용의 의미와 중요성에 대해서는 공부했을지 모르나 읽는 방법에 대해서는 제대로 배우지 않았기 때문에 학교 현장에서 읽기방법에 대한 지도가 바르지 못했으며, 결국 아동들이 글을 제대로 읽어내지 못하는 결과를 초래하게 되었다는 것이다. 따라서 그는 대학에서 잘못 배운 예비교사가 학생을 잘못 지도한다는 점을 염두에 두면서 교사교육자는 예비교사들에게 교수방법을 철저하게 가르쳐야 한다고 강조한다.

피터스는 교사가 아이들을 잘 가르치기 위해서는 교육이론을 배우는 일이 매우 중요하다는 점을 늘 역설해 왔다. 교육이론과 교육실천의 관계를 논의하는 과정에서 그는 교육이론이 교육실천에 앞서야 한다고 강조해 왔다. 특히 아동들의 마음이 어떻게 작용하는지에 대한 마음의 이론을 공부하지 않고 교과지식만을 전수하려는 태도를 못마땅하게 생각하였다(1977: 156). 앞에서 언급한 바 있듯이, 피터스는 교사들이 보다 잘 가르치기 위해서는 교육의 일반이론(general theory of education)이라고 할 수 있는 철학, 특히 마음의 철학, 사회철학과 윤리학, 지식론 등을 공부해야 한다고 주장한 바 있는데, 이러한 이론 공부가 실제로 가르치는 교수방법 혹은 교수기술에 우선되어야 한다고 주장한다. 그는 좋은 이론공부가 좋은 수업의 기초가 된다는 점을 굳게 믿고 있는 것처럼 보인다. 하지만 그는 교사훈련프로그램의 결과가 교실에서 실효를 거두고 있는가에 대한 증거를 제시하기는 어렵다고 분석한 웰런(Wallen)과 트레버스(Travers)의 글, 즉 "교수방법의 분석과 탐구"(Analysis and Investigation of Teaching Method)[5]를 인용하면서 이론이 곧바로 실제에 좋은 영향을 끼치리라는 믿음을 지지할 만한 충분한 증거가 없을 수도 있다고 말한다. 따라서 그는 교사들이 학교에서 보여주는 교수능력이나 자질이 교사교육의 결과인지 아니면 내적인 요구에 의한 것인지를 밝히기는 어렵다고 결론짓는다. 하지만 피터스는 교사교육자로서 이 문제에 대해 다음 두 가지의 논의를 전개한다.

첫째, 그는 교사 도제제도(apprenticeship)의 가치와 효과를 신중히 검토한 후 교사교육단계에서 그것을 과감하게 도입할 것을 제안한다. 그는 "교사훈련이 교육실제에 실질적인 영향을 끼치도록 하려면, 그러한 교사훈련이 자신들의 교육실천에 영향을 주었다고 생각하는 경험이 풍부한 교사들이 예비교사를 가르치는 도제제도를 근본적으로 검토해 보는 것이 현명할 것이다."라고 주장한다(1977: 162). 이어서 그는 미국에서 활용하고 있는 수석교사제(master teacher)를

5) 이 글은 Gage, N. L. Handbook of Research on Teaching, Rand McNally, Chicago, 1963에 게재되어 있음.

도입함으로써 교사교육기관이 학교와 보다 협조적인 관계를 맺을 수 있을 것이며 교사교육의 질을 높일 수 있는 계기를 마련할 수 있을 것이라고 본다.

둘째, 그는 교육이론이 교육실제에 직접 영향을 주지 않는다고 해서 의기소침할 필요는 없다고 말한다. 왜냐하면 그는 이론이 학교 안에서 어떤 갑작스런 변화(transformation)를 일으킬 것이라고 믿지 않기 때문이다. 그는 "가르친다는 것은 이론적인 연구결과들을 실제적인 것에 적용하여 직접 영향을 끼치게 하는 공학(technology)이 아니다."라고 단호하게 말한다(1977: 164). 그에게, '가르친다는 것'은 대부분 사람들 사이의 매우 미묘한 도덕적인 상관관계를 포함하고 있기 때문에 다양한 공학적 기교들을 동원한다고 하더라도 원하는 결과를 쉽게 도출해 낼 수 있는 것은 아니라는 것이다. 그러므로 그에 의하면, 이론이란 긴 시간에 걸쳐 효과가 있어야 한다. 즉 그것은 아동에 대한 견해, 교사 자신에 대한 견해, 그가 활동하고 있는 상황에 대한 견해를 점진적으로 변화시키는 것이어야 한다는 것이다(1977: 164).

4. 교사교육과 대학의 역할

교사교육기관의 존재근거는 훌륭한 교사 혹은 자질이 우수한 교사를 양성하는 일이다. 앞에서 강조한 바 있듯이, 피터스가 제시한 관점에 비추어 말하자면, 교육대학과 사범대학의 존재이유는 가치있는 것에 헌신하고, 인지적 안목이 넓으며, 도덕적으로 온당한 방법으로 가르치며, 실질적 권위를 갖춘 교사를 길러내는 일이다. 피터스는 오늘날 교사교육기관들의 환경이 끊임없이 변하고 있으며, 나아가 사회로부터 도전을 받고 있음을 상기시키면서 대학이 우수한 자질을 가진 교사를 양성해내기 위해 어떤 노력을 해야 할 것인지에 대해 비상한 관심을 가졌다. 이러한 그의 관심은 1972년 *London Educational Review*에 발표한 그의 논문, 즉 "교사교육에 있어서 대학의 역할과 책임"(The Role and Responsibilities of the University in Teacher Education)에 비교적 구체적으로 드러나 있다(1977: 181-192).

우선 피터스는 교직과 대학교가 왜 긴밀한 유대관계를 맺어야 하는가의 근거를 밝혀보려고 한다. 근거를 밝히기 전에 먼저 그는 제도로서의 대학이 어떤 기관이며 기능을 가지고 있는 조직체인가에 대해 설명한다. 그에 의하면, 전통적으로 대학은 지역사회의 실제적인 요구에 적용할 수 있는 지식을 발전시키는 일에 관여해 왔으며, 전문적인 직업에 종사하는 사람들을 훈련시키는 일에 관여해 왔고, 학생 개개인의 발달에 관련된 폭 넓은 이해의 발달이라는 맥락에서 교양교육(liberal education)의 기회를 제공해온 곳이다(1977: 182). 요컨대, 전통적으로 대학은 크게 학문적 연구, 직업인양성, 교양교육이라는 세 가지 역할을 담당해 왔다는 것이다. 이어서 그는 대학이 어느 순간엔가 순수한 연구를 하는 곳이라는 생각이 지배적이었던 경우도 있었지만, 대학교에 대한 우리의 생각 속에는 최소한 이와 같은 세 가지의 생각이 뒤섞여 있다고 지적하면서, 최근에 와서 대학들이 이들 중 어느 특수한 목적만을 실현하려고 하는 것은 대학교를 너무 좁게 개념화하는 것이라고 비판한다.

피터스는 대학이 교육이론 연구에 대한 지원이 부실했으며, 또한 대학 내에서 교육연구의 효율성이 낮다는 오해를 받아왔다는 점을 상기시키면서 교사교육의 질을 높이기 위해 이제는 대학이 교육연구를 적극적으로 지원해야 한다고 주장한다. 그는 대학이 교육연구를 지원해야 할 이유를 다음과 같이 설명한다.

> 이것이 의미하는 바는 교육연구들이 수학적인 문제들이나 물리학의 문제들과 마찬가지로 오직 하나의 사고방식에만 의존함으로써 해결될 수 없는 문제들과 관련되어 있다는 것이다. 교육문제들이란 “아이들에게 벌을 줘야만 하는가?” 혹은 “학급을 나누어야만 하는가?” 혹은 “우리는 통합된 교육과정을 운영해야 하는가?”와 같은 문제들이다. 우리는 먼저 ‘벌’, ‘통합’이라는 개념들에 대한 철학적인 작업을 하기 전까지는 이러한 문제들을 다룰 수 있는 실험을 고안해 낼 수 없다. 우리는 ‘훈육’과 ‘벌’을 구별해내야 하며, 심리학자들이 쥐와 개들에게 부적 강화를 부여할 때 쥐와 개에게 행했던 조치와 벌을 구별해야 한다. 그러므로 우리는 벌, 교육목적, 인간관계 저변에 놓인 도덕적 원리들에 대한 정당화의 문제를 제기해야 한다. 그렇게 할 때만이 우리는 연구가 심리학적이건 사회학적이건, 어떤 경험적인 연구가 거기에 관련되어 있는가 하는 점을 이해할 수 있는 적절한 위치를 확보하게 된다(1977: 183-184).

피터스는 교육문제들이 다른 분야의 문제들과는 달리 매우 복잡하기 때문에 특정한 하나의 사고방식 혹은 접근방식만 가지고는 문제를 해결하기 어렵다고 지적한다. 그는 대학에서의 교육연구가 크게 세 가지 단계, 즉 미분화된 접근단계(undifferentiated approach), 분화된 접근단계(differentiated approach), 통합된 접근단계(integrated approach)로 발달해 왔다고 지적한다. 그는 1960년대 이전만 해도 교육이론은 이러저러한 이론들이 함께 뒤섞여 있었기 때문에 올바른 평가를 받지 못하였으며, 1960년대에 이르러 철학이 사회학과 더불어 교육문제들을 해결하는데 기여하기는 하였지만 교육이론은 여전히 다른 학문들과 대화를 할 수 없는 상황에 처해 있었다고 지적한다. 그에 의하면, 이제 교육이론의 세 번째 단계가 시작되었으며, 교육이론가들은 교육의 실제적인 문제를 해결하기 위하여 다른 분야의 전문가들과 공동작업을 시작하였다는 것이다. 그는 지식이 점차 파편화되고 지나치게 구획화되어 가고 있다는 비판과 함께 다양한 연구 분야들이 통합되어야 한다는 목소리가 커질 때에 본질상 다학문적인(interdisciplinary) 성격이 강한 교육학이 더욱 빛을 발할 수 있을 것이라고 생각한다(1977: 184-185).

피터스는 대학 안에서 교육연구가 동료학자들이 관심을 가지는 이론적인 연구만을 해갈 것이 아니라 지역사회의 실제적인 문제에 대해서도 관심을 기울여야 한다고 주장한다. 즉 교육연구뿐만 아니라 교직에 종사하는 사람들의 실제 관심사에 대해서도 무게를 두고 연구해야 한다고 주장한다. 그는 교직이 건강한 교육이론(health of educational theory)의 생성을 위해 필수적인 것이라고 주장한다. 그는 심리학자들은 대학 학과에서 가르치는 순수 학습이론에만 의존해서는 안 되며 그 이론을 서로 다른 교실 학습상황에 꿰맞추어 넣으려고 해서도 안 된다고 말한다. 오히려 그는 대학 교수들이 교사들과 함께 교실로 뛰어들어야 하며 학습자의 마음 상태뿐만 아니라 실제 학습내용 및 학습조건과 관련이 있는 이론을 개발해 내야 한다고 주장한다(1977: 187).

피터스는 이러한 대학 교수 및 연구자들의 적극적인 태도가 오늘날까지 교직과 대학교 사이에서 파생된 뿌리 깊은 오해와 갈등과 불신을 해소하는데 도움을 줄 수 있을 것으로 기대한다. 그는 교사들이 대학교에서 연구된 것 대부분이 무미건조하고 삶과 관련이 없다는 점에 대해 불만을 털어놓듯이, 대학교 교수들 역시 때로 그들 아이들이 학교에서 가르쳐진 잡동사니 같은 내용에 대해 불만을 털어놓는다는 것이다. 그는 대학교 교수들과 학교 교사들의 관계를 이렇게 악화시킨 것은 대학에 책임이 있다고 지적한다. 즉 대학이 교사교육과정과 교직의 유기적인 관계를 무시하거나 연결하는 데 실패하였기 때문이라고 지적한다.

결론적으로 피터스는 우수한 자질을 가진 교사를 양성해 내기 위해 대학 연구자들 간의 협동도 필요하지만 대학 교수와 일선 학교 교사들 간의 협동이 반드시 필요하다고 강조한다. 그는 교직과 관련하여 대학교가 해야 할 역할을 크게 두 가지 측면에서 제안하였다. 하나는 교육학의 영역에서 대학은 교육이론 발달에 필수적이라고 할 수 있는 철학, 심리학, 사회학과 같은 학문 분야들을 확충하는데 힘을 써야 하며, 다음으로 수학, 영어, 역사와 같은 교과내용의 분야에서 대학은 학교교육과정과 교양교육에 어떤 내용을 제공해야 할 것인가에 대해 관심을 기울여야 한다는 것이다. 그는 이 두 영역에서 대학과 교직이 서로 유기적인 관계를 맺을 때 양질의 교사를 길러낼 수 있다고 본다.

5. 맺는 말

앞 장에서 살펴본 바와 같이 피터스의 교사교육관 혹은 교사교육철학은 언뜻 보기에 시대에 뒤떨어진 것처럼 보이며 여러 가지 문제점이 있어 보인다. 이미 엘리어트이 피터스를 '구식 철학자'(philosopher in the old style)라고 평가한 바 있듯이(Elliott, 1986: 46), 그의 교사와 교사교육에 대한 관점도 낡은 것인지도 모른다. 그도 그럴 것이 교사와 교사교육에 대한 그의 관점과 제안들은 1960-70년대에 제시된 것으로서 이미 40여년 이상의 세월이 흘렀기 때문이다. 또 그의 교육 개념과 교육받은 사람의 개념이 모종의 난점을 안고 있듯이, 그의 교사관과 교사교육관 역시 수용하기 힘든 난점을 안고 있는 것처럼 보인다. 즉 그의 교육 개념이 지나치게 엄격하고, 보수적이며, 주지적이며, 남성 중심적인 것으로 모종의 지배 이데올로기를 반영하고 있듯이,[6] 그에 의해 상정된 교육받은 교사의 모

6) 피터스의 교육 및 교육받은 사람의 개념에 대해 의미가 있는 비판을 가한 연구자로는 드레이(Dray, 1973), 우즈(Woods, 1973), 솔티스(Soltis, 1970; 1978), 프랑케나(Frankena, 1973), 에델(Edel,

습 역시 지나치게 엄격하고, 보수적이며, 주지적인 성향을 강하게 띠고 있다. 일찍이 디어든은 피터스의 교사교육론을 검토한 후 그의 관점이 지나칠 정도로 인지적인 것에 무게가 실려 있다는 비판을 가하면서 그가 제시하는 교사교육 내용 및 방법의 실현 가능성을 회의적으로 평가한 바 있다(Dearden, 1986: 69-88).

하지만 그의 관점과 제안이 오래되었고 모종의 난점을 안고 있다고 해서 그의 주장을 곧바로 폐기해야 한다고 주장하는 것은 너무 성급한 판단인 것처럼 보인다. 그의 주장은 그 당시 영국의 교사교육이 안고 있던 문제점을 예리하게 통찰하면서 그 대안을 제시했다는 점에서 비판적으로 담금질을 해볼 만한 충분한 가치를 지니고 있다고 본다. 적어도 그 당시 영국의 교육계가 안고 있던 문제를 오늘날의 우리 교육계가 안고 있다는 점에서 그의 주장이나 관점들은 교사교육의 질을 높이고 훌륭한 교사를 양성하려는 열망을 가진 교사교육자들에게 나름대로 의미가 있는 시사를 던져줄 것으로 보인다. 특히 교육행정가나 교과전문가로서가 아니라 교육철학자로서 그가 제안한 주장들은 교사교육의 정체성을 확인하고 교사교육의 올바른 방향을 찾으려는 우리에게 하나의 지남이 될 수 있을 것으로 보인다. 이 장에서는 피터스의 교사교육론이 우리 교사교육 현실에 주는 몇 가지 시사점들을 소개한 후 글을 마무리하려고 한다.

첫째, 피터스의 교사교육론에서 발견할 수 있는 중요하고도 의미가 있는 시사들 중의 하나는, 예비교사는 훈련을 받기도 해야 하지만 교육을 받아야 한다는 것이다. 그에 의하면, 교육과 훈련이 개념적으로 구별되듯이, 교육받은 교사와 훈련받은 교사 역시 개념적으로 구별된다. 훈련이란 제한된 방식으로 특수한 지식과 기술을 전수함으로써 사람들을 제한된 사고와 행동으로 이끄는 반면에, 교육은 보다 넓은 신념체계와 사고의 형식을 다룸으로써 사람들을 보다 넓은 삶의 세계로 이끌어준다. 따라서 훈련받은 교사에게서 나타나는 가장 두드러진 특징은 인지적 안목 혹은 인지적 폭(cognitive breadth)의 결여이다. 문제는 이러한 제한된 방식으로 교육받은 교사가 제한된 방식으로 아이들을 가르칠 가능성이 높다는 데 있다. 교사교육의 질이 교사의 자질을 결정하고, 교사의 자질이 교육의 질을 좌우한다는 개념적 진리에 비추어볼 때 훈련받은 교사가 아이들에게 나쁜

1973), 윌슨(Wilson, 1979), 해리스(Harris, 1979; 1987), 마틴(Martin, 1981), 신득렬(2003), 유재봉·임정연(2005; 2007), 이병승(2004; 2010) 등을 들 수 있다.

영향을 끼칠 가능성이 있다는 주장에는 그럴만한 충분한 근거가 있다고 말 할 수 있을 것이다.

우리 사회에서 '훈련'과 '교육'은 거의 개념적 구분 없이 사용되고 있으며 때론 혼용되거나 오용되고 있다. 마찬가지로 훈련받은 교사와 교육받은 교사에 대한 개념도 구분 없이 무분별하게 사용되고 있다. 오히려 교육받은 교사에 대한 개념이 없다고 말하는 것이 솔직한 표현이라고 봐야 한다. 디어든(Dearden, 1986: 73)이 지적한 바 있듯이, 피터스 관점의 근간을 이루고 있는 것은 언어학적인(linguistic) 토대임에 틀림없다. 하지만 그의 교육받은 교사에 대한 개념은 그의 교직경험과 학교방문 그리고 교사교육 프로그램개발 경험을 바탕으로 이루어졌다는 점에서 숙고해 볼만한 가치가 있다. 그가 교사교육의 목적을 '교육받은 교사'의 양성으로 상정한 것은 60년대 교사교육 문제를 너무 안이하게 생각하는 그 당시 교육학계에 경종을 울리기 위한 것이기도 하고, 정치 및 경제적 압력에 쉽게 굴복하여 교사의 자질을 높이는데 등한시한 대학당국에 대한 불만을 토로한 것이라고 할 수 있다. 이상과 같은 그의 관점은 시류에 따라 흔들리고 있을 뿐만 아니라 사회적 압력에 굴복한 나머지 자율성을 잃어가고 있는 우리의 교사교육 현실을 반추하도록 하는 데 도움을 줄 것으로 기대된다.

둘째, 피터스의 교사교육론에서 발견할 수 있는 의미 깊은 또 다른 시사점은 교사교육의 초기 단계에 이론을 철저하게 가르침으로써 인지적 안목을 넓혀줘야 한다고 주장한 점이다. 이미 지적한 바 있듯이, 피터스가 교사를 훈련만 시켜서는 안 된다고 주장한 것은, 훈련이 바로 사람의 인지적 안목을 좁힐 가능성이 높다는 판단에서였다. 그렇다면 교사의 인지적 안목을 넓히기 위해서 교사교육의 내용과 방법은 어떻게 구성되고 구현되어야 하는가? 그는 교사교육 초기단계에 철학을 비롯한 기초이론을 학습시켜야 하며, 교과내용과 교수방법을 철저하게 가르쳐야 한다고 주장한다. 그는 심리학, 사회학, 역사학, 철학 등에 담긴 이론탐구가 교사의 인지적 안목을 넓히는 데 필요하다고 확신하였다. 즉 이론적 기초가 단단할수록 장차 교단에 섰을 때 좋은 수업을 할 가능성이 높다고 믿었다. 사실, 그도 인정했듯이, 이러한 이론이 곧바로 교육실제에 영향을 미칠 것이라는 증거를 발견하기는 어렵다. 하지만 이러한 이론은 공학이론과는 달리 오랜 시간에 걸쳐 교사의 아동에 대한 견해, 교사 자신에 대한 견해, 교육상황에 대한 견해를 서서히 바꾸어 놓을 것이라고 본다. 그러나 그는 현실적으로 철학, 심리학, 사회학, 역사학 등에 속하는 이론들이 교육실제에 미치는 영향이 미미하다는 연구를 믿는 사람들에게 홀대를 받고 있으며, 결국 이것으로 인해 교사교육기관 안에서 이들 이론들에 대한 관심이 점점 멀어져가고 있다고 진단한다. 이러한 현상은 우리의 경우에도 예외가 아니다. 이론 강좌가 양적으로나 질적으로 빈약해지고 있으며 홀대를 받고 있다. 하지만 피터스가 예견한 바와 같이 이제 학부모들이 학교가 무엇을 하고 있는지에 대해 의문을 던지는 횟수가 많아지고 있으며, 교육과정을 개정해야 한다는 사회적 압력이 점점 커지고 있다. 이러한 상황에서 교사들은 보다 반성적, 지적, 비판적이어야 하며, 정당화 문제에 대해 민감해야 한다. 교육이론은 아마도 교사가 자신의 정체성을 확인하고 권위를 지키는데 필요한 지적 자산이 될 수 있을 것이다.

셋째, 피터스의 교사교육론에서 발견할 수 있는 또 다른 시사점은 교육과정과 교수방법의 '통합', '조화', 그리고 '협력'이 교사교육의 중요한 원리가 되어야 한다는 점을 강조했다는 것이다. 그는 다음 두 가지 측면에서의 협력이 필요하다고 보았다. 하나는 대학 안에서 안목이 넓은 교사를 길러내기 위해서는 교사교육자들이 서로 협력하여 교육과정을 개발하고 가르쳐야 한다고 주장하였다. 특히 교육학 전문가와 교과 전문가가 얼굴을 맞대고 교육과정을 연구·개발해야 하며, 이들이 하나의 교수팀(team)을 구성하여 가르쳐야 한다고 제안하였다. 심지어 교육학 강사들과 교과강사들이 상호 교차적인 강의를 함으로써 예비교사들의 분화된 마음의 형식을 통합할 수 있을 것이라고 주장하였다. 그의 요구가 실현되기까지는 많은 시간과 노력이 필요할지 모르나 그의 주장은 오늘날에도 타당한 것처럼 보인다. 다른 하나는 질적 수준이 높은 교사를 길러내기 위해서는 대학과 일선학교가 서로 협력해야 한다고 주장하였다. 어느 경우에건 이들 간에도 갈등이 상존하고 있다는 점을 부인할 수 없다. 피터스는 질적 수준이 높은 교사를 양성하기 위해서는 교사도제제도(teacher tutorial system)를 활용하고, 수석교사(master teacher)를 대학으로 불러들일 필요가 있다는 점을 강하게 요구하였다. 이러한 제안은 새로운 것이라고 할 수 없을지 모르나 교사교육의 질을 높이려는 교사교육 연구자와 실천가들에게 아직까지도 보다 세밀한 연구와 검토를 요구하는 주제인 것처럼 보인다.

참고문헌

신득렬(2003). 현대교육철학. 서울: 학지사.

유재봉·임정연(2005). "피터스의 교육개념에 대한 비판적 논의", 신앙과 학문. 10(1), 기독교학문연구회, 99-125.

______(2007). "교육받은 인간에 대한 논쟁 검토", 교육과정연구, 25(4), 한국교육과정연구회, 35-59.

이병승(2004). "피터스의 학교교육관 비판", 교육철학. 23, 한국교육철학회, 37-57.

______(2010). "피터스의 교사관에 대한 비판적 고찰", 교육사상연구, 24(1), 한국교육사상학회, 117-136.

Dearden, R. F.(1986). "Education, Training and the Preparation of Teachers", Edited by D. E. Cooper(1986). *Education, Values and Mind: Essays for R. S. Peters*. London: Routledge & Kegan Paul, 69-88.

Dray, W. H.(1973). "Commentary", Edited by R. S. Peters(1973). *The Philosophy of Education*. Oxford: Oxford University Press.

Elliott, R. K.(1986). Richard Peters: A philosopher in the old style. Edited by D. E. Cooper. *Education, Values and Mind: Essays for R. S. Peters*. London: Routledge and Kegan Paul.

Frankena, W. K.(1973). "The Concepts of Education Today", Edited by J. F. Doyle (1973). *Educational Judgment*. London: Routledge and Kegan Paul.

Harris, K. 저, 들불편집부 역(1989). 교사와 계급. 광주: 들불출판사.

______(1977). "Peters on Schooling", *Educational Philosophy & Theory*. vol. 9, no. 1, 33-48.

Freire, P.(2000)저. 교육문화연구회 역. 프레이리의 교사론. 서울: 아침이슬.

Gane, N. L.(1963). *Handbook of Research on Teaching.* Chicago: Rand McNally.

Martin, J. R.(1981). "The Ideal of the Educated Person", *Philosophy of Education.* Presidential Address, Proceedings of Thirty-Seventh Annual Meeting of the Philosophy of Education, Normal Illinois: Philosophy of Education Society, 3-20.

Peters, R. S.(1959). *Authority, Responsibility and Education.* London: George Allen & Unwin.

______(1966a). *Ethics and Education.* London: George Allen & Unwin.

______(1966b). "The Philosophy of Education", Edited by J. W. Tibble(1966). *The Study of Education.* London: Routledge and Kegan Paul.

______(1977). *Education and The Education of Teachers.* London: Routledge & Kegan Paul.

Reid, L.(1962). *Philosophy and Education:* An Introduction. London: Heinemann.

Sarup, M.(1978). *Marxism and Education.* London: Routledge and Kegan Paul.

Soltis, J. F.(1970). "On Defending Education: An Apology", *Philosophy of Education 1969,* Proceedings of the Twenty-Fifth Annual Meeting of the Philosophy of Education Society, 172-176.

______(1978). *An Introduction to the Analysis of Educational Concepts.* 2nd ed., Reading, Mass.: Addison-Wesley Publishing Co.

Woods, J.(1973). "Commentary", Edited by R. S. Peters(1973). *The Philosophy of Education.* Oxford: Oxford University Press.

제 8 장

학교교육에 관한 담론과 이데올로기 비판

1. 들어가는 말

피터스(R. S. Peters)는 존 듀이(John Dewey) 이후 영·미 교육 철학계에 가장 큰 영향을 끼친 철학자이다. 그는 지금까지 어중간한 위치에 머물렀던 교육철학을 독자적인 학문분야로 발전시키는 데 기여하였으며, 지금까지 애매모호하게 쓰여 온 '교육'의 개념을 체계적으로 분석함으로써 그 의미를 명료화하는 데 크게 기여하였다. 그는 분석철학적 방법으로 교육 언어들의 의미를 밝혀냈으며 언어치료 활동을 성공적으로 수행하였다. 이러한 그의 노력으로 오늘날 교육학자들은 교육에 관한 명료한 개념을 가지게 되었으며 교육과 관련된 개념들 간의 논리적 관계를 보다 쉽게 이해할 수 있게 되었다.

그의 분석교육 철학은 영향력이 컸던 만큼 찬사와 비판을 동시에 받았다. 즉, 카아는 피터스가 기존의 교육철학의 방법론을 대변혁시켰다고 극찬한 데 반하여(Carr, 1986: 269), 하아크는 가치중립적인 교육철학이 있을 수 있다는 피터스의 주장은 환상이라고 논박하였으며(Haack, 1976: 163, 167), 리이드와 에델은 그의 분석적 방법이 언어적 유희에 빠질 위험이 있다고 경고하였다(Reid, 1962: 7; Edel, 1973: 234). 또 사럽은 피터스가 자신의 연구가 지배 이데올로기를 반영하고 있다는 사실을 모르고 있다고 비판하였다(Sarup, 1978: 61). 사실, 그는 '교육'

을 비롯한 교육 관련 개념들을 분석하는 데만 지나치게 몰두함으로써 현실적인 교육문제들을 다소 소홀하게 다루는 실수를 범하였다. 그는 『윤리학과 교육』(*Ethics and Education*)을 비롯한 여러 저서에서 교육의 개념을 치밀하고도 체계적으로 분석하면서도 정작 그러한 교육이 이루어지는 학교현장에 대해서는 깊은 통찰을 하지 못하였다.

그의 주장이 안고 있는 큰 난점 중의 하나는 '학교교육'(schooling)을 지나치게 낙관함으로써 학교교육이 가져온 폐해나 문제점들을 소홀히 다루었다는 점이다. 그는 학교기관이 교육적 기능만을 수행하는 것이 아니라 특정 계급의 가치를 전수하고 지배자 집단의 이익을 대변하는 기관으로 악용되어 왔다는 사실을 제대로 통찰하지 못하였다.

엘리어트가 지적한 바와 같이 그는 전통적인 스타일의 철학자였으며 보수주의적인 철학자였다(Elliott, 1986: 45). 따라서 학교교육을 바라보는 그의 관점 역시 전통적이며 보수적이다. 그는 학교의 가장 중요한 기능[1)]은 가치 있는 지식을 전수하는 것이라는 전통적인 관점을 아무런 의심 없이 받아들였다. 그가 말하는 가치 있는 지식이란 실제적인 것이 아니라 이론적인 것이다. 그는 많은 지면을 할애하여 이론적인 지식이 실제적인 지식보다 가치가 있다는 점을 정당화하였다. 나아가 그는 이러한 이론적인 지식을 전수하는 것이 학교의 가장 중요한 기능이라고 생각했다. 이러한 이유로 그는 사회적 실제가 학교 교육과정(教育課程) 안에 들어오는 것을 못마땅하게 생각하였다. 그는 학교란 이론적인 지식의 전수라는 본래적 목적을 실현하기 위해 질서유지가 필요하며, 이러한 질서유지는 권위, 훈육, 벌 등과 같은 방법들에 의해 이루어질 수 있다고 보았다.

보수적인 철학자로서 피터스는 학교를 개혁하기보다는 학교의 본질적 기능을 유지하는 일이 더 시급하다고 생각했다. 그는 학교가 사회의 변화에 발 빠르게 적응해 가기보다는 사회의 변화와 요구들로부터 어느 정도 초연해야 한다고 생각했다. 오크쇼트(M. Oakeshott)로부터 많은 영향을 받았던 피터스는 학교가 속세로부터 어느 정도 거리를 두어야 하며, 사회적 실제로부터 어느 정도 초연해

1) 피터스는 '학교의 기능'이라는 말과 더불어 '학교의 본질', '학교의 존재이유', '학교의 목적', '학교의 역할'이라는 말을 혼용해서 쓰고 있다. 하지만 '기능'과 '본질'이라는 말은 동일한 의미를 가지기보다는 오히려 그 반대의 의미를 가지고 있다고 보는 이도 있다. 이 점에 대한 논의는 김안중(1995), 정진곤(1995), 강승규(1995)의 글을 참조하는 것이 좋다.

야 한다고 주장했다.[2)]

과연 이러한 피터스의 전통적이고 보수적인 학교교육관을 어떻게 평가해야 할 것인가? 민주화, 개방화, 정보화, 다원화가 빠른 속도로 진행되고 있는 오늘날 사회 속에서 그의 학교교육관이 가지는 가치는 무엇이며 한계는 무엇인가? 국내 학계에서 피터스의 교육이론 및 교육철학에 관한 연구들[3)]이 많이 이루어진 것은 사실이지만 그의 학교교육관에 관한 연구는 거의 이루어지지 않았다. 다만 외국 학계의 경우 해리스(K. Harris)와 같은 학자가 피터스의 학교의 개념을 논의하고 비판했을 뿐이다(1977: 33-46). 마르크스주의자로 알려진 해리스는 피터스의 학교교육관이 지니는 난점을 부분적으로 드러내는 데 성공했다. 하지만 그는 피터스의 학교교육관을 지나치게 제한된 관점에서만 논의했다는 점에서 그의 학교교육관이 가지는 한계와 문제점을 충분하게 드러내지 못했다.

따라서 이 글은 피터스의 학교교육관을 보다 다양한 관점에서 비판함으로써 그의 관점이 가지는 난점 및 한계를 좀 더 선명하게 드러내려는 데 목적이 있다. 그의 학교교육관을 비판적으로 논의해 가는 동안 그가 제시한 '교육'의 개념, '교육받은 사람'의 개념들이 안고 있는 난점들도 드러날 것이며, 궁극적으로는 그의 교육철학이 안고 있는 난점들도 드러날 것이다. 따라서 이 글은 피터스의 교육철학을 공정하게 평가해 보려는 사람들에게 어떤 지적 명료성과 엄밀성을 제공해 줄 것으로 기대된다.

---

2) 오크쇼트는 학교를 지적, 도덕적, 정서적 탐구의 장소요 즉각적이고 지엽적인 세계로부터 초연한 장소요, 교사와 학습자와의 사적 거래가 이루어지는 역사적 공동체로 서술하였다(Dearden, et. al, 1972, 23-26). 피터스는 이러한 오크쇼트의 학교관을 긍정적으로 수용하였다(Peters, 1981, 91-92).

3) 최근까지 피터스의 교육철학에 관한 연구들이 폭 넓게 이루어져 왔다. 예컨대, 그의 '교육'의 개념에 대한 연구(신득렬, 2002; 이홍우, 1992)를 비롯하여, 그의 교육목적관(한은자, 1976), 도덕교육론(임태평, 1987), 정서교육론(김순자, 1994), 자유교육론(유재봉, 2002), 그리고 '권위' 개념에 대한 연구(김해경, 1991), 교육받은 사람의 개념 연구(이병승, 1994) 등 다양한 주제들이 연구되었다.

2. 학교교육관

1) 학교의 존재이유

우리는 학교의 개념을 이해하기 위해 다음과 같은 두 가지 질문을 던져 볼 수 있다. 하나는 "학교란 무엇을 하는 곳인가?"와 다른 하나는 "학교는 무엇을 해야 하는 곳인가?" 이 두 질문은 같은 답을 요구하는 질문이 아니다. 전자는 학교가 어떤 활동을 하는 곳인지를 정확히 기술(記述)해 보라는 질문이며, 후자는 학교가 무슨 활동을 해야 하는지를 규범적으로 규정(規定)해 보라는 질문이다. 전자는 학교에서 이루어지는 기능을 설명해 보라는 질문이라면, 후자는 학교가 실현하고자 하는 목적이 무엇인지 혹은 존재 이유가 무엇인지를 설명해 보라는 질문이기도 하다.

교육철학자로서 피터스는 기본적으로 후자의 질문에 더 많은 관심을 기울였지만 학교가 어떤 곳인지를 정확히 서술하는데도 관심을 가졌다. 왜냐하면 그는 학교의 현재적 기능을 정확하게 이해하지 못하고는 학교의 존재이유 및 목적을 제시할 수 없다고 생각했기 때문이다. 그의 학교 개념은 그의 저작 여러 곳에 나타나지만 그 중에서도 그의 학교에 대한 생각이 비교적 잘 드러난 곳은 『윤리학과 교육』(*Ethics and Education,* 1966)의 제1부 부록과 『교육의 논리』(*The Logic of Education,* 1970, P. Hirst와의 공저)의 제7장이다.

피터스에 의하면, 학교는 사회기관들(social institutions) 중의 하나이다. 그는 사회기관들이 그 나름대로의 독특한 목적을 가지고 있듯이, 학교도 다른 기관들과는 구별되는 독특한 목적을 가지고 있다고 생각했다. 그는 학교가 여러 가지 목적을 가질 수 있지만 그중 가장 중요한 목적은 바로 '교육하는 것'이라고 보았다. 『윤리학과 교육』(*Ethics and Education*)에서 그는 학교에 대해 다음과 같이 썼다.

> 학교는 그 일차적인 목적을 교육하는 데 두어야 하는 기관이다. 교육한다는 것은 젊은이들을 가치 있는 삶의 형식에로 입문시키는 것이다. 교육에서는 내재적으

로 가치 있다고 여겨지는 활동 또는 사고의 형식이 중요시된다 · · · 그리하여 학교와 대학은 교회, 연구기관, 그리고 각종 민간단체들과 함께, 한 사회의 궁극적인 가치를 보존하고 전수하는 기능을 수행한다(1966: 252).

피터스에 의하면, 학교의 주된 목적 혹은 기능은 내재적으로 가치있는 것을 가르치고 보존하고 전수하는 것이다. 그는 내재적으로 가치가 있는 지식을 가르치고 전수하는 곳은 오직 학교뿐이라고 생각했다. 따라서 그는 학교의 주된 기능이 교육이라는 점을 논박할 사람은 아무도 없다고 주장했다(*ibid.*: 74). 그는 교육하는 것, 바로 이것이 학교와 다른 사회 기관을 확연하게 구별해 주는 특징이라고 보았다. 이 점에 대해 그는 다음과 같이 적었다.

학교는 감옥과 같이 주로 강압에 의해 통제되는 조직이 아니며, 또한 산업기관과 같이 주로 경제적 제재나 보상에 의해서 통제되는 조직이 아니다. 학교의 존재 이유는 한 사회가 가치가 있다고 생각하는 것을 전수하는 데 있다. 물론 학교는 감옥과 같이 비슷해질 수도 있다. 또한 사회의 생존경쟁이 극심하여 그 영향이 학교라는 조직을 변질시킬 수도 있다. 그러나 이러한 것은 모두 학교의 정상적인 모습이 아니다(1966: 237).

그는 오늘날의 학교들이 학교의 일차적인 목적 및 본래적 기능을 제대로 수행해 내지 못하고 있다고 생각했다. 그는 이렇게 된 데에는 여러 가지 이유가 있지만 학교의 본질적 기능보다는 부수적이고 수단적인 기능들이 지나치게 확대되었기 때문이라고 생각했다. 그는 학교가 본래적 기능을 수행하지 못하고 있는 이유를 『윤리학과 교육』(*Ethics and Education*)의 부록에서 다음과 같이 설명했다.

모든 학교들이 교육에 관심을 가지는 것은 아니며, 대부분의 학교들이 오직 교육에만 관심을 가지고 있는 것은 아니다. 예컨대, 자동차 학교들, 골프 학교들이 있는데, 여기서 교육은 미미한 역할을 수행할 따름이다. 교육에 관여하고 있는 학교들은 선발과 직업을 얻기 위한 기관으로 운영되고 있다. 오늘날과 같은 조건하에서 그런 학교들은 가정의 기능들 중 많은 것을 넘겨 받았다. 학교들 안에는 의사와 치과의사들이 들어와 있으며, 음식과 의상에 대해서도 고민하고 있다. 학교는 부모를 가진 아동들을 위한 고아원이 되고 말았다. 즉 학교는 주(州)와 아동에게 이익이 되는 것이 무엇이냐에만 신경을 쓰고 있다. 이것은 가치 있는 것이 무엇이냐 하는 것과는 무관한 일이다. 이것은 부분적으로 도구적인 가치를 가지는 것과 관련되어 있다(1966: 74).

피터스는 오늘날 대부분의 학교들이 학부모, 사회단체, 기업체, 혹은 대학의 요구로 인해 그 본래의 모습을 상실해 가고 있음을 지적하고 있다. 사실 이러한 요구들로 인해 학교 본래 모습이 상당히 변질되었으며 '학교'와 '학교가 아닌 것'(non-school)을 구별해 내기가 힘들게 되었다. 그렇다면 학교를 다른 기관들, 예컨대 교회, 기업체, 사회단체들과 구별해 주는 근거는 무엇인가? 피터스는 그 근거를 교수활동(teaching)에서 찾았다. 1970년 허스트(P. H. Hirst)와 공저한 『교육의 논리』(*The Logic of Education*)에서 피터스는 학교를 학교답게 하는 근거가 무엇인지에 대해 다음과 같이 설명했다.

우리는 학생들이 배워야 할 많은 것들을 신중하고도 체계적으로 가르쳐야 하며 이 일을 수행하는 것이 곧 학교의 주요한 기능이다. 비록 교수가 교육과 학습의 모든 형태에 있어 필요불가결한 것이 아니라고 할지라도 학생들이 배워야 할 것들을 체계적으로 가르쳐야 한다면 학교교육은 필연적으로 필요하게 된다. 학교가 관심을 가지고 있는 교육과 학습의 제요소들은 목표와 학습활동의 양 측면에서 교사들과 관계 전문가들에 의하여 의도적으로 계획된다. 어떠한 의미에서는 교수에 깊은 관심을 가지고 있지 않은 기관들은 설령 그들 나름의 독특한 방법을 가지고 있다고 하더라도 사실상 학교라는 명칭을 부여받기 어렵다. 그리고 아무리 가치 있는 것이라고 하더라도 이것을 위해서 교수의 기능을 저버리는 교육기관이 있다면 우리는 그 기관장에게 학생들의 학습을 위하여 의도적으로 해야 할 일을 요구하는 것이 마땅하다(1970: 77).

학교는 가치 있는 것을 교수하고 학습하는 곳이다. 그렇다고 해서 교수와 학습이 반드시 논리적인 연관성을 가지는 것은 아니다. 왜냐하면 교수 없이도 학습은 일어날 수 있기 때문이다. 하지만 피터스는 교수 없이도 교육이 이루어질 수도 있지만 교수를 도외시하게 되면 잘못된 교육(miseducation)을 낳을 수 있다고 경고했다. 그는 수천 년 동안 형성되어 온 언어구조, 사회제도, 전통을 체계적이고 의도적인 교수 없이 익히고 배운다는 것은 불가능하다고 보았다. 특히 추상적인 성격과 복잡한 구조를 가진 교육목적을 학생들에게 내면화시킬 수 있는 길은 오직 체계적이고 의도적인 교수라고 생각했다(1970: 76-77). 이러한 점에서 피터스는 학교의 중요한 특징의 하나로 가장 효과적인 방법 즉 교수활동을 통해 학습을 유인해 가는 교사가 존재한다는 점을 들었다. 학습보다는 교수에 무게를 두는 이러한 피터스의 관점은 학교의 주도권이 학생에게 있는 것이 아니라 교사에게 있다는 점을 암묵적으로 강조하고 있는 것이다.

2) 가치 있는 지식의 전수

앞에서 피터스는 학교란 젊은이들에게 '가치있는 것'(worth-while)을 전달하고 보존하는 것을 일차적 목적으로 삼는 교육기관임을 밝혔다. 그렇다면 그가 말하는 '가치 있는 것'이란 무엇을 의미하는가? 그것은 개인에게 가치 있는 것을 말하는가, 아니면 사회 공동체에 가치 있는 것을 말하는가? 또 그것은 이론적인 가치를 지니는 것을 말하는가, 아니면 실제적인 가치를 지니는 것을 말하는가? 피터스는 이러한 문제에 대해 『윤리학과 교육』의 제5장에서 비교적 자세하게 논의하였다.

그는 가치 있는 활동으로 이론적 활동을 중시했다. 그는 이론적인 활동을 실제적 활동보다 중요시해 온 철학자들의 입장을 전적으로 받아들인 것은 아니지만, 대체로 이론적 활동(진리탐구나 미의 창조 활동)이 실제적인 활동보다는 더 중요하다고 주장했다. 그는 이론적 활동의 특징으로 (1) 신체적 여건에 구애를 받지 않을 뿐 아니라 시간과 공간의 제약을 받지 않는다는 점, (2) 대상의 희귀성이 문제가 되지 않는다는 점, (3) 기술과 판별력을 발휘할 수 있는 기회를 끊임없이 제공한다는 점을 들었다(1966: 157-158). 뿐만 아니라 그는 이러한 활동들이 우리를 지루함으로부터 해방시켜 준다고 생각했다(1973, 248-250). 이러한 관점에서 그는 철학, 과학, 예술과 같은 이론적 활동이 식사활동, 성 활동, 게임, 오락과 같은 실제적 활동보다 더 중요하며 추구할만한 가치가 있다고 주장했다. 또 그는 이론적인 활동을 추구해야 할 이유를 다음과 같이 설명하였다.

> 과학이나 철학을 추구하는 결정적인 이유는 그것과 오락 사이의 공통점이 아니라 그 외에 과학과 철학만이 공통적으로 가지는 특성으로부터 도출되어야 한다. 이러한 특성으로 무엇보다 먼저 들 수 있는 것이 인지적 관심(cognitive concern)이다. 게임이나 오락에 들어있는 지식은 따로 따로 떨어진 활동의 결과만을 추구하는 것으로 제한되어 있으며, 그러한 활동의 결과는 도덕과는 하등 관계가 없을 수 있다. 크리케트를 열심히 하는 사람은 크리케트에 관해 많이 알고 있는 사람임에는 틀림이 없으나, 그 크리케트가 심미적 관점이나 도덕적 관점에서 연구대상이 되지 않는 한, 그 사람의 관심이 모종의 심각한 의도와 관련이 있다고 하기는 어려울 것이다(1966: 158).

여기서 피터스는 이론적인 활동이란 삶의 여러 분야에 빛을 던져주고 풍부하게 해주는 데 도움을 준다는 점에서 심각한 활동(serious activity)이라고 보았다. 그는 교육과정에서 중시되는 활동들 예컨대, 과학, 역사, 문학 감상, 시와 같은 활동들은 심각한 활동으로서 인지적 관심과 인지적 내용(cognitive contents)을 가지고 있다고 보았다. 반면에 자전거 타기, 수영, 골프와 같은 실제적 활동들은 인지적 관심과 내용이 결여되어 있어서 삶의 다른 영역에 거의 빛을 던져 주지 않는다는 것이다. 그는 교육과정에 들어가는 활동들의 가치를 다음과 같이 정당화하고 있다.

> 교육과정 활동이 심각한 것이요, 특별히 즐거운 오락 정도로 가볍게 취급할 수 없는 이유는 그것들이 주로 삶의 다양한 국면을 설명하고 평가하며 거기에 빛을 던져주기 때문이다. 이렇게 하여 그 활동들은 세계에 관한 우리의 견해를 점진적으로 변화시켜 나간다(1966: 160).

피터스는 우리가 교육과정 안에 담겨진 이론적인 활동을 배워가는 동안 독특한 개념구조(structure of concepts)와 사고의 형식(forms of thought)을 가지게 되고 이것들을 통해 세계에 관한 관점을 변화시켜 나갈 수 있을 것이라고 생각했다. 여기서 그는 개념의 구조나 사고의 형식들은 결코 저절로 생겨나는 것이 아니라 사물이나 활동을 진지하고 심각하게 탐구할 때 비로소 생겨날 수 있는 것들이라고 생각했다. 결국 교육이란 오랜 기간 동안 인류가 심각하게 탐구해 온 개념의 구조와 사고의 형식을 가르치는 과정이다.

피터스는 이론적 탐구를 '심각하게' 해 가는 사람들은 진리탐구에 대한 정열(passion)의 태도를 가질 것이라고 생각했다. 그는 "이러한 태도는 옳은 것과 그른 것, 적절한 것과 적절하지 않은 것, 정확한 것과 정확하지 않은 것이 문제가 되는 모든 합리적 활동의 핵심을 이룬다."(1966: 165)고 보았다. 즉 그는 진리를 심각하게 탐구해 가는 정열과 합리적 활동이 대립적이기보다는 보완적이라고 생각했다.

> 이성과 정열을 서로 대립적인 것으로 보는 전통적인 관점은 적절하지 못하다. 앞에서 말한 바와 같이 모든 합리적 활동에는 정확성, 적절성, 일관성과 같은 특징적인 평가기준이 있으며, 이것은 현재 문제가 되고 있는 사고의 형식에 내재하여 그 사고의 형식을 추구하도록 하는 추진력이 된다. 뿐만 아니라 합리적 활동은 그 활동의 존재이유, 즉 옳은 것, 타당한 것, 적절한 것, 정확한 것이 무엇인지를 알아보는 것에 심각한 관심 또는 정열을 가지고 있는 사람에 의해서만 심각하게 추구될 수 있다(1966: 165).

피터스는 학교교사들이 진리에 대해 합리적 정열의 태도를 학생들에게 전달하는데 부단히 관심을 가져야 한다고 강조했다. 그는 교사에게 이러한 정열적인 태도가 없이는 올바른 의미의 교육이 이루어질 수 없을 것이라고 보았다. 그는 진리탐구에 대한 정열의 태도는 하루아침 사이에 형성될 수 없는 것인 만큼 이미 이러한 태도를 가지고 있는 교사가 모범을 보여야 한다고 생각했다.

이상에서 밝혔듯이, 결국 피터스가 말하는 학교란 가치 있는 것을 가르치는 곳이다. 그가 말하는 가치 있는 것이란 한마디로 이론적인 활동에 속하는 것들이다. 또 이론적인 활동이란 교육과정 활동 안에 담겨있는 교과지식을 지칭한다.

결국 학교란 이론적인 속성을 지니는 교과들을 가르치는 곳이다. 따라서 그에게 좋은 학교란 실제적인 지식과 기술을 가르치는 곳이라기보다는 이론적인 지식을 가르치는 곳이다. 이러한 그의 관점에서 보면 이론적인 지식을 가르치지 않는 학교는 학교로서의 존재의의를 상실했으며 최소한 타락한 학교일 따름이다. 따라서 그에게 이론적 지식의 교수는 학교 성립의 중요한 존재 근거이다.

3) 학교교육의 저해 요인

피터스는 학교가 그 본래적인 목적, 즉 학생에게 가치 있는 것을 가르치고 보존하는 일을 제대로 수행해 가려고 해도 이것을 어렵게 만드는 요인들이 있다고 생각했다. 그는『교육의 논리』에서 학교교육의 목적 실현을 어렵게 만드는 요인들에 대해 비교적 자세히 설명하였다.

첫째, 피터스는 학교가 본래적인 목적을 제대로 실현해 가지 못하는 원인을 교사들의 목적의식의 결여에서 찾았다. 그는 학교가 아무리 좋은 교육적 여건을 갖춘다고 하더라도 교사들의 관심과 열의가 부족하다면 학교의 목적을 실현하기 어려울 것이라고 지적했다. 그는 "한 기관의 효율성은 그 기관의 목적이 성원들 각자에게 어느 정도 침투되어 있는가에 달려 있다"(1970: 107)고 보았다. 실제로 일선 학교에서 많은 교사들이 학교의 교육목적에 동조하지 않거나 아예 목적의식조차 없는 경우가 있다. 피터스는 교육철학 없이 시류에 따라서 움직이기만 하는 교사들의 태도를 못마땅하게 생각했다. 그는 아무런 교육적 소신 없이 단지 사회와 부모의 요구에 의해서만 가르치는 교사들의 태도를 안타깝게 생각했다. 특히 그는 교직을 도구적 수단으로 생각하고 교육 자체보다는 자신의 교육경력을 쌓기에 급급해 하는 교사들의 태도가 학교의 본래 목적을 해치고 있다고 생각했다.

> 오늘날과 같은 사회에서 교육기관은 어려운 과제를 안고 있다. 교사와 학생들은 다 같이 사회의 동기에 의해서 영향을 크게 받고, 교사는 교직을 도구적 수단으로 생각하고 교육 자체보다는 개인의 향상에 보다 많은 관심을 가지며, 단체협약에 의하여 그들의 지위와 소비수준의 향상을 기하고자 생각하고 있기 때문이다.

자기의 경력에 대한 관심과 기관에 대한 충실도를 비교해 보면 기관에 대한 충실도는 경시되고 있다. 또한 교사들은 학생들로 하여금 시험에 성공하도록 공부시키는 것을 고용 유인으로 생각하는 경향이 있다. 따라서 학생들도 그들이 받은 교육을 보수가 많은 직업을 택하기 위해서 여러 가지 장애물을 넘는 것으로 보려고 한다(1970: 110-11).

둘째, 피터스는 학교의 목적을 저해하는 또 다른 요인으로 권위주의적 학교운영을 들었다. 그는 학교를 권위주의적으로 운영하는 경영자들은 의사결정 과정에 교직원이나 학생을 참여시키지 않거니와 민주적인 의논의 장을 마련하지 않는다고 지적했다. 그는 토론과 비판을 싫어하는 경영자들이 학교를 지배할 경우 학교의 본래적 목적이 실현되기 어렵다고 지적하였다.

교육기관의 내부적 권위구조가 더욱 목적 확립을 어렵게 한다. 한 대학이 비학문적인 행정인으로서 조직되어 있고 기업체와 같이 운영되며, 교수임명, 봉급책정이 이론과 상치되고 있다거나, 교수가 자기 과를 권위주의적인 방식으로 운영하며 의사결정상 동료 직원들을 참여시키지 않는다거나, 한 학교의 교장이 독재한다거나 민주적인 의논의 장을 허락하지 않으며, 한 기관내의 의사결정이 비밀리에 결정되었거나 비판과 토론의 과정을 거치지 않고 공포된다고 생각해 보라. 이러한 기관에 있어서는 기관의 목적이 잘 수행될 것 같지 않다(1970: 111).

셋째, 피터스는 학교의 목적을 해치는 또 다른 요인으로 외부의 압력을 들었다. 그는 기업체의 요구, 학부모의 요구, 정치인들의 요구가 학교의 본래적 목적을 훼손하고 있다고 지적했다. 그는 이 같은 요구가 커짐에 따라 교사는 학교 본래의 목적을 실현하기 위한 교수활동을 전개해 가기 어렵다고 보았다. 그는 미국의 학교와 영국의 학교에서 교사의 지위 및 역할을 비교하는 가운데 교사들이 외부로부터 어떤 압력을 받고 있는지를 다음과 같이 설명하였다.

교사는 모종의 목적을 추구하기 위하여 '고용된 사람'이요, 때로는 고용주가 마음대로 할 수 있는 존재로 간주되며, 학부모들은 자기들도 교사에 못지않게 그 고

> 용목적을 잘 알고 있다고 생각한다. 교사는 학교 안에서나 밖에서나 그 지역사회의 규범에 철저하게 동조하여야 한다. 교사는 그들의 봉급이나 교육과정을 결정할 권한을 가진 지방교육위원회의 처분에 맡겨진 존재이다. 교육재정의 대부분이 또한 그 지역사회의 책임이기 때문에 그 지역의 유수한 기업체는 교육문제에 대해서도 강한 발언권을 가진다. 그 결과로 학교의 수단적 기능이 대단히 강조되고 있다. 사실상, 일반적으로 교육은 심지어 대학교육까지도 수단적인 것으로 간주되고 있는 것이 지배적인 경향이다. 기업에 필요한 기술훈련이 크게 강조되는 것이다(1966: 253).

어느 사회를 막론하고 학교는 지역사회로부터 여러 가지 요구를 받거나 간섭을 받고 있다. 현실적으로 학교는 기업체의 요구를 뿌리치기 어려우며, 학부모의 요구를 무시할 수 없다. 또 학교의 권한은 제한적이어서 행정기관의 지도와 감독으로부터 자유로울 수 없다. 하지만 피터스는 이러한 요구와 간섭이 지나치게 커지게 되면 학교의 본래적 기능은 사라지고 오히려 도구적이고 수단적인 기능만이 강화되어 학교는 결국 사회가 요구하는 지식이나 기술만을 훈련시켜 배출하는 기술양성소나 직업훈련소와 같은 사회화 기관으로 전락할 것이라고 생각했다. 교육철학자로서 그는 학교가 사회의 현실적인 요구를 무시할 수는 없지만 학교가 사회의 요구에만 이끌려 다니거나 그것에 순응만 해서는 안 된다고 생각했다. 오히려 그는 학교는 학교 본래의 목적을 실현하기 위해 사회의 현실적인 요구로부터 어느 정도 초연해야 한다고 주장했다.

4) 학교의 통제방법

피터스는 학교가 본래적인 목적 즉 가치 있는 것을 전수하는 일을 제대로 수행해 가기 위해서는 교육활동을 합리적으로 통제해야 한다고 생각했다. 그는 학교의 경우 사회통제의 문제가 대단히 중요한 사안이라고 생각했다. 그는 "사회통제의 문제를 논의하지 않는 한 교육에 관한 논의, 교육내용과 방법의 정당화에 관한 논의는 한낱 공상에 불과하다"(1966: 237)라고 말할 정도로 사회통제의 문제는 학교의 교육활동과 직결되는 문제임을 강조했다. 그는 학교가 교육 본래의 목적을 실현하기 위해서 그리고 그런 본래적인 목적을 저해하는 행동을 제한하기 위해서 모종의 통제방법들이 사용되어야 한다고 생각했다. 그는 학교에서 사용될 수 있는 통제방법으로서 권위, 훈육, 처벌 등을 제시하고 이를 정당화하려고 하였다.

피터스는 권위란 모종의 규범적 질서를 결정하고 공포하고 판단하고 명령하고 선언할 수 있는 권리로서, 학교의 교사에게도 이러한 권위가 주어져 있다고 생각했다. 그는 교사에게는 직위상의 권위와 전문지식의 권위가 주어져 있다고 보았다(1966: 240). 직위상의 권위란 법적 절차를 통해 획득한 권위이며, 전문지식의 권위란 자신이 가르치는 교과내용과 방법을 통달했을 때 주어지는 권위이다. 그렇다면 교사에게 이러한 권위들이 주어져야 한다고 주장하는 근본적인 이유는 무엇인가?

피터스는 교사의 권위는 학교의 질서유지를 위해 불가피하다고 생각했다. 그는 학교의 질서가 유지되지 않고는 교사가 교수활동을 제대로 해 갈 수 없으며 결국 학교의 본질적인 목적 즉 가치 있는 것을 전수한다는 교육목적을 제대로 수행해 갈 수 없다고 생각했다. 그는 “중요한 것은 권위를 철폐하는 것이 아니라 사회통제의 한 형식으로서 권위를 합리적인 것으로 바꾸는 것이다”(1966: 264)라고 생각했다.

> 권력이나 설득에 의한 통제와는 달리 권위에 의한 통제의 가장 전형적인 형태는 명령과 요구이다. 대체적으로 말하자면, 명령이라는 것은 이유를 제시할 필요가 없는 행동규제 발언이다 . . . 명령은 그것이 지위 지향적이기보다는 과업 지향적일 때 지시와 금지가 요구되는 사태에서 제 기능을 다하는 철두철미한 합리적 방안이 된다 . . . 명령은 강압, 위협, 회유 및 그 밖의 외적 유인을 쓰지 않는 통제형식으로서 유일한 것이 아니다. 우선, 명령의 보다 완곡한 형태인 ‘요구’가 있다. 또한 교사의 신분에 보다 합당한 것으로서 도덕과 예의에 호소하는 방법이 있다(1966: 264).

피터스는 권위의 형식으로서 명령과 요구는 합리적이고 과업 지향적일 때 설득력을 가질 뿐 아니라 교육적인 효과를 가져 올 수 있다고 생각했다. 하지만 피터스는 이러한 권위의 형식만 가지고는 학생들을 효과적으로 통제해 가기 어렵다고 판단했다. 교사들은 도무지 배우려고 하지 않을 뿐 아니라 학교의 각종 규칙들을 위반하는 학생들을 대해야 하는 경우가 있으며, 심지어 의도적으로 교수활동을 방해하거나 다른 학생의 학습활동을 방해하는 학생들을 만날 때가 있다. 이 경우 교사의 권위만 가지고는 질서를 유지해 가기 어렵게 된다.

피터스는 이러한 학생들을 통제하기 위한 합리적인 방법으로 훈육(訓育)과 벌(罰)을 제시하고 이를 정당화했다. 그는 훈육과 벌이 반드시 같은 의미를 가진 통제방식은 아니라고 보았다. 그는 훈육이란 규칙의 준수에 관련된 개념인데 비해 벌은 규칙을 위반했을 때에만 적용되는 보다 특수한 개념이라고 보았다(1966: 267). 또 그는 훈육은 교수-학습을 진행하기 위해서 반드시 필요하지만 벌은 반드시 그렇지 않다고 보았다(1977: 129).

피터스는 어떤 것을 벌이라고 하기 위해서는 (i) 의도적으로 고통을 주어야 하며 (ii) 권위를 가진 사람이 주어야 하며 (iii) 규칙을 위반한 사람에게 주어야 한다고 생각했다(1966: 268). 사실 이러한 기준을 만족시키지 못한 벌은 복수와 같은 것이 될 수 있기 때문이다. 그는 벌을 주는 이유를 설명한 세 가지 이론 즉 응보이론(應報理論), 제지이론(制止理論), 교도이론(矯導理論)을 검토한 후 학교에서의 벌은 교도를 목적으로 이루어질 때 비로소 정당화될 수 있다고 주장했다(1966: 177-78).

피터스는 학교 안에서 회초리를 사용한다든가, 방과 후 학생을 학교에 남겨둔다든가 혹은 사회봉사 명령을 내리는 것과 같은 처벌은 학교에 명백하게 손상을 끼친 도덕적 비행을 한 경우에만 적용되어야 한다고 생각했다. 그러나 피터스는 학교에서 주어지는 벌은 기껏해야 필요악이며, 자칫 잘못하면 학생에게 마음의 상처를 줄 수 있기 때문에 교사는 가능한 한 벌을 주지 않으면서 학생들을 통제할 수 있어야 한다고 생각했다. 그는 교사가 학생을 반드시 처벌해야 할 사태라고 할지라도 그 처벌이 학생에게 어떠한 해악을 가져올 것인가를 충분하게 숙고해야 한다고 생각했다. 그는 처벌은 소외를 가져오기 쉬우며 학생과 교사를 떼어놓는 결과를 가져오고 심지어 적개심을 불러일으킬 수 있기 때문에 신중을 기해야 한다고 생각했다(1966: 279). 듀이를 비롯한 진본주의 교육론자들은 훈육이나 벌이 학교에서 사라져야 한다고 주장했지만 피터스는 오히려 그것들이 인간

존중의 원리와 도덕성에 위배되지 않는 한 교육적으로 정당화될 수 있다고 생각했다.

3. 논의 및 비판

피터스는 그 스스로가 인정했듯이, 교육에 대해서는 많은 것을 논의했지만 교육이 이루어지는 실천적인 기관인 학교에 대해서는 체계적인 논의나 분석을 하지 않았다. 이것은 그가 '학교교육'과 '교육'을 동일시했기 때문이며, 더 근본적으로는 학교의 본질에 대해 본격적으로 의심해보지 않았기 때문이다. 그는 학교가 본래의 의도와는 다르게 기능할 수 있다는 가능성을 제대로 통찰하지 못하였다. 이 절에서는 그의 학교관이 지닌 난점들을 다음 몇 가지 관점에서 비판적으로 논의해 보고자 한다.

1) 자연론적 오류

해리스(1977: 34)와 같은 학자들이 지적했듯이, 피터스는 학교를 설명하는데 있어서 사실(事實)에서 당위(當爲)를 이끌어내는 자연론적 오류(naturalistic fallacy)[4]를 범했다. 즉 그는 '존재하는 학교'의 모습으로부터 '존재해야 할 학교'의 모습을 이끌어냈다는 점에서 어떤 오류를 범했다고 할 수 있다. 예컨대 그는 "학교의 일차적인 목적은 교육하는 것이며 한 사회의 궁극적인 가치를 보존하고 전수하는 것이다"(Peters, 1966: 252)라고 기술하였으며, "학교의 존재이유는 한 사회가 가치 있다고 생각하는 것을 전수하는 데 있다"(*ibid.:* 237)라고 기술하기도 하였다. 또 다른 곳에서 그는 "학교의 주요 기능은 학생들이 배워야 할 것을 신중하고도 체계적으로 가르치는 것이다"(Hirst and Peters, 1970: 77)라고 기술하기

4) 자연론적 오류란 영국 캠브리지 대학교의 교수였던 무어(G. E. Moore)가 자신의 초기 저작인 Principia Ethica(1903)에서 처음으로 사용한 유명한 명제이다. 그는 기존의 모든 윤리학 이론들이 윤리적 가치를 정의하려고 할 때 경험할 수 있는 사실로부터 가치를 추론해 내는 중대한 오류를 범하였다고 지적하였다(E. Craig, 1998: 494-395참조)

도 하였다.

이러한 진술들은 현존하는 학교의 모습, 즉 사실(fact)로서의 학교의 모습을 있는 그대로 기술한 것이다. 그런데 그는 『윤리학과 교육』의 '부록'에서 "학교의 본질이 교육하는 것이지만 도구적인 기능도 수행해야 한다"(1966: 74)라고 적었으며, "학교는 부모를 가진 아이들에게 고아원으로서 역할을 해야 한다"(*ibid.*)라고 적었다. 피터스의 이러한 진술은 단순히 존재하는 학교를 기술한 것이 아니라 존재해야 할 학교를 규정하고 처방한 것이다. 문제는 그가 학교에 대한 사실적 진술(fact statement)로부터 규범적인 진술(normative statement)을 이끌어내고 이를 정당화하려고 했다는 점이다.

이러한 피터스의 관점이 안고 있는 난점은 존재와 당위의 문제를 혼동함으로써 '존재하는 학교'의 모습으로부터 '존재해야 할 학교'의 모습을 너무 쉽게 추론해 내는 오류를 범했다는 점이다. 현 상태의 학교가 반드시 있어야 할 학교는 아니기 때문이다. 따라서 피터스의 관점이 가진 난점은 교육다운 교육을 제대로 수행하지 못하는 '타락한 학교'까지도 정당화 할 가능성이 있다는 점이다. 현존하는 학교들 중에는 교육다운 교육을 제대로 수행해 내지 못하는 학교들이 얼마든지 존재한다. 따라서 이들 학교 안에서 이루어지는 일들이 모두 교육적으로 정당화될 수는 없는 것이다. 결국 피터스는 존재하는 학교로부터 존재해야 할 학교를 너무 성급하게 추론해냄으로써 학교와 교육의 관계를 필연적인 관계로 파악하는 실수를 범하였으며 '학교다운 학교'와 '타락한 학교'의 개념을 혼동하는 오류를 범하였다.

2) 개념상의 모호성

피터스는 자신의 저서 여러 곳에서 "학교란 한 사회가 가치 있다고 생각하는 것을 전수하는 곳"이라는 점을 누누이 강조했다. 하지만 그가 말한 '사회'와 '가치'의 개념은 모호하며 동시에 그것을 가르치는 학교의 개념 역시 모호하다. 예컨대, 그는 "학교란 한 사회(society)의 궁극적인 가치를 보존하고 전수하는 기능을 수행한다"(1966: 252)라고 적기도 하고 "학교의 존재이유는 한 사회가 가치 있다고 생각하는 것을 전수하는 데 있다"(*ibid.*: 237)라고 적기도 하였다. 그렇다면 그가 말하는 '사회'(society)란 구체적으로 어떤 사회를 말하는가? 그것은 지역사회(community)를 말하는가 아니면 국가(nation)를 말하는가? 또 그가 말하는 가치란 사회의 다수자가 가진 가치를 말하는가 아니면 소수 지배자 집단의 가치를 말하는가? 피터스는 이러한 문제들에 대해 선명한 답을 주지 않았으며, 때로는 모순된 주장을 하기도 하였다. 그는 '사회'와 '지역사회'를 구분 없이 사용했으며, 때로는 사회를 교외(suburb) 혹은 지방(local area)을 가리키는 말로 사용하기도 하였다(1966: 278).

따라서 그가 말하는 사회의 개념은 모호하며 동시에 그가 강조한 가치의 개념도 모호하다. 만약 그가 말하는 가치가 특정한 지방의 구성원들이 중시하는 가치를 가리키는 것이라면 피터스는 결국 어느 특정한 작은 사회의 가치를 가르치는 것이 학교의 본질이라는 주장을 한 셈이 된다. 그렇다면 학교의 본질이라는 것이 작은 공동체의 특수한 가치를 전달하는 것인가 하는 의문이 제기될 수 있다. 반대로 그가 말한 사회가 국가공동체를 가리키는 것이라면 그는 결국 국가 공동체 대다수의 가치를 전달하는 것이 학교의 역할이라는 주장을 한 셈이 된다. 그러나 그가 바라본 대다수의 사람들이란 사려가 부족하고 즉시적인 기쁨과 쾌락을 추구하는 존재이다. 그는 "대다수의 사람들은 소비 지향적이며 가치를 쾌락의 관점에서 이해하거나 욕구를 충족하기 위한 도구로서 이해한다"(1966: 145)고 지적했다. 그가 사회의 다수인의 성향을 이렇게 규정했다면 결국 그가 말한 학교란 소비 지향적이고 욕구적인 사람들의 가치를 가르치는 교육기관이 되고 만다. 이것은 분명히 학교를 고상한 가치들 즉 지적이고 이론적인 지식을 전달하는 곳으로 규정한 그의 관점과 모순되는 것이다. 요컨대, 피터스는 가치가 생성되는 근원인 사회의 성격을 분명하게 밝히지 않음으로 인해 그것을 가르치는 학교에 대한 그의 관점 역시 모호하게 만들었다.

학교란 가치 있는 것을 전하는 곳이라는 그의 주장과 관련된 또 다른 난점은 그가 가치를 선험적으로 정당화함으로써 가치를 인간의 구체적인 요구나 욕구 혹은 필요와 무관한 것으로 설명하고 있다는 점이다. 그는 학교에서 가르치는 교육과정 활동들은 그 자체로서 가치가 있으며, 그 가치는 그 활동에 내재하는 특성에서 생겨나는 것이지 사람들이 선택하거나 규정한다고 해서 생겨나는 것이 아니라고 주장했다. 그는 어떤 것은 원하는 사람이 아무도 없다고 하더라도 가치가 있을 수 있다고 말했다. 심지어 그는 "어떤 것이 가치로운 것이라면 그것은 가치 있는 것이다."(1966: 75)라고까지 주장했다. 하지만 이러한 주장은 어디까지나 동어반복적인 주장으로서 학교의 개념을 이해하는 데 도움을 주지 않는다. 어떻게 학교가 사람들의 요구, 욕구, 또는 필요와 무관한 내재적 가치를 가르칠 수 있다는 것인가? 그렇다면 그가 교육과정 활동 속에 들어가야 한다고 주장하는 수학, 과학, 역사, 문학이라는 교과목들은 사람들의 요구나 욕구와 무관한 것들이라는 것인가?

지식사회학자들이 이미 밝힌 바 있듯이, 학교에서 가르치는 지식들이란 어디까지나 사회·역사적 생성물이지 초사회적이고 초역사적인 실체가 아니다. 현재 학교에서 가르치는 지식들이란 본래부터 주어진 것이 아니라 사회의 진보와 더불어 어떤 특정한 사람이나 학자집단에 의해 덧붙여진 것들이다. 엄밀히 말해서 가치 있는 지식이란 선험적인 것이 아니라 구성적인 것이다. 피터스는 이러한 점에 대한 통찰이 비교적 부족했던 것 같다.

3) 실제적 활동의 경시

피터스의 주장이 가지는 또 다른 난점은 학교교육에서 실제적 활동보다는 이론적 활동의 가치를 지나치게 강조함으로써 우리들의 삶의 여러 부분에 중요한 빛을 던져주는 실제적 활동의 가치를 비교적 소홀하게 다루었다는 점이다. 그는 이론적 활동이 삶의 여러 분야에 빛을 던져주고 풍부하게 해주는 데 도움을 준다는 점에서 그것을 실제적 활동보다 더 중요한 것으로 정당화했다. 예컨대, 과학, 역사, 문학 감상, 시와 같은 이론적 활동들이 자전거 타기, 수영, 골프와 같은 실제적 활동들보다 삶의 다른 영역에 더 큰 빛을 던져 준다는 것이다. 그렇다면 실제적 활동은 실제로 우리들의 삶의 다른 영역에 큰 빛을 던져 주지 않는가? 또 이런 이유로 실제적 활동은 학교 안에 들어와서는 안 되는가?

피터스는 실제적 활동들이 학교에 들어오는 것을 원하지 않았다. 왜냐하면 이러한 활동들이 학교에 들어오게 되면 학교가 본래적인 목적을 성취할 수 없다고 생각했기 때문이다. 그 스스로 인정했듯이, 피터스는 오크쇼트(M. Oakeshott)로부터 큰 영향을 받았다(신득렬, 1994; 1996). 오크쇼트는 학교란 지적, 창조적, 도덕적, 정서적 유산을 진지하게 새로운 세대에게 입문시키는 곳이며, 탐구활동을 통해 배움에 동참하는 곳이며, 즉각적이고 지엽적인 세계로부터 초연한 장소이다(Dearden et. al.: 1972: 23-26). 이러한 오크쇼트의 학교관을 지지했던 피터스는 학교란 어디까지나 지적이고 이론적인 활동을 배우고 익히는 곳이다. 이러한 피터스의 생각은 학교를 사회생활의 한 형태로 규정하고 직업 활동을 비롯한 실제적 활동이 학교사회에 들어와야 한다고 주장한 듀이의 생각과 크게 대조를 이룬다(Dewey, 1897: 86-87; 김정금, 1992: 39-54). 『민주주의와 교육』(*Democracy and Education*)에서 듀이는 직업을 "삶의 활동이 그것이 성취하는 결과에 영향을 줄 뿐만 아니라 주변의 사람들에게도 유용하기 때문에 사람들에게 명백히 의미있는 방향으로 삶의 활동을 이끌어가는 것"(Dewey, 1916: 307)으로 규정하였다. 또 듀이는 "직업적으로 모종의 일에 종사한다는 것은 어떤 일을 지속적으로 한다는 것을 나타내는 구체적인 용어로서, 그것은 기계적인 노동이나 돈벌이가 되는 일에 종사하는 것은 말할 것도 없고, 전문적인 분야나 기업에 종사하는 것은 물론 일체의 기술적 능력, 특수한 과학적 능력, 그리고 효과적인 시민의식을 발달시키는 일을 포함하는 것"(*ibid.:* 307)으로 규정했다. 듀이는 직업 활동이 가지는 교육적 의미 및 중요성에 비추어볼 때 직업과 교육이 분리되기보다는 결합되어야 한다고 생각했다. 즉 직업 활동과 교육이 결합될 때 오히려 교육의 의미가 더욱 풍부해지고 삶의 질이 깊어질 것이라고 보았다. 결국 듀이는 직업과 같은 실제적 활동들이 교육적으로 중요하며, 따라서 이러한 활동들은 학교교육 과정 안에 들어와야 한다는 점을 강조했다.

학교 안의 이론적인 활동과 학교 밖의 실제적인 활동 간의 이원론을 극복하려고 했던 듀이의 관점에 비추어 볼 때 피터스가 역설한 이론적인 활동이 실제적인 활동보다 더 가치가 있다고 단정하기 어려우며 그것이 실제적 활동에 비해 우리들의 삶에 더 큰 빛을 던져 주는 활동이라고 주장하기 어렵다. 따라서 이론적인 활동만이 학교교육 과정 안에 들어와야 한다고 주장하는 것은 결국 교육과정을 왜곡하는 결과를 낳을 수 있다. 유재봉(2002: 90)이 지적하듯이, 피터스가 강조하는 학교 교육관은 인간 삶에 있어서 중요한 많은 가치들 예컨대, 직업준비, 사회정의, 시민의식 등 사회적 실제(social practice)를 제대로 반영해 주지 못한다는 난점을 안고 있다고 볼 수 있다.

이러한 난점은 그가 학교교육을 통해 길러내고자 했던 교육받은 사람(educated person)의 개념의 한계를 여실히 드러내 준다. 브라운이 지적했듯이, 피터스의 이상은 무엇보다도 합리적이고 지적인 인간에 관한 것이었다(Brown, 170: 81). 그가 길러내고자 했던 교육받은 사람은 '내재적으로 가치 있는 것에 헌신하고, 인지적 안목을 가지고 있어야 하며, 합리적인 정열을 소유한 사람'이다(1966: 31, 34; 1967: 9; 1977: 222-227). 내재적인 것에의 헌신, 인지적 안목, 합리적 정열은 교육받은 사람을 범주화하는 가장 중요한 기준이다. 그의 기준에 비추어 보면, 외재적인 것에 관심을 가지거나 실제적인 분야에서 뛰어난 능력을 발휘하는 사람, 그리고 지적 능력이 부족한 사람은 교육받은 사람의 개념에서 제외된다. 요컨대, 그가 학교교육을 통해 길러내고자 했던 교육받은 사람의 모습은 사물의 이치를 탐구하고 세계를 객관적으로 관조하는 이론가(theorist)요, 학자(scholar)의 모습이다. 과연 이러한 그의 주장은 학교가 본래 길러내고자 하는 보편적인 인간상의 조건을 충족시켰다고 말할 수 있는가? 이홍우(1992: 99)가 지적하였듯이, 그가 제시한 교육받은 사람은 특수한 사회에서 살아가는 특수한 인간일 뿐이다.

4) 지배 이데올로기의 정당화

피터스의 학교교육관이 안고 있는 또 다른 난점은 그가 내세우는 학교가 지배계급의 이데올로기를 정당화하고 있다는 사실을 제대로 깨닫지 못했다는 점이다. 피터스는 그가 학계에서 은퇴하기 이전까지 "학교는 교육을 하는 곳"이라는 전통적인 학교관을 전혀 의심해 보지 않았다. 그는 일리치(I. Illich, 1970)와 프레이리(P. Freire, 1970; 1973)와 같은 비판교육론자들의 비판을 받고 나서야 비로소 자신의 학교관이 잘못되었음을 깨달았다.

피터스의 학교관을 가장 신랄하게 비판한 것은 마르크스주의 계열의 학자들이다. 이들은 피터스의 학교관은 그의 철학에 대한 독특한 접근방식과 관련이 깊다고 지적했다. 해리스는 피터스가 자신이 분석적이며 객관적이라고 주장하지만 실제로는 강한 이데올로기적인 주장을 담고 있다고 지적하면서 "피터스는 특정한 이데올로기의 그물 안에서 글을 쓰고 있다. 즉, 자비스러운 국가가 모든 아이들을 교육시키기 위해 학교제도를 제공했다고 보는 보수적인 자유주의적 수

사학의 주류 안에서 글을 쓰고 있다"(Harris, 1977: 44-45)고 비판했다. 사럽(M. Sarup) 역시 "영국의 교육철학자들은 자신들의 연구를 이데올로기적인 것으로 보지 못하였다"(1978: 61)고 지적하면서, "피터스와 허스트가 전파시킨 교육철학은 권력과 특권의 기존체제를 옹호하는 이데올로기이다"(*ibid.:* 87)라고 비판했다.

마르크스주의 교육론자들은 이데올로기라는 말이 부정적인 의미를 담고 있다고 생각했다. 해리스는 이데올로기를 하나의 '허위의식'(false consciousness)이라고 규정했다(Small, 1983: 26). 즉 그는 "이데올로기란 사물을 마치 존재하고 있는 것인 양 위장하고, 핵심적인 문제로부터 관심을 숨기거나 왜곡하고, 사람과 사람 간에 그리고 사람과 세상 간에 진정한 관계를 위장하려는 것"(*ibid.:* 31)이라고 규정했다. 또 사럽은 이데올로기란 진실을 굴절시키며, 제한된 관심만을 생성해내며, 억압받은 사람들이 그들이 처한 상황을 묵묵히 받아들이도록 함으로써 폭력을 쓰지 않고도 질서를 유지하는데 큰 역할을 한다고 생각했다(Sarup, 1978: 62-63).

이들의 이데올로기의 개념에 비추어볼 때, 피터스가 말한 학교 혹은 학교교육은 학생에게 가치 있는 것을 전달하기보다는 거짓된 의식, 즉 허위의식을 가르치는 곳이다. 학교는 위장되고 왜곡된 방식으로 자본주의 생산양식에 필요한 사람을 길러내는 기관에 지나지 않으며, 그곳에서 가르쳐지는 교육과정 역시 인간다운 인간을 기르기 위한 가치를 담고 있는 것이 아니라 지배집단에 의해 교묘하게 조작된 허위의식을 담고 있을 뿐이다. 따라서 피터스가 말하는 학교란 교육다운 교육을 하기보다는 지배 이데올로기를 재생산해낼 뿐이다. 그래서 해리스는 제도로서의 '학교'(schooling)와 '교육다운 교육'(Education)을 하는 학교와 구별해야 한다고 주장했다(들불편집부 역, 1989: 23-47). 나아가 그는 자본주의 체제하에서의 학교는 특정 집단의 지배논리와 이익만을 재생산해냈다는 점에서 그 본래적 기능을 상실했으며 따라서 그러한 학교는 당연히 폐지해야 한다고 주장했다.

5) 학교통제의 부당성

피터스는 학교가 본래적 기능 즉 가치 있는 것을 가르치는 일을 제대로 수행해 가기 위해서는 모종의 통제가 필요하다고 주장했다. 그는 학교를 통제하기 위한 방법으로 권위, 훈육, 처벌 등을 제시하고 이것들의 교육적 사용을 정당화했다. 그는 학교에서의 통제사용을 당연시했으며 통제가 가져올 악영향에 대해서 심각하게 고려하지 않았다. 그는 통제가 교육활동을 위해서만이 적용되는 것이 아니라 학생을 감시하고 처벌하기 위해 악용된다는 사실을 충분하게 검토하지 못하였다. 특히 학교 건물의 구조가 교육을 위해 짜여져 있기보다는 학생들을 감시하고 통제하기 쉽도록 짜여져 있다는 사실을 통찰하지 못하였다. 구조주의적 관점에서 학교의 실체를 분석한 푸코(M. Foucault)의 관점은 피터스의 관점과 큰 대조를 이룰 뿐 아니라 피터스가 미처 통찰하지 못한 부분들을 드러내준다.

일찍이 푸코는 『감시와 처벌』(*Discipline and Punish*)라는 책에서 군대, 교도소, 공장, 그리고 학교에서 통제가 이루어지게 된 역사적 배경과 발전과정을 체계적으로 분석하였다. 그는 이러한 기관들이 구성원들을 효과적으로 통제하기 위해 우선 시간과 공간을 교묘한 방법으로 분할하였다고 보았다. 예컨대, 공장은 작업 시간표를 만들어 노동자의 노동행위를 통제하였으며, 학교는 수업 시간표를 만들어 학생의 교육활동을 엄격하게 통제했다는 것이다. 또 그는 공간적으로도 공장은 작업대의 위치를 재배치함으로써 노동자의 일탈행위를 통제했으며, 학교 역시 교탁 및 책걸상 등의 위치를 조정함으로써 학생들의 행동을 통제해 왔다고 보았다.

푸코는 지금까지 학교에서 사용되어온 권위, 훈육, 체벌이 반드시 교육적인 목적만을 위해 사용되기보다는 권력을 유지하기 위한 수단으로 악용되어 왔다고 보았다. 즉 학교는 권력 유지를 위해 감시의 메커니즘을 개발하고 이를 위해 다양한 규범과 규칙들을 제정하거나 강요해 왔다고 보았다. 그는 "공장, 학교, 군대 등이 모두 시간(지각, 결근, 과업의 지연), 활동(부주의, 태만, 게으름), 행동(무례, 불복종), 언어(잡담, 건방진 말), 용모(부정확한 태도, 단정치 못한 모습, 불결), 성적 태도(음란, 음탕) 등에 대해 전반적인 벌칙을 적용했다."고 보았다(Foucault, 1977: 178). 푸코는 학교가 위계질서를 지키기 위해 이러한 감시체제를 동원하고 표준화된 기술을 끊임없이 개발해 왔다고 분석했다. 그는 이러한 감시 기술과 표준화 기술을 결합한 제도가 시험이라고 보았다. 그는 학교가 여러 가지의 시험을 통해 학생을 등급화하고 서열화해 왔다고 주장했다.

사럽(이종태 역, 1988: 42)이 지적한 바 있듯이, 푸코의 학교에 대한 접근법이 반드시 만족스러운 것은 아니지만 다음과 같은 점에 있어서는 귀중한 가치를 가진다. 즉 학교에서 사용되어 온 훈육과 처벌이 반드시 교육적인 기능만을 하는 것이 아니라 권력을 유지하기 위한 수단으로 악용되었다는 점을 역사적으로 예증해 보였다는 점이다. 즉 훈육과 처벌은 처음에 학교의 교육적 기능을 방해하는 위해요소(危害要素)들을 제거하는 소극적 역할만을 담당했으나 그것은 점차 학생 개개인을 양순하게 만들고 결국 지배자 집단의 이익에 봉사하게 만드는 적극적인 통제 기제로서 작용했음을 밝혔다는 것이다.

이상과 같은 푸코의 역사적 분석에 따르자면, 학교는 교육만을 담당한 기관이 아니다. 그것은 가치 있는 것을 전수하는 기관이 아니라 지배자 집단이 권력을 유지하기 위해 훈육하고 감시하고 처벌하는 장소이다. 피터스에게 훈육과 처벌은 교육적으로 정당화될 수 있지만 푸코에게 그것들은 정당화될 수 없는 것이다. 구성주의적 관점에서 볼 때 피터스가 정당화한 학교의 모습은 거부될 수밖에 없다. 왜냐하면 그것은 인간의 자유를 위한 곳도 해방을 위한 곳도 아닌 억압과 감시의 장소로 보일 수 있기 때문이다.

4. 맺는 말

이 글은 피터스의 저작들에 나타난 학교교육관을 비판적으로 검토함으로써 그의 관점이 지니는 난점 및 한계를 좀 더 선명하게 밝히는 데 목적을 두었다. 앞에서 논의한 내용을 토대로 내린 결론은 다음과 같다.

첫째, 피터스의 학교의 개념은 전통적이며 보수적이고 엘리트주의적이다. 그의 학교교육관은 학교의 사회적 기능을 강조했던 듀이의 학교론과는 판이하게 다르다. 그는 학교가 다른 사회기관들과는 확연하게 구별되어야 하며, 그 구별의 근거는 바로 교육이라고 생각했다. 그가 제시한 학교란 (i) 한 사회가 가치가 있다고 생각하는 것을 학생에게 전달하는 곳이며, (ii) 실제적인 지식보다는 이론적인 지식을 가르치는 곳이요, (iii) 이론적인 지식의 전달을 위해 통제를 가해야 하는 곳이다. 이러한 학교교육관은 지극히 전통적이고 보수적인 것으로서 기존의 학교교육관에 비해 전혀 새롭거나 특이하다고 할 수 없다. 오히려 그의 학교교육관은 현존하는 학교체제의 존재 근거를 철학적으로 정당화하는 데 기여했다고 할 수 있다.

둘째, 피터스의 학교교육관은 다음과 같은 점에서 여러 가지 난점을 지니고 있다. (i) 그는 분석 교육철학자답지 않게 학교의 개념을 너무 느슨하게 사용함으로써 어떤 지적 혼란을 야기시켰다. 즉 '존재하는 학교'(사실)로부터 '존재해야 할 학교'(당위)를 너무 성급히 추론해냄으로써 자연론적 오류를 범하였다. 이러한 오류는 존재하는 학교를 더 이상 비판하지 못하도록 만들고 나아가 학교개혁에 대한 논의를 더 이상 불가능하게 만든다. (ii) 그는 학교를 '사회의 가치를 전달하는 곳'으로 규정하면서도 '사회'와 '가치'의 개념을 명확하게 드러내지 않음으로 인해 심각한 지적 혼란을 불러 일으켰다. (iii) 그는 학교 교육과정 안에 실제적인 활동보다는 이론적인 활동들이 들어가야 한다는 점을 정당화하는 가운데, 실제적 지식의 가치를 경시하고 비하하는 이원론적 오류를 범하였다. 이러한 태도는 직업과 같은 실제적 활동이 학교 교육과정 안에 들어와야 비로소 학교가 민주화될 수 있다고 주장한 듀이의 생각과 크게 대조를 이룬다. 학교교육을 삶의 과정이라는 차원에서 볼 때, 사회생활과 유리된 학교교육이란 생각할 수 없다. 학교의 담을 높임으로써 학교의 본래적 목적을 실현할 수 있다고 주장한 피터스의 관점은 이해하기 어렵다. 소수의 사람들에게만 교육의 기회를 부여한다는 것은 분명히 현대 민주주의 교육의 원칙에 어긋나는 것이다. (iv) 그는 학교의 순기능만을 지나치게 강조한 나머지 학교가 가져 온 역기능을 제대로 통찰하지 못하는 실수를 범했다. 즉 그는 학교가 가치있는 것을 가르치는 기능을 수행하는 기관만이 아니라 특정 지배자 집단의 이익을 대변하는 기관으로 기능할 수 있다는 점을 깨닫지 못하였다. 또 그는 권위, 훈육, 벌 등이 합리적으로 사용될 때 교육적으로 정당화될 수 있다고 주장했지만 그것들이 오히려 역사적으로 권력 유지를 위해 악용되어 왔다는 점을 깨닫지 못하였다. 셋째, 비판교육이론가들을 비롯한 여러 교육이론가들이 지적하였듯이, 피터스의 학교교육관은 지나치게 보수적이고 엘리트주의적이어서 급변하고 있는 포스트모던 사회에 적합하지 않다. 오늘날 사회는 어느 지역을 막론하고 정보화, 민주화, 다원화가 급속하게 진행되고 있다. 이러한 사회적 변화들은 일시적으로 일어나는 것이 아니라 보편적이고 지속적으로 일어나고 있다. 따라서 오늘날 학교들이 이러한 보편적인 흐름을 거스르면서 본래적 기능만을 유지한다는 것은 불가능한 일이며 바람직하지도 않다. 피터스가 그린 보수적인 학교는 이러한 사회의 흐름에 둔감할 뿐 아니라 무기력하다. 피터스가 그린 학교에서 교육받은 사람들은 지적이고 이론적이고 합리적일 수 있겠지만 급변하는 사회에 능동적으로 대처해 나가기 어려울 것이다. 따라서 그가 그린 학교는 사람들이 따라야 할 보편적인 학교의 모습이 아니라 특수한 학교의 모습이다. 사회의 실제생활과 격리된 학교, 사회와의 상호작용이 차단된 학교, 사회적 실제를 수용하지 않으려는 학교, 특정한 사회계층의 가치만을 전수하려는 학교의 이상은 더 이상 설득력을 가지기 어렵다.

참고문헌

강승규(1995). "학교의 본질: 오늘날 학교의 기능은 그 본질에 충실한가?에 대한 토론", 教育學研究. 33: 4, 한국교육학회, 41-46.

김순자(1994). R. S. Peters의 도덕교육에 있어서 정서의 지위, 박사학위논문. 경상대학교대학원.

김안중(1995). "학교의 본질: 오늘날 학교의 기능은 그 본질에 충실한가?", 教育學研究. 33: 4, 한국교육학회, 21-34.

김정금(1992). "John Dewey의 학교론", 教育哲學. 제 10집, 한국교육철학회, 39-54.

김해경(1991). Peters의 권위개념 분석과 교육, 석사학위논문. 경북대학교 교육대학원.

들집편집부 역(1989), Kevin Harris 저. 교사와 계급. 광주: 들불출판사.

신득렬(1994). "M. Oakeshott의 교육개념", 教育哲學. 제 12집, 한국교육철학회, 115-130.

______(1996). "M. Oakeshott의 학습과 교수론", 教育哲學. 제 14집, 한국교육철학회, 115-130.

______(2002). "Peters의 교육개념", 教育學研究. 제 18권 1호, 계명대학교 교육연구소, 27-45.

유재봉(2002). 현대교육철학: 자유교육에 대한 비판 및 대안 탐색. 서울: 교육과학사.

이병승(1994). 교육받은 사람의 개념 연구: John Dewey와 R. S. Peters를 중심으로, 박사학위논문. 계명대학교 대학원.

이종태 역(1988), M. Sarup 저. 교육과 국가. 서울: 학민사.

이홍우(1992). 교육의 개념. 서울: 문음사.

임태평(1987). R. S. Peters의 도덕교육론의 연구, 박사학위논문, 영남대학교 대학원.

정진곤(1995). "학교의 본질: 오늘날 학교의 기능은 그 본질에 충실한가?에 대한 토론", 教育學硏究. 33: 4, 한국교육학회, 35-39.

한은자(1976). R. S. Peters의 교육목적관의 분석, 석사학위논문, 이화여자대학교 교육대학원.

Brown, L. M.(1970). *Aims of Education.* New York: Teachers College Press.

Carr, W.(1986). "Peters' Philosophy of Education: Reviewticle", British Journal of Educational Studies. 32: 1(October), 268-274.

Craig. E. ed.(1998). *Routledge Encyclopedia of Philosophy.* New York: Routledge.

Dearden, R. F., Hirst, P. H. and Peters, R. S., eds.(1972). *Education and the Development of Reason.* London: Routlege and Kegan Paul.

Dewey, J.(1897). "My Pedagogic Creed", *John Dewey The Early Works, 1882-1989, vol. 5,* Carbondale and Edwardsville: Southern Illinois University Press.

______(1916). *Democracy and Education.* New York: The Free Press.

Edel, A.(1973). "Analytic Philosophy of Education at the Cro ssroads", in James F. Doyle(ed.). *Educational Judgments.* London: RKP, 232-257.

Elliott, R. K.(1986). "Richard Peters: A Philosopher in the Old Style", in D. E. Cooper(ed.). *Education, Values and Mind : Essays for R. S. Peters.* London: RKP, 41-68.

Foucault, F.(1977). *Discipline and Punish.* New York: Penguin Books.

Freire, P.(1970). *Pedagogy of the Oppressed.* New York: Herder and Herder.

______(1973). *Education for Critical Consciousness.* New York: Seabury.

Haack, R. J.(1976). "Philosophies of Education", *Philosophy.* vol. 51, no. 196, 159-176.

Harris, K.(1977). "Peters on Schooling", *Educational Philosophy* & Theory. vol. 9, no. 1, 33-48.

______(1980). "Philosopher of Education: Detached Spectators or Political Practitioners?", *Educational Philosophy and Theory.* vol. 12, no. 1, 19-35.

Hirst, P. H. and Peters, R. S.(1970). *The Logic of Education.* London: RKP.

Illich, I.(1970). *Deschooling Society.* New York: Harper & Row, Publishers.

Peters, R. S.(1966). *Ethics and Education.* London: GAU.

______ed.(1967). *The Concept of Education.* London: RKP.

______ed.(1973). *The Philosophy of Education.* Oxford: Oxford University Press.

______ed.(1977). *John Dewey Reconsidered.* London: RKP.

______(1981). *Essays on Educators.* London: George Allen & Unwin.

Reid, L.(1962). *Philosophy and Education:* An Introduction. London: Heinemann.

Sarup, M.(1978). *Marxism and Education.* Henley: RKP.

Small, R.(1983). "Knowledge and Ideology in Marxist Philosophy of Education", *Educational Philosophy and Theory.* vol. 15, no. 2, 15-37.

제 3 부

헤겔과 니이체의 교육담론

제 9 장

변증법적 교육단계 담론과 교육의 과정

1. 들어가는 말

18세기 루소(J. J. Rousseau)는 『에밀』(*Emile*)에서 기존의 인위적인 제도교육이 낳은 폐해를 신랄하게 비판했다. 그는 자연은 선하지만 사회는 악한 것으로 파악하였다. 그리하여 그는 인위적인 사회제도가 사람을 악하게 만들기 때문에 자연으로 다시 되돌아가야 한다는 주장을 줄기차게 내세웠다. 이러한 그의 주장은 부분적으로 어떤 교육적 진실을 담고 있다고 할 수 있다. 왜냐하면 인위적인 사회제도들이 때로는 인간이 본래 타고나는 자연적인 천성의 계발을 해치거나 방해할 수 있다는 점을 예리하게 통찰하고 그 대안을 제시했기 때문이다.

하지만 이러한 루소의 주장이 어떤 교육적 진실을 담고 있다고 하더라도 이것을 선뜻 받아들이기에는 여전히 석연치 않은 점들이 있다. 그는 『에밀』에서 자연의 순리에 따라 살아가는 이상적인 인간상을 제시하고 그를 기르기 위한 체계적인 교육방법론을 제시하기는 했지만 과연 에밀을 누가 교육할 것인가 하는 소위 교육 주체에 대해서는 아주 느슨하고도 막연한 답을 제시하였다. 그의 주장을 면밀히 검토해보면 그는 인간이나 교육제도가 아닌 자연이 인간을 교육해야 한다고 상정하고 있다(민희식 역, 1991: 25, 38). 이것은 아이들을 자연 속에 맡겨두면 저절로 교육이 이루어진다는 뜻으로 이해될 수도 있다. 물론 이러한 루소의 주장은 지나친 간섭이나 인위적인 방법을 최소화하는 것이 이상적인 교육임을 천명한 것이기는 하지만 루소는 인위적인 제도에 대해 상당한 적개심과 증오심을 가지고 있었던 것만큼은 분명한 사실이다. 하여튼 루소의 교육론을 관통하는 주장은 사회제도란 언제나 비교육적이며 때론 반교육적이라는 점이었다. 따라서 그는 교육적인 영향을 끼치는 사회제도조차도 거부하고 부정하게 되었다. 이러한 루소의 주장이 안고 있는 가장 심각한 난점 중의 하나는 사회제도의 영향을 지나치게 소홀하게 다루었다는 점이다.

이러한 루소의 개인주의적이고 낭만주의적인 교육론이 가진 약점과 한계점을 드러내고 이것을 극복하기 위한 대안을 제시하려는 사상가들이 19세기 초 유럽 제국들에서 출현하였다. 헤겔(G. W. F. Hegel: 1770-1831)이 그 대표적인 사상가라고 봐야 할 것이다. 헤겔은 루소가 제시한 교육적 이상 즉 자연적인 천성의 계발과 자아실현을 근본적으로 부정하지 않았다. 다만 루소에 대한 그의 비판의 핵심은, 루소가 사회제도가 개인에게 끼치는 영향이 적지 않다는 점을 간과했다는 점이었다. 그는 루소와는 달리 사회제도가 특정 인간이나 자연보다 개인의 성장과 발달에 더 큰 영향을 준다는 점을 역설하였다. 그는 교육이 성취하려는 목적들 예컨대 자유, 자아, 의식 등은 자연 속에서가 아니라 개인이 몸담고 있는 사회제도 안에서 성장, 발전할 때보다 더 완전해질 수 있다고 믿었다.

헤겔은 국가주의자로서 개인보다 국가를 우위에 둔 것은 사실이지만 개인의 가치를 무시하지는 않았다. 그는 플라톤(Platon)과 마찬가지로 국가 공동체가 교육받은 개인들(educated individuals)들로 구성될 때보다 더 이상적인 형태의 국가가 될 수 있다고 보았다. 따라서 그의 교육에 대한 가장 핵심적인 주장은 자연상태에서 태어난 개인을 어떻게 국가의 훌륭한 구성원으로 육성할 것이냐에 있었다. 말하자면 그의 주된 관심은 교육적인 국가(educational state)[1]를 어떻게 실현해 나갈 것이냐에 초점이 맞춰져 있었다. 그리하여 그는 먼저 교육적인 국가의 실체를 밝히려 하였으며 이를 실현하기 위한 교육단계들을 비교적 체계적으로 제시하였다. 이러한 점에서 그는 일반철학 분야에서만 기여한 사상가라고 하기보다는 교육 분야에서도 찬란한 교육적 아이디어들을 제시한 교육자 혹은 교

1) 블랙커는 "Civic Virtue, Markets and Schooling: Lessons from Hegel's Educational State"에서 플라톤이 교육받은 수호자들(guardians)이 지키는 국가를 이상적인 국가로 그렸듯이, 헤겔도 교육받은 관료들(educated bureacrats)이 지키는 국가를 이상적인 국가로 설정하였다는 점에서 이 두 철학자들 간에 유사성이 있다고 지적한 바 있다(Blacker, 1992, 1-2).

육철학자라고 봐야 할 것이다.[2]

그러나 아쉽게도 그의 교육관, 교육철학 혹은 교육사상은 제대로 평가받지 못했으며 그의 교육에 대한 아이디어들은 여전히 발굴되지 않는 상태로 남겨져 있다.[3] 따라서 이 글은 헤겔의 교육사상에 대한 이해의 지평을 넓히기 위한 한 방안으로서 그의 여러 철학 저작들에 나타난 교육적 아이디어들을 고찰하고자 한다. 특히 그의 교육적 견해가 비교적 잘 드러난 『법철학』(*Philosophy of Right*), 『정신철학』(*Philosophy of Mind*), 『자연철학』(*Philosophy of Nature*), 『역사철학 강의』(*Philosophy of History*), 『철학입문』(*Philosophische Propadeutik*), 『윤리적 삶과 제일의 정신철학』(*System of Ethical Life and First Philosophy of Spirit*)[4] 등의 내용을 분석함으로써 그의 주장이 가지는 교육학적 의미를 밝히고자 한다. 이 글은 오늘날 불신당하고 있을 뿐만 아니라 점차 위약해져 가고 있는 공교육의 본래적 기능을 되새겨보고 그것의 방향성을 재고해 볼 수 있는 계기를 마련해 준다는 점에서 나름대로 의의 있는 연구가 될 수 있을 것이다.

2. 변증법적 교육단계

주지하다시피 헤겔은 역사를 이성의 변증법적 발전과정으로 설명하였다. 그에 의하면 변증법(辨證法)이란 인간의 역사와 사회를 움직이는 법칙이다. 즉 그는 역사란 이성이 테제(正: These), 안티테제(反: Anti-these), 진테제(合: Syntheses)라는 변증적인 논리를 통해 보다 더 보편적이고 절대적인 세계에로 다가가는 과정으

2) 예컨대, 루퀘어(F. L. Luqueer)는 헤겔을 '교육자'로 바라보았으며(Luqueer, 1896) 최근에 솔(I. Soll)은 헤겔을 '교육철학자'로 평하였다(Soll, 1972). 또 국내에서 최신한(1999)과 신득렬(2000)은 헤겔을 '교육사상가'로 평가하였다.

3) 물론 헤겔의 교육사상을 조명한 글이 전혀 없는 것은 아니다. 외국의 경우, 로젠크랜츠(K. Rosenkranz, 1873), 루퀘어(F. L. Luqueer, 1896), 맥켄지(M. Mackenzie, 1909), 솔(I. Soll, 1972), 빈센트와 조지(A. W. Vincent and M. George, 1982) 등의 연구가 있으며, 국내에서는 윤노빈(1968)과 최신한(1999)의 글이 있다.

4) 이하에서의 헤겔 저작 인용은 다음과 같이 약칭으로 표기하였다. 예컨대, *Philosophy of Right*는 *PR*, *Philosophy of Mind*는 *PM*, *Philosophy of Nature*는 *PN*, *Philosophy of History*는 *PH*, *Philosophische Propadeutik*는 *PP*, *System of Ethical Life and First Philosophy of Spirit*는 *SEL*로 표기하였다.

로 보았다. 이러한 그의 변증법의 논리에 의하면, 하나의 사물은 자체의 속성과 모순되는 속성을 가지고 있다. 자체의 속성과 이것에 반립하는 속성은 처음에는 대립, 갈등의 양상을 보이지만 결국 이 둘은 보다 더 발전적인 방향으로 통합되어 나간다(Taylor, 1979: 53-55). 헤겔은 이러한 변증법의 논리를 토대로 인간, 역사, 사회를 설명했을 뿐만 아니라 교육의 발달단계를 설명하였다. 즉 그는 변증법의 논리에 따라 교육의 과정을 가정교육의 단계, 학교교육의 단계, 그리고 시민사회교육의 단계로 나누어 설명하였다. 물론 이러한 단계들은 보다 완전하고 보다 더 보편적인 국가의 이상을 실현하기 위한 사회적 과정들이다.

1) 가정교육

헤겔은 가정을 국가의 첫 번째의 윤리적 기반으로 생각했다. 이러한 생각이 잘 드러난 저작은 『정신철학』과 『법철학』으로, 그는 『정신철학』에서 가정을 "직접적이거나 자연적인 정신"(*PM,* 1971: 255, 517)이라고 정의하였으며, 『법철학』에서 가정을 "직접적이거나 자연적인 윤리적 정신"(*PR,* 1952: 57, 157)이라고 정의하였다. 가정에 대한 이러한 정의는 우리가 흔히 이해하는 가정의 정의를 넘어서고 있다. 가정에 대한 이러한 정의는 상당히 관념적 혹은 추상적임에 틀림없다. 그에 의하면 가정은 의식주를 해결하는 주거공간이나 안전을 도모하기 위한 물리적인 공간만을 의미하는 것이 아니라 가족 구성원들이 각자 타고난 욕망을 직접 혹은 자연스럽게 해소해 가는 정신적 기반이 되는 곳이다. 말하자면 가정은 자연적인 욕망을 합리적인 형식으로 변형시킬 수 있는 윤리적이며 정신적인 목적을 지닌 곳이다. 가정에 대한 이러한 헤겔의 입장은 가정이 윤리적 혹은 정신적 삶의 토대가 되는 곳일 뿐만 아니라 교육적으로도 매우 중요한 장소라는 점을 말해 준다.

헤겔은 『법철학』에서 가정의 형성과정 및 존재이유를 밝히는 가운데 가정이 지닌 여러 가지 기능들을 설명하였다. 그에 의하면, 가정의 첫째 기능은 종족유지와 생존에 기여하는 것이다. 결혼한 부부는 처음에 순전히 자아중심적인 성적 동기를 가지고서 서로 결합한다. 그 결합은 합리적인 목적 즉 종족유지와 생존에 공헌한다. 헤겔은 그것을 "종족의 현존과 그 삶의 과정"(*PR,* 1952: 58, 161)이라 불렀다. 이제 부부를 묶는 초기의 성적 행위는 생물학적 욕망을 초월하여 전 인류에게 어떤 의미를 부여해 준다.

가정의 두 번째 기능은 재화를 획득하고 관리하고 분배하는 일이다. 헤겔은 이러한 기능이 가장인 남편에게 주어져 있다고 보았다. 그는 "남편에겐 밖에 나가 생계를 벌고 가족의 모든 욕구를 충족시키며 그리고 가족의 재산을 분배하고 관리할 의무가 주어져 있다."(*PR,* 1952: 60, 170)고 지적하면서 재산은 그것이 가족 전체를 위해 쓰일 때 비로소 윤리적인 것이 된다고 보았다. 특히 그것이 자녀의 양육 및 교육을 위해 쓰일 때 윤리적인 성격을 띤다고 보았다. 가정의 세 번째 기능은 자녀양육과 교육이다. 헤겔은 이와 관련하여 자녀교육이 다음 두 가지 목적을 실현하기 위해 이루어져야 한다고 보았다.

> 가족과 관련하여 아동교육은 어떤 차이를 드러내지 않는 직접적인 감정의 형식 안에 윤리적인 원리를 스며들게 함으로써 윤리적 삶의 토대를 마련하고 자신의 초년기를 사랑, 신뢰, 복종 속에서 살아가도록 하는 적극적인 목적을 가진다. 또 가정교육은 본능적이고 신체적인 것으로부터 벗어나 자아정체성과 자유로운 인격을 갖게 하고 가족의 자연스런 결속으로부터 벗어나게 하는 소극적인 목적을 가지고 있다(*PR,* 1952: 61, 175).

헤겔은 이러한 가정의 목적들이 실현되기 위해서는 부모의 역할이 무엇보다도 중요하다고 보았다. 그는 부모의 가장 중요한 역할은 "자녀가 자연의 굴레에서 자유를 함부로 행사하지 못하게 함으로써 그 보편성을 자녀의 의식과 의지에로 끌어 올리는 데 있다."(*PR,* 1952: 61, 174)고 보았다. 말하자면 가정에서 부모의 역할은 자녀의 자연스런 본능, 감정, 욕망을 합리적인 형태로 변형 혹은 발전시키는 것이다. 이러한 헤겔의 주장은 역사란 자연으로부터 절대정신으로 나아가는 발전과정이라고 보는 그의 역사관과 깊은 관계를 가지고 있다. 그는 쉘링(Schelling)을 원용하는 가운데 "자연은 그 껍데기로부터 갑자기 정신세계로 나아가길 열망한다. 자연 상태에서 자녀는 단지 본능적인 존재로 남아 있을 따름이다."(*PN,* 1970, 14-15, 24)라고 적은 바 있다. 결국 헤겔에게 가정교육의 목적은 자녀를 자연적인 욕망과 본능적 상태로부터 이성적인 존재로 인도하는 데 있다.

헤겔은 부모가 자녀를 이성의 세계로 인도하는 일이 결코 쉬운 일이 아님을 통찰하고 있었다. 그리하여 그는 처벌(punishment)과 훈육(discipline)이 필요하다고 보았다. 그에 의하면, "훈육의 목적은 자녀의 자아의지를 파괴함으로써 순전히 자연적이고 감각적인 자아를 제거하는 데 있다"(*PR,* 1952: 134, addition 111). 그는 이 단계에서 훈육을 담당하는 부모나 교사의 태도가 대단히 중요하다고 보았다. 즉 부모나 교사는 보편적 이성과 합리적 목적의 화신으로서 자녀의 모델이 되어야 한다고 보았다. 그러나 헤겔은 훈육을 잘못 사용하였을 경우 그것이 오히려 비교육적인 결과를 낳을 수 있음을 경고하였다. 그리하여 그는 훈육이 일관성 있게 사용될 때만이 아동을 도덕적 자아의 실현이라는 보편성에로 인도할 수 있을 것이라고 주장하였다. 또한 처벌도 오직 아동의 의식을 보편적인 정신세계로 인도할 때에 한해서만 적용되어야 한다고 보았다. 그리하여 처벌이 보편성의 추구를 위한 효과적인 수단이 아니라면 그것은 '장난' 내지 '변덕'에 지나지 않는다고 보았다(*PR,* 1952: 134, ad. 111).

훈육과 처벌을 정당화했던 헤겔은 그 당시 독일 내에서 아동의 흥미를 강조했던 사상가들의 주장을 못마땅하게 생각하였다. 특히 그는 루소의 자연주의 사상과 그의 계승자들의 사상을 비판하였다. 그는 자녀를 자연상태에 방치해 두는 것은 위험천만한 일이라고 생각하였다. 그리하여 그는 "자녀들을 일상생활로부터 떼어 놓고 시골에서 자라게 하려는 루소의 『에밀』에서 제안한 교육실험들은 실패할 수밖에 없다. 왜냐하면 세상의 법률로부터 사람들을 소외시키는 시도는 결코 성공할 수 없기 때문이다."(*PR,* 1952: 133, ad. 102)라고 꼬집었다. 또 그는 루소의 사상을 계승 발전시킨 독일 계몽주의자들의 교육의 유희이론(play theory of education)이 가진 위험성도 열렬히 비판하였다. 그는 "이 이론의 문제점은 어린이다운 것이 그 자체로서 가치로운 것이라고 판단한 나머지 오히려 어린이의 참된 요구를 왜곡시키고 타락시키고 있다."(*PR,* 1952: 61, 175)고 지적하였다.

요컨대 헤겔에 있어서 가정은 다양한 교육적 기능을 제공하는 곳이다. 가정은 부부의 성욕이 생물학적 차원에서 윤리적 차원으로 승화되는 곳이며, 자녀를 양육 혹은 교육하기 위한 경제적이고 도덕적인 기반을 제공하는 곳이다. 가정 안에서 자녀는 부모의 애정과 더불어 적극적인 간섭 그리고 통제를 통해 자신의 이기적인 자아, 개별적인 의식, 그리고 주관적인 정체성을 보다 객관적이고 보편적인 자아, 의식, 정체성으로 발전시켜 나갈 수 있는 능력을 가진 존재로 성장해 간다. 하지만 헤겔의 역사철학에 의하면 가정은 더 큰 사회로 나아가기 위한 과도적인 단계에 지나지 않는다. 따라서 가정에서 획득한 지적, 정서적, 도덕적 능력들은 불완전하다. 보다 더 객관적이고 보편적인 세계로 나아가기 위해서는 의식의 자기부정(自己否定: self-negation)이 필연적이다. 즉 가정이 가진 한계와 모순을 변증법적으로 부정하고 이를 극복하려는 노력이 요구된다. 헤겔은 학교교육이 바로 이러한 것을 극복하도록 하는데 부분적으로 도움을 줄 것으로 생각했다.

2) 학교교육

헤겔은 가정교육 못지않게 학교교육을 중시하였다. 그의 학교교육에 대한 생각은 다른 몇몇 철학적 저작들 안에서 나타나기도 하지만 그것은 주로 그가 1809년부터 1815년 사이 자신이 교장으로 재직했던 뉘른베르그(Nürnberg)시 소재의 김나지움(Gymnasium)에서 학생들에게 행한 연설과 『철학입문』(*Philosophische Propadeutik*)에 비교적 잘 드러나 있다.[5)]

그에 의하면, 가정이 국가의 윤리적 기반으로써 "직접적이거나 자연적인 정신"이라면, 학교는 추상적인 일반정신(General Mind)을 함양하는 이론학습의 장이다. 자녀는 가정에서 신뢰, 사랑, 안정을 발견하며, 자기 자신의 독특한 개성과 성향을 개발할 수 있도록 배운다. 하지만 아동이 일단 학교에 입학하게 되면 그는 삶을 살아가는데 보편적인 것으로 여겨지는 모종의 추상적인 형식들(abstract forms)을 배운다. 이 형식들은 아동 개개인의 성격적 특성에 관계없이 주어진다는 점에서 학교교육은 가정교육에 비해 훨씬 더 강제적이고 일방적이다. 따라서 학교는 단지 아동의 주관적인 욕망을 중재하는 곳이 아니라 보다 더 일반적이고 보편적인 원리 혹은 규율에 따라 학생을 지도하는 데 목적을 두고 있다(*PM*,

5) 헤겔은 교장으로 재직했던 당시 김나지움의 학생들에게 초보적인 수준의 철학입문을 가르쳤으며, 매년 졸업식날 5차례에 걸쳐 시의원과 학부모, 그리고 학생들 앞에서 연설을 하였는데, 이 연설의 내용은 『철학입문』과 더불어 그의 저작 제3권 안에 담겨 있다. 그의 연설들은 얼마 안 되는 분량으로 되어 있지만 아름답고도 인간적인 호소를 담고 있을 뿐만 아니라 인문교육의 교육적 가치들에 대한 고전적인 설명을 해 주고 있다.

1971: 61, ad. 396). 그는 『철학입문』에서 학교교육의 목적을 보다 선명하게 제시하였다.

> 학교는 가족적인 삶을 공적인 삶으로 전환시키는 곳이며 인류가 과거에 성취한 것과 미래의 희망을 중재하는 곳이다. 학생의 관점에서 보면 학창시절은 성장, 확장, 진보의 시기이다. 교육자의 입장에서 보면 가르치는 기간은 학습과 세대의 순환시기이다. 또 교육 그 자체의 관점에서 보면 학창시절의 순간적인 관심 혹은 흥미들은 도도히 흐르는 역사의 흐름 속에서 이상적인 것으로 변화하게 된다. 교육이란 그 자체로서 하나의 실험으로 이해될 수 없다(*PP*, 232, Mueller, 1955: 231).

헤겔에 의하면 학교교육의 목적은 한 마디로 개인적인 삶을 공적인 삶으로 바꾸는 것이다. 그는 이러한 교육목적을 실현하기 위해서 청소년을 즉흥적이고 직접적인 욕구의 지배를 받는 가정으로부터 엄격하게 분리시켜야 한다고 생각하였다. 그리하여 그는 "학교교육이 아이들을 감정과 욕구의 삶으로부터 사고의 자유 및 지적 활동의 자유에로 이끌어줘야 하며 즉흥적인 욕구와 변화하는 외부 사물들을 정복할 수 있는 힘을 강화해 주어야 한다."(*PP*, 268-269, Mueller, 1955: 231)고 주장하였다. 이러한 주장은 아이들이 타고나는 자연스런 천성을 지키기 위해 그들을 학교제도로부터 격리시켜야 한다고 주장한 루소의 생각과는 큰 대조를 이룬다.

헤겔은 이상과 같은 학교교육의 목적을 실현하기 위해서 교육과정(教育課程)을 개편해야 한다고 생각하였다. 김나지움의 교장으로서 그는 현행의 학교교육과정이 학생들의 눈을 사적인 세계로부터 공적인 세계 혹은 보편적인 세계로 돌리도록 하는 데 한계가 있음을 통찰하였다. 그리하여 그는 교육과정 안에 라틴어와 그리스어 이외에도 수학, 물리학, 역사학, 현대 독일문학, 그리고 철학 등을 포함시켰다. 특히 그는 라틴어와 그리스어에 남다른 관심을 보였는데, 그것은 이 언어들에 대한 학습이 위대한 고대 그리스 및 로마의 정신문화를 습득하는 첩경이 된다고 판단했기 때문이다. 그는 그 당시 고전연구 및 교수를 소홀하게 다루었던 공리주의 교육론자들(utilitarian educators)의 생각을 매우 못마땅하게 생각하였다. 그는 유럽문화의 지적 토양이 그리스와 로마에 의해 비옥해졌음을 인식하면서도 인문교육(humanistic education)이란 실제 생활에 당장 도움을 주는 것이 아니라는 이유로 인문교육을 비난하는 공리주의자들에게 굴복하는 것은 대단히 비극적인 일이라고 주장하였다(*PP*, 234-236, Mueller, 1955: 232).

헤겔이 학교의 교육과정에서 고전연구와 교수를 중시한 까닭은 크게 두 가지로 요약된다. 하나는 학생들로 하여금 인류가 축적해 놓은 문화유산 속에 담겨진 위대한 정신을 배우도록 하는 데 있었다. 헤겔은 학생들이 고전의 세계에 입문함으로써 즉시적이고 즉물적인 관심사로부터 벗어날 수 있을 것이며 특수한 역사적 상황으로부터 해방될 수 있을 것이라고 판단했다. 또 다른 하나는 고전이 학생이 학교를 졸업한 후에도 자기의 현존세계를 바르게 이해할 수 있는 기본적인 사고구조를 획득할 수 있는 수단을 제공한다는 것이다. 그는 고전작품의 가치에 대해 다음과 같이 적었다.

> 고전은 비교할 수 없을 정도로 가장 광범위한 형식 내에서 표현될 수 있는 가장 고매하며, 지적이며, 도덕적인 요소들을 포함한다. 즉 인간행위와 성격의 고상함, 다양한 인간운명, 제도, 정체(政体)는 다른 어떤 문화의 범주 내에서는 찾아 볼 수 없다는 확신을 실증시켜주기 때문에 그것은 훨씬 더 탁월하며, 존중할 만한 가치가 있으며, 근원적이며 다면적이며 교훈적이다. 이러한 풍요로움은 언어 속에 담겨져 있으며 그 언어의 중재를 통해서 우리는 그 중요성을 적절히 인식하게 된다. 번역서는 형식은 있되 영혼이 없다. 그것은 유연함과 향기가 없는 인공적인 장미와 같다. · · · 감미로운 향취를 느낌이 없이 고전을 읽는 것은 김빠진 술을 마시는 것과 같다(*PP*, 237-239, Mueller, 1955: 233).

헤겔은 고대인들의 정신세계를 제대로 이해하기 위해서는 고전을 바르고 철저하게 읽도록 가르쳐야 한다고 생각했다. 그리하여 그는 고전이 게으른 소수의 사람들에게 단순히 고대 세계에 대한 호기심을 불러일으키는 동기로 읽히거나 어린 학생들에게 놀이거리로 읽혀서는 안 된다고 주장하였다. 또한 고전을 대충대충 읽거나 어설프게 읽도록 해서는 안 된다고 보았다. 따라서 그는 학생들이 고전 속에 담긴 정신을 바르게 이해하도록 하기 위해서는 고전 언어 즉 그리스와 라틴어에 정통하도록 가르쳐야 한다고 보았다. 그는 언어가 그 시대 사람들의 정신세계를 반영하는 것인 만큼 번역본을 가지고 고전을 읽는 것은 마치 "김 빠진 술을 먹는 것과 같은 것"으로서 고전의 가치를 떨어뜨린다고 생각하였다. 이러한 이유로 그는 학교에서 그리스어와 라틴어를 가르쳐야 한다고 누차 역설하였다.

그러나 헤겔은 학교에서의 고전교육이 가지는 내재적인 가치와 중요성을 강조한 것은 사실이지만 그것은 어디까지나 성숙한 시민을 기르기 위한 하나의 도구로서 가치를 가질 뿐이라고 생각했다. 말하자면 고전교육은 장차 학생이 시민사회에 진출하였을 때 성숙한 시민으로서 원만한 사회생활을 할 수 있도록 일반적인 소양을 길러주는 데 주된 목적이 있다는 것이다. 그는 그 당시 다른 국가주의 교육사상가들과 마찬가지로 학교교육의 조직 및 교육과정의 운영이 국가 주도적으로 이루어질 때 비로소 소기의 목적을 달성할 수 있을 것이라고 믿었다.

이상과 같은 헤겔의 학교교육관은 전통적인 학교교육관과 크게 다를 바가 없지만 그의 변증법적 역사관에 비추어보면 학교교육이란 완전하고 보편적인 교육단계가 아니다. 이것은 다만 보다 더 보편적이고 일반적인 세계로 나가기 위한 과도적인 교육단계에 지나지 않는다. 따라서 학교 안에서 가르치고 배우는 이론적 지식이라는 것도 불충분하고 불완전한 것일 수밖에 없다. 그의 변증법적 논리에 따르자면, 학교에서 배운 지식이란 그 자체에 모순을 지니고 있으며 이 모순이 극복될 때 비로소 그의 이론적 지식은 보다 더 큰 일반성과 보편성을 확보할 수 있다. 따라서 학교교육의 단계에서 학생이 자신의 자아의식, 정체성, 자유를 보다 한 차원 높은 단계로 이끌어 올리기 위해서는 자신이 배운 지식에 대한 자기소외(self-alienation) 혹은 자기부정이 필요하다. 헤겔은 이러한 과정이 정신적 고통을 수반하기는 하지만 더 큰 정신적 세계 즉 시민사회 혹은 국가사회로 나아가기 위해서 필연적이라고 주장했다.

3) 시민사회교육

헤겔은 교육을 보편적인 정신 혹은 절대이성을 완결하기 위한 하나의 사회적 과정으로 바라보았다. 따라서 학교교육의 종료가 교육의 완전한 종결을 의미하지는 않는다. 그의 교육개념에 의하면, 교육은 연속적이며 계속적이다. 따라서 학교를 졸업한 사람은 시민사회교육을 통해 자신의 의식과 정체성을 보다 더 높이 고양시키고 발전시켜 나갈 수 있다. 그는 시민사회의 교육이 비록 형식적 혹은 의무적인 형태의 것은 아니지만 보다 완전하고 보편적인 국가사회의 구성원을 길러내는데 중요한 몫을 담당할 것이라고 생각하였다.

우선 헤겔은 시민사회의 속성을 규정하기를, "시민사회는 가정과 국가 사이에 놓여 있는 차별태(差別態: stage of difference)로서 각 개인의 독특한 개성, 재능, 출생과 운명이 자유로이 작용하는 곳이며, 격정이 몰아치는 곳이기 때문에 오직 이성에 의해서만이 규제될 수 있는 곳이다."(*PR*, 1952: 135, ad. 116). 가정이 아주 소박한 속성을 실현하기 위한 인륜적 집단인 반면에 시민사회는 특수한 목적과 특정의 이익을 획득하기 위해 조직된 이익집단이다. 그리하여 헤겔은 이것을 원자적 조건(原子的 條件)이라고 불렀다(*PM,* 256-257, 523). 이 집단의 유일한 목적은 이기적인 욕망을 성취하는 데 있다. 사람들은 오직 자신만의 이기적인 욕구를 충족하기 위해 모였다가 흩어져 버리기 때문에 인간관계는 순간적이고 우연적일 수밖에 없다는 것이다. 말하자면 그는 시민사회가 원자적 인간관계, 우연적 자의성, 주관적 기호에 지배를 받기 쉬운 사회로서 자칫 잘못하면 무분별한 향락과 계급 간의 대립과 갈등이 첨예화되면서 사회가 와해 혹은 붕괴될 위험이 있다고 보았다(*PR,* 1952: 64, 185).

헤겔은 이러한 속성을 지니는 시민사회에 뛰어든 청년 혹은 성인이 상당히 큰 혼란을 겪을 것이라고 생각했다. 즉 학교에서 배운 이론적 지식과 사회적 실제와는 상당한 괴리가 있다는 점을 알고는 충격을 받을 것이라고 보았다. 실제로 그는 18세기 이후 산업혁명이 가져온 시민사회의 급격한 변화들이 젊은이들을 어떻게 변화시키는지를 예의 주시하였다. 그는 많은 젊은이들이 모순에 가득 찬 사회를 바라보면서 자신의 꿈과 이상을 포기하는 것을 직시하였다. 그리하여 그는 학교를 졸업한 청년이 첫 발을 내딛는 시민사회에서 받게 될 이런 저런 충격들을 해소하고 책임있는 시민으로서 성장해 가도록 하기 위해서는 여기에 걸맞는 교육이 이루어져야 한다고 주장했다.

헤겔에 의하면, 시민사회가 해야 할 일은 우선 사람들의 관심사를 이기적이고 우연적인 것으로부터 공적이고 보편적인 방향으로 전환시키는 것이다. 그는 이 단계에서 이루어져야 할 교육은 "사회 성원들의 개별성, 자연성, 자의성을 앎과 의지의 자유와 보편성에로 고양시키는 것"이라고 주장했다(*PR*, 1952: 65, 187). 헤겔은 이러한 것들이 가능해지기 위해서는 무엇보다 이성(理性)의 도움이 필요하다고 보았다.

> 이성의 목적은 소박한 자연상태를 다루는 방식도 아니며, 교육을 통해 얻은 즐거움을 만끽하려는 것도 아니다. 이와는 반대로 이성의 목적은 자기를 의식하지 않는 수동적인 상태를 극복하도록 하고 지식과 의지의 미숙한 상태 즉 정신을 깊이 빠져들게 만드는 직접성과 개별성에서 벗어나게 하는 것이다. 그리하여 무엇보다도 외면적인 조건에 상응하는 합리성 즉 보편성의 형식과 오성(悟性: understanding)을 획득하도록 하는 것이다(*PR*, 1952: 65, 187).

헤겔은 이성의 도움을 받게 되면 사회의 구성원들이 책임감이 강한 시민으로서의 자질을 갖출 수 있을 것이라고 생각했다. 자아 중심적인 욕구를 채우려는 시민들의 태도가 점차 개선될 수 있을 것이며 자연적인 성향이 보다 더 객관화될 수 있을 것으로 생각했다. 또 이성의 도움을 받음으로써 시민들은 자연적 욕망을 왜 갱신해야 하는지의 이유를 인식하게 되고 공동체에 대한 일종의 의무감도 가지게 될 것이라고 보았다. 하지만 헤겔은 이성의 지배를 받은 시민을 길러내는 일이 결코 쉬운 것이 아니라는 점을 절감하였다. 그리하여 그는 교육이 시민들을 단순한 주관성, 욕망의 직접성 그리고 감정의 주관성 혹은 개인적 성향의 변덕스러움으로부터 벗어나게 해 주려고 시도한다는 점에서 교육을 '해방'(liberation) 혹은 '해방을 위한 투쟁'(struggle)이라고 불렀다(*PR*, 1952: 65, 187).

이상과 같은 헤겔의 견해에 따르면 시민사회의 교육목적은 젊은이로 하여금 이상과 현실 간의 괴리와 이상의 포기를 가져오는 우연성을 적절히 극복하게 하는 데 있다고 볼 수 있다. 그는 이러한 우연성을 각종 사회단체, 기관, 그리고 전문적인 직업세계에 적극적으로 참여함으로써 부분적으로 극복할 수 있지만 근본적으로는 극복할 수 있는 것은 아니라고 보았다. 여기에 시민사회에 대한 헤겔의 깊은 불신과 우려가 놓여져 있다. 즉 시민사회의 각종 단체들, 기관들, 직장들은 책임감 있는 시민정신을 고취시켜 주는 데는 한계가 있다는 것이다.

아이러니컬하게도 그는 시민사회의 문제점을 해소하기 위한 방안을 다시 형식적인 교육에서 찾으려고 하였다. 왜냐하면 학교교육은 어떤 개별성, 이질성, 특수성을 인정하지 않는다는 점에서 시민교육보다 훨씬 보편적이고 객관적이라고 생각했기 때문이다.

4) 국가와 윤리적 삶

헤겔에 있어서 가정, 학교, 그리고 시민사회의 교육은 사회적 과정이기는 하지만 그 자체로서 완전하지도 완벽하지도 않다. 그에 의하면 이러한 교육제도들 안에서 이루어지는 교육은 그의 형이상학이 지향하는 궁극적 목적이라고 할 수 있는 절대성(Absolute)과 영원성(Eternal), 즉 절대정신(Absolute Spirit)에로 수렴되는 과정에 지나지 않는다(Boyd and King, 1975: 350-51). 말하자면 선행하는 교육기관들의 교육은 국가가 절대 정신을 실현해 가는데 필요한 과정이거나 단계에 지나지 않는다. 따라서 국가는 가정과 시민사회가 따라야 할 최고의 권위를 가지며 그것을 행사한다.

헤겔은 국가를 다양하게 정의하였다. 즉 그는 국가란 "윤리적 이념이 구체화된 상태", "객관적 정신", "자유가 실현된 상태", 그리고 "살아있는 유기체"라고 정의하였다(*PR*, 1952, 80, 82, 143). 이러한 정의는 개념적으로 혼란스럽지만 그가 말하는 국가란 일반적으로 자유, 정신, 이성이 보다 완전하게 실현된 상태를 말한다. 즉 객관성과 보편성이 완전하게 구현된 상태를 말한다. 이러한 국가의 개념에 비추어 볼 때 국가는 국가 이전의 가정, 학교, 시민사회보다 완전하며 완벽한 형태의 공동체이다. 헤겔은 개인이 이러한 국가 공동체 안에서 교육받을 때 비로소 국가의 온전한 성원으로서 자격과 인격을 가질 수 있다고 보았다.

헤겔은 국가교육의 궁극적인 목적이 '시민정신'(citizenship)을 가진 사람을 육성해 내는 일이라고 보았다. 그가 말하는 '시민정신'이란 국민의 도덕적 자질을 평가하는 중요한 척도로서 그는 이것을 '인륜'(人倫: Sichttlichkeit)이라고도 불렀다. 또 시민정신이란 그가 말한 바 있는 '교육받은 이성'(educated reason)과 일치하는 개념이기도 하다(Vincent and George, 1982: 139). 따라서 시민정신을 소유한 사람이란 국가적 차원에서 길러내고자 하는 교육받은 사람(educated person)의 모습이기도 하다.

헤겔은 이러한 사람을 길러내기 위해서는 첫째, 시민들을 국가의 여러 기관에 적극적으로 참여시켜야 한다고 보았다. 그는 시민들이 국가에 참여함으로써 국가의 운영절차와 국가의 업무를 이해하게 되고 나아가 국가가 요구하는 자질과 태도를 가질 수 있을 것이라고 보았다. 뿐만 아니라 시민들은 국가 기관에 참여함으로써 자기 국가의 관습을 내면화하고 나아가 완전한 형식의 윤리적 삶을 영위해 갈 수 있을 것이라고 보았다. 따라서 시민들이 국가기관에 참여하는 일은 국가와 개인 모두에게 바람직하다는 것이다. 즉 이러한 과정 속에서 국가는 개인이 원하는 것이 무엇인지를 정확하게 인식할 수 있고 반대로 개인은 공공 이익이 자신의 이익이라는 점을 인식하게 된다는 것이다(Pelczynski, 1971: 17).

둘째, 국가가 시민정신을 가진 사람을 길러내기 위해서는 법을 존중하고 그것에 복종하도록 가르쳐야 한다고 생각했다. 헤겔은 시민이 법을 만들기도 하지만 법이 시민을 만들기도 한다고 생각하였다. 그리하여 그는 『법철학』에서 피타고라스 학파에 속한 사람의 말을 인용하는 가운데 "좋은 법을 가진 시민"을 만든 일이 무엇보다 중요하다고 강조하였다(*PR,* 1952: 57, 153). 또 그는 "그를 시민으로 만드는 것은 법에 대한 헌신이며 법 또한 시민을 위해 공헌한다."(*SEL,* 1979: 59)고 적었다. 그는 이를 위해 법에 대한 올바른 인식과 이해 그리고 내면화가 필요하다고 보았다.

셋째, 헤겔은 국가가 시민정신을 가진 사람을 육성해 내기 위해서는 시민사회에서의 성취한 정신을 극복하거나 폐기하도록 해야 한다고 주장하였다(Vincent and George, 1982: 139). 말하자면 그는 참된 시민정신이란 시민사회에서 성취한 자아의식, 정체성을 부정한 결과라는 것이다. 이러한 주장은 그의 정신의 변증법적 발전단계와 관련이 깊은 것으로서, 자기 부정은 소아적(小我的) 정신세계로부터 대아적(大我的) 정신세계로 나아가도록 하는 발판이 된다는 것이다. 말하자면 가정에서 체득한 사랑의 감정, 학교에서 익힌 이론적 지식들을 부정하고 폐기할 수 있을 때 비로소 한층 더 고양된 자아의식, 정체성, 나아가 시민의식을 가질 수 있다는 것이다.

결국 헤겔에 의하면 형이상학의 궁극적인 목적은 국가로 하여금 자기 발전적인 이성 혹은 절대정신을 구현하도록 하는 것이다. 물론 그가 말하는 절대정신이란 애매모호한 개념이기는 하지만 이것을 좀 더 세련되게 표현하자면 "그 스스로를 절대적으로 드러내는 정신이다"(*PM,* 1971: 18-19, 384). 정신이란 이러한 속성을 강하게 지니고 있기 때문에 헤겔은 이것을 다시 자기-사유적 관념(self-thinking idea)이라고도 불렀다. 그런데 여기서 한 가지 흥미로운 일은 헤겔이 철학과 교육의 목적을 이러한 절대정신을 탐구하는 활동으로 규정하였다는 점이다. 그리하여 그는 『정신철학』에서 "이러한 절대정신의 의미와 그 의무를 탐구하는 것이 교육과 모든 철학의 궁극적인 목적이다."(*PM,* 1971: 18-19, 384)라고 쓴 바 있다. 헤겔에 의하면, 철학은 국가가 변증법적 발전과정을 통해 드러내는 절대정신 혹은 이념을 서술하는 데 관심을 기울인다면, 교육은 국가가 개인의 자아의식과 정체성을 변증법적으로 완성해 가는 과정을 서술하는 일에 관심을 기울인다는 점에 있어서 교육이 추구하는 목적과 철학이 추구하는 목적은 분리될 수 없다. 말하자면 그에 있어서 철학과 교육은 국가이념을 실현하기 위한 알파요, 오메가이다.

3. 논의 및 시사

이상과 같은 헤겔의 교육철학을 관통하고 있는 기본적인 생각은 교육이란 바로 국가가 스스로의 이념을 실현해 가도록 돕는 사회적 과정이라는 것이다(Boyd & King, 1975: 350). 그는 이 과정이 변증법적 논리에 따라 가정교육, 학교교육, 시민교육의 단계로 전개되어 나간다고 생각하였다. 가정은 최초의 인륜적 제도로서 부모가 사랑과 훈육으로서 자녀를 양육 혹은 교육하는 곳이다. 이 단계에서 자녀는 자기모순의 극복을 통해 자연적 본성에서 벗어날 수 있다. 학교는 교사가 학생들을 엄격한 규칙과 규율로서 이론적인 지식을 가르치는 곳이다. 이 단계에서 학생은 이질성 및 특수성을 극복함으로써 국가의 일반적인 목적을 실현하기 위한 지적 능력을 가지게 된다. 그리고 시민사회는 국가제도의 전 단계의 제도로서 형식교육을 마치고 일반사회에 입문한 청년에게 이상과 현실 사이에서 생긴 괴리감을 극복할 수 있는 실천적 능력을 길러주는 곳이다. 이러한 단계를 밟아온 개인은 국가사회의 성원으로서 국가에 기여하고 봉사할 수 있다.

이러한 헤겔의 교육개념 혹은 교육과정은 여러 가지 측면에서 난점들을 안고 있다. 첫째, 헤겔이 구분한 교육단계들은 지나치게 관념적이고 추상적이라는 점을 지적할 수 있다. 그가 제시한 교육단계들은 그 이전의 교육사상가들이 제시한 교육단계보다도 구체적이지도 않으며 체계적이지도 않다. 그는 헤르바르트(J. F. Herbart)와는 달리 인간 존재에 대한 심리학적 통찰이나 식견이 부족하였다. 따라서 현대 교육과학의 관점에서 볼 때 그의 교육개념이나 교육단계의 구분은 설득력을 가지기 어렵다. 둘째, 헤겔은 교육을 국가이념의 실현을 위한 사회적 과정으로 바라보기는 했지만 사실은 교육을 국가이념 실현의 수단 내지 도구로 다루었다는 것이다. 모시어(R. D. Mosier)가 지적한 것처럼 그는 국가제도를 철학적으로 정당화한 가장 탁월한 사상가였다(Mosier, 1953: 100). 그에게 국가는 언제나 완전한 정치 공동체이자 도덕 공동체이다. 따라서 개인은 자연 안에서가 아니라 국가공동체 안에서 교육받을 때 비로소 완전해질 수 있다. 이러한 주장으로 말미암아 그는 개인의 이익보다는 국가의 이익을 합리화한 국가주의 사상가로서 또는 전체주의 사상가로서 비판을 받을 수밖에 없었다(Popper, 1962: 59). 아쉽게도 그는 국가주의 교육이 가져올 폐해나 문제점에 대해서 충분히 통찰하지 못하였다. 즉 그는 국가기관에 의해 이루어지는 일방적이고 획일적인 교육이 때로는 개인의 자유와 자율성 그리고 창의성을 제한하거나 해칠 가능성이 있다는 점을 충분히 고려하지 못하였다. 듀이의 지적처럼 그는 개인주의 교육철학의 결함을 보충하려고 하다가 결국 개인을 국가제도에 종속시켜 버리는 실수를 범하였다(Dewey, 1944: 99). 셋째, 헤겔의 교육개념이 안고 있는 또 다른 난점은 시민사회의 교육에 대한 설명이 불분명하다는 점이다. 그는 시민사회의 교육이 이론과 실제에서 오는 괴리감 혹은 충격을 해소하도록 하는 데 있다고 주장한 바 있는데, 이 때 그는 이러한 교육을 추진해 갈 주체가 누구인지를 구체적으로 밝히지 않았으며 그 방법도 선명하게 밝히지 않았다. 따라서 시민사회 단계에서의 교육에 대한 그의 설명은 불충분하며 모호한 상태로 남아 있다.

이러한 난점들에도 불구하고 헤겔의 교육개념 및 교육단계들에 대한 논의들은 그 이후 영국을 비롯한 유럽의 사상가들[6]과 미국의 교육사상가들[7]에게 지대한 영향을 끼쳤을 뿐만 아니라 오늘날의 교육이론가들[8]에게도 여전히 영향을 끼치고 있다. 뿐만 아니라 오늘날의 교육개념을 개선하고 확장하는데 도움이 될 만한 풍부한 교육적 아이디어들을 담지하고 있다. 그의 교육사상으로부터 퍼낼 수 있는 지혜 혹은 시사점들을 몇 가지 제시해 보고자 한다.

첫째, 헤겔의 교육관 혹은 교육개념은 보기에 따라서 추상적이고 관념적이기는 하지만 교육받은 사람의 관심이 개인으로부터 공동체로 확대되어야 할 것을 요구한다. 그가 교육받은 사람의 이상으로 제시한 '시민정신을 가진 사람'의 눈과 관심은 개인적이고 사적인 이익에 머무는 것이 아니라 공적이고 보편적인 세계에로 열려져 있다. 그가 제시한 교육받은 사람의 정신은 사적인 이익에 매몰되어 있는 것이 아니라 더 크고 위대한 세계를 향해 지향해 간다. 이러한 그의 교육받은 사람의 개념에 비추어 볼 때 특수한 교육목적을 성취하게 하기 위해 이루어지는 학교교육의 내용과 방법들은 개선되어야 할 것이며 특히 공부의 목적을 순전히 사사로운 목적을 실현하기 위한 수단으로 바라보는 우리 사회의 그릇된 교육풍토 역시 바뀌어야 할 것이다. 교육은 무엇보다 개인을 위한 활동이라기보다는 이웃과 공동체 전체를 위한 활동일 때 비로소 그 활동의 가치가 정당화될 수 있기 때문이다.

둘째, 교육을 변증법적인 논리에 따라 설명한 헤겔의 관점은 교육활동이나 현상을 '연속성의 원리'(principle of continuity)에 비추어 해석하도록 해 준다. 그의

---

6) 파울러는 헤겔이 영국의 국가교육에 어떤 영향을 주었는지를 검토하는 가운데, 헤겔이 그린(T. H. Green), 보산키트(B. Bosanquet), 브래들리(F. H. Bradley)와 같은 사상가들에게 영향을 주었으며, 이들은 다시 영국의 국가교육 사상과 실제에 직접 혹은 간접적으로 영향을 주었다고 분석하였다(Fowler, 1959: 55-61).

7) 예컨대, 모시어는 헤겔주의가 미국 교육에 어떤 영향을 주었는지를 탐색하였는데, 그는 헤겔의 사상이 세인트 루이스 대학의 해리스(W. T. Harris)에 의해 지지되었으며, 이것은 다시 젊은 듀이에 의해 계승되었다고 보았다. 그는 듀이가 헤겔의 사상으로부터 결별을 선언하였지만 그의 실험주의 사상 안에는 여전히 헤겔적 요소가 숨쉬고 있으며 여러 부분에서 공통점들이 발견된다고 주장하였다(Mosier, 1953: 97-103). 또 하트만 역시 듀이의 후기 철학 안에 헤겔적인 요소들이 사라진 것 같지만 실제로는 헤겔이 강조한 철학적 원리들이 그대로 남겨져 있다고 지적하였다(Hartman, 1953: xv-xvi).

8) 토레스는 헤겔이 제시한 의식의 개념, 의식의 형성과정 및 전개과정은 프레이리(P. Freire)의 의식화 교육론의 원형을 이루고 있다고 분석하였다(Torres, 1994). 이홍우는 헤겔의 사상이 듀이 교육철학은 말할 것도 없고 영국의 피터스(R. S. Peters)의 교육철학 형성에도 상당한 영향을 끼쳤음을 밝히는 가운데 피터스 교육철학의 기조는 헤겔철학이라고 주장하였다(이홍우, 1982: 18).

변증법의 개념을 역사의 '법칙'으로 이해하건 '방법' 혹은 '과정'으로 이해하건 그것의 가장 큰 속성은 연속성이다. 그의 변증법 개념의 속성에 비추어보면 교육은 자유를 실현해 가는 연속적 과정으로서 어느 특정한 단계에서 종결되거나 완료되는 것이 아니다. 우리는 이러한 그의 생각으로부터 교육현상을 새롭게 해석할 수 있는 중요한 단서를 발견하게 된다. 즉 교육은 형식적인 학교교육을 넘어 평생적인 혹은 생애적인 것으로 이해해야 한다는 점이다. 그의 교육개념에 비추어볼 때 학교교육을 교육의 최종 단계로 바라보는 사람들의 생각은 과감하게 바뀌어야 한다. 형식적인 학교를 졸업한 시민도 끊임없이 배워야 한다는 헤겔의 주장은 평생교육의 필요성을 다시 한번 환기시켜 준다는 점에서 그 의의가 크다고 하겠다.

셋째, 헤겔은 변증법적 교육단계들을 설명하는 가운데 개인은 주어진 단계에서 생겨나는 '모순'(contradiction)을 극복함으로써 보다 객관적이고 보편적인 자아를 발달시켜 나갈 수 있을 것이라고 강조했다. 헤겔은 우리들에게 모순이 가지는 교육학적 의미를 새롭게 해석할 수 있는 가능성을 열어주고 있다. 모순은 때로 대립과 갈등의 원인이 되기도 하지만 창조의 원천이기도 하다. 학습자는 성장 과정 속에서 여러 가지의 형태의 모순들에 직면하게 된다. 가정교육 단계에서 부모의 사랑으로부터 벗어나지 않는 한 그의 정신과 이성은 좁은 울타리에 갇히게 된다. 또 그가 학교교육 단계에서 교사의 가르침에만 의존하게 되면 그의 지식은 무기력한 관념으로 남기 쉽다. 따라서 교육자가 각각의 교육단계 속에서 경험하게 되는 감정적 모순과 이론적 모순을 발견하고 이를 극복하도록 돕는 일은 교육학적으로도 중요한 일이라고 할 수 있다. 이것은 바로 헤겔의 교육사상으로부터 퍼 올린 지혜이기도 하다.

4. 맺는 말

앞에서 살펴본 바와 같이 헤겔의 교육사상은 여러 가지 난점을 안고 있지만 오늘날 공교육의 이념, 교육목적, 그리고 교육과정을 반추하는데 도움을 주기에 충분한 교육적 지혜와 가치를 담지하고 있다는 점에서 결코 과소평가 되어서는 안 될 것이다. 앞에서 논의한 내용을 중심으로 다음과 같은 결론을 내리고자 한다.

첫째, 헤겔의 교육개념에 비추어볼 때 교육은 인간의 자아, 자유, 정체성을 발달시켜 나간 사회적 과정이다. 교육이란 어느 특정한 단계에서 종결되는 것이 아니라 보다 완전하고 보편적인 단계로 나아가는 과정으로서 학교교육을 최종의 단계로 바라보려는 기존의 관점은 바뀌어야 한다. 교육은 평생적인 것으로 이해되어야 하며 자기 자신을 보다 완전하게 만들어 가려는 과정으로 이해되어야 한다.

둘째, 헤겔에 의하면, 교육이 이루어지는 단계마다 어떤 모순들이 내재해 있으며 이 모순들은 발달을 퇴보시키려고 하거나 억제하려는 부정적인 요소가 아니라 새로운 단계로 나아가려는 긍정적이고 창조적인 요소로 작용한다. 헤겔은 모순이 인간의 정신발달에 있어서 매우 중요한 요인이라는 점을 강조했는데 이것은 교육활동 안에서 생겨날 수 있는 대립과 갈등을 어떻게 해소할 것이냐에 대한 실마리를 제공해 준다는 점에서 큰 의의를 가진다고 할 수 있다.

셋째, 헤겔의 궁극적인 관심은 교육받은 개인의 육성을 통해 교육적인 사회를 건설하는 데 있었다. 그가 말하는 교육받은 개인이란 이성적이고 합리적인 개인이다. 이성과 합리성의 가장 큰 특징은 초월성으로 현재의 즉흥적인 관심과 특수한 이익을 뛰어넘어 보다 객관적이고 보편적인 세계로 나아가려 한다는 점이다. 결국 그가 제시한 변증법적 교육단계들이란 이러한 개인을 키워내려는 그의 계획에서 비롯된 것이다. 이러한 그의 주장으로부터 이성과 합리성을 신장시키기 위한 교육이 감성이나 정서교육보다 왜 우선해야 하는지의 철학적 근거를 발견하게 된다. 이성의 도움이 결여된 정열이란 개인에게나 국가 공동체 모두에게 위험하다.

헤겔의 교육사상은 전체주의적이며 국가주의적인 성격이 강하다는 이유만으로 배척당해 왔으며 제대로 평가를 받지 못했다. 그러나 그는 개인교육을 배제한 국가주의 교육을 논한 적이 없다. 앞에서 언급했듯이 그는 교육받은 개인으로 구성된 교육적인 국가를 실현해 보고자 했던 사상가였다. 그가 개인보다 국가를 우위에 둔 것은 사실이지만 개인의 자유, 의지, 이성, 정신을 무시한 것은 아니다. 오히려 그는 이러한 개인의 능력들은 국가의 도움을 받을 때보다 잘 발달하고 성장해 갈 것이라고 보았다. 그렇다면 우리가 헤겔의 사상으로부터 얻을 수 있는 가장 중요한 지혜 중의 하나는 국가가 개인의 발달을 돕기 위해 적극적으로 나서야 하며 이를 위해 국가 차원의 교육활동을 보다 더 합리화하고 민주화해야 한다는 점일 것이다.

참고문헌

민희식 역(1991). J. J. Rousseau 저. 에밀. 서울: 육문사.

신득렬(2000). 교육사상사. 서울: 학지사.

윤노빈(1968). “Hegel의 교육사상”, 논문집. 제 16집, 부산공업전문대학, 1-11.

이홍우(1982). “죤 듀이와 그 이후의 敎育哲學”, 사대논총. 제 25집, 서울대학교 사범대학, 1-23.

최신한(1999). “헤겔”, 연세대학교 교육철학연구회 편. 위대한 교육사상가들Ⅲ. 서울: 교육과학사.

Blacker, D.(1992). “Civic Virtue, Markets and Schooling: Lessons from Hegel’s Educational State”, *Philosophy of Education,* http://www.edu.uiuc.edu/PES/PES-Yearbook/92_docs/BLACKER.HTM(2005.10.23), 1-10.

Boyd, W. and King, E. J.(1975). *The History of Western Education.* London: Adam & Charles Black.

Dewey, J.(1944). *Democracy and Education.* New York: The Free Press.

Fowler, W. S.(1959). “Neo-Hegelianism and State Education in England”, *Educational Theory,* 9(1), 55-61.

Hartman, R. S.(1953). *Reason in History: A General Introduc tion to the Philosophy of History.* New York: The Bobbs-Merrill Company, Inc.

Hegel, G. W. F.(1952). *The Philosophy of Right.* translated with Notes by T. M. Knox. *Great Books of the Western World,* vol. 46, Encyclopedia Britannica, Inc.

______(1952). *The Philosophy of History.* translated by J. Sibree. *Great Books of the Western World,* vol. 46, Encyclopedia Britannica, Inc.

______(1970). *Philosophy of Nature.* trans. by A. V. Miller. London: Clarendon Press.

______(1971). *Philosophy of Mind. trans.* by W. Wallace. London: Clarendon Press.

______(1979). Sys*tem of Ethical Life and First Philosophy of Spirit,* ed. and trans. by H. S. Harris and T. M. Knox, N. Y.: State University of New York Press.

Luqueer, F. L.(1896). *Hegel as an Educator.* N. Y.: Columbia University Press.

Mackenzie, M.(1909). *Hegel's Educational Theory and Practice.* London: Swan Sonnenschein.

McCarney, J.(2000). *Hegel on History.* London: Routledge.

Mosier, R. D.(1953). "Hegelianism in American Education", *Educational Theory.* 3(2), 97-103.

Mueller, G. E.(1955). "Hegel on the Values of Humanistic Education", *Educational Theory.* 5(4), 230-234, 248.

Pelczynski, Z. A. ed.(1971). *Hegel's Political Philosophy-Problems and Perspectives: A Collection of New Essays.* London: Cambridge University Press.

Popper, K.(1962). *The Open Society and Its Enemies,* vol. 2. Hegel & Marx. London: RKP.

Rosenkranz, K.(1873). "Pedagogics as a System.", *Journal of Speculative Philosophy,* 7.

Soll, I.(1972). "Hegel as a Philosopher of Education", *Educational Theory*, 22(1), 26-33.

Taylor, C.(1979). *Hegel and Modern Society.* London: Cambridge University Press.

Tores, C. A.(1994). "Education and the Archeology of Consciousness: Freire and Hegel", *Educational Theory.* 44 (4), 429-446.

Vincent, A. and George, M.(1982). "Development and Self Identity: Hegel's Concept of Education.", *Educational Theory.* 32(3&4), 131-141.

제 10 장

교육과 교양에 관한 반시대적 담론과 평가

1. 들어가는 말

니이체(F. Nietzsche: 1844-1900)의 최대 관심사는 인간다운 삶의 회복에 있다. 그에게 인간다운 삶이란 진실한 삶(authen tic life), 즉 성실하고 본래적인 삶을 의미한다. 개별자로서 인간은 타인과 확연하게 구별되는 본래적인 모습 혹은 실존적인 모습을 가지고 태어나는데, 이러한 본래적인 모습을 그대로 간직하고 살아갈 때 가장 행복하다고 할 수 있다. 그러나 인간은 인위적인 제도와 문화에 매몰되어 본래적이고 실존적인 모습을 잃고 부유(浮遊)하는 존재로 살아가기 쉽다. 니이체는 인간다운 삶을 위협하는 가장 큰 요인으로 니힐리즘(nihilism) 즉 허무주의(虛無主義)를 들었다. 니힐리즘은 인간을 나약하게 만들며, 따라서 인간을 현실로부터 도피하도록 만들고 결국 조야한 운명론의 노예로 전락하게 만든다. 따라서 니이체에게 이 니힐리즘의 극복이야말로 그의 철학의 최대 과제이며 목표이다. 그는 니힐리즘의 전통적인 형식들 즉 하나님, 절대적인 것, 원죄, 사후의 형벌 및 구원 등에 의존함으로써 자기 스스로를 훼손하게 만드는 고전적 니힐리즘을 비난했으며, 현대적인 형식의 니힐리즘 즉 삶의 상업화, 철학과 교육의 전문화, 무절제한 쾌락과 이익의 추구, 가치와 이념의 상대화 등과 같은 인간의 범속화 및 왜소화를 부추기는 현대적인 니힐리즘을 비난했다(Aloni, 1989:

301-302).

니이체는 그 당시 교육제도에 대해서도 신랄한 비판을 가했는데, 그것은 교육기관들이 현대적 니힐리즘을 극복하는 데 기여하기보다는 오히려 그것을 조장하고 있다는 생각을 했기 때문이다. 그리하여 그는 그 당시의 형식화된 학교, 틀에 박힌 교수법, 위선적인 교사들이 교육풍토를 어떻게 망쳐왔는지를 적나라하게 고발했다. 교육에 대한 그의 고발은 말 그대로 반시대적(反時代的)이다. 그의 반시대적인 고발은 단지 시대에 등을 돌리고 자학적이고 냉소적인 태도로 세상을 바라보려는 것이 아니라 시대를 보다 철저하게 비판함으로써 니힐리즘의 문화를 극복하고 새로운 시대를 창조해가려는 적극적이고 긍정적인 태도를 함축하고 있다.

니이체는 전문적인 교육사상가는 아니지만 전문적인 교육사상가 이상으로 현대교육에 강력하고도 자극적인 메시지를 던져 준다. 그를 교육사상가의 반열에 넣을 수 없다고 논박할 수도 있지만 그의 초기 저작들은 그에게 교육사상가의 지위를 부여하는데 결코 손색이 없는 풍부한 교육적 자원을 담고 있다. 『짜라투스트라는 이렇게 말했다』는 작품이 그의 이상적인 교육자상(教育者像)을 그린 것이기는 하지만[1] 정작 그의 교육사상의 정수를 담고 있는 작품은 바로 그의 초기 저작들이다. 따라서 니이체의 교육사상을 제대로 이해하고 평가하기 위해서는 이들 초기 저작들에 대한 분석이 선행되어야 한다. 물론 니이체의 초기 저작에 담긴 교육사상을 분석한 선행 연구들이 전혀 없는 것은 아니다. 예컨대, 골롬은 기존의 니이체 연구들[2]이 그의 심리철학과 무관하게 이루어졌음을 지적하면서 초기 저작들의 내용이 가지는 교육적 의미를 부각시켰다(Golomb, 1985: 99). 하지만 그는 연구의 대상을 "교육자로서의 쇼펜하우어"라는 글 한 편에만 국한시킴으로써 니이체의 초기 저작들이 가지는 풍부한 교육적 의미와 중요성

1) 이러한 논의에 대해서는 나의 졸고 "니체의 교사론 연구: 『짜라투스트라는 이렇게 말했다』를 중심으로", 교육사상연구, 제 12집, 한국교육사상연구회, 2003, 169-187을 참고하기 바란다.

2) 여기서 골롬이 지적하는 기존의 니체 연구들이란 Gordon(1980), "Nietzsche's Zarathustra as Educator," *Journal of Philosophy of Education,* The Journal of the Philosophy of Education Society of Great Britain, 14: 2, 181-192. Jenkins(1982), "The Dogma of Nietzsche," *Journal of Philosophy of Education,* 16: 2, 251-254를 말하며, 이 논문들에게 대한 비판적 논의는 Cooper(1983), "On Reading Nietzsche on Education," *Journal of Philosophy of Education,* The Journal of the Philosophy of Education Society of Great Britain, 17: 1, 119-126에서 좀 더 구체적으로 이루어졌다.

을 충분하게 밝혀내지 못하였다. 빙햄(Bingham, 1998)은 니이체의 강연 즉 "우리 교육기관의 미래에 대하여"의 내용을 철저하게 분석하기는 했지만 초기의 다른 저작들에 담긴 니이체의 교육적 주장에 대해서는 충분한 검토를 하지 못하였다. 골롬과 빙햄의 연구 이외에도 니이체의 철학이 지니는 교육적 의미와 중요성을 밝힌 논문들이 여러 편[3]이 있기는 하지만 이 논문들 역시 니이체의 초기 저작들이 가지는 교육적 가치와 의의를 부분적으로 밝혔을 뿐 이것을 종합적 혹은 통합적으로 다루지는 못하였다.

따라서 이 글에서는 니이체의 초기 저작들에 속하는 좀 더 많은 글들, 즉 "우리 교육기관의 미래에 대하여",[4] "삶에 있어서 역사의 공과", 그리고 "교육자로서의 쇼펜하우어"[5] 등을 분석함으로써 그가 우리에게 주고자 했던 보다 더 풍부한 교육적 아이디어와 메시지를 밝혀내고, 이를 토대로 우리의 교육현실을 비판적으로 반추해 보려는 데 목적을 두었다. 이 글은 인간다운 인간을 길러내야 한다는 교육 본래의 취지로부터 벗어나 오직 유용성, 대중성, 전문성만을 지향하고 있는 우리의 교육현실 및 교육풍토를 반성하도록 하는 하나의 지적 자극제가 될 수 있을 것이다.

2. 교육기관 비판

니이체는 그 당시의 교육풍토 및 교육기관에 대해 어떤 태도를 취하였는가? 독일 교육풍토 혹은 교육제도에 대한 그의 태도는 한마디로 '반시대적'(unzeitmäß)

---

3) 니체의 철학이 지니는 교육적 가치와 중요성을 밝힌 논문으로는 다음과 같은 것들이 있다. N. Aloni(1989), C. Bingham(2001), M. Gregory(2001), J. Hillesheim(1973; 1986; 1990), J. S. Johnston(1998), S. Ramaekers(2001), E. Rosenow(1989; 2000), L. A. Sassone(1996), A. M. Sharp(1984) 등이 있다.

4) 이 글은 다섯 차례에 걸쳐 이루어진 강연 내용으로 총 5장으로 구성되어 있으며 『니체전집 3(KGW Ⅲ2) 유고(1870~1873)』에 실려 있다(이진우 역, 2001: 163-291).

5) "삶에 있어서 역사의 공과", "교육자로서의 쇼펜하우어"는 『반시대적 고찰』이라는 저작 안에 담긴 4편의 논문들 중 두 편을 말한다. "삶에 있어서 역사의 공과"는 1873년 가을에 바젤에서 집필, 다음 해 74년 2월에 인쇄가 완료되어 출판되었으며, "교육자로서의 쇼펜하우어"는 1874년 3월부터 7월에 걸쳐 주로 바젤에서 집필, 8월 초에 완성되어 10월에 출판되었다(임수길 옮김, 『반시대적 고찰』, 2001: 5).

이다. 여기서 '반시대적'이라는 말은 시대에 거부하고 저항한다는 뜻도 함의하고 있지만 궁극적으로는 시대의 문제를 철저하게 비판하고 해체함으로써 새로운 시대를 창조하겠다는 니이체의 시대정신 혹은 철학정신을 담고 있다. "삶에 대한 역사의 공과"의 서문에서 썼듯이, 반시대적이란 '시대에 반대하고 그렇게 함으로써 시대에로 향하고, 미래의 시대를 위하는 것'이라는 함축적인 의미를 담고 있다(임수길 옮김, 1988: 109). 그 당시의 교육을 바라보는 니체의 관점 역시 반시대적이다.

1872년 초 니이체는 바젤(Basel)대학에서 "우리 교육기관의 미래에 대하여"라는 제하의 공개 강연을 했다.[6] 이 강연 전체의 논조는 교육기관의 미래에 대한 것이라기보다는 그 당시의 교육풍토 및 독일 교육제도에 대한 신랄한 비판으로 일관되어 있다. 우선, 그는 독일 초등학교, 독일 실업학교, 독일 김나지움, 그리고 독일 대학들이 본래의 설립취지와는 다른 방향으로 일탈했다고 지적했다. 즉 그는 교육기관들이 한결같이 '유용한 것'을 목표로 하고 있으며, 대중적 확산을 지향하고 있으며, 학문적 전문화를 추구하는 일에만 혈안이 되어 있다고 지적하면서 이러한 유용성, 대중성, 전문성의 추구는 결국 교육이 본래 추구하는 목적을 훼손시키는 결과를 가져왔다고 비판했다. 특히 김나지움(Gymnasium)에 대한 그의 비판은 혹독한 것이었다. 그는 김나지움이 원래 교양교육을 하기 위한 기관으로 설립되었음에도 불구하고(이진우 역, 2001: 245, 266) 그 본래의 취지와 목적에 따라 학생들을 가르치지 못하고 있으며 그 기능 역시 쇠잔해지고 변질되었다고 보았다. 오히려 독일문화를 위약하게 만드는 기관으로 전락했다고 혹평하였다. 그는 강연 여러 곳에서 김나지움이 안고 있는 폐해와 문제점을 산발적

6) 니체가 이 강연을 통해 하고자 했던 주장들을 이해하기 위해서는 이 강연의 내용 전개방법이나 절차가 독특하다는 점을 미리 알아두는 것이 좋다. 니체는 본(Bonne)대학 학창시절 어느 늦은 여름날 친구와 함께 라인강가로 여행을 가게 되었는데, 그 때 그곳에서 이상한 두 사람 즉 방황하고 있는 철학자와 그의 제자를 만나게 되고 그들과 대화를 나누게 된다. 물론 여기에 등장한 철학자와 그의 제자는 니체가 만들어낸 가공의 인물이다. 이 강연에 의하면, 니체와 니체의 친구도 대화에 참여하기는 하지만 그것은 주로 철학자가 나머지 세 사람에게 현행 교육제도의 문제점, 교양교육의 허구성, 참된 교양의 의미, 미래의 교육에 대해 설명하는 방식으로 전개된다. 여기서 한 가지 특이한 점은 니체가 그 철학자가 누구인지를 강연 마지막까지 밝히고 있지 않다는 점이다. 문맥에 비추어볼 때 그 철학자는 바로 니체 자신이라고 봐야 할 것이다. 그렇다면 니체는 가상의 철학자를 등장시켜 그로 하여금 당시의 교육현실을 꼬집고 비판했다고 봐야할 것이다. 이것은 마치 플라톤이 소크라테스의 입을 통해 자신의 교육철학을 전개한 것과 흡사하다고 할 수 있다.

으로 지적하였다. 그에 의하면, 김나지움은 온전한 교양을 갖춘 사람을 길러내는 것이 아니라 오히려 기형적인 교양을 가진 인간을 길러내고 있다는 것이다. 그는 철학자의 말을 인용해 쓰기를, "기형적인 교양인간아! 교양을 위해 태어났건만 무교양으로 키워졌구나! 기댈 곳이 없는 야만인, 하루하루의 노예로 사슬에 묶여 굶주리는구나, 영원히 굶주리는구나!"(*ibid.*: 285). 니이체는 중등교육 기관으로서 김나지움이 자립심, 독립심, 자율성을 길러주어야 함에도 불구하고 노예근성을 가진 학생을 배출하고 있을 따름이라고 비판했다. 또 그것은 기껏해야 대학에 진학하기 위한 입시준비기관으로 변질되고 말았다고 꼬집었다.

니이체는 김나지움이 제 역할과 기능을 다하지 못하는 원인을 찾고자 했다. 우선, 니체는 김나지움이 모국어(母國語) 교육을 경시하고 있음을 안타깝게 생각했다. 그는 "독일 김나지움이 독일어 논문을 지도하면서 먼저 혐오스럽고 뻔뻔스러운 다작을 연습시키는 한, 가장 시급한 말하기와 쓰기에서의 실용적인 훈련을 성스러운 의무로 받아들이지 않는 한, 그것이 모국어를 마치 필요악처럼 또는 사어(死語)인 것처럼 다루는 한 저는 이 교육기관이 진정한 교육을 위한 제도라고 생각하지 않습니다"(*ibid.*: 211)라고 주장했다. 니이체는 모국어 교육이 모든 교육의 토대요, 기초가 되어야 한다고 역설했다. 그는 그것이 "다른 후속하는 교육을 위한 생산적 토대"라고 생각했다(*ibid.*: 213). 그렇다면 후속하는 교육이란 무엇을 말하는가? 그것은 고전교육, 형식적 교육, 학문을 위한 교육을 말한다. 니체는 김나지움의 경영자들이 고전교육의 기틀을 세우겠다고 주장하지만 그것은 하나의 기만에 불과하다고 생각했다. 그는 이 점에 대해 다음과 같이 말했다.

> 고전교육, 형식적 교육, 또는 학문을 위한 교육은 유감스럽게도 부분적으로 그 자체 안에서 모순되고 부분적으로는 서로 모순됩니다. 그런데 이 세 가지가 억지로 결합될 경우 장르가 불분명한 어정쩡한 교육이 이루어질 수밖에 없을 것입니다. 왜냐하면 진정한 의미에서 '고전교육'은 이루 말할 수 없이 어렵고 그것이 성취되는 것은 너무 드문 일이며, 극도의 복합적인 재능을 요구하기 때문에 고전교육을 김나지움에서 달성할 수 있는 목표라고 약속한다는 것은 순진하지 못하다고, 심지어 뻔뻔스럽다고 할 수밖에 없기 때문입니다 · · · '형식적 교육'이란 표현은 거칠고 비철학적인 미사여구의 일종이며, 우리는 이런 미사여구는 되도록 물리쳐

> 야 합니다. 그리고 '학문을 위한 교육'을 김나지움의 목표로 설정하는 사람은 그로써 '고전교육'과 소위 형식적 교육뿐만 아니라 김나지움의 목표 자체를 희생시키는 것입니다(*ibid.:* 212).

니이체는 김나지움이 무엇보다 독일어교육에 철저해야 한다고 생각했다. 그는 고귀한 재능을 가진 성장기의 청소년들을 엄격한 언어훈련의 통제하에 두어야 한다고 주장했다. 심지어 그는 언어에 대한 존경심 혹은 의무감을 가지도록 지도해야 한다고 생각했다. "너희는 언어를 소중하게 생각해라! 언어에서 성스러운 의무감을 느끼지 않는 자는 고등교육을 받을 수 있는 싹수가 전혀 없다"라고 외쳤다(*ibid.:* 204). 나아가 그는 모국어 구사능력이 교양의 척도라고까지 생각했다(*ibid.:* 204-205). 그는 모국어가 이렇게 소중하고 중요한 것임에도 불구하고 그 당시 김나지움들이 이러한 모국어 교육을 소홀하게 다루는 현실을 안타깝게 생각했다.

니이체는 김나지움이 제 기능을 발휘하지 못하는 또 다른 원인을 교사들의 자질부족에서 찾았다. 그는 국가가 국민교육의 이념을 실현하기 위해 지나치게 많은 고등교육 기관들을 설립하여 자격 미달의 교사들을 배출하여 배치하였기 때문에 결국 김나지움이 제 기능을 다하지 못하고 있다고 생각했다. 즉 그는 "다수의 비자격자들이 학교에 들어와 압도적인 머릿수로 김나지움의 정신을 결정하고 있으며"(*ibid.*), 본래적인 길을 걷는 교사들에게도 막대한 피해를 주고 있다고 보았다. 니이체는 이런 교사들은 근본적으로 교양교육을 해낼만한 자격과 능력을 갖추지 못하고 있다고 보았다. 즉 이런 교사들은 그리스와 라틴어를 구사할 수 없기 때문에 학생들을 고전의 세계, 더 나아가 교양의 세계로 이끌 수 없다고 보았다.

니이체는 김나지움의 수업방법에도 문제가 있음을 지적했다. 수업이란 학생 스스로 독자적으로 생각하고 판단하고 말하고 행동할 수 있도록 도와주어야 함에도 불구하고 김나지움에서의 수업은 거의 전적으로 강의식으로 이루어지기 때문에 학생을 교양의 세계로 이끌어가지 못한다는 것이다. 그는 강의식 교수법이 가지는 폐해를 적기를, "선생은 듣고 있는 학생에게 말을 하지. 그 밖에 그가 사유하고 행위하는 것과 학생들이 지각하는 것 사이에는 엄청난 심연이 가로지고 있지. 말하는 입 하나와 아주 많은 귀들, 그 반 쯤 되는 수의 필기하는 손들 – 이것이 학술기구의 외양이고, 작동하는 교양기계라네."(*ibid.:* 276-277). 니이체는 교양수업이 순전히 강의식에 의존하여 이루어지는 현실을 못마땅하게 생각하였다. 그는 이런 강의식 교수법에 의해서 교육받은 학생들은 김나지움을 떠난 뒤에도 혼자의 힘으로 자유롭게 교양을 쌓기 위한 자기수련을 제대로 해 나가지 못한다고 탄식했다(*ibid.:* 278).

니이체는 김나지움의 실태와 문제점을 비판한 후 김나지움의 대대적인 개혁을 요구했다. 강연 2부 말미와 3부 초두에서 김나지움을 개혁하기 위해서는 어떠한 태도들이 요구되는지를 제시하고 있다. 그는 다음과 같이 외쳤다.

> 김나지움에서 자라고 있는 새로운 세대에게 진정으로 독일적인 것을 위해 일할 수 있는 열정의 불을 지피는 것, 그것이 우리가 바라는 학교의 장래 활동입니다. 이 활동 안에서 소위 고전교육도 드디어 자신의 자연적 토대를, 유일한 출발점을 얻게 될 것입니다. 김나지움의 진정한 개혁과 정화는 독일 정신을 대대적으로 철저히 개혁하고 정화하는 데서 비롯될 것입니다(*ibid.:* 222).

니이체는 이 개혁과 정화의 방법을 고대 그리스의 고전에서 찾고자 했다. 그는 김나지움의 교사들이 그리스의 문화에로 눈을 돌려야 한다고 말했다. 그는 독일 사람들이 "그리스인들을 향한 간절한 동경이 이루어지지 않는다면, 또 실러와 괴테에게 원기를 북돋아주는 그리스의 고향을 멀리서도 볼 수 있는 능력, 힘겹게 성취한 이 능력이 가장 뛰어난 재능을 가진 훌륭한 인물들의 순례지가 되지 않는다면, 김나지움의 고전교육이라는 목표는 불안하게 공중에서 이리저리 흔들릴 것"이라고 힘주어 말했다(*ibid.:* 223). 이처럼 그리스 문화에의 동경과 그리스 정신에로의 복귀는 니이체가 지향하는 교육개혁의 주된 원리이며 방향이다. 이 같은 그의 입장은 그의 초기의 다른 저작들에서도 비교적 일관되게 나타나고 있다.

3. 교양과 교양교육 비판

문화비판자로서 니이체는 문화와 교양은 뗄 수 없는 불가분의 관계를 가지고 있다고 보았다. 그는 교양이 문화의 수준과 질을 결정하는 중요한 요인이라는 점을 염두에 두면서 그 당시 독일 문화 속에 만연되어 있던 그릇된 교양, 교양인, 교양교육의 개념에 대해 신랄하고도 혹독한 비판을 퍼부었다. 그는 그릇되고 왜곡된 교양과 교양인의 개념이 독일문화를 저급하고 저속하게 만들었다고 비판하는 동시에 학교기관 역시 교양교육과는 거리가 먼 입시기관으로 전락함으로써 제 역할을 제대로 수행해 내지 못하다고 혹평했다. 그의 초기 저작들은 이러한 그의 입장을 비교적 잘 보여주고 있다.

우선, 니이체는 교양과 관련하여 그 당시 교육기관을 지배라고 있는 두 가지 그릇된 경향에 주목했다. 그에 의하면, 하나는 가능하면 교양을 확대하고 전파하려는 경향이고, 다른 하나는 교양 자체를 축소하고 약화시키려는 경향이다(이진우 역, 2001: 194). 니이체에 의하면, 교양을 확대하려는 사람들은 가능하면 교양을 개인의 행복 및 이익추구를 위한 도구로 생각한다. 이런 사람들은 가능하면 빠른 시간에 많은 돈을 벌기 위해 속성으로 교양을 익혀야 한다고 생각한다. 니이체는 이러한 교양관은 위험하며 오히려 교양의 본래 의미를 왜곡시킨다고 보았다. 그는 이러한 종류의 교양을 '야만'이라고 불렀다(*ibid.*: 196). 니이체는 이러한 교양의 개념이 독일의 문화를 저속하고 추악하게 만들었다고 혹평했다(임수길 역, 1988: 237). 니이체는 국가이익을 얻기 위해 교양을 확대하려는 경향에 대해서도 못마땅하게 생각했다. 그는 지금까지 위정자들이 국가의 이익 즉 다른 국가들과의 경쟁에서 승리하기 위하여 혹은 우호관계를 유지하기 위해서 교양을 악용해 왔음을 상기시키면서 이런 교양관 역시 교양의 본질을 왜곡시키는 원인이 되었다고 진단했다(이진우 역, 2001: 196; 임수길, 1988: 238-239).

이와는 반대로 니이체는 교양을 축소하려는 경향을 심각하게 받아들였다. 그는 많은 학자들이 자기전공 이외에는 무관심할 뿐 아니라 아예 타 분야에 대해 배타적인 태도를 취하는 모습을 안타깝게 생각하였다. 그는 학문의 전문화가 결국 교양의 본질을 흐리고 왜곡시키고 있다고 생각했다. 그는 말하기를 "학문에서의 분업은 교양을 축소하는 것, 심지어 교양을 폐기하는 것"이라고 항변했다(*ibid.:* 198). 그는 학문의 전문화가 결국 교양의 존재의의 및 가치를 부정하는 결과를 가져올 것이며 급기야 "언젠가는 분신자살이라는 파국을 가져올 것"이라고 경고하였다(*ibid.*). 니이체는 대학에서 학문의 전문화가 급속하게 확산될 것을 예언하였으며 이러한 예언은 오늘날 적중하였다. 전공 분야에서 2년간 혹은 4년간 공부한 학생들은 교양교육을 받아야 할 필요성조차 인식하지 못하고 있다.

니이체는 교양을 확대하려는 세력과 축소하려는 세력이 싸움을 벌이는 동안 신문 혹은 언론이 교양을 대신하는 웃지 못할 일이 벌어졌다고 보았다. 그는 말하기를 "현재가 지향하는 교양의 고유한 목적은 신문에서 그 정점에 이릅니다. 마찬가지로 신문기자, 찰라의 하인이 모든 시대의 지도자가 되어 찰나로부터 구원해 주는 위대한 천재의 자리를 대신했습니다."(*ibid.:* 198-199). 니이체는 신문기사와 저급한 잡지, 소설책들이 교양의 척도가 되고 있는 현실을 안타깝게 생각했다. 그는 "현재 자행되고 있는 야만적인 교양의 구역질나는 문장(紋章)을 담고 있는 것들"(*ibid.*)이 교양의 이름으로 통용되고 있는 현실을 못마땅하게 생각했다. 그는 강연 1부 끝에서 철학자의 제자의 말을 빌려 이러한 현실을 다음과 같이 함축적으로 표현했다. 즉 "교양을 추구하는 진정한 노력이 가는 곳마다 전도(顚倒)되고 도착(倒着)되는 상황에서 그에 대항하여 투쟁을 벌이면서 제가 무슨 희망을 가질 수 있으며, 지금 막 뿌려진 진정한 교양의 씨앗이 이 사이비-교양이라는 압연기(壓延機) 밑에서 가차 없이 분쇄되어 사라져버린다는 것을 알고 있다"(*ibid.:* 199). 니이체는 사이비 교양인들이 지배하는 세상에서 학생들을 고대 그리스의 교양의 세계로 인도하는 일이 얼마나 힘들고 험난한 것인지를 대변해 주고 있다.

"삶에 있어서 역사의 공과"에서 니이체는 사이비 교양이란 실제의 교양이 아니라 단지 교양에 관한 지식을 따름이라고 규정했다(임수길 역, 1988: 132). 그에 의하면, 이러한 사이비 교양은 근대인들에게서 나타나는 특징으로서, 자신의 인격을 밖으로 드러내기보다는 숨기려 할 때 나타난다. 니이체는 이러한 사이비 교양인을 무엇보다 경멸하였다. 그는 쓰기를,

> 그들은 그들의 인격을 표시하지 않으려 하고, 가면을 덮어쓰고 있는 교양인으로서, 학자로서, 시인으로서, 정치가로서 행동한다. 그들은 모두 진지한 얼굴을 하고 있으니까 인형극을 하는 건 아니겠거니 하고—이 가면들은 모두 진지성을 이보란 듯이 붙이고 있다—가면을 붙잡아보면, 갑자기 우리의 손에 남는 것은 넝마와 무더기뿐이라는 것을 깨닫는다. 그러므로 이 이상 기만당해서는 안 되고, 그러므로 그들에게 "그대들의 웃옷을 벗으라, 그렇지 않으면 보이는 그대로 있으라"하고 호통을 쳐야 한다(임수길 역, 1988: 139).

니이체는 그릇된 교양개념을 가진 사이비 교양인들이 허위의 문화, 위장된 문화를 조장시킨 장본인들이라고 보았다. 그리하여 그는 '교양이 있다'는 말이 이제는 영예스럽고 자랑스러운 것이 아니라 오히려 부끄럽고 치욕스러운 말로 들린다고 생각했다. 그는 독일인들이 찰나(Moment), 여론(Meinung), 유행(Mode)에 지배를 받고 있음에도 불구하고 교양이라는 이름으로 이것들을 위장하고 있다고 개탄하였다. 그리하여 그는 말하기를, "교양이 있다는 것은 자기가 얼마나 비참하고 열등한가, 노력에 있어서는 얼마나 맹수 같은가, 수집에 있어서는 얼마나 지칠 줄 모르는가, 향락에 있어서는 얼마나 이기적이고 몰염치한가를 깨닫지 못하는 것을 의미하게 된다"(임수길 역, 1988: 241).

니이체는 이처럼 그릇된 교양개념 혹은 교양관으로 인해 독일인들이 고통을 당하고 있다고 진단했다. 즉 독일인들은 무형식, 둔감증, 질투심, 음험함, 불순함 등으로 고통을 당하고 있을 뿐 아니라 열에 들뜬 불안, 성공과 돈벌이에 대한 병적인 욕망, 순간의 과대평가 등으로 인해 고통을 당하고 있다는 것이다. 게다가 이러한 병통과 결함을 알고 있으면서도 이것을 근본적으로 치유하지는 않고 외관만을 치장하여 위장하려는 태도를 신랄하게 비판했다(*ibid.:* 242).

그렇다면 니이체는 사이비 교양과 구별되는 진정한 교양의 전형을 어디에서 찾았는가? 또 그는 참된 독일문화를 회생시킬 수 있는 방법을 어디에서 찾았는가? 그는 그것을 그리스 사람들에게서 찾고자 했다. 그의 그리스 문화 및 고전, 그리고 그것에 담긴 그리스 정신에 대해 동경은 한결같은 것이었다. 그는 그리스인들이 보여준 품격 높은 교양의 자세를 다음과 같이 서술했다.

> 그리스인들의 '교양'은 오히려 오랫동안에 걸친 셈족, 바빌로니아, 리디아, 이집트 등 외국의 형식과 개념의 혼동이 있었고, 그들의 종교는 전체 오리엔트의 신들의 참된 싸움이었다. 이것은 지금 '독일적 교양'과 종교가, 모든 외국, 모든 이전 세대가 그 속에서 싸우는 혼돈과 거의 유사하다. 그럼에도 불구하고 저 아폴로의 신탁 덕분에 그리스의 문화는 결코 집합체로 되지 않았다. 그리스인은 혼돈을 조직화하는 일을 점차로 배워 나갔는데, 이것은 그들의 델피의 가르침에 따라 자기 자신으로 돌아가, 즉 자기들의 진정한 욕구를 되새기며 표면적인 욕구를 사멸시키는 것에 의해서였다. 이리하여 그들은 다시 자기를 점유했다. 그들은 언제까지나 전 오리엔트의 유산을 너무 많이 짊어졌던 상속인이나 그 아류(亞流)로 머물지 않았다. 그들 자신은 자기 자신과의 처참한 싸움을 겪은 후에, 저 신탁을 실천적으로 해석함으로써, 상속받은 재보(財寶)의 가장 행복한 증가자이자 확장자가 되어서, 모든 도래할 문화 민족의 선구자, 전형으로 되었던 것이다(임수길 역, 1988: 188).

니이체는 기존의 교육제도들이 올바른 교양개념을 수립하지 못했을 뿐 아니라 그릇된 교양의 개념을 바로잡지도 못하였다고 보았다. 또한 그는 김나지움의 교사들 혹은 대학의 교수들이 학생들을 교양의 전형으로서 그리스의 세계에로 안내하는데도 실패했다고 보았다. 이러한 점에서 그는 독일사회에서 통용되는 기존의 교양개념을 파괴하고 새로운 교양개념을 수립하고자 했다. 이러한 교양개념의 파괴와 재창조야말로 독일 문화를 가식과 거짓의 베일로부터 벗겨내는 지름길이라고 생각했다.

여기서 한 가지 아이러니한 점은 니이체가 김나지움을 비롯한 기존의 학교제도들의 무능을 비판하면서도 자라나는 새로운 세대를 위한 교육 즉 청년교육에 큰 기대와 희망을 가졌다는 점이다. 그는 쓰기를, "청년들은 보다 행복한, 보다 아름다운 교양과 인간성을 몸에 지니고 있는데 · · · 이들은 현대의 교양 있는 장년과 노인인 그들의 종족보다는 더 한층 억센 건강, 일반적으로는 한층 더 자연적인 천성을 지니고 있음을 자랑스럽게 여겨도 될 것이라고 믿는다 · · · 청년들은 무엇보다도 기성의 교양을 가장하거나 그것을 변호할 필요는 없는 것이고, 모든 위안과 특권을 향수하고, 특히 용감하고 무분별한 정직이라는 특권과 희망이라는 감격적인 위안을 향수하는 것이다."(임수길 역, 1988: 186-197).

니이체는 이들 청년들을 그리스 고전의 세계로 이끌 지도자가 있어야 한다고 생각했다. 그는 "위대한 지도자에게 추종자들이 필요하듯이, 지도받아야 할 사람들 역시 지도자가 필요하다"(이진우 역, 2001: 289)고 역설하면서, 청년들을 그리스의 세계로 이끌고 나갈, 그리고 쇠락한 독일의 교양문화를 구원할 지도자는 바로 쇼펜하우어라고 주장했다. 쇼펜하우어에 대한 기대와 희망은 크다 못해 절대적이었다.

4. 이상적인 교육자상

김나지움을 비롯한 기존의 교육기관들이 청년들을 수준 높은 그리스의 정신세계로 안내할 수 없을 뿐 아니라 인간다운 면모를 갖춘 교양인을 길러내지 못했으며 결국 독일의 국민문화를 고양시키는 데도 실패했다고 진단한 니체는 기존의 교육방법과는 완전히 다른 방법으로 청년들을 가르치고 지도할 위대한 교육자(great educator)를 모색하였다. 그는 그런 인물의 모형을 쇼펜하우어에게서 발견하였다. 그리하여 그는 1874년 "교육자로서의 쇼펜하우어"라는 논문을 발표한 바 있는데, 이 논문에서 쇼펜하우어를 독일 문화와 교육을 구할 수 있는 위대한 지도자요, 교육자로 묘사했다.

니이체는 논문 서두에서 다음과 같은 세 가지 유형의 사람들을 경멸하였다. 예컨대 그는 나태한 인간형, 가장된 인간형, 여론에 따라 사는 인간형을 못마땅하게 생각했다(임수길 역, 1988: 191-192). 그는 이들에게서 발견되는 공통점들은 자기발견의 능력, 자기반성의 능력, 자기탈각의 능력 부족이라고 지적했다. 그는 교사들의 행동양식을 염두에 두면서, 참된 교육자의 모습을 찾고자 했다. 그는 "참된 교육자는 자신의 해방자이며 이것이 모든 교양의 비전이다"(*ibid.*: 194)라고 외쳤다. 그는 교육자의 가장 중요한 조건은 바로 '자기교육의 능력'이라고 생각했다. 니이체는 바로 이러한 능력을 가진 자로 쇼펜하우어를 추천하였다.

니이체는 그의 나의 22세가 되던 1865년 쇼펜하우어의 주저인 『의지와 표상으로서의 세계』를 처음 접한 이후 그의 인간됨에 매료되었다. 그는 쇼펜하우어의 작품보다는 그의 인간됨에 매료되었다. 즉 쇼펜하우어는 근대적 교양인들 혹은 속물적 근대인들과는 다른 솔직함, 소박함, 자연스러움, 명랑함, 항상성을 지니고 있다는 점에서 그의 진실한 인간됨을 높이 평가하였다. 그는 쓰기를, "쇼펜하우어는 정직하다. 왜냐하면 자기 자신을 위해서 자기 자신에 대해서 말하고 쓰기 때문이다. 그는 명랑하다. 왜냐하면 대단히 어려운 일을 사유에 의해서 정복하기 때문이다. 그리고 그는 항상적이다. 왜냐하면 불꽃처럼 미혹되지 않고 동요되지 않고 흔들리지 않고 곧바로 가볍게 솟아오르기 때문이다"(*ibid.:* 203). 니이체는 이러한 인간성을 지닌 쇼펜하우어에게서 위대한 철학자요, 위대한 교육자의 모습을 발견한 것이다. 그는 쇼펜하우어의 위대성에 대해 다음과 같이 적었다.

> 쇼펜하우어는 우리에 대하여 지도자, 즉 회의적 불만 혹은 비판을 업으로 삼은 체념의 동굴을 벗어나 비극적 고찰의 높이로, 우리 위에 끝없이 펼쳐진 별이 빛나는 밤하늘로 인도한, 스스로 선두에 서서 이 길을 나아간 지도자이다. 그는 인생을 전체로서 해석하기 위하여, 하나의 전체로서의 인생의 상(像)을 세웠는데 이것이 그의 위대성이다(*ibid.:* 209).

니이체는 쇼펜하우어의 위대성이 또 다른 곳에서도 발견된다고 보았다. 그는 그 당시 쇼펜하우어가 세 가지 위험 즉 고독, 진리에 대한 절망, 그리고 천재성으로 말미암아 고통을 받았다고 지적한 후 그의 위대성은 바로 이러한 역경 혹은 고통으로부터 자신을 굳건하게 지켰다는 점에서 발견된다고 보았다. 그는 솔직하고 성실하며 굳건한 성격을 가지고 자신 및 세상과 맞서 싸워 이긴 쇼펜하우어의 모습에서 또 다른 위대성을 발견했다.

니이체는 "교육자로서의 쇼펜하우어"에서 어느 시대든지 사회적 혼돈에 맞서 싸웠던 위인들(great man)이 출현했음을 상기시키면서 그의 시대를 대표할 만한 세 가지 모델들 즉 루소의 인간, 괴테의 인간, 쇼펜하우어의 인간을 소개하고 이를 비교 고찰하였다. 니체는 이 비교 고찰을 통해 쇼펜하우어의 위대성을 부각시키고자 했다.

첫째, 루소의 인간은 디오니소스(Dionysos)적인 성향을 가진 자로서 급진적인 변화를 주도하려고 한다(*ibid.:* 221) 이러한 사람은 전통적인 관습 및 제도와 맞서 싸우면서도 승화된 문화조직 안에서 눈물을 흘리는 사람이다. 루소의 인간은 아폴로(Apollo)적인 미덕(美德)을 결여한 사람으로 문화 이전의 삶으로 돌아갈 것을 권고한다. 사실 루소는 『에밀』(*Emile*)에서 자연으로의 복귀를 선언했지만 그 자신은 결코 자연스런 삶을 살지 않았다.

둘째, 괴테의 인간으로서 그는 아폴로적인 성향을 가진 사람이다(*ibid.*). 그는 이론만을 추구할 뿐 활동하지 않는 사람으로 일종의 정관적 태도 혹은 관조적 태도를 취한다. 니이체에 의하면, 이러한 사람은 변화, 혁신, 혁명을 경멸하며 기존체제를 유지하려는 보수적인 성향을 가지고 있기 때문에 언제든지 속물로 타락할 가능성을 지닌 위험성을 내포하고 있다(*ibid.*) 이러한 성향의 사람은 깊이 생각하기는 하지만 추진력이 부족하며 적극적이기보다는 수동적으로 살아갈 가능성이 높다. 이런 이유로 니이체는 삶을 위약하게 만드는 괴테의 인간을 거부한다.

셋째, 쇼펜하우어의 인간으로, 그는 루소의 인간과 괴테의 인간이 가진 장점을 모두 가진 존재이다(*ibid.:* 221-222). 즉 그는 디오니소스적인 열정과 아폴로적인 관조능력을 조화롭게 갖춘 인간이며, 이론과 실천을 겸비한 인간이다. 쇼펜하우어의 인간은 개인적 성실함을 추구하면서도 투쟁의 삶을 살며 자기 자신의 지배자로서 언제나 실존적인 삶을 추구하는 영웅적 사람(heroic person)이다. 이 사람은 니이체가 교육받은 사람의 이상적 모델로서 추천한 사람이다.

니이체에게 비쳐진 쇼펜하우어는 영웅이며 천재이다. 그는 쇼펜하우어가 무엇보다도 솔직하고 진실하며 실존적인 삶을 추구했다는 점에서 다른 학자 집단과 다르다고 생각했다. 그는 학자에게 나타나는 두드러진 특징으로, 우직함, 좁은 시야, 무미건조한 평범성, 감정의 빈곤, 자기존중의 결여, 스승에 대한 맹목적 추종, 습관적인 연구, 무료함으로부터의 도피, 명예 및 지위의 획득, 학자에 대한 존경, 허영심, 유희충동, 정의에의 충동 등을 들었다(*ibid.:* 244-247). 니이체는 이 같은 성향을 가진 학자들이 득세함에 따라 천재가 빛을 발하지 못하는 현실을 안타까워했다. 뿐만 아니라 니이체는 속물적인 교양인들, 현행의 학교기관들, 국가의 지나친 간섭이 천재의 출현과 활동을 방해하고 있다고 생각했다. 그는 안타까운 심정을 다음과 같이 토로했다.

> 쇼펜하우어의 가르침의 영향과 번식에 처음부터 저항하여 결국 철학자의 저 재탄생을 모든 수단을 동원하여 수포로 돌아가게 하려는 것은, 간단히 말해서 오늘날의 인간성의 뒤틀림이다. 따라서 모든 생성하고 있는 위대한 인간은 이 뒤틀림을 돌파하여 자기 자신만을 구하기 위해서라도 믿을 수 없을 정도의 힘을 낭비하지 않을 수 없는 것이다. 지금 그들이 걸어 들어가는 세계는 속임수로 둘러싸여 있다. 이 속임수는 단지 종교적 도그마에 한한 것일 뿐 아니라, '진보', '일반적 교양', '국민적', '근대국가', '문화투쟁'과 같이 속임수 풍의 개념도 마찬가지로 그렇다(*ibid.:* 254).

니이체는 국가의 지나친 간섭이 위대한 철학자의 출현을 어렵게 만드는 원인이 되고 있다고 지적했다. 그는 국가가 철학 혹은 철학자를 기만적으로 선발, 관리, 통제하는 태도를 못마땅하게 생각했다. 즉 그는 첫째, 국가가 필요로 하는 철학자만을 선발하여 배치하는 것, 둘째, 국가가 원하는 교육과정에 따라서만 가르치게 하는 것, 셋째, 철학을 철학사의 형식으로만 가르치게 강제하는 것은 분명 잘못된 일이라고 비판했다(*ibid.:* 262-263). 그는 이러한 국가의 간섭이 존속하는 한, 그리고 국가가 공인하는 사이비 철학교수들의 득세하는 한 참다운 철학교육은 이루어질 수 없으며 나아가 위대한 철학자의 출현은 불가능하다고 보았다. 그는 다음과 같이 외쳤다. "철학자들을 끊임없이 들판에 놓아두라. 관직에 오르거나 시민적인 직업의 종목에 편입하는 것에의 어떠한 희망도 거절하라. 그들을 더 이상 급료로서 유혹하지 말라."(*ibid.:* 268).

니이체는 쇼펜하우어가 김나지움, 대학, 국가에 의해 길들여지지 않은 철학자라는 점에서 그를 높이 평가하였다. 그는 쇼펜하우어가 온갖 악조건 속에서 속물적 교양인들, 무능력한 학교기관들, 사이비 철학자들, 국가의 요구 및 강압에 맞서 싸우면서 자기 자신을 계발하고 완성시켜 나갔다는 점에서 위대한 철학자인 동시에 교육자라고 생각했다.

니이체는 쇼펜하우어가 위대한 교육자인 까닭은 그가 거창한 교육사상이나 교육이론을 수립해서도, 그리고 대학 강단에서 명강의를 해서가 아니라 그의 삶이 늘 진실하고 성실하며 솔직했다는 사실에서 찾아진다고 보았다. 그는 쇼펜하우어의 삶이 그리스인들이 추구했던 이상(理想)과 다르지 않다는 점에서 사람들이 추구해야 할 교육적 모델이라고 생각했다. 니이체에게 '교사로서의 쇼펜하우어'는 그의 사상의 핵심적 지위를 점하고 있는 짜라투스트라(Zarathustra)의 원형이요, 전형을 이룬다는 점에서 중요한 의미를 가진다. 또 쇼펜하우어를 순전히 염세적인 철학자로 이해했던 사람들에게 그를 위대한 교육자로 부각시킨 니이체의 관점은 쇼펜하우어에 대한 이해의 지평을 넓혀 주었다는 점에서도 의미가 깊다.

5. 니이체의 교육 담론 평가

니이체의 저작들에 대한 평가가 다양하듯이 그의 교육적 주장들에 대한 평가 역시 다양하다. 니이체의 주장들을 교육학적 관점에서 조명하려는 학자들 간에도 그의 초기 저작들에 대한 평가가 다양하다. 평가가 다양하다는 것은 세소네(Sassone, 1996: 511)가 지적한 바 있듯이, 그의 저작들 안에는 수많은 니이체들이 존재하며 그들은 각기 다양한 목소리를 냈기 때문이다. 사실, 철학자로서 니이체는 전 생애에 걸쳐 자신의 입장을 여러 차례 바꾸었으며, 같은 작품 안에서도 일관성이 없는 혹은 모순되는 주장을 하기도 했다. 이러한 이유때문에 니체를 읽는 사람들은 혼란에 빠지기도 하고 혹은 그의 진의를 제대로 파악하지 못하게 되었다.

니이체의 저작들에 대한 교육적 논의는 다음 몇 가지 측면에서 이루어져 왔다. 니이체의 연구자들은 과연 니이체의 주장이 교육적인지, 민주적인지, 그리고 그의 주장들 간에 일관성이 있는지를 탐색해 왔다. 또한 연구자들은 니이체가 제시한 위대한 교육자상이 오늘날 사회에 어느 정도 적합한지를 논의하였다.

힐스하임은 니이체가 내세운 가장 중요한 교육목적은 자기비약(self-surpassing)이며 이것을 달성할 수 있는 교육적 방법으로 경쟁(contest)의 원리와 대립(opposition)의 원리를 내세웠다는 점에서 니이체를 교육철학자로 해석하였다(Hillesheim, 1973: 343). 또 알로니는 니이체가 교육목적에 대한 근본적인 재정의(re-definition)를 시도하였다는 점, 인간의 교육적 잠재능력을 무엇보다 중시했다는 점, 그리고 사람들로 하여금 실존적이고 자율적이며 창조적인 삶을 살아가도록 자극했다는 점에서 그의 저작들은 교육적인 가치를 가진다고 주장했다(Aloni, 1989: 302-304). 그는 니이체가 인간성을 고양시키고 우리시대에 반(反)하도록 교육시키는 방법을 알고 있던 철학자인 동시에 교육자였다고 평가하였다(*ibid.*: 302). 그러나 로즈노우는 니이체의 이상은 어디까지나 철학적인 것이지 교육적인 것이 아니라는 점을 강조하면서 니이체 저작의 어느 부분들만을 분리하여 교육학적으로 해석하거나 니이체를 곧바로 교육철학자로 바라보려는 태도는 위험한 것이라고 지적하였다(Rosenow, 1989: 307).

니이체의 주장이 과연 민주적인가에 대해서도 학자들 간에 서로 다른 해석을 하고 있다. 예컨대, 세소네는 니이체의 주장이 대중교육을 무시하고 특정인을 위한 교육을 강조했다는 점에서 귀족주의적인 것 같지만 실제로는 민주사회를 이끌어 가는데 필요한 덕목들 예컨대 고발정신, 비판의식 등과 같은 민주시민적인 덕목들을 강조했다는 점에서 민주적인 니이체(democratic Nietzsche)의 모습을 부각시켰다(Sassone, 1996: 511-513). 이와는 반대로 빙햄은 니이체가 선발된 개인, 위대하고 영원한 일에 적합한 사람들을 위한 교육을 목표로 하고 있다는 점, 대중이 아닌 천재적인 영웅을 갈망하고 있었다는 점에서 니이체의 교육론 안에는 민주적인 주장보다는 반민주적인(anti-democratic) 주장들이 더 많이 담겨 있다고 반박했다(Bingham, 2001: 337).

또 빙햄은 니이체의 초기 저작들에 나타난 주장도 일관성이 결여되어 있다고 비판하였다. 예컨대, 니이체는 "우리 교육 기관들의 미래에 관하여"에서 '학교기관의 목적은 교양인을 길러내는 것'이라고 주장을 하면서 "교육자로서의 쇼펜하우어"에서는 '위대한 지도자' 혹은 '위인', '영웅적 인간'을 길러내는 것이라고 주장하고 있다는 점을 지적하면서 니이체의 초기 저작들 간에, 또는 저작들 안에서 일관성이 결여되어 있음을 비판하였다(*ibid.*: 33-339).

그리고 니이체의 교육자관에 관한 논의도 니이체 연구자들에 의해 다양하게 이루어졌는데, 힐스하임은 니체의 "교육자로서의 쇼펜하우어"라는 글에 나타난 교육자관을 비교적 긍정적으로 평가하였다. 그는 위대한 교육자를 극단적인 대립과 저항과 경쟁을 극복한 사람으로 묘사한 니이체의 교육자관은 이상적인 교사의 상을 재정립하는데 도움을 줄 것으로 기대했다(Hillesheim, 1973: 352). 고든도 니이체의 교육자관을 지지하고 옹호하였다. 그는 니체가 그린 교육자의 모습을 "헌신적이고 감수성이 예민하며, 용기가 있으며, 창조적인 사람"으로 묘사하였다(Gordon, 1980: 191). 골롬도 니이체의 교육자관을 지지하는 가운데, 그는 니이체의 초기 저작인 "교육자로서 쇼펜하우어"에 나타난 교육자관과 그 이후의 저작인 『짜라투스트라는 이렇게 말했다』(*Also Sprache Zarathustra*)라는 작품에 나타난 교육자관은 어떤 일관된 모습을 띠고 있다는 사실에 주목하였다. 그는 초기 저작에 나타난 위대한 교육자로서의 '쇼펜하우어'의 모습은 후기 저작에 나타난 '짜라투스트라'의 원형임을 강조하면서 개인적 성실과 본래성을 가지고 '자기 삶의 혁명적 변화'를 시도했던 쇼펜하우어는 오늘날 허무주의를 극복하려는 사람들에게 하나의 이상적 모델이 될 수 있을 것이라고 보았다(Golomb, 1986: 104-105). 이와는 반대로 젠킨스는 고든이나 골롬과는 달리 니이체의 교육자관을 혹평하였다. 그는 니이체의 저작들에 나타난 교육자는 근본적으로 엘리트주의자로서 대중에게 관심이 없었을 뿐 아니라 대중을 교육할 의사가 전혀 없는 사람으로 그의 가르침은 독단적이고 반민주적이라고 보았다(Jenkins, 1982: 253).

니이체의 교육사상에 대한 이상의 논의들 중 어느 것이 더 설득력이 있는가? 쿠퍼(Cooper, 1983: 121-122)가 지적한 바 있듯이, 이들 논의들은 니이체의 저작을 교육학적 관점에서 조명했다는 점에서 나름대로의 의의가 있다고 할 수 있지만 니이체 초기 저작들의 내용을 충분히 검토해 보지 않았다는 점에서 설득력이 비교적 부족하다고 할 수 있다. 이러한 점에서 니이체의 교육사상을 제대로 평가하기 위해서는 그의 초기 저작들에 대한 체계적인 분석이 이루어져야 한다. 니이체의 초기 저작들은 그의 중·후기 저작들에 나타난 교육관의 원형이요, 근원을 이룬다는 점에서 중요한 의미를 가질 뿐만 아니라 교육적 이상에 대한 풍부한 아이디어 그리고 교육현실에 대한 날카로운 통찰을 담고 있다는 점에서 오늘날 교육에 주는 시사들도 풍성하다고 할 수 있다.

6. 맺는 말

앞에서 살펴본 바와 같이 니이체의 초기 저작들은 교육적으로 의미 있는 풍부한 아이디어들을 담고 있을 뿐만 아니라 그 당시 교육기관들이 안고 있던 폐해를 파헤치고 폭로함으로써 교육활동이 궁극적으로 실현하고자 하는 것이 무엇이어야 하는지를 근본적으로 숙고하도록 하는 지적 각성제 혹은 교정제를 담지하고 있다. 그의 글들은 지금으로부터 130여 년 전에 쓰여진 것이기는 하지만 지·덕·체 혹은 지·정·의를 고루 겸비한 인간을 기르는 것을 목적으로 삼는 전인교육(全人教育)의 이념으로부터 점점 멀어져만 가고 있는 우리의 교육현실을 새로운 안목으로 통찰하고 반추하도록 해 준다는 점에서 아직까지도 그의 주장이 가지는 교육적 의의가 자못 크다고 할 수 있다. 그의 교육적 주장들이 우리 교육현실에 주는 시사점들 몇 가지를 논의해 보고자 한다.

첫째, 니이체의 학교기관에 대한 비판적 통찰은 우리 학교교육 기관의 존재의의를 심각하게 재고하도록 해 준다는 점에서 교육적 의의가 크다고 할 수 있다. 그는 그 당시 김나지움을 비롯한 각종 학교기관에 대해서 비판적이었고 때론 부정적이었다. 그는 학교란 본래 학생에게 품격 높은 교양을 기르기 위해 설립되었음에도 불구하고 상급학교 진학을 위한 준비기관으로 전락하였으며, 기껏해야 기형적인 교양인을 길러내고 있을 뿐이라고 혹평하였다. 또 학교는 자립심, 독립심, 자율성을 길러 주는 곳이어야 함에도 불구하고 노예근성을 가진 사람을 길러내고 있을 뿐이라고 비판하였다. 학교에 대한 그의 비판은 다음 몇 가지로 요약된다. 즉 학교는 (i) 전인을 기른다는 그 본래적 기능을 상실했으며, (ii) 진정한 교양인을 길러내기에 너무 무기력하며, (iii) 교육활동이 기만적이고 위선적이다. 니이체는 그 당시의 학교들이 예외 없이 그럴듯한 교육의 이념을 내세우면서도 실제로는 상급학교 입시에 필요한 지식만을 주입하는 수업을 했다는 점에서 위선적이고 기만적이며 비겁하다고 고발했다. 그는 부분적으로 김나지움의 개혁을 요구했지만 근본적으로 학교의 기능 및 역할에 대해 부정적이었다. 한마디로 그는 기존의 학교교육을 통해서는 교육 본래의 이념 즉 전인을 기른다는 이념을 실현하기 어렵다고 판단했다. 그렇다고 해서 그는 오늘날 탈학교론자들이나 학교교육 무용론자들이 주장하는 것처럼 학교 자체의 폐지나 해체를 주장하지는 않았다. 오히려 그는 기존의 방법과는 확연하게 다른 방법으로 젊은이들을 교육해야 한다고 제안하였다. 즉 그는 교육 난국을 타개할 수 있는 탁월한 능력을 소유한 위대한 지도자 혹은 위대한 교사를 갈망했다.

오늘날 한국의 교육현실도 니체가 바라본 교육현실과 다를 바가 없다. 교육기관마다 그럴듯한 교육이념 및 교육목표를 설정해 놓았지만 실제로는 입시준비에 여념이 없다. 인문계 고등학교는 말할 것도 없고 심지어 실업계 학교까지도 시험선수를 길러내는 기관으로 전락하고 있는 실정이다. 각급 학교들은 본질적이고 본래적인 기능을 상실한지 오래이며 자기반성과 자기성찰을 할 수 없을 정도로 둔감해져 있다. 니이체의 교육적 논의를 통해 우리가 얻을 수 있는 가장 큰 수확은 기만적이고 자기 모순적인 학교기관들이 좀 더 솔직하고 진실해져야 한다는 것이다. 학교 경영자뿐만 아니라 교사들이 가식과 위선에서 벗어나 그 솔직함과 진실함을 회복하지 않고는 학교의 기능이 정상화될 수 없을 것이다.

둘째, 니이체의 교양 혹은 교양인에 대한 비판적 통찰은 교양교육의 이론을 수립하거나 이를 실현하려는 사람들에게 교양교육이 과연 어떠한 방향으로 나아가야 할 것인가를 숙고하도록 해 준다는 점에서 의의가 크다고 할 수 있다. 니이체는 그 당시 교육계 내부에서 교양교육을 확대하려는 경향과 교양교육을 축소하려는 경향을 비판적으로 검토하는 가운데 교양 혹은 교양교육의 개념이 얼마나 왜곡되어 있는지를 지적하였다. 그는 이 두 경향은 하나같이 교양을 개인의 이익이나 국가의 이익을 위한 도구로 취급했다는 점에서 그릇된 교양관을 유포시켰다고 비난하였다. 뿐만 아니라 그는 신문이나 잡지가 교양을 대신하고 있는 세태를 걱정의 눈으로 바라보았다. 그리스 고전연구가로서 그는 독일인들의 교양관이 그리스적 교양관으로부터 얼마나 멀리 벗어나 있는지를 깨우치려고 하였다. 그는 왜곡된 교양 혹은 교양교육을 파괴하고 새로운 교양교육의 개념을 수립하고자 했다. 그는 어디까지나 독일식 교양교육이 아닌 그리스적 교양교육을 요청하였다. 그는 그리스적 교양교육이 저급한 문화로부터 자신을 해방시켜 줄 것이라고 보았다.

이러한 니이체의 주장들을 전적으로 수용할 수는 없는 일이지만 그의 주장들은 오늘날 우리 교양교육의 실태를 반추하는데 도움을 줄만한 충분한 가치를 가지고 있다. 우리 한국의 경우 어떤 단위의 학교이건 교양교육은 그 기능을 다하지 못하고 있다. 직업교육이 강화되면서 교양교육은 설 자리를 잃어가고 있다. 오늘날 한국의 대학들은 현실논리만을 앞세워 교양교육 강좌들을 점차 줄여가고 있다. 이러한 이유로 특정 직업세계에서 요구하는 지식과 기술만을 배워도 삶을 살아가는데 아무런 지장이 없다고 생각하는 교양교육 무용론이 확산되어 가고 있다. 이렇게 되면 대학은 그 설립목적이나 취지와는 달리 기능공만을 양산해 내는 직업훈련소로 전락할 수밖에 없을 것이다. 니이체가 두려워했듯이, 우리 한국의 교육기관들도 교양교육의 쇠락과 쇠퇴를 염려해야 한다. 직업교육이 강화되면 될수록 휴머니즘이 추락한다는 사실을 직시해야 한다.

셋째, 니이체가 쇼펜하우어의 연구를 통해 보여준 위대한 교사상은 오늘날 교사교육의 목적과 방향이 어떻게 설정되어야 하느냐를 고민하는 사람들에게 하나의 중요한 지침을 제공해 준다는 점에서 그 의의가 크다고 할 수 있다. 니이체의 근본적인 관심사는 위대한 교사란 누구이며 그를 어떻게 길러낼 것인가에 있었다. 니체의 주장에 의하면, 위대한 교사란 현실 개혁적인 성향이 강한 루소적인 인간도 아니며, 현실을 관조만 하고 있는 괴테적인 인간도 아니다. 위대한 교사란 디오니소스적인 성향과 아폴로적인 성향을 동시에 가진 인간 즉 이론과 실제를 동시에 겸비한 인간이다. 그는 자기 자신의 창조자이지 타인에 의해 만들어지는 존재가 아니다. 말하자면 니체가 말하는 위대한 교사는 '실존적인 인간'(existential person)이다.

그러므로 니이체에 의하면, 위대한 교사란 현존하는 형식적인 교육기관에서 길러질 수 있는 것이 아니다. 위대한 교사의 자질과 능력은 스스로의 노력과 투쟁을 통해 성취되는 것이다. 즉 그의 위대성은 자기교육(self-education)과 자기승화(self-sublimation)의 산물이다. 이러한 니이체의 주장으로부터 얻을 수 있는 가장 큰 교훈은 위대한 교사란 사범대 졸업장 및 교사자격증을 얻었다고 해서 성취될 수 있는 것이 아니라는 점이다. 그것은 어디까지나 형식적인 조건들이지 교사의 위대성을 결정하는 실질적인 조건은 아니라는 점이다. 쇼펜하우어의 삶 속에서 드러난 인격적 특성들 즉 솔직함, 진실함, 성실함, 명랑함, 항상성(恒常性), 자기극복의 의지 등은 교사의 위대성을 결정하는 중요한 조건들이다. 이러한 것들은 형식적인 교육기관에서 배울 수 있는 것들이 아니다. 이러한 의미에서 오늘날 교단에 선 교사들은 자신이 위대한 교사로 거듭나기 위해 자신의 내면세계를 끊임없이 들여다봐야 할 것이다.

참고문헌

이병승(2003). "니체의 교사론 연구: 『짜라투스트라는 이렇게 말했다』를 중심으로", 교육사상연구. 제 12집, 한국교육사상연구회, 169-187.

이진우 옮김(2001). 니이체 지음. 『니이체전집 3(KGWIII2) 유고(1870~1873)』, 서울: 책세상.

임수길 옮김(1988). 니이체 지음. 반시대적 고찰, 니이체전집 2, 서울: 청하.

Aloni, N.(1989). "The Three Pedagogical Dimensions of Nietzsche's Philosophy", Educational Theory. 23: 4, 301-306.

Bingham, C.(1998). "The Goals of Language, the Language of Goals: Nietzsch's Concern with Rhetoric and Its Educational Implication", *Educational Theory*. 48: 2, 229-240.

______(2001). "What Friedrich Nietzsche Cannot Stand About Education: Toward A Pedagogy of Self-Reformation", *Educational Theory*. 51: 3, 337-352.

Cooper, D.(1983). "On Reading Nietzsche on Education", *Journal of Philosophy of Education*. The Journal of the Philosophy of Education Society of Great Britain, 17: 1, 119-126.

Golomb, J. J.(1985). "Nietzsche's Early Educational Thought", *Journal of Philosophy of Education*. The Journal of the Philosophy of Education Society of Great Britain, 19: 1, 99-110.

Gordon, H.(1980). "Nietzsche's Zarathustra as Educator", *Journal of Philosophy of Education*. The Journal of the Philosophy of Education Society of Great Britain, 14: 2, 181-192.

Gregory, M.(2001). "The Perils of Rationality: Nietzsche, Peirce and Education", *Educational Philosophy and Theory*. 33: 1, 23-34.

Hillesheim, J.(1973). "Nietzsche Agonistes", *Educational Theory*. 23: 4, 343-353.

______(1986). "Suffering and Self-Cultivation: The Case of Nietzsche", Educational Theory. 36: 2, 171-178.

______(1990). "Nietzschean Images of Self-Overcoming: Response to Rosenow", *Educational Theory*. 40: 2, 211-215.

Jenkins, K.(1982). "The Dogma of Nietzsche", *Journal of Philosophy of Education*. 16: 2, 251-254.

Johnston, J. S.(1998). "Nietzsche as Educator: A Reexamination", *Educational Theory*. 48: 1, 67-84.

Nietzsche, F.(1969). *Also Sprache Zarathustra,* Satzund Druck: Buchdrukerei Eugen Goebel in Tubingen.

Ramaekers, S.(2001). "Teaching to Lie and Obey: Nietzsche on Education", *Journal of Philosophy of Education*. 35: 2, 255-268.

Rosenow, E.(1973). "What is Free Education? The Educational Significance of Nietzsche's Thought", *Educational Theory*. 23: 4, 354-370.

______(1989). "Nietzsches's Educational Dynamite", *Educational Theory*. 39: 2, 307-316.

______(2000). "Nietzsche's Educational Legacy: Reflections on Interpretations of a Controversial Philosopher", *Journal of Philosophy of Education*. 34: 4, 673-686.

Sassone, L. A.(1996). "Philosophy Across the Curriculum: A Democratic Nietzschean Pedagogy", *Educational Theory*. 46: 4, 511-524.

Sharp, A. M.(1984). "Nietzsche's View of Sublimation in the Educational Process", *The Journal of Educational Thought*. 9: 2, 99-106.

제 11 장

이상적 교육자에 관한 담론

1. 들어가는 말

니이체(F. Nietzsche)는 1883년부터 1885년에 이르는 3년 동안 『짜라투스트라는 이렇게 말했다』(*Also Sprache Zarathustra*)를 집필, 탈고, 출판해냈다. 이 책은 니이체의 모든 사상이 집약되어 있어서 그의 사상의 정수(精髓)를 담고 있다고 말해도 과언은 아닐 것이다. 이 책은 서사시적 구성에 문장 또한 수려하여 어떠한 문학서보다도 문학적이며, 어떤 시보다도 시적이다. 또한 이 책은 그의 철학과 문학과 예언을 유려한 문체로 표현해낸 걸작이기도 하다.

이 책은 총 4부로 구성되어 있는데, 제1부에는 서설(序說)과 설교(說敎)가 들어있고, 제2부, 제3부, 제4부는 아무런 제목도 없다. 그뿐 아니라 서설과 제4부를 제외하고는 일견 아무런 전후 관련도 없는 독립된 장으로 구성되어 있다. 이러한 구성은 이 책을 읽는 독자를 당혹스럽게 만들고 당황하게 만든다. 이 책은 10년간 산 속에서 고독한 생활을 보내던 짜라투스트라가 40세가 되어 하산하여 도시의 대중들에게 초인(超人: Übermensch)의 이상을 설교하는 것을 시작으로 그의 방황과 고독, 그리고 시련의 극복과정을 그리고 있으며, 결국 성숙한 영원회귀(永遠回歸)의 고지를 향해 떠나는 과정을 그린 작품이다. 언뜻 보기에는 단순한 줄거리지만 이것은 단순한 서사시나 희곡을 노래한 것이 아니라 인간, 세계,

그리고 자연에 대한 니이체 사상의 정수를 보여준 철학서이다. 니이체는 짜라투스트라의 입을 통해 비유와 상징을 무기 삼아 초인과 영원회귀 사상을 전하는 동시에 자유롭고 창조적인 삶을 방해하는 대중의 피상적인 삶, 도덕론자와 성직자의 위선, 철학자의 독단을 거침없이 폭로하고 고발한다. 뿐만 아니라 그는 짜라투스트라의 입을 통해 인류가 지향해야 할 이상적인 인간상이 무엇인지를 가르치고, 자유롭고 창조적인 삶을 살기 위해 어떤 역경과 고난을 극복해야 하는지를 가르치고, 나아가 한 인간으로서 본래적인 삶을 살기 위해서는 어떤 실존적 자각이 필요한지를 보여준다. 이러한 점에서 짜라투스트라는 소크라테스, 예수와 마찬가지로 위기의 시대에 출현하여 방황하는 군중에게 희망의 메시지를 전하고 다양한 상징과 비유를 통해 군중을 가르치는 교육자(educator)[1]이기도 하다.

이 책은 전반적으로 니이체의 철학사상을 다룬 작품이긴 하지만 교육에 대한 니이체의 새롭고 창조적인 교육적 아이디어를 풍부하게 담고 있는 작품이기도 하다. 특히 가르치는 사람의 방황, 고뇌, 그리고 자기 초극의 과정을 묘사하고 있다는 점에서 니이체 교육자관의 진면목을 보여주는 작품이라고 할 수 있다. 그는 이 작품을 통해 단순히 '존재하는 교육자'의 모습을 그리려고 한 것이 아니라, '존재해야 할 교육자' 즉 이상적인 교육자상을 제시하려고 하였다.

국내에서 니이체의 철학에 관한 다수의 논문들이 발표되기는 했지만, 그의 이상적인 교육자상을 탐색한 논문은 찾아보기 어렵다. 외국의 경우도 니이체의 사상을 교육학적 관점에서 조명한 논문들이 여러 편 있으나(Aloni, 1989; Bingham, 1998, 2001; Gregory, 2001; Hillsheim, 1973, 1986, 1990; Ramaekers, 2001; Rosenow, 1973, 1989, 2000; Sassone, 1996; Sharp, 1984), 그의 이상적인 교육자상

1) 여기서 '교육자'란 흔히 각종 교육기관에서 교육에 종사하는 사람 즉, 유치원의 보모로부터 대학의 교수에 이르기까지 가르치는 일에 종사하는 사람을 지칭할 수 있지만 교육자는 일정한 법적 지위를 획득하고 교단에서 가르치는 직업인의 개념을 훨씬 넘어서는 폭 넓은 개념이다. 따라서 교육자의 개념 속에는 교단에 서서 직접 가르치지는 않지만 연구, 강연, 설교, 저술활동 등을 통해 당대 및 후대의 사람들에게 교육적 혹은 인격적인 감화를 주는 사람도 포함된다. 학교교사가 교과 지식의 전문가라면 교육자는 교과 지식뿐만 아니라 그 이외에도 독특한 방법으로 교육적 감화를 주는 사람이다. 이러한 의미에서 교사가 모두 교육자가 될 수 있는 것은 아니다. 따라서 본 논문은 특정한 문맥에 비추어 교사와 교육자의 개념을 혼용하기도 했지만 가능한 한 이 두 말을 구분하여 사용하고자 했다.

을 본격적으로 탐색한 논문은 거의 찾아볼 수 없다. 골롬(Golomb, 1985), 고든(Gordon, 1980), 존스톤(Johnston, 1998), 젠킨스(Jenkins, 1982), 쿠퍼(Cooper, 1983)의 글들은 니이체의 교육자상을 부분적으로 드러내기는 했지만 그의 교육자상의 정수를 담고 있는 『짜라투스트라는 이렇게 말했다』의 내용을 체계적으로 분석해 내지는 않았다.

따라서 이 글은 니이체의 『짜라투스트라는 이렇게 말했다』에 나타난 이상적인 교육자상을 고찰함으로써 이를 통해 현존하는 교육자의 모습을 비판적으로 검토하려는 데 목적이 있다. 즉 연구자는 이 작품 속에 나타난 짜라투스트라의 행적, 인격 그리고 가르침을 탐구함으로써 오늘날 바람직한 교원문화를 저해하는 허무주의, 매너리즘, 권위주의, 현실도피주의를 초극하기 위한 지적 통찰과 지혜를 얻고자 한다.

2. 짜라투스트라의 가르침

짜라투스트라는 아주 다양한 상징, 비유, 고발, 폭로의 변증법을 통해 가르침을 전하고자 했기 때문에 그의 가르침의 의도 및 목적을 선명하게 드러내는 일이 결코 쉽지 않다. 하지만 우리는 짜라투스트라의 삶의 과정 및 행적을 추적해 가는 동안 그의 가르침의 의도, 내용 그리고 방법을 부분적으로 드러낼 수 있을 것이다.

1) 초인에 대한 가르침

짜라투스트라가 궁극적으로 가르치고자 했던 것은 무엇인가? 그것은 한마디로 초인(超人)에 대한 가르침이다. 이러한 점은 『짜라투스트라는 이렇게 말했다』 제1부에서 잘 그려지고 있다. 10년간 산 속에서 고독한 은둔생활을 보낸 짜라투스트라는 40세가 되어 산에서 내려온다. 그는 인간 세계로 돌아와 주로 '얼룩소'라는 이름의 도시에서 초인의 이상(理想)을 설교한다. 그는 사람들로 하여금 피상적인 삶에서 벗어나야 할 것을 가르치고 그 스스로 초인에게 다가갈 수 있도록 교량(橋梁)의 역할을 하려고 한다. 그렇다면 그가 가르치려고 했던 초인은 누구이며, 어떠한 능력의 소유자인가? 니이체는 초인을 다음과 같이 상징적으로 서술한다.

> 나는 그대들에게 초인을 가르친다. 인간은 초극되어야 할 그 무엇이다. 그대들은 인간을 초극하기 위해 무엇을 했는가? · · · 보라, 나는 그대들에게 초인을 가르친다. 초인은 대지의 의미이다. 그대들의 의지는 말하라. 초인은 대지의 의미라고! · · · 초인은 바로 번개요, 광기이다(Nietzsche, 1969: 8-10).

이러한 니이체의 외침만 가지고는 그가 말하는 초인이 누구인지 정확히 밝히기 어려운 일이다. 한자 그대로 정의하자면 '超人'은 인간의 능력을 넘어서는 존재이다. "초인은 대지(大地)이다"라는 그의 표현은, 초인이란 결코 현실을 초월한 형이상학적인 존재 혹은 기독교에서 말하는 신(神)이 아니라는 것을 말해준다. 동시에 초인은 내면적이고 정신적인 존재가 아니라 육체를 가진 구체적인 인간 존재임을 말해준다(황문수 옮김, 2001: 22). 지상에는 가장 추악한 것, 가장 불행한 것이 존재하지만 이것을 초극하고 절대 긍정하는 자가 초인이다. 또 '초인은 번개이다'라는 표현은, 초인이란 일상성, 평범성을 지닌 존재가 아니라 순간성, 창조성을 지닌 존재라는 것을 암시해 주고 있다. 번개가 순간적으로 빛을 발하고 사라지기 때문에 그것을 포착하는 것이 쉽지 않듯이 초인을 만난다는 것은 쉬운 일이 아니다. 니이체의 탁월한 해석가인 하이데거(M. Heidegger)의 다음과 같은 정의는 초인의 존재를 이해하는 데 큰 도움을 준다.

> 니이체는 지금까지 존재했던 사람에게 초인이란 이름을 붙이지 않는다. 초인은 휴머니티를 내던져버린 사람이 아니며, 변덕을 법으로 만드는 사람이 아니며, 거대한 분노를 규칙으로 만드는 사람이 아니다. 오히려 문자 그대로 말하자면, 초인은 사람들을 아직 도달하지 못한 곳으로 이끌고 거기서 그들을 구원하려는 사람이다(Heidegger의 글을 인용한 Gordon, 1980: 181).

말하자면 초인은 '인류의 구원자'로서 짜라투스트라가 제시하는 이상적인 인간상이다. 짜라투스트라는 군중에게 이러한 초인에 대해 설교하고 그에게 다가갈 수 있는 길을 제시하는 동시에 기꺼이 스스로 그들의 다리가 되어주려고 하지만 군중은 그의 가르침을 외면한다. 숲 속의 은둔자나 시장의 사람들은 그의 가르침을 조롱하고 경멸한다. 그의 가르침에 귀를 기울여주고 이해하려고 하는 사람은 오직 줄 타는 사람(Seiltänzer)뿐이다(Nietzsche, 1969: 10, 15-16). 여기서 '줄 타는 사람'은 위기에 봉착한 사람으로 줄 위에서 떨어지면 죽을 수밖에 없는 운명을 타고난 사람을 상징하는데, 이것은 짜라투스트라를 이해할 수 있는 사람이 지극히 소수라는 점을 말해 준다. 짜라투스트라는 사람들의 이러한 냉담한 태도에 대해 슬퍼하면서도 냉담한 태도의 원인이 그들의 무지함에 있다기보다는 자신의 역량 부족에 있다고 생각한다. 여기서 짜라투스트라는 군중을 가르치기보다 자기를 깨우치는 일이 선행해야 한다는 사실을 깊이 통찰한다.

2) 자기변혁에 대한 가르침

초인의 이상(理想)을 군중, 은둔자, 시장 사람들에게 가르치는 일이 쉽지 않다는 사실을 깨달은 짜라투스트라는 과감한 자기변화 내지는 자기혁명을 시도한다. 그는 철저하게 자신을 변화시키지 않고는 남을 가르칠 수 없다고 판단한다. 자기변화는 자연히 신념의 파괴를 수반한다. 그래서 짜라투스트라는 숲 속의 은둔자와 시장 사람들에게 무엇인가를 가르칠 수 있다는 신념을 먼저 파괴해야 한다고 생각한다. 이러한 그의 생각은 시장 사람들에게 집요하게 질문을 던짐으로써 자기의 가르침을 가장 잘 전달할 수 있다고 생각한 소크라테스의 신념과는 다르다. 신념의 파괴를 수반하는 이러한 변화를 그는 'Verwandlungen'[2] (Nieztsche, 1969: 25)이라고 부르고 스스로 이러한 변화를 체험한다. 이 'Verwandlungen'은 초인에게 다가가기 위한 자기변혁 및 변용(變容)의 과정이며 자기를 완성해가기

2) Verwandlungen는 우리말로 변신(變身), 변전(變轉), 변형(變形), 변모(變貌), 변용(變容)라는 의미를 가진 말이지만, 이 말은 단지 외형적이고 형식적인 변화를 의미하는 것이 아니라 애벌레가 나비로 변태되는 과정에서 그 스스로의 모습을 완전히 탈바꿈함으로써 전혀 다른 모습으로 태어나는 것처럼 인간의 외형은 물론 내면세계까지도 완전히 탈각(脫殼)한 상태를 말한다.

위한 교육의 과정이기도 하다. 그는 이 변화의 과정을 다음과 같이 설교한다.

> 정신의 세 가지 변화를 나는 그대들에게 말한다. 어떻게 정신이 낙타(Kamel)가 되고, 낙타는 사자(Löwe)가 되고, 사자(Kind)는 어린애가 되는가(*ibid.:* 25).[3)]

첫 번째 변화는 낙타이다. 낙타는 많은 짐을 지고 있지만 즐거워하는 정신(精神)을 말한다. 이 단계에서 사람들이 지고 있는 짐에는 어떤 것이 있는가? 짜라투스트라는 "어떤 일의 승리를 축하할 때 그 일로부터 물러나는 것, 유혹자를 유혹하기 위해 높은 산에 오르는 것, 진리의 물이 있으면 물이 더럽다고 하더라도 뛰어들어 차가운 개구리나 뜨거운 두꺼비를 쫓아버리지 않는 것, 우리를 경멸하는 자를 사랑하고, 유령이 우리를 위협할 때 유령에게 손을 내미는 것"(*ibid.:* 25) 등을 든다. 자신을 유혹하는 사람을 한 차원 높은 단계로 이끌어 올리고, 더러운 물에 빠지면서도 악에 물들지 않고 이와 맞서 싸우려는 사람에게는 강인한 의지, 인내력, 불굴의 투지, 용기와 같은 정신력이 요구된다.

두 번째 변화는 사자(獅子)이다. 사자는 "자유를 획득하고 사막의 주인이 되기를 원하는" 정신이다(*ibid.:* 26). 그러나 사자는 자유를 획득하기 위하여 '해야 한다'라고 강요하고, 모든 가치는 창조되어야 하며, 창조된 가치는 반드시 내 안에 있어야 한다고 외치는 금빛 비늘의 거대한 용(龍)과 싸움을 해야 한다(*ibid.:* 26). 사자는 새로운 가치를 창조하지는 못하지만 역사적으로 뿌리를 깊게 박고 있는 가치를 거부하고 투쟁을 통해서 자신의 자유를 쟁취하려고 한다. 동서양을 막론하고 용은 절대적인 권력, 권위, 가치를 상징한다. 참된 자유를 쟁취하려는 자는 이러한 가치를 거부하고 파괴하기 위해 맞서 싸우는 사자가 되지 않으면 안 된다. 그리하여 짜라투스트라는 "새로운 가치의 창조, 이것은 사자의 힘이 할 수 있는 일이다"(*ibid.:* 26)라고 외친다.

세 번째 변화는 어린이이다. 우리가 진정한 자유를 가지고 용기있게 살아가기 위해서는 사자의 힘만 가지고는 불가능하다. 짜라투스트라는 말하기를, "왜 사자

---

3) 니이체가 강조하는 낙타, 사자, 어린아이의 단계에 대해 본격적으로 연구한 글로서는 Harold Alderman(1977), Nietzsche's Gift(Ohio University Press)의 제2장이 있다. 이 글에 대해서는 성진기 역(1999), "낙타와 사자와 어린아이", 정영도 외 공저(1999), 『니이체 철학의 현대적 이해와 수용』(서울: 세종출판사), pp. 163-187을 참고할 수 있다.

는 다시 어린애가 되지 않으면 안 되는가? 어린애는 순결이며, 망각이고 하나의 새로운 출발, 하나의 유희, 스스로 굴러가는 수레바퀴, 최초의 운동, 신성한 긍정이다"(*ibid.*: 27). 여기서 어린애는 '천진난만함', '순진무구함'을 상징한다. 참된 자유란 어린이와 같은 마음을 가질 때 성취할 수 있으며, 새로운 가치 역시 이러한 마음을 가질 때 창조될 수 있는 것이다.

이러한 정신적 변화들은 진리를 탐구하거나 자유를 얻으려고 하는 사람이 겪어야 할 과정이다. 변화의 단계에서 등장하는 '낙타'는 정신적 부담을, '사자'는 기존의 가치에 맞서 싸우는 용기를, '어린애'는 순진무구함을 상징하고 있다. 짜라투스트라는 이 설교에서 참된 자유와 진리를 얻기 위해서는 정신적 부담을 극복해야 하며, 자유의 실현을 가로막는 기존의 가치, 권위, 전통과 맞서 싸워야 하며, 순진무구한 마음을 가지고 새로운 삶을 창조해야 한다고 가르치고 있다.

3) 창조적인 삶에 대한 가르침

세 가지 변화들은 이 책의 다른 부분에서 나타나는 짜라투스트라의 교육적 열정을 이해하기 위한 열쇠가 된다. 제1부에서 짜라투스트라는 제자들에게 자기 삶에 대해 새롭게 각성하라는 정신적 짐을 지우고 이를 초극할 것을 역설한다. 제2부는 첫 번째 변화를 겪은 후 획득한 자유를 가지고 창조적인 삶을 살아가도록 가르친다.

> 창조하는 것-이것은 고뇌로부터의 위대한 구원이며 삶을 가볍게 만드는 것이다. 그러나 창조하는 자가 존재하기 위해서는 고뇌와 많은 변신이 필요하다. 그렇다. 그대들의 삶에는 허다한 쓰라린 죽음이 있어야 한다. 그대들 창조하는 자들이여! 이렇게 해서 그대들은 온갖 무상을 대변하고 시인하는 자가 되는 것이다(Nietzsche, 1969: 91-92).

창조적인 삶은 창조적인 생각과 행동을 수반하는데, 이것은 초인에게로 다가가기 위한 필요조건이다. 창조적인 삶을 산다는 것은 세 번째 변화인 어린애의 삶을 산다는 것을 의미한다. 그것은 어린이와 같은 순수한 마음을 가지고 삶을 새롭게 출발한다는 것, 자기 자신, 희망, 사제관계(師弟關係)를 새롭게 인식한다는 것을 의미한다. 이러한 삶은 자연히 기존의 관습, 상식, 권위에 대한 도전과 파괴를 요구하기 때문에 내적인 갈등과 고뇌를 수반한다.

제2부에서 짜라투스트라는 아주 역설적인 방법으로 창조적인 삶을 방해하는 사람들을 고발하고 폭로한다. 짜라투스트라에 의하면, 적대적인 사람이나 반대하는 사람이 나의 창조적 삶을 방해하는 것은 아니다. 그는 사고방식이나 삶의 방식이 다른 사람들과 맞서 싸우고 투쟁함으로써 우리의 창조력이 더욱 고양될 수 있다고 가르친다. 즉 그들은 창조적인 힘의 원천이라는 것이다. 오히려 그는 친근하거나 존경하는 사람이 창조적인 삶을 방해할 수도 있다고 가르친다. 따라서 짜라투스트라는 제자들에게 동정어린 사람이 되라는 압력을 견뎌 내야 한다고 가르친다. 그는 필요 이상의 동정이 창조적인 삶을 어렵게 만든다고 생각한다. "동정하는 자들에 대하여"에서 그는 다음과 같이 외친다.

> 아, 동정하는 자들의 어리석은 행동보다 더 어리석은 행동이 이 세계 어디에서 일어날 것인가! 그리고 동정하는 자들의 어리석음보다 더 큰 고뇌가 이 세상에 어디 있을 것인가! · · · 그러므로 동정하지 않도록 조심하라. 동정으로부터 인간들에게는 무거운 구름이 몰려온다. 정녕 나는 뇌우의 전조를 잘 알고 있다! 그러나 이런 말도 마음에 새겨 두라. 모든 커다란 사랑은 동정의 단계를 훨씬 넘어서 있다. 커다란 사람은 사랑의 대상도－창조하려고 하기 때문이다!(Nietzsche, 1969: 95-96).

또 짜라투스트라는 덕(德)에 대한 보답을 받아들이라는 주위의 압력을 견디어 내도록 가르친다. 그는 '유덕한 자들에 대하여'에서 "그대들은 그대들의 덕을 사랑한다. 마치 어머니가 자기 아이를 사랑하듯이. 그러나 어머니가 이러한 사랑의 대가로 보상받기를 원한다는 말은 들은 적이 있는가?"(*ibid.*: 100)라고 반문하면서 덕에 대한 보답을 받아서는 안 된다고 가르친다. 즉, 어떤 형태로든지 남에게 보답을 받게 되면 자기 본래의 길, 즉 창조적인 길을 걸어가기 어려워진다는 점을 경고하고 있다. 창조적인 삶은 기존의 덕을 수용함으로써가 아니라 그것을 부정, 거부, 파괴함으로써 가능하다는 것이다. 마찬가지로 '유명한 현인(賢人)들에 대하여'에서, 짜라투스트라는 현인들의 말에만 집착하게 되면 창조적인 삶을 살기가 어려워진다고 경고한다. 그는 현인들, 철학자들을 '나귀'에 비유했다.

> 그대들은 언제나 민중의 대변자로서 나귀처럼 집요하고 영리했다. 따라서 민중을 교묘하게 몰고 가려는 많은 권력자들은 자기 말 앞에 한 마리 나귀를 매 놓았다. 유명한 현인 한 사람을(Nietzsche, 1969: 110).

역사적으로 현인으로 불리는 사람들은 진리와 지혜를 탐구하는 자로 추앙받고 있지만 그들은 권력 앞에서 무기력했다. 그들은 세속적인 가치를 초월한 것 같지만 권력자에게 아첨했다는 점에서 노예적 근성을 가지고 있으며 교묘한 말로 대중을 속여 왔다는 점에서 자기 기만적인 인물들이다. 이런 점에서 짜라투스트라는 현인의 진리, 지혜는 성실성이 결여되어 있다는 점에서 그것은 배워야 할 것이 아니라 파괴해야 할 대상이라고 가르친다. 오히려 그는 사자(獅子)의 의지를 가지고 이들과 맞서 싸워야 한다고 주장한다. 그리하여 그는 제자들에게 "노예의 행복으로부터 해방되고, 신들과 숭배로부터 구제되고, 두려움이 없고, 공포의 대상이 되고, 위대하고, 고독하고－성실한 자들의 의지는 이와 같은 것이다"(*ibid.:* 111)라고 가르친다.

그러나 창조적 삶을 살아가야 할 것을 역설한 짜라투스트라는 자신의 가르침이 사람들을 변화시키기에는 아직까지 역부족임을 깨닫고는 더욱 높고 심오한 인식을 성숙시키기 위해 산으로 들어간다. 그는 말하기를 "아직껏 내 말은 산을 옮겨놓은 적이 없고 내가 말하는 것은 인간을 움직이지 못했다. 나는 분명히 인간들에게 접근하기는 했지만 아직도 나는 그대들에게 도달한 적은 없다"(*ibid.:* 161). 그는 자기 능력의 한계를 통감하면서 산 속으로 되돌아간다.

4) 실존적 삶에 대한 가르침

제3부에서 짜라투스트라는 교육자로서의 아픔과 고독과 방황을 체험한다. 더 높고 깊은 인식의 단계에 이르기 위한 아픔과 고독을 스스로 선택한 그는 다시 한번 자신의 변혁을 시도한다. 초인에 대한 가르침은 특정한 교리(dogma)를 전함으로써 이루어지는 것이 아니라 자신의 실존적 삶을 보여줌으로써 그리고 비

춰줌으로써 이루어진다는 것을 깨닫게 된다. 교사로서 내가 누군가를 가르친다는 것은 단지 나의 말, 주장, 지식만을 전하는 것이 아니라 몸으로 체득한 삶의 경험을 보여주는 것이며 나아가서 자신의 인격(人格) 전체를 드러내는 것이다. 산의 정상에 올라가 보지 못한 자는 올라갈 때의 아픔과 고통을 보여줄 수 없으며 정상에 무엇이 있는지를 설명해 줄 수 없다. 위험한 길을 걸어보지 않은 자는 위험한 것이 무엇인지를 보여줄 수 없다.

짜라투스트라는 자신의 실존적 삶의 깊이를 더하고 높이를 더하기 위해서는 방랑, 고뇌, 슬픔, 고독을 운명으로 받아들여야 한다고 가르친다.

> 나는 나의 운명을 인식한다. 마침내 그는 구슬프게 말했다. 자! 나는 각오가 되었다. 방금 나의 마지막 고독이 시작되었다 · · · 나의 가장 높은 산 앞에, 나의 가장 긴 방황 앞에 서 있다. 그러므로 나는 우선 내가 일찍이 내려갔던 것보다도 더 깊이 내려가지 않으면 안 된다. 내가 일찍이 내려갔던 것보다 더 깊이 고통 속으로, 고통의 가장 검은 만조에까지! 나의 운명이 이와 같이 원한다(Nietzsche, 1969: 159).

짜라투스트라는 고독은 심연(深淵)을 가르치는 교육자에게 필연적인 과정이라고 생각한다. 왜냐하면 고독은 자기이해와 자기반성을 위해 필요하기 때문이다. 또 고독은 힘을 다시 모으기 위함이기도 하지만 궁극적으로는 다른 사람들의 실존을 이해하는 데 필요하기 때문이다. 그는 "고독은 버림받는 것과 구별된다"(*ibid.*: 203)고 주장한다. 왜냐하면 고독은 스스로 선택하는 것이며 내적 성장의 자양분이기 때문이다. 결국 그는 실존적인 삶을 살려는 교육자는 이러한 고독을 운명으로 받아들이고 즐겨야 한다는 점을 역설적으로 보여주고 있다.

또 짜라투스트라는 위대함의 길을 걷기 위해서는 자기 자신에게 준엄(峻嚴)해야 한다고 가르친다. 즉 위대한 일을 성취해 내기 위해서는 자기 자신에게 엄격해야 한다는 것이다. 높은 정상에 오르기 위해서는 온갖 유혹을 물리치고 역경을 견디어 내야 한다. 그리하여 그는 다음과 같이 외친다.

> 언제나 자기 자신을 아끼는 자는 결국 너무 아낀 끝에 병들고 만다. 준엄하게

만드는 것을 찬양하자. 버터와 꿀이 넘쳐흐르는 땅을 나는 찬양하지 않는다! 많은 것을 보기 위해서는 자기 자신을 도외시할 줄 알아야 한다. 산을 오르는 모든 사람들에게는 이러한 준엄함이 필요하다(*ibid.:* 168).

짜라투스트라는 이 세상의 모든 사람들이 근본적으로 실존적 존재라는 점에서 상대방을 가르칠 수도 없고, 상대에게서 배울 수도 없다고 가르친다. 왜냐하면 "인간은 결국 오직 자기 자신을 체험할 수 있을 뿐"(*ibid.:* 167)이라고 판단하기 때문이다. 그리하여 짜라투스트라는 제자들의 삶에 직접 관여하기보다는 제자들 스스로가 삶의 정상과 심연을 체험하도록 이끌어야 한다고 가르친다. 오히려 그는 제자가 교사와 맞서 싸워 가는 동안에 자기 자신의 삶을 새롭게 창조해 나갈 수 있도록 이끌어야 한다고 생각한다. 이것은 분명히 거북하고 슬픈 일임에 틀림없지만 자기 초극의 문을 열어놓은 실존적인 교사에게는 즐겁고 유쾌한 일이다.

3. 교육적 논의

『짜라투스트라는 이렇게 말했다』는 난해한 저작들 중의 하나이다. 니이체는 너무 다양한 상징과 은유를 사용했기 때문에 그가 전하고자 하는 메시지가 정확히 무엇인지를 파악하기 쉽지 않다. 그러나 분명한 사실 하나는 니이체가 이 책을 통해 자신의 교육적 정열과 이상을 보여주려고 했다는 점이다.

니이체의 최대 과제는 니힐리즘(nihilism)의 극복과 초극(超克)이었는데, 이 과제는 초인을 통해 실현될 수 있다고 확신했다.[4] 그에게 초인은 인류가 모델로 삼아야 할 이상적인 인간상이며 교육을 통해 실현해야 할 교육적 인간상이기도

---

4) 니이체가 극복하려고 했던 것은 인간에게 좌절과 절망을 가져다준 니힐리즘(허무주의)인 것은 사실이지만, 그것은 어디까지나 수동적 니힐리즘, 즉 서구의 기독교적인 방식으로가 아니라 능동적인 니힐리즘을 통해서이다. 그는 니힐리즘을 부정을 위한 부정, 파괴를 위한 파괴를 통해 극복할 수 있는 것이 아니라 새로운 가치의 창조를 구하는 건설적인 긍정을 위한 부정을 통해 극복할 수 있다고 보았다. 즉 니힐리즘은 능동적이고 적극적인 창조적 활동을 통해 극복될 수 있다고 보았다(정철호, 1999: 139 참조).

하다. 초인은 인간의 능력을 넘어 존재하는 자이지만 결코 초월적이고 초경험적인 신(神)은 아니다. 니이체에 의하면, 인간 모두에게는 초인에게 다가갈 수 있는 가능성이 열려 있기는 하지만 그 스스로 거기에 도달할 수는 없다. 이러한 관점에서 니이체는 짜라투스트라를 등장시키고 그로 하여금 초인을 노래하게 하고 초인을 가르치게 한다. 앞장에서 살펴보았듯이, 니이체는 짜라투스트라가 대중, 친구, 제자들에게 초인을 가르치지만 그때마다 실패를 하고 결국 산 속으로 들어가 고독한 시간을 보내는 과정을 그리고 있다. 니이체는 대중의 몰이해와 편견, 선입견으로 자기의 가르침이 왜곡되고 있음을 알면서도 다시 하산하여 좀 더 성숙한 방법으로 대중에게 초인을 노래하고 초인을 가르치는 짜라투스트라의 아픔과 고뇌, 자기 초극의 과정을 그리고 있다.

우리는 니이체가 짜라투스트라를 통해 그려낸 교육자의 모습을 어떻게 평가할 수 있을 것인가? 니이체의 연구자들 중에는 그의 교육자관을 옹호하는 학자들도 있지만 비판하는 학자들도 있다. 이들의 논의를 간단하게 검토해 보자.

우선, 니이체의 교육자관을 옹호한 학자로는 고든(Haim Gordon)을 들 수 있다. 고든은 1980년에 발표한 "교육자로서의 짜라투스트라"(Nietzsche's Zarathustra as Educator)라는 논문에서 흥미로운 몇 가지 결론을 이끌어냈다. 첫째, 짜라투스트라는 "헌신적이며 감수성이 예민하며, 용기가 있으며, 창조적인 교사이다"(Gordon, 1980: 191). 둘째, 짜라투스트라는 제자의 실존적인 상황이 교육활동의 출발점이 되어야 한다고 가르쳤다(*ibid.*). 셋째, 짜라투스트라의 교수법은 학생 주도적(student- oriented)이라는 점에서 예수 및 소크라테스의 가르침과 다르다(*ibid.*). 넷째, 짜라투스트라의 교수법은 지극히 반도그마적(antidogmatic)이고 반교리문답적(anti-catechistic)이다(*ibid.*). 전반적으로 고든은 니이체의 교육자관을 지지했으며 호의적으로 평가했다.

다음으로, 젠킨스(Keith Jenkins)는 니이체의 교육자관을 옹호한 고든의 입장을 비판하고 니이체의 주장을 새롭게 해석하였다. 그는 니이체가 그린 짜라투스트라는 근본적으로 엘리트주의자로서 대중에게 관심이 없었으며 게다가 대중을 교육할 의사도 전혀 없었다고 주장했다(Jenkins, 1982: 253). 또 짜라투스트라의 교수법이 반도그마적이라는 고든의 주장을 반박했다. 그는 『우상의 황혼』(*Twilight of The Idols*)에서 니이체가 한 말, 즉 "짜라투스트라는 계급의 서열이 확정된

다음에야 사람들에게 행복을 나누어줄 수 있다. 이러한 원리가 우선 가르쳐져야 한다. 계급의 서열이 지상지배의 체제로 발전해 갈 수 있다. 지상을 다스리는 자들이 마지막으로 오게 되는데 이들이 바로 새로운 지배계급이다"(*ibid.*)라는 말을 인용하면서 짜라투스트라의 가르침은 결코 반도그마적이라고 볼 수 없다고 지적했다. 말하자면 젠킨스는 대중을 무시했을 뿐 아니라 도그마적인 짜라투스트라의 가르침을 옹호하는 것은 니이체의 교육자관을 잘못 해석한 것이라고 비판한다. 따라서 젠킨스의 결론은 니이체의 교육자관이 자유주의적이지도 않고 민주주의적이지도 않다는 것이다(*ibid.*).

끝으로, 철학교수였던 쿠퍼(D.E. Cooper)는 위의 고든과 젠킨스 두 학자의 논문이 지닌 한계를 지적하고 니이체의 교육자관을 비교적 공정하게 평가하고자 했다. 그에 의하면, 두 학자의 논의는 니이체의 교육에 관한 글들을 충분히 검토하지 않은 상태에서 이루어졌기 때문에 그의 교육론의 가치 및 중요성을 제대로 평가하지 못했다는 것이다.

쿠퍼(Cooper, 1983: 122)는 『짜라투스트라는 이렇게 말했다』란 작품이 교육에 관해 쓴 니이체의 전집(全集) 속에 속하지 않는다는 것을 전제한 후 니이체에 의해 쓰여진 교육에 관한 글들을 소개했다. 즉 "교육자로서의 쇼펜하우어"(Schopenhauer as Educator), "역사의 활용과 오용"(The Use and Abuse of History),[5] 그리고 다섯 개의 강연집, 즉 "우리 교육기관의 미래에 대하여" 등이 그것이다. 첫째 작품은 '아동중심 교육모델', '위대한 인간 연구의 교육적 가치', '교육과정에 있어서 철학의 위치', '국가와 학교의 관계'를 논의하고 있다.[6] 둘째 작품은 '역사교수와 과학과의 관계', '비판교육의 목적', '무의미한 연구와 행동', '무교양 및 군국주의 시대의 교육'을 다루었다는 것이다. 다섯 개의 강연집은 '형편없는 교육제도 안에서의 교사의 의무', '참된 교육과 공리주의자 사이의 모순', '생계를 버는 목적', '언어통달의 신성한 의무' 등의 주제를 다루고 있다는 것이다. 이러한 글들은 『짜라투스트라는 이렇게 말했다』란 책이 쓰여지기 8년 전부터 쓰여진 것이며, 이 책이 출판된 이후에도 교육에 관해 논의한 내용들이 여러 저작들 속에서 발견된다

---

5) 이 두 편의 글은 1873년부터 1876년에 걸쳐 발표한 것으로서 『반시대적 고찰』이라는 작품 안에 담겨있다. 임수길 옮김(1988), 『반시대적 고찰』(서울: 청하), pp. 107-274를 참고.

6) 이 다섯 개의 강연은 최근 이진우가 옮긴 『니이체 전집 3(KGW Ⅲ2) 유고(1870~1873)』, 서울: 책세상, 2001, pp. 165-291에 차례로 실려 있다.

는 것이다. 결국 쿠퍼는 고든과 젠킨스 두 학자가 이러한 니이체의 교육에 관한 저작들이 다수 있음에도 불구하고 이것들을 충분하게 참고하지 않는 상태에서 니이체의 교육론이나 교육자관을 탐색한 것은 출발부터가 잘못이며 위험하다고 지적했다.

또 그는『짜라투스트라는 이렇게 말했다』라는 책은 짜라투스트라를 단지 가르침의 능력을 가진 교사 혹은 교육자로서만 그린 것이 아니라 교사 이상의 능력을 가진 존재에 대해 서술한 것이라고 주장했다(Cooper, 1983: 121). 즉 짜라투스트라는 때로 예언자로서, 지도자로서, 그리고 시인으로서 초인을 노래했음에도 불구하고 그를 단지 교사나 교육자로만 규정하는 것은 그에 대한 올바른 평가가 아니라는 것이다.

쿠퍼는 고든이 니이체의 교육자관을 잘못 이해하고 있다고 지적했다. 그는 고든의 다음과 같은 해석을 문제 삼았다.

> 교사의 역할은 학생 개개인에게 여기서 지금 자기 개인의 운명(individual destiny)의 요구에 반응하도록 도와주는 것이기 때문에 교사는 학생이 처한 실존적 상황을 좀 더 분명하게 이해해야 할 것이다(Gordon, 1980: 191).

여기서 쿠퍼가 문제 삼은 것은 '개인적 운명'이라는 표현이다. 즉 고든은 앞에서 교사로서 짜라투스트라의 역할을 학생이 자신을 창조하도록 돕고, 자기를 극복하도록 돕는 것이라고 하면서 결론부에서는 교육자의 역할을 '개인적 운명'에 반응하도록 돕는 것이라고 주장한 것은 논리적으로 이치에 맞지 않는다는 것이다(Cooper, 1983: 122). 이러한 쿠퍼의 지적은 적절한 것처럼 보인다. 왜냐하면 우리가 운명적 존재라면 우리는 구태여 우리의 아픔과 고통을 극복하기 위해 노력할 필요도 없을 것이며, 새로운 삶을 창조하기 위해 노력할 필요가 없기 때문이다. 이런 점에서 고든이 교육자의 역할을 개인의 운명 및 실존적 상황과 결부지어 설명한 것은 분명히 어색하다.

쿠퍼는 니이체의 교육론에 대한 젠크스의 주장도 문제가 있다고 지적했다. 그는 짜라투스트라가 계급의 서열을 내세우고 도그마를 내세웠다는 점에서 짜라투스트라가 자유주의자도 아니며 민주주의자도 아니라는 젠킨스의 주장을 검토하였다. 쿠퍼는 니이체가 말하는 '계급의 서열'이란 사회·정치적인 의미로 쓰인 것이 아니라 정신적인 의미로 쓰인 것이라고 보았다(*ibid.:* 124). 말하자면 젠킨스는 니이체의 개념이 가지는 상징적 의미를 제대로 해석해 내지 못함으로써 니이체의 주장을 왜곡했다고 보았다. 따라서 그는 니이체가 짜라투스트라를 통해 외친 '힘', '독재', '지배자'란 말들도 대부분 은유적으로 사용되었기 때문에 자의적(字意的)으로만 해석해서는 안 된다고 보았다. 예컨대, 니이체가 사용한 '힘' 혹은 '권력'이란 정치적인 힘 혹은 권력을 의미하는 것이 아니라 군중을 지배하는 가치를 파괴하고 평범성을 파괴하려는 창조적인 힘을 의미한다. 또한 '독재자'란 정치적인 의미에서의 독재자가 아니라 권위와 훈련을 자극하는 본능을 의미하며, '계급의 원리'란 정치적인 도그마를 말하는 것이 아니라 문화적 평범성, 위선, 관습적인 도덕성, 거대함의 숭배에 대한 저항을 의미한다(*ibid.:* 124-125).

쿠퍼가 스스로 인정했듯이, 니이체의 교육관을 잘못 이해했거나 왜곡한 기존 연구자들의 문제점을 지적함으로써 그는 니이체의 교육관 및 교육자관을 적극적으로 변호하고자 했다(*ibid.:* 125). 그의 연구는 가능한 한 니이체의 교육자관이 지니는 고유한 가치와 의의를 공정하게 평가하려고 노력했다는 점에서 의의가 크다고 할 수 있다.

4. 새로운 교육자상 정립을 위한 제언

앞의 논의에서 밝힌 바 있지만 우리는 『짜라투스트라는 이렇게 말했다』를 통해 니이체가 제시한 이상적인 교육자란 허무주의(니힐리즘)를 극복하고 본래적인 길을 걷기 위해 부단히 노력하는 '실존적 교사'(existential teacher)의 모습이다. 우리는 이러한 교육자상을 옹호할 수도 있을 것이고 아니면 비판할 수도 있을 것이다. 그의 주장을 어떻게 평가하든 그가 제시한 교육자상은 지금까지 우리 한국사회가 추구해온 교육자상과는 확연하게 다른 것이다.[7] 그가 제시한 교육자

7) 최근까지 우리 한국사회에서 『교사론』이라는 제목의 책들이 다수 간행되었지만 그 어느 책도 교사의 실존적 내면의 세계를 심도있게 다룬 책은 찾아볼 수 없다. 예컨대, 곽영우(1996), 권상혁(1996), 기순신(1996), 안창선 외(1999), 윤종건 외(1996), 이칭찬(1996), 정우현(1996) 등의 책들

상은 이 시대의 통속성을 초극한 것이며 때론 도전적이고 무모한 것이다. 이러한 점에서 그가 그린 이상적인 교육자상은 위험한 요소를 다분히 많이 지니고 있다고 봐야 한다. 그럼에도 불구하고 그의 교육자상은 새로운 교육자상을 정립하려는 우리 교직사회에 다음 몇 가지 점에서 중요한 시사를 던져준다.

첫째, 니이체의 교육자상으로부터 우리가 배워야 할 것은 바로 교직사회에 만연되어 있는 허무주의를 극복해야 한다는 것이다. 이러한 허무주의는 교사의 정체성, 학교의 정체성을 위협하고 교직사회를 침체하게 만든다. 여러 연구들이 밝히고 있듯이,[8] 오늘날의 교사들은 교실현장에서 허탈함을 경험하기도 하지만 교무실 안에서 허무함을 체험한다. 교육적 열정을 가지고 가르쳤던 교사들조차도 시간이 흐르면서 매너리즘에 빠지거나 교육행위 자체에 대해 회의를 가지게 된다. 자신의 교육적 열정이 한계에 부딪치게 되면 현실로부터 도망하려는 현실도피주의자가 되기도 한다. 허무주의로부터 파생되는 매너리즘, 현실 도피주의가 교사문화를 황폐하게 만들고 있다.

허무주의(니힐리즘)는 교사를 무기력하게 만들고 나약하게 만든다. 니이체가 그린 교육자로서의 짜라투스트라는 교사 스스로가 허무주의를 극복하기 위해 어떻게 싸워야나가야 하는지를 극명하게 보여준다. 본래적인 길을 걸어가려는 교사는 수많은 외부의 적들과 맞서 싸워나가야 한다. 하지만 교직생활을 통해 스스로 짊어지게 되는 허무주의를 극복하는 일이야말로 외부의 적과 싸우는 일보다 우선해야 하며 특정한 지식에 대한 가르침(teaching)보다 우선해야 한다. 본래적인 길을 걷고자 하는 교사는 파괴를 위한 파괴, 부정을 위한 부정이 아니라, 창조적 파괴를 통해 허무주의를 극복해 가야 한다. 니이체의 말을 빌자면 수동적 허무주의가 아닌 능동적 허무주의[9]를 통해 자기를 변혁시켜 나가야 한다.

둘째, 니이체는 가르치는 교사가 끊임없는 자기교육(自己教育)을 통해 자기혁

어디서도 실존적 교사의 아픔과 고독을 다루고 있지 않다. 다만 신득렬(1981)은 실존적인 교사를 이상적인 교사로 기술한 바 있다(13-37).

8) 최근까지 쓰여진 교사문화에 관련된 글들 중 김영찬(1995), 김철훈(1999), 배종달(2000), 이관규(1996), 이인효(1990), 황기우(1992) 등의 사례연구 및 현장 연구들은 우리의 교사문화가 얼마나 황폐해졌는가를 잘 보여주고 있다.

9) 곽만연은 니이체의 수동적 허무주의와 능동적 허무주의의 차이와 관계에 대해 설명하고 니힐리즘의 현대적 의의를 고찰하였는데, 이점에 대해서는 곽만연의 논문, "불교의 공사상과 니이체의 니힐리즘의 현대적 의의"(1999: 359-362)를 참고할 수 있다.

명(self-revolution)을 감행해 가야 할 것을 강조한다. 과거로부터 오늘에 이르기까지 교사의 자질을 평가할 때 가장 중요시한 요인은 교수(教授)능력이다. 많은 연구들이 밝히고 있듯이, 유능한 교사로서의 자질을 결정하는 가장 객관적인 기준은 주어진 교과내용에 얼마나 정통했는가 그리고 그것을 얼마나 잘 가르치는가 하는 교수능력이다. 하지만 여기서 분명한 것은 교수의 질과 방법은 교사의 자기교육 정도에 따라 좌우된다는 점이다. 여기서 자기교육은 자기발전 및 성장을 성취하려는 교육으로, 이것은 자기 자신의 한계를 극복하려는 강한 의지와 인내를 필요로 한다.

풍부한 경험과 지식을 소유한 교사라고 할지라도 학생을 가르치다 보면 어떤 지적, 도덕적 한계에 부딪칠 때가 있기 마련이다. 이 때 교사는 어떻게 해야 하는가? 이런 경우 어떤 교사는 자신의 모자라는 부분을 감추거나 호도하기 위하여 권위주의적인 태도를 취할 수 있다. 교사의 이런 권위주의적인 태도는 학생의 자유와 창조성을 가로막고 때론 말살시킨다. 짜라투스트라는 교사가 어떤 한계에 부딪치게 되면 가르침을 보류하고 가르침의 장에서 물러나 자기발전을 위해 정진해야 한다고 가르친다. 제대로 가르치기 위해서는 먼저 제대로 배워야 한다고 가르친다. 가르치면서 배운다는 말도 일리가 있지만 배우면서 가르친다는 말도 설득력이 있기 때문이다. 듀이(Dewey and G. Watson, 1937: 541)도 강조했듯이, 진정한 교사는 교사인 동시에 학습자이어야 한다. 소크라테스, 예수, 불타, 공자가 자기 변용의 과정을 통해 스스로를 자각하도록 가르쳤듯이, 니이체 역시 'Verwandlungen' 즉 자기 변용을 통해 스스로를 완성해 가야 한다고 가르쳤다. 자기발전을 추구하는 교사에게 자기 변용은 필수적인 과정이다. 이 과정 속에서 교사는 자신의 무지, 무력함, 때로는 좌절과 허무를 경험하기도 한다. 이 허무를 극복하는 것이야말로 이 시대 교사들이 극복해야 할 중요한 과제이다.

셋째, 니이체는 교사가 전통적인 교수방법에서 벗어나 새롭고 창의적이며 다양한 방법으로 학생을 가르쳐야 할 것을 보여준다. 때에 따라서는 교사는 소크라테스나 예수처럼 은유, 비유, 상징을 통해 가르칠 수 있어야 하며, 간접적인 화법이나 아이러니를 통해 가르칠 수 있어야 한다. 때로 교사는 니이체가 강조한 고발과 폭로의 변증법(辨證法)을 통해 전통적인 가치, 도덕, 관습, 위선 등을 폭로할 수도 있어야 한다. 교사가 이러한 일을 감행하지 않으면 학생은 기존의 제도 및 가치의 틀에서 조금도 벗어날 수 없으며 자기해방의 길을 찾지 못하게 된다. 왜냐하면 교사는 학생의 거울이며 모델이기 때문이다. 고발과 폭로가 가끔 파괴를 가져오고 불행을 안겨주기도 하지만 학생들을 새로운 미지의 세계로 이끌고 갈 수 있는 계기도 될 수 있다. 창조를 위해서 파괴는 필연적이기 때문이다.

5. 맺는 말

이 글은 니이체의 『짜라투스트라는 이렇게 말했다』에 나타난 이상적인 교육자상을 살펴봄으로써 오늘날 교사문화를 지배하고 있는 허무주의, 매너리즘, 권위주의, 현실 도피주의를 초극하기 위한 지적 통찰과 지혜를 얻고자 했다.

니이체가 『짜라투스트라는 이렇게 말했다』에서 보여준 교육자에 대한 아이디어는 새롭고 시대를 앞선 것이기는 하지만 위험한 요소도 많이 지니고 있다. 왜냐하면 니이체의 교육자상은 전통적인 교육자의 모습을 해체하거나 파괴해야 할 것을 요구하고 있기 때문이다. 주어진 교과의 지식을 가르치는 데에만 침몰해 있는 교사의 무사안일을 깨트려야 할 것을 요구하고 있으며, 주어진 지식을 일방적으로 전달하는 권위주의적인 교수방법으로부터 벗어나야 할 것을 요구하고 있기 때문이다.

니이체의 교육자상을 통해 얻을 수 있는 수확은 교육자는 가르치기 전에 먼저 배워야 하고 성숙해져야 한다는 점이다. 교육자가 끊임없는 자기 변용과 탈각을 통해 성숙해지지 않는 한 그의 가르침은 빛을 발하기 어렵고 깊이를 더하기 어려울 것이다. 그런데 이러한 자기 변용과 탈각의 과정은 반드시 고독을 비롯한 여러 가지 심리적인 고통을 수반한다. 고독은 진리를 탐구하려는 교육자에게 필연적인 과정이며, 학생을 위대함으로 이끌기 위해 노력하는 교육자에게 요구되는 숙명적인 과정이기 때문이다. 교육자의 고독은 폐기되어야 할 것이 아니라 존중되어야 할 정신적 자산이다. 교사는 고독을 통해 실존적 교사로 우뚝 설 수 있으며 자기 본래의 모습으로 회귀할 수 있다.

니이체의 교육자상을 통해 얻을 수 있는 또 다른 수확은 새로운 시대, 즉 포스트모던 시대에 걸 맞는 교육자상을 정립해야 할 당위성을 재고할 수 있도록 해 준다는 점이다. 새로운 시대가 요구하는 교육자는 교수–학습에 관한 정보를 다루는 능력이 뛰어난 교사일 수도 있을 것이다. 하지만 그러한 교사는 '유능한 교사'(efficient teacher)일 수는 있겠지만 '훌륭한 교육자'(good educator)는 아닐 것이다. 훌륭한 교육자의 자질은 정보의 양이나 질에 의해서 결정되는 것이 아니라 그의 실존적 삶의 깊이와 심연 그리고 창조적인 능력에 의해서 결정되는 것이다.

니이체의 교육자상은 천부적인 교육자란 본래부터 존재하지 않는다는 것을 보여준다. 본질적으로 교육자란 완성된 존재가 아니라 스스로를 '완성해 가는 존재'일 뿐이다. 말하자면 교육자란 스스로를 창조해 가는 과정에 있는 존재이다. 스스로를 창조해가기 위해서 교육자는 끊임없는 자기교육을 감행해야 하며, 부단한 자기 변용과 탈각을 시도해야 한다. 니이체의 교육자상은 오늘날 교직사회를 지배하고 있는 허무주의, 매너리즘, 권위주의, 현실 도피주의를 초극할 수 있는 하나의 자극제가 될 수 있을 것이며, 본래적인 교사상을 정립하려는 사람들에게 희망과 용기를 던져줄 수 있을 것이다.

참고문헌

곽만연(1999). "불교의 공사상과 니이체의 니힐리즘의 현대적 의의", 정영도 외 공저(1999). 니이체 철학의 현대적 이해와 수용. 서울: 세종출판사.

곽영우(1996). 교사론. 서울: 교육과학사.

권상혁(1996). 교사론. 서울: 교육출판사.

기순신(1996). 교사론. 서울: 학지사.

김영찬(1995). "학교문화의 개념과 연구과제", 교육이론, 9(1), 서울대학교 교육학과, 1-10.

김철훈(1999). 인문계 고등학교 문화 연구. 박사학위논문, 영남대학교 대학원.

배종달(2000). 초등학교 교사들의 교직문화에 대한 지각. 석사학위논문, 창원대학교 대학원.

성진기(1999). "낙타와 사자 그리고 어린 아이", 정영도 외 공저(1999). 니이체 철학의 현대적 이해와 수용. 서울: 세종출판사.

신득렬(1981). 교육실습. 대구: 계명대학교 출판부.

안창선 외(1999). 교사론. 서울: 교육과학사.

윤종건 외(1996). 교사론. 서울: 정민사.

이관규(1996). 초등학교 교사들의 교직문화에 대한 연구. 석사학위논문, 창원대학교 대학원.

이인요(1990). 인문계 고등학교 교직문화 연구. 박사학위논문, 서울대학교 대학원.

이진우 옮김(2001), 니이체 지음, 니이체전집 3(KGWIII2) 유고(1870~1873), 서울: 책세상.

이칭찬(1996). 교사론. 서울: 동문사.

임수길 옮김(1988), 니이체 지음, 반시대적 고찰(니이체전집 2), 서울: 청하.

정우현(1996). 교사론. 서울: 배영사.

정철호(1999). "허무주의에 대한 니이체와 초기불교의 연관성", 정영도 외 공저(1999). 니이체철학의 현대적 이해와 수용. 서울: 세종출판사.

황기우(1992). 한국 초등학교의 교사문화에 관한 해석적 분석. 박사학위논문, 고려대학교 대학원.

황문수 옮김(2001), 니이체 지음. 짜라투스트라는 이렇게 말했다. 2판, 서울: 문예출판사.

Aloni, N.(1989). "The Three Pedagogical Dimensions of Nietzsche's Philosophy", *Educational Theory*. 23(4), 301-306.

Bingham, C.(1998). "The Goals of Language, the Language of Goals: Nietzsche's Concern with Rhetoric and Its Educational Implications", *Educational Theory*. 48(2), 229-240.

______(2001). "What Friedrich Nietzsche Cannot Stand About Education: Toward A Pedagogy of Self-Reformation", *Educational Theory*. 51(3), 337-352.

Cooper, D.(1983). "On Reading Nietzsche on Education", *Journal of Philosophy of Education*. The Journal of the Philosophy of Education Society of Great Britain, 17(1), 119-126.

Dewey J. and Watson, G.(1937). "The Forward View: A Free Teacher in Free Society", Boydston, J. A. ed.(1987). *The Later Works of John Dewey*. vol. 11. Carbondale and Edwardsville: Southern Illinois University Press.

Golomb, J. J.(1985). "Nietzsche's Early Educational Thought," *Journal of Philosophy of Education*. The Journal of the Philosophy of Education Society of Great Britain, 19(1), 99-110.

Gordon, H.(1980). "Nietzsche's Zarathustra as Educator," *Journal of Philosophy of Education*. The Journal of the Philosophy of Education Society of Great Britain, 14 (2), 181-192.

Gregory, M.(2001). "The Perils of Rationality: Nietzsche, Peirce and Education", *Educational Philosophy and Theory*. 33(1), 23-34.

Hillesheim, J.(1973). "Nietzsche Agonistes", *Educational Theory*. 23(4), 343-353.

______(1986). "Suffering and Self-Cultivation: The Case of Nietzsche", *Educational Theory*. 171-178.

______(1990). "Nietzschean Images of Self-Overcoming: Response to Rosenow", *Educational Theory*. 40(2), 211-215.

Jenkins, K.(1982). "The Dogma of Nietzsche", *Journal of Philosophy of Education*. The Journal of the Philosophy of Education Society of Great Britain, 16(2), 251-254.

Johnston, J. S.(1998). "Nietzsche as Educator: A Reexamination", *Educational Theory*. 48(1), 67-84.

Nietzsche, F.(1969). *Also Sprache Zarathustra*. Satzund Druck: Buchdrukerei Eugen Goebel in Tübingen.

Ramaekers, S.(2001). "Teaching to Lie and Obey: Nietzsche on Education", *Journal of Philosophy of Education*. 35: 2, 255-268.

Rosenow, E.(1973). "What is Free Education? The Educational Significance of Nietzsche's Thought", *Educational Theory*. 23(4), 354-370.

______(1989). "Nietzsche's Educational Dynamite", *Educational Theory*. 39(2), 307-316.

______(2000). "Nietzsche's Educational Legacy: Reflections on Interpretations of a Controversial Philosopher", *Journal of Philosophy of Education*. 34(4), 673-686.

Sassone, L. A.(1996). "Philosophy Across the Curriculum: A Democratic Nietzschean Pedagogy", *Educational Theory*. 46(4), 511-524.

Sharp, A. M.(1984). "Nietzsche's View of Sublimation in the Educational Process", *The Journal of Educational Thought*. 9(2), 99-106.

제 4 부

메를로-퐁티, 길리건과 나딩스, 소로우의 교육담론

제 12 장

인간의 몸에 관한 담론과 교육반성

1. 들어가는 말

교육학적으로 인간의 몸[1]을 이해하는 일은 무엇보다도 중요하고 근원적인 일이다. 왜냐하면 학습자의 몸 자체가 지니는 존재론적 의미와 몸을 통해 나타나는 다양한 현상들을 제대로 이해하지 않고서는 의미있는 교육활동을 전개할 수 없기 때문이다. 일찍이 쉴링(C. Schilling)이 적었듯이, 인간의 몸을 고려하지 않고서는 인간행위에 관한 그 어떤 이론도 나올 수 없으며 또한 설득력을 가지기 어려울 것이다(임인숙 역, 1999: 30).

사실, 우리는 매일같이 교실현장에서 학습자들의 다양한 몸짓들을 바라보며 가르친다. 즉 학습자들에게서 나타나는 다양한 몸의 현상들, 예컨대, 손짓, 발짓, 눈빛, 낯빛, 목소리 등을 보고 듣고 느끼면서 수업을 전개하고 평가한다. 그러나 실제로 이러한 몸의 현상들은 수업현장에서 제대로 평가받기보다는 제재받고

1) 여기서 '몸'이란 일상적으로 영혼 혹은 정신과 구별되는 '육체'라는 말로 쓰이고 있지만, 몸의 철학자 혹은 몸의 연구자들이 말하는 몸이란 이원론적으로 결코 분리될 수 없는 실체로서 정신과 육체, 마음과 육신 모두를 함께 어우르는 통합적 개념이다. 김용옥(1989: 49)도 지적했듯이, 몸은 서양의 어떤 술어로도 표현할 수 없는 '기(氣)의 집합체'이다. 순수한 우리말인 '몸'이 한자말로는 '육체', '육신'이라는 말과 혼용되어 사용되지만 이것은 분명히 구별되어야 한다. 왜냐하면 육체, 육신은 몸의 일부를 표현한 것에 지나지 않기 때문이다. 오히려 몸과 유사한 개념은 '신체'라고 봐야 한다. 왜냐하면 의미상 신(身)과 체(體)라는 말 속에는 이미 정신적인 것과 육체적인 것이 함께 작용하고 있다는 의미를 담지하고 있기 때문이다. 따라서 필자는 이 글을 써가는 동안 문맥에 따라 '몸'과 '신체'라는 말을 함께 사용하고자 한다.

통제받아 왔으며, 심지어는 교육학적 논의의 대상에서 철저하게 배제되었다. '몸의 철학' 내지 '몸의 현상학'[2]이 등장하기 전까지만 해도 학습자의 몸은 해방의 대상이라기보다는 통제의 대상이었으며, 정신도야 내지는 이성의 계발을 방해하거나 진리탐구를 방해하는 대상으로서 반드시 극복해야 할 무엇으로 인식되어 왔다.

이 같은 인식의 밑바탕에는 심신이원론 및 영육이원론이 뿌리 깊게 자리하고 있다. 플라톤(Platon)으로부터 데카르트(R. Descartes)에 이르기까지 서구의 많은 철학자들은 영혼과 육체, 정신과 신체, 이성과 감성을 분리한 다음 정신, 마음, 이성에 우위를 부여하였다. 그들에게 몸은 기껏해야 영혼을 담고 있는 그릇, 영혼의 감옥, 정신의 집 정도로 인식되어 왔다. 데카르트의 명제 즉 "나는 생각한다. 그러므로 존재한다."(Cogito ergo sum)는 명제도 따지고 보면 몸을 비하한 전형적인 표현에 불과하다. 몸을 비하하고 천박한 것으로 바라보는 철학적 전통은 자연히 서구의 지성사 전체에 영향을 주었으며 교육이론 및 교육실제에도 영향을 주었다. 지적인 교과목들 특히 인문교과들이 중시되었다는 것은 바로 이러한 점을 반증해 준다. 예컨대, 고대의 자유교과목들, 중세와 근세의 7자유과 즉 3학 4과(三學四科)[3] 등은 대부분 인간의 정신 혹은 마음을 계발하기 위한 교과목들이었으며, 심지어 교육학의 체계를 수립한 19세기의 헤르바르트(Herbart)의 형식도야이론[4] 역시 정신도야를 중시한 이론이었다. 20세기 후반에 들어와서 자유교육의 전통을 수립한 영국의 피터스(R. S. Peters)와 허스트(P. H. Hirst)의 초반부 교육이론 역시 마음의 계발 및 합리성의 계발을 교육의 목적으로 삼은 이론이었

---

2) 몸의 현상학은 인간의 몸 또는 신체를 주관적 경험을 통해 인식하려는 철학적 방법론으로서, 이러한 방법은 주로 Brentano, Bergson, Husserl, Heidegger, Sartre, Merleau-Ponty에 의해 시도되었다. 이들 철학자들은 대체로 플라톤의 인식론, 데카르트의 인성론, 행동주의 심리학, 과학적 유물론의 인간이해 방식을 비판하면서 몸을 철학적 담론의 중심부로 끌어들이는 데 기여하였다.

3) 여기서 7자유과(seven liberal art)란 문법, 수사학, 변증법의 3학(trivium)과 수학, 기하학, 천문학, 음악의 4과(guadrivium)를 합친 7개의 교과목을 말한다.

4) Herbart는 인간의 정신이 지각, 기억, 상상, 추리, 감정, 그리고 의지의 6가지 능력들로 구분되어 있다고 상정하고 이러한 능력들은 신체의 근육에 비유된다는 뜻에서 심근(心筋)이라고 보았다. 교육의 목적은 마치 신체적인 운동을 통하여 근육을 훈련하듯이, '정신의 근육' 또는 '심근'을 단련하는 것, 즉 정신도야에 있다는 것이다. 형식도야가들은 이 심근을 단련시키는 데는 적절한 교과들이 있다고 보았다. 예컨대, 수학과 고전어는 기억 내지 추리력을 단련하는데 도움을 주며, 음악은 감정을 정화하는 데 도움을 주며, 종교, 도덕 및 정치는 의지를 기르는 데 적합하다는 것이다(이홍우, 1977: 87-88).

다. 이들 이론들은 하나같이 마음 혹은 정신의 계발을 지나치게 강조한 나머지 몸의 현상들을 제대로 통찰하지 못하였으며 심지어 몸이 가지는 본래적 가치를 경시하거나 비하하였다.

이러한 이성 우위의 교육이론들이 갖는 약점 및 한계는 (1) 학습자의 몸이 가지는 존재론적 의미를 깊이 통찰하지 못하였으며, (2) 몸의 의식적, 이성적, 합리적 측면만을 지나치게 강조함으로써 몸의 감성적, 정서적, 의지적 측면을 경시하였다는 점이다. (3) 따라서 이러한 이성 우위의 교육이론들은 전인(全人)을 실현한다는 교육 본래의 목적으로부터 멀어졌다는 생각이 든다.

이러한 이원론적 사고에 바탕을 둔 교육이론의 한계를 극복하기 위해서는 몸에 대한 존재론적이고 인식론적인 통찰이 선행되어야 한다. 이성 우위의 교육론자들이 강조하는 이성, 지성, 그리고 합리성이라는 정신작용도 따지고 보면 몸의 작용일 뿐이며, 또 몸을 토대로 하지 않고는 결코 생겨날 수도 작용할 수도 없는 것들이다. 또 경험론자들이 강조하는 경험의 축적과 재구성이라는 것도 몸과 환경과의 상호작용의 결과일 따름이다. 교육과정론자들이 관심을 가지는 유의미한 지식과 정보라는 것도 따지고 보면 몸의 지각작용의 산물일 따름이다. 말하자면 몸은 교육이 시작되는 출발지이며 교육이 궁극적으로 이르고자 하는 귀착지이다. 이처럼 교육이 궁극적으로 실현하고자 하는 대상이 몸이라면 이 몸의 작용, 몸의 현상을 탐구하는 것이야말로 교육학적으로 의미 깊은 일이다.

이런 맥락에서 이 글은 20세기 가장 의미가 있고 설득력이 있는 몸 철학자 혹은 몸의 현상학자로 불리는 프랑스의 철학자 메를로－퐁티(M. Merleau-Ponty: 1908-1961)의 몸 담론[5]을 탐색하고 이를 토대로 오늘날 우리 교육의 문제점을 비판적으로 반성해 보려고 한다. 국내에서 메를로－퐁티의 몸 담론에 대한 연구는 주로 철학과 미학분야에서 이루어졌지 교육학 분야에서는 거의 이루어지지 않았다.[6] 다만 교육학 분야에서 그의 몸 담론을 다룬 글로는 최정실(1994), 김춘

---

5) 여기서 담론(談論: discourse)이란 단순히 어떤 주제에 대한 이야기나 의논만을 의미하지는 않는다. 이것은 우리가 볼 수 있고 생각할 수 있으며 말할 수 있는 모든 것 사이의 관계를 형성하는 토대이며, 그 관계들을 생성하고 확립시키는 특정한 '의미의 연결망'을 통합시킨 일련의 '심층원리'라고 할 수 있다(임인숙 역, 1999: 115-116). 이러한 담론의 의미에 비추어볼 때 메를로－퐁티의 몸 담론이 가장 잘 전개된 저작은 『지각의 현상학』으로, 필자는 주로 이 책을 분석의 대상으로 삼았다.

6) 국내에서 그의 몸 담론 혹은 몸의 철학을 직접 혹은 간접적으로 다룬 문헌으로서는 손봉호

일(1997), 고요한(2000) 등의 논문이 있을 뿐이다. 이들 문헌들은 대체로 메를로-퐁티의 몸의 개념이 지니는 교육학적 의미를 부분적으로 밝혔을 뿐 그의 몸 담론에 비추어 우리의 교육현실을 본격적으로 반성하려는 시도는 하지 않았다. 따라서 본 연구는 메를로-퐁티의 몸 담론을 논의한 후 그것을 바탕으로 우리의 교육현실을 비판적으로 반성해 보려는데 초점을 맞추었다. 이러한 시도는 바람직한 교육이론을 수립하려는 교육이론가들이나 현장에서 학생을 가르치는 교육실천가들에게 교육활동의 본래적 의미를 반추해 볼 수 있는 계기를 마련해 줄 것으로 기대된다.

2. 몸에 관한 철학적 담론

메를로-퐁티는 훗설(E. Husserl)의 몸의 현상학과 사르트르(J. P. Sartre)의 실존적 현상학을 계승하면서도 그들의 현상학을 한 차원 높은 단계로 이끌어 올린 몸의 철학자이다. 그를 '몸의 철학자'라고 부르는 이유는 그의 철학적 논의의 핵심 개념이 바로 '몸'이기 때문이다. 그는 지금까지 주변부로 밀려나 제대로 평가받지 못했던 몸의 개념을 철학적 논의의 중심부로 끌어들였으며 이를 토대로 독자적인 몸 철학의 체계를 수립하였다. 그는 자신의 주저인 『지각의 현상학』(1945)을 비롯한 여러 저서[7]에서 몸에 관한 현상학적 탐구를 시도하였다. 현상학이란 본래 존재의 근원을 탐구하는 학문 또는 방법론이라고 할 수 있는데, 그는 이러한 방법론을 통해 몸 존재의 근원을 철저하게 파헤치고 해명하고자 했다.

메를로-퐁티의 연구자들이 "그를 생각하면 현기증이 나는 언어를 우선 떠올리게 된다"라고 말했듯이(송석랑 역, 2001: 9), 그의 철학은 수없이 등장하는 역설로 인해 난해하며 그가 구사하는 철학적 용어의 의미 역시 포착하기 어렵다.

외 역(1985), 김홍우(1993; 1999), 박성창 역(1993), 최경호 역(1994), 최정실(1994), 홍경실 역(1994), 류의근(1996; 1997), 이동성 역(1996), 김병환(1997), 한자경(1997), 김춘일(1997), 김형효(1988; 1999), 양해림(2000), 신인섭(2000), 조광제(2001), 송석랑(2001) 등을 들 수 있다.

7) 그의 대표적인 저작으로는 『행동의 구조』(1942), 『지각의 현상학』(1945), 『휴머니즘과 테러』(1947), 『의미와 무의미』(1948), 『철학예찬』(1953), 『변증법의 모험』(1955), 『기호』(1960), 『눈과 정신』(1964), 『가시적인 것과 비가시적인 것』(1964, 유작) 등이 있다.

이러한 이유로 드 발렌스(A. de Waelhens)와 같은 학자는 메를로-퐁티의 철학을 '애매성의 철학'[8)]이라고 부르기도 했다. 마찬가지로 메를로-퐁티가 자신의 철학 중심부에 두었던 '몸'의 개념 역시 애매하고 모호해서 그것의 의미를 파악하는 일이 결코 쉽지 않다. 하지만 그의 몸 철학이 지니는 중요성과 메시지를 캐내기 위해서는 먼저 그의 철학의 핵심부에 놓여져 있는 몸의 개념을 명료화하고 구조화해 봐야 할 것이다. 이 장에서는 메를로-퐁티의 몸 철학을 이해하기 위한 한 방법으로 그의 개념을 다음 몇 가지 범주로 묶어 명료화하고자 한다.

1) 몸의 선천적 복합성

메를로-퐁티의 몸 철학은 데카르트의 영육이원론을 극복하고자 하는 열망에서 수립된 것이다. 일찍이 데카르트는 영혼과 육체를 '정신적인 것'과 '물질적인 것'으로 대치시켜 놓고 정신은 분할할 수 없으나 육체는 분할할 수 있는 것으로 보았다. 데카르트는 『성찰 6』에서 인간의 육체를 복잡하고 생동력이 있는 기계(machine)로 묘사한 반면에 영혼을 의지, 오성, 상상력 등을 모두 포함하는 사유작용으로 이해하였다(최명관 역, 1983: 121-136). 동시에 그는 영혼이 그 자체가 물질적인 존재가 아니면서도 육체의 배후나 그 속에서 작용한다고 보았다. 이 같은 영육이원론(靈肉二元論) 혹은 영혼우위론(靈魂優位論)은 서양철학에 오랫동안 잠재해 있었고, 오늘날까지도 여전히 영향을 끼치고 있다.[9)]

메를로-퐁티는 이 같은 데카르트의 영육이원론을 비판하고 몸 우위의 철학을 전개하였다. 그는 인간이란 곧 몸이며, 몸은 영혼과 육체 혹은 정신과 육체로 구별할 수 없는 하나의 선천적인 통합체 혹은 '선천적인 복합체'임을 강조했다. 그는 몸의 문제는 데카르트적인 방식으로는 인식될 수 없는 존재임을 다음과 같이 적었다.

---

8) '애매성의 철학'이란 de Waelhens가 쓴 논문으로서 Merleau-Ponty의 1942년 작품인 『행동의 구조』라는 책이 나온 7년 후(1949년) 제2판이 출간될 때 그 책의 서문에 붙여진 것이다(오병남 역, 1983: 13).

9) 서양철학 분야에서 전개된 영혼과 육체, 정신과 육체, 심·신 등에 관한 논의나 논쟁에 대해서는 Van Peursen(손봉호·강영안 역, 1985), A. Flew(1964), N. Malcom(1972), J. W. Reeves(1958), G. N. A. Vesey, ed.(1964), K. Campbell(1970), R. W. Rieber(1980) 등의 문헌을 참고하는 것이 좋다.

심신적 사건은 데카르트적 생리학의 방식에 따라서 인식될 수 없으며, 즉자적인 과정과 사고작용의 인접성으로 인식될 수 없다. 영혼과 신체의 통일은 두 외항, 즉 주관과 객관 사이의 자의적인 법칙에 의해서 조인되지 않는다. 그것은 매 순간 실존의 운동에서 이룩된다(류의근 역, 『지각의 현상학』, 2002: 153).

메를로-퐁티는 몸을 데카르트의 이원론적 실체론이나 송과선(松果腺) 가설[10]로 설명하는 데는 한계가 있음을 비판하면서, 몸은 결코 그 어떤 개념으로도 분리되거나 환원될 수 없는 선천적 복합체임을 강조했다. 여기서 몸이 '선천적' 복합체라는 말은 몸은 영혼과 육체로 결코 분리될 수 없는 복잡한 존재라는 의미를 함축하고 있다.

메를로-퐁티는 자극-반응의 메커니즘으로 몸을 설명하려 했던 행동주의(behaviorism) 방식, 나아가 물리-화학적인 용어로 몸을 설명하려는 유물론자들의 방식의 한계를 비판하였다. 그가 이들의 인간존재에 대한 설명방식에 반대했던 가장 큰 이유는 이 이론들이 하나같이 몸을 대상화하고 객관화하여 설명했기 때문이다. 그는 몸을 대상화하고 객관화하여 설명하려는 그 어떤 논의도 거부했다. 무엇보다도 그는 몸에 관한 과학적 논의들은 살아있는 몸의 '존재론적 가치를 박탈하고', '내면 없는 사물로 바꾸어 놓았다'고 비판했다(류의근 역, 2002: 108-109).

일반적으로 과학자들은 몸을 물질적 대상으로 환원하여 몸의 현상과 구조들을 연구함으로써 몸에 대한 체계적인 지식을 축적해왔다. 하지만 그들 연구 결과들이 아무리 객관성과 신뢰성 그리고 타당성을 가진다고 하더라도 그것이 곧 몸의 실체를 모두 밝힌 것은 아니다. 형태심리학(形態心理學)에 고무되었던 메를로-퐁티는 몸이란 '신체 각 부분들의 총합 이상'이라는 입장을 분명히 하고자 하였다. 몸의 각 부분에서 일어나고 있는 시각, 청각, 촉각의 작용, 그리고 운동작용 등을 모두 총합한다고 하더라도 그것 자체가 몸일 수는 없다는 것이다. 몸

---

10) 그 당시 데카르트의 몸에 관한 과학적인 지식은 주로 해부학에 의하여 획득된 것이었지만 호르몬을 포함한 생화학의 작용에 대해서는 전혀 아는 바가 없었다. 그는 송과선의 존재를 알고는 있었지만 그 구체적인 기능에 대해서는 몰랐었다. 그럼에도 불구하고 데카르트는 이 송과선을 정신이 머무는 장소인 뇌와 신체를 결합하는 기관으로써의 가설을 세운 것이다.

연구의 객관주의에 반대했던 메를로-퐁티는 몸을 하나의 주체(subject)로 파악할 때 비로소 몸을 제대로 인식할 수 있다고 생각했다. 그는 주체로서의 몸을 '신체-주관'(body- subject)이라고 부르고 이것이 몸 연구의 출발점이 되어야 한다고 생각했다.[11] 이러한 점에서 그는 몸에 대한 주관주의적 접근의 길을 터놓은 최초의 철학자라고 할 수 있다.

2) 몸의 근원성

메를로-퐁티는 몸을 모든 인식의 근원으로 생각했다. 우리들이 생각하고 느끼고 경험하는 모든 것들의 근원은 이성이나 경험이 아니라 바로 몸이라고 생각했다. 말하자면 우리들의 사유, 의식, 판단, 감정, 정서의 근원에는 몸이 자리하고 있다는 것이다. 그는 몸이 아니고서는 그 어떤 사유도 불가능하며 그 어떤 의식 작용도 불가능하다고 보았다. 이 같은 그의 사유방식은 현대철학에 있어서 하나의 코페르니쿠스적인 발상이며 사건이라고 할 수 있다.

메를로-퐁티는 인식론 분야에서 확고부동한 자리를 굳혀온 주지주의(intellectualism)와 경험주의(empiricism)[12]의 한계를 비판하고 이를 통합하기 위한 길을 모색하였다. 그가 주지주의라고 부른 사고의 성향은 물질에 대한 의식의 우위를 주장하고 인간을 세계와 자신의 몸으로부터 격리시킨 사상을 말한다. 메를로-퐁티는 이 주지주의적 전통이 인간을 순수의식의 세계, 순수 지적인 작용의 세계에 가두어놓았을 뿐 아니라 세계를 의식의 대상으로 축소시켜 놓았다고 비판하였다. 반면에 그는 경험주의적 전통은 인간의 행동을 외적 원인과 자극의 결과로 환원시키고, 인간의 경험을 조각으로 나누어 인위적으로 분해하는 실수를 범했다고 비판했다. 그는 이 두 가지 인식론적 전통이 가진 최대의 문제점은

11) R. M. Zaner는 메를로-퐁티가 신체-주관을 다음 네 가지 방법으로 연구하였다고 보았다. (1) 대상으로서의 신체와 삶을 통해 체험하는 신체, (2) 신체의 공간성, (3) 신체-주관의 종합, (4) 의식의 실존에 대한 표현으로서의 신체-주관(최경호 역, 1994: 235).

12) 퐁티가 말하는 주지주의란 데카르트에서 칸트로 이어지는 관념론, 비판철학적 성향, 그리고 브룬슈빅의 신칸트주의를 가리키지만 때로는 후설의 선험적 주관성도 이 계열에 포함시킨다. 반면에 경험주의란 서양 철학사상 로크에서 흄으로 이어지는 고전적 경험론의 정신을 계승하는 원자주의적, 실증주의적, 과학주의적, 행동주의적 사고 성향을 일컫는다. 여기에는 각종의 실증주의적 사회과학도 포함된다(류의근 역, 2002: 703)

바로 지각(知覺)하는 주체를 망각했다는 점이라고 지적했다. 말하자면 이 두 가지 인식론은 모든 인식의 근원이 바로 지각이며, 이 지각은 구체적인 몸을 바탕으로 작용한다는 사실을 통찰하지 못했다는 것이다. 그는 "경험주의와 주지주의가 객관적인 세계만을 자신의 분석 대상으로 삼는다. 그 둘은 지각적 의식이 대상을 구성하는 특수한 방식을 표현할 수 없다. 그 둘은 모두 지각에 관하여 밀착하는 대신 거리를 둔다"(류의근 역, 2002: 70)고 비판하였다.

이런 이유로 메를로－퐁티는 인식의 근원을 데카르트의 '코기토'(Cogito)나 후설(E. Husserl)의 '순수의식'에서 찾지 않거니와 단순한 감각기관에서 찾지 않는다. 그는 그것을 '신체화된 지각'(embodied perception)에서 찾았다. 말하자면 그는 모든 인식의 근원은 바로 지각임을 강조했다. 따라서 그의 몸의 현상학적 관점에서 볼 때 이성적 사유, 순수의식, 그리고 감각적 경험들은 결코 인식의 원천일 수 없다. 오히려 그것들은 지각을 통해서만이 생성될 수 있고 구조화될 수 있다.

메를로－퐁티는 그 스스로가 '신체이론은 곧 지각이론'이라고 주장한 것처럼, 몸은 지각의 주체이다. 그는 몸과 지각과의 관계를 다음과 같이 설명했다.

> 우리가 우리의 신체에 의해서 세계에 존재하는 한, 우리의 신체로 세계를 지각하는 한, 세계의 경험을 세계가 우리에게 나타나는 대로 소생시키는 것이 필요한 것이다. 그러나 신체 및 세계와의 만남을 이와 같이 재파악하면서 우리가 발견하게 될 것은 역시 우리 자신이다. 왜냐하면 사람들이 자신의 신체를 가지고 지각한다면 신체는 자연적 자아이자 말하자면 지각의 주체이기 때문이다(류의근 역, 316).

메를로－퐁티에 있어서 몸과 지각은 둘이 아닌 하나로 상호작용한다. 몸의 작용은 곧 지각의 작용이므로 몸이 무엇을 인식한다는 것은 곧 지각이 인식한다는 것을 의미한다. 몸은 지각을 통해 세상의 대상물들을 바라보고 의식할 수 있고 경험할 수 있다. 따라서 몸의 지각이 아니고는 그 어떤 의식도 생겨날 수 없으며, 그 어떤 경험도 생겨날 수 없다. 우리가 무엇인가를 알 수 있다는 것의 근원이 몸의 지각인 한 우리가 배우고 익힌 지식이라는 것도 지각 작용의 소산물일 뿐이다. 이러한 이유로 메를로－퐁티는 "모든 지식은 지각에 의해 열린 지평에 자리하고 있다. 지각 자체를 세계에서 일어나는 사실들의 하나로서 기술하는 데는 의문의 여지가 있을 수 없다"(류의근 역, 318)고 단호하게 말했다.

메를로-퐁티는 주체로서 몸은 지각을 통해 세상과 직접적인 관계를 맺는다고 보았다. 그에게 지각은 과학적인 구성물의 매개를 거치지 않고 세계와 직접 접촉할 수 있는 유일한 통로이다. 주지주의자들의 주장과는 달리 그는 지각이란 정신에 의해 이루어지는 탈신체화(脫身體化)된 명상이 아니라고 보았다. 우리는 몸을 매개로 타인을 만나며 자연과 사물 그리고 문화적 사물들과 만나며 또 그것들과 뒤섞여 살아가는 존재이다. 우리는 몸을 통해 세상을 지각하고 의식하고 경험하기도 하지만 동시에 우리는 주체적인 몸을 통해 세계에로 나아가며 세상을 창조한다. 이런 이유로 메를로-퐁티는 몸을 "세계에 닻을 내리고 있는 정박지"라고 표현했다(류의근 역, 318).

3) 몸의 지향성

메를로-퐁티는 몸을 세계에로 나아가는 지향활동(志向活動)으로 이해했다. 말하자면 몸 또는 신체는 일정한 공간을 차지하고 있는 사물이나 대상이 아니라 새로운 세계와 끊임없이 접촉하고 그것을 재구성하고 창조하려는 지향성을 가진 존재로 파악했다. 그에 의하면, 몸이란 그저 이미 주어진 '세계 안에 있는' 존재가 아니라 이미 항상 '세계에로의 존재'(Zur Welt-Sein)로서 활동한다(류의근 역, 31). 우리가 무엇을 의식하고 지각한다는 것은 의식의 대상이나 지각의 대상이 없이는 이루어질 수 없다. 이런 점에서 "모든 의식은 무엇에 대한 의식"이며(류의근 역, 28), 지각은 무엇에 대한 지각이다. 지각할 대상이 없이 지각함이란 성립할 수 없다. 예컨대, 바라볼 대상이 없이는 시각이란 성립할 수 없으며, 소리를 내는 대상이 없이는 청각이 성립할 수 없다. 따라서 몸의 활동은 몸이 나아가고자 하는 방향이 있기 마련이며, 이 방향은 어떤 목적지를 지향하고 있기 마련이다.

> 자신의 신체를 움직이는 것은 신체를 통해 사물을 겨냥하는 것이고, 신체로 하여금 신체에 대하여 아무런 표상도 없이 행사하는 사물의 간청에 대응하게 하는 것이다. 따라서 운동성은 신체를 사전에 표상하는 공간 지점까지 우리가 운반하는

> 의식의 하인 같은 것이 아니다. 우리의 신체가 대상을 향해 움직일 수 있으려면, 우선 대상이 신체에 대하여 존재해야 하고 따라서 우리의 신체는 '즉자' 영역에 속하지 않아야 한다(류의근 역, 222).

메를로-퐁티가 몸 또는 신체란 '세계에로 나아가는 지향성'을 가진다고 했을 때, 그가 말하는 '세계'란 애초부터 이미 완결된 상태로 존재하는 것이 아니라 몸의 지향활동을 통해 형태화되고 조직되는 세계이다. 이러한 관점에서 보면 세계란 몸이 존재하기 위한 절대적인 조건이 아니라 오히려 살아있는 몸의 지향활동을 가능하게 하는 전제조건이 된다.

하지만 물리적이고 객관적인 세계란 '나'라는 주체적인 몸이 그것을 지각하고 이해하려고 부단히 노력하지 않는 한 나에게 그 세계란 무의미한 것이다. 즉, 내가 나의 시각, 청각, 촉각을 통해 세상의 대상을 보고 듣고 만지려고 하지 않는 한 그 객관적인 세계란 나에게 아무런 의미를 가지지 못한다. 객관적인 세계는 내 의도와는 무관하게 주어질 수 있지만 주관적인 세계란 내 몸을 매개로 하지 않고는 결코 성립될 수 없다. 결국 인간이란 주체적인 몸을 매개로 세상과 접촉하고 세계를 구성하며 창조해 가는 존재이다. 이런 의미에서 메를로-퐁티는 몸을 '세계를 이루는 능력'이라고 선언한다(류의근 역, 177).

메를로-퐁티에 있어 몸의 지향성은 몸이 세계를 인식하게 하는 운동적 지향성이다. 이것은 훗설(E. Husserl)이 말하는 지적, 반성적 의식의 지향성이 아니라 기능적 지향성이며 신체화된 지향성이다. 훗설은 우리가 투명한 선험적 의식을 통해 진리의 세계에로 나아갈 수 있다고 주장했지만, 메를로-퐁티는 이러한 선험적 의식보다 더 근원적인 원리 즉 몸이 자리하고 있음을 발견했다. 이러한 그의 지향성 개념은 훗설의 작용적 지향성, 구성적 지향성의 개념을 확장한 것, 즉 '확장된 지향성의 개념'이다(류의근 역, 29).

4) 몸의 애매성

메를로-퐁티는 몸이 이중적인 방식으로 존재한다고 보았다. 여기서 이중적인 방식이란 몸이 하나의 통일체요, 선천적인 복합체임에도 불구하고 몸이 주체 혹은 객체로서 인식된다는 것을 의미한다. 즉 나의 몸은 세상을 바라볼 수 있는 주체(主體)이기도 하지만 나의 몸은 세상 사람들로부터 보여지는 객체(客體)요 대상이기도 하다. 나는 남을 만질 수도 있지만 나는 남에 의해 만져지는 존재이다. 이런 이유로 인간의 몸은 파악하기 힘든 애매한 존재자이다. 메를로-퐁티는 이러한 몸의 애매한 속성을『눈과 정신』에서 다음과 같이 묘사하였다.

> 나의 신체가 이처럼 보며 동시적으로 보여지는 것이라는 사실이야말로 수수께끼 같은 일이다. 모든 사물을 바라다볼 수 있는 것이 또한 바라다보는 그의 능력이 지닌 또 다른 면을 인지할 수 있다. 즉 신체는 자신이 무엇인가를 보고 있음을 본다. 그것은 무엇인가를 만지고 있음을 감촉한다. 신체는 가시적이며 그리고 자신에 대해 감응적(感應的)이다. 그것은 사유와 같이 투명한 자아가 아니다. 왜냐하면 사유는 대상을 동화시키고 구성하여 사고로 변형시킴으로써 그 대상을 단지 사유하는 것이기 때문이다. 이에 비해 신체는 혼연한 자아요, 나르시시즘의 자아요, 보는 사람이 그가 보고 있는 것 속에 내존되어 있는 자아요, 느낌의 행위가 느껴진 것 속에 내재되어 있는 자아이다. 그러므로 신체는 사물 속에 갇혀진 자아요, 따라서 앞과 뒤를 가지며 과거와 미래를 가지고 있는 자아이다 . . . (오병남 역, 1993: 291).

이처럼 메를로－퐁티는 몸이 지니는 애매성, 모호성, 그리고 혼잡성을 몸의 본질로 읽어냈다. 인간의 몸은 단순히 물질적인 것도 정신적인 것도 아니며, 영혼도 육체도 아니다. 오히려 그것은 이러한 것들이 서로 얽히고 섞여 있는 선천적 복합체이다. 메를로－퐁티는 이러한 맹목적인 융합을 '육체성'(肉體性)이라고 불렀다. 몸은 하나가 아니면서도 둘도 아닌 상태 즉, 不一而不二의 관계 속에서 풀기 어려운 실타래처럼 얽히고설키어 있는 존재이다.

퐁티는 몸이 지닌 또 다른 애매성과 불투명성을 지적했다. 그것은 바로 인식의 주체인 내가 세상의 대상들을 바라볼 수 있지만 그 대상을 바라보는 그 순간 나 자신을 볼 수 없다는 것이다. 예컨대, 내가 내 눈으로 눈앞에 펼쳐진 아름다운 풍경을 볼 순 있지만 그 순간 나는 나 자신의 존재를 볼 수 없게 된다는 것이다. 그는 이러한 몸의 애매성을 다음과 같이 표현했다.

> 몸이 세계를 보거나 만지는 한, 나의 신체는 그래서 보여질 수도 만져질 수도 없는 것이다. 그것이 어느 때이고 대상이기를 어느 때이고 '완전하게 구성된' 것이기를 막는 것은 그것에 의해 대상들이 있게 된다는 바로 그 점이다. 그것은 보고 만지는 것이라고 하는 한에서 만질 수도 볼 수도 없다. 따라서 신체는 언제나 거기에 있는 특수성을 제공할 뿐인 외부 대상들 중의 어느 하나가 아니다(류의근 역, 157).

그렇다면 이렇게 애매하고 모호한 몸을 어떻게 제대로 인식할 수 있다는 것인가? 메를로-퐁티는 몸을 대상화하고 객관화해서는 결코 몸을 제대로 이해할 수 없다고 단호하게 말했다. 왜냐하면 인간의 몸은 이미 전대상적(前對象的) 차원의 존재로서 이분법적으로 혹은 과학적인 방법으로 해명할 수 없기 때문이다. 따라서 몸은 3인칭의 입장에서가 아니라 1인칭의 입장에서 파악해야 한다는 것이다. 여기서 1인칭의 입장이란 말할 것도 없이 주체적이고 주관적인 입장을 말한다.

앞 절에서 소개했듯이, 퐁티는 객관주의를 대변하는 주지주의와 경험주의는 모두 인간의 몸을 객관화하여 탐구했기 때문에 몸의 실체를 충분히 해명해 낼 수 없었다고 보았다. 그는 이러한 철학과 과학은 기껏해야 대상화된 몸, 객관화된 몸을 탐구해냈을 뿐이며 그것은 어디까지나 표피적이고 피상적인 것에 지나지 않는다는 것이다. 주체로서의 내 몸이 느끼는 고통을 객관주의 철학과 과학은 설득력 있게 해명해 낼 수 없다. 몸이 애매하고 모호하다는 것은 주체로서의 내 몸이 '지각하는 것'과 타인에 의해 '지각된 것'은 반드시 일치하지 않는다는 것을 의미한다. 이것을 메를로-퐁티는 환각지(幻覺肢)현상을 들어 설명했다(류의근 역, 2002: 135, 141). 환각지 현상이란 신체의 일부가 절단된 환자가 자신의 절단된 부위가 없는 것을 알면서도 계속 고통을 호소하는 현상을 말한다. 메를로-퐁티는 이러한 환각지 현상을 통해 체험된 몸과 객관적인 몸이 일치하지 않는다는 것을 보여주었으며, 나아가 생리학이나 심리학은 이러한 몸의 현상을 제대로 설명해 낼 수 없다는 점을 예시해 주었다(류의근 역, 135). 주체로서 내가 느끼는 몸의 고통은 의사가 의학적으로 밝혀낸 몸의 고통과 같을 수 없는 일이다. 왜냐하면 의학적으로 밝혀낸 내 몸의 기능과 작용이 곧 내 몸 전체인 것은 아니기 때문이다. 따라서 의학자가 밝혀낸 내 몸은 부분적이며 표피적이며 피상적일 수밖에 없다.

이런 이유로 메를로-퐁티는 몸에 관한 탐구는 어디까지나 주체적인 몸을 바탕으로 이루어져야 한다고 주장했다. 그는 주체적인 몸을 '체험된 몸', '고유한 신체', 혹은 '신체-주관'이라는 말로 표현하기도 했는데(류의근 역, 2002: 154, 242), 이것은 어디까지나 과학적으로 관찰하거나 이론적으로 분석하기 이전의 몸을 지칭하는 것이다. 체험된 몸은 대상화되기 이전의 원초적인 몸을 의미하는 것으로, 이것은 의미있는 경험의 담지체이며 타인과의 의사소통을 가능하게 하는 매체이며, 나아가 세계로 나아가는 통로이다. 따라서 메를로-퐁티에 의하면, 체험된 몸 또는 고유한 몸에 의하지 않고는 그 어떤 경험도 충만해질 수 없으며 그 어떤 의식도 투명해질 수 없다.

3. 몸 담론과 교육반성

앞장에서 살펴본 바와 같이, 메를로-퐁티가 해명하고자 했던 몸은 영혼과 육체로 분리될 수 없는 선천적 복합체 혹은 통합체이다. 따라서 몸을 영·육 혹은 심·신으로 분리하여 설명하려는 이원론은 설득력을 가지기 어렵다. 또 그가 말하는 몸은 모든 인식의 근원이며 원천이다. 따라서 인식의 과정에서 몸의 능동적인 역할을 경시한 자연주의 입장은 거부될 수밖에 없으며, 나아가 지식을 의식의 절대적인 구성물로 바라본 주지주의의 입장 역시 설득력을 잃게 된다. 그가 바라본 몸은 결코 대상화될 수 없으며, 주객으로 분리될 수 없으며, 구체적인 생활세계와 분리될 수 없다. 오히려 몸은 의식, 이성, 경험, 지각의 근원이며 그것들의 존재근거이다.

이러한 메를로-퐁티의 몸 담론은 이성과 합리성의 계발을 지나치게 중시한 너머지 몸을 비하하고 폄하하는 우리의 교육현실에 어떠한 시사를 던져 줄 수 있을 것인가? 또 그의 몸 담론은 전인교육의 이념으로부터 점점 멀어져 가고 있는 우리 교육현실에 과연 어떤 비판의 근거를 제공해 줄 것인가? 이 장에서는 메를로-퐁티의 몸 담론에 비추어 우리 교육이 안고 있는 문제점들을 비판적으로 반성해 보고자 한다.

1) 마음 우위의 교육관에 대한 반성

오늘날까지 동서양을 막론하고 교육계에 만연되어 있는 생각들 중의 하나는 교육이란 이성 혹은 합리성을 계발하는 활동이요, 마음을 단련하는 활동이라는 것이다. 이러한 생각은 오랜 역사적 기원을 가지고 있거니와 오늘날까지도 교육 실제에 스미어있다. 이러한 생각의 밑바탕에는 인간의 몸을 이분법적으로 나누어 설명했던 플라톤의 영육이원론이 뿌리 깊게 자리하고 있다. 그는 영혼을 고상한 정신적 속성으로, 육체를 천박한 것으로 생각했다. 육체란 기껏해야 '영혼을 담고 있는 집'에 지나지 않았다. 이러한 플라톤의 영혼 우위적인 사상은 중세를 거쳐 근대에 이르는 동안 많은 사상가들의 지지를 받았으며 합리화되고 정전화(正典化)되었다. 데카르트(R. Descartes)를 비롯한 합리론자들은 영혼 우위의 사상을 계승했으며 또 다른 이원론을 만들어냈다. 즉 그들은 몸을 정신과 육체를 구분한 다음, 정신 혹은 이성을 비물질적인 것으로, 육체를 물질적인 것으로 취급하였다. 따라서 그들은 정신 혹은 이성이란 사라지지 않는 영원한 속성을 가지는 반면에 육체란 물질이기 때문에 죽음과 동시에 사라지는 것으로 생각했다. 이러한 영혼, 정신, 이성 우위의 전통은 칸트(Kant)와 헤겔(Hegel)을 비롯한 관념론자들에게까지 계승되었다. 칸트는 이성을 초경험적인 세계를 인식할 수 있는 인간 최고의 정신적 능력으로 바라보았으며, 헤겔은 정신과 이성을 절대화하기에 이르렀다. 이러한 영혼 우위의 전통과 이성 우위의 전통은 서양 지성사 전체에 영향을 끼쳤으며 교육이론과 실제에도 영향을 끼쳤다.

영혼이나 이성 우위의 관점에서 볼 때, 교육의 궁극적 목적은 영혼을 고양시키고, 합리성을 계발하는 일이며 정신을 도야하는 일이다. 고대로부터 오늘에 이르기까지 인문교과가 자연교과나 실과(實科)보다 중시되었으며, 3학(三學)과 4과(四科) 같은 자유교과목들이 중시되었는데, 이것은 이러한 교과목들의 학습이 우리 마음이나 정신을 계발하는데 도움을 주기 때문이기도 하지만 더 근본적인 이유는 그것들이 마음이나 정신을 육체적 욕망으로부터 해방시켜 줄 것이라고 믿었기 때문이다. 이러한 관점에서 보면 육체의 욕망이란 마음의 계발을 방해하거나 어렵게 하는 것으로, 극복되어야 할 대상이다.

일찍이 헤르바르트는 정신 혹은 마음 우위의 입장에서 교육학의 학문적 체계를 수립하였다. 그는 그 당시 유행했던 능력심리학(faculty psychology)의 약점을 비판한 후 형식도야 이론(formal discipline theory)을 정립하였는데, 이는 마음 혹은 정신이 몸 혹은 신체보다 우위에 있다는 점을 좀 더 세련되게 표현한 것이다. 그는 인간의 정신(마음)이 지각, 기억, 상상, 추리, 감정 그리고 의지의 6가지 능력들로 구분되어 있다고 상정하고 이러한 능력들은 신체의 근육에 비유된다는 뜻에서 심근(心筋)이라고 보았다. 교육의 목적은 마치 신체적인 운동을 통하여 근육을 훈련하듯이, '정신의 근육' 또는 '심근'을 단련하는 것 즉 '정신도야'(mental discipline)에 있다는 것이다. 이러한 생각을 지지하는 형식도야 이론가들은 이 심근을 단련시키는 데는 적절한 교과들이 있다고 보았다. 예컨대, 수학과 고전어는 기억 내지 추리력을 단련하는 데 도움을 주며, 음악은 감정을 정화하는데 도움을 주며, 종교, 도덕 및 정치는 의지를 기르는데 적합하다는 것이다(이홍우, 1977: 87-88 참조).

합리적인 마음 혹은 정신의 발달을 교육의 중핵으로 바라보는 입장은 20세기 중·후반 교육철학계를 주름잡았던 자유교육론자들, 특히 영국의 피터스(R. S. Peters)의 저작과 70년대 중반 이전 허스트(P. H. Hirst)의 저작 안에서도 여실히 드러난다. 그들에 의하면, 교육은 가장 가치있는 것을 추구하는 활동이며, 가장 가치있는 것이란 교육의 내재적인 가치인 합리적 마음의 발달 혹은 합리성의 추구이다. 합리적 마음의 발달은 교육의 중핵 중의 중핵으로서 그것은 학생들을 몇 가지 지식의 형식에 입문시킴으로써 가능하다(유재봉, 2002: 13).[13] 이들의 이론 속에는 몸 혹은 신체의 발달이 교육적 논의 대상으로 끼어들 여지조차 없다.

이러한 마음 혹은 정신 우위의 입장은 동양의 유교교육론이나 불교교육론의

---

13) 물론 피터스의 입장과 허스트의 입장이 반드시 일치하는 것은 아니다. 왜냐하면 70년대 중반 이후 허스트의 입장은 사회적 실제의 중요성을 강조하는 방향으로 선회하였기 때문이다. 하지만 이들 교육철학의 공통된 기조는 교육의 목적이 합리적인 마음을 발달시키는 것과 논리적으로 관련되어 있다는 점을 정당화하는 것이었다. 이들은 '교육의 개념', '교육의 목적', '가치있는 활동', '교육받은 사람'을 설명하는 가운데 이러한 정당화를 끊임없이 시도하였다(Peters, 1966; 1970; Peters, ed., 1959; Hirst and Peters, 1977).

전통 속에서도 여실히 드러난다. 유가의 수신교육론은 마음이 곧 몸의 주인임을 극명하게 드러낸다. 극기복례와 욕망의 절제를 통해 군자(君子)의 경지에 이를 수 있다는 유가의 입장은 분명 이성 혹은 정신 우위의 사고를 바탕으로 하고 있다.[14] 또한 불교교육론은 인간이 본래 불성을 가지고 태어남에도 불구하고 무명(無明), 무지(無知), 미혹(迷惑)에 빠져 고통받는 이유는 바로 육체적 욕망을 극복하지 못하기 때문이라고 생각한다. 따라서 이러한 욕망을 극복하는 것이야말로 교육의 최대 과제가 된다.[15]

동·서양을 막론하고 마음 혹은 정신 우위의 교육론을 내세우는 사람들의 주장의 핵심은 마음의 수양 혹은 정신도야가 신체교육보다 우선해야 한다고 주장한다는 점이다. 그러나 이러한 주장은 부분적으로 설득력을 지닐 뿐이다. 왜냐하면 육체 혹은 신체가 마음 혹은 정신에 큰 영향을 끼치기도 하기 때문이다. 마음 중심의 교육이 안고 있는 가장 큰 난점은 교육의 대상인 몸의 통합성 및 상호 작용성을 도외시했다는 점이다. 메를로-퐁티가 밝혔듯이, 몸은 정신과 육체로 분리될 수 없는 선천적 혼합체이며 비록 그것이 개념적으로는 주체와 객체로 구별된다고 하더라도 그것은 어디까지나 하나의 몸일 뿐이다.

메를로-퐁티의 몸의 철학에 비추어볼 때, 전통적인 교육론자들이 상정한 정신도야 및 이성 혹은 합리성의 계발이란 몸을 토대로 실현될 수 있을 뿐이다. 오히려 정신이나 이성은 몸을 통해 드러나고 현현될 수 있을 뿐이다. 말하자면 정신, 이성, 마음, 의식 등은 그것이 신체화된 경험(embodied experience)으로 나타날 때 비로소 제 기능을 수행할 수 있다.[16] 따라서 몸은 이성이나 정신을 담고 있는 집이 아니라 오히려 그것들이 생겨나고 작용하는 뿌리며 토양이다. 이런

---

14) 몸을 유가적 관점에서 접근한 문헌으로서는 이승환, "유가적 몸과 소속된 삶", 『전통과 현대』, 통권 8호(여름호), 16-51, 이숙인, "여성 몸의 유가적 구성", 『전통과 현대』, 통권 8호(여름호), 53-69, 조민환, "유가미학에서 바라본 몸", 이거룡 외, 『몸 또는 욕망의 사다리』(서울: 한길사, 1999), 67-96 등의 글이 있다.

15) 몸을 불교적 관점에서 접근한 문헌으로서는 안옥선, "불교의 몸: 속박과 해탈의 장소로서의 몸", 『전통과 현대』, 통권 8호(여름호), 90-107, 이거룡, "인도철학에서 본 몸의 의미", 이거룡 외, 『몸 또는 욕망의 사다리』(서울: 한길사, 1999), 33-64 등의 글이 있다.

16) 이러한 입장을 잘 드러낸 문헌으로는 J. Palermo, "Merleau-Ponty and Dewey on the 'Mind-Body' Question," *Philosophy of Education,* 1978, 462-469, M. Johnson, *The Body in the Mind,* Chicago: University of Chicago, 1987, G. Lakoff and M. Johnson, *Philosophy in the Flesh,* Basic Book, A Member of the Perseus Books Group 등을 들 수 있다.

관점에서 볼 때 몸은 비하의 대상이 아니라 존중의 대상이어야 한다. 우리가 누구를 존중한다고 했을 때 그것은 그 사람의 지적, 합리적, 이성적 능력만을 존중하는 것은 아닐 것이다. 그것은 그의 비이성적이고 비합리적인 측면 즉 감정, 정서, 의지, 욕구까지도 존중한다는 것을 의미한다. 따라서 '교육 = 마음교육 = 합리성교육 = 지식교육'이라는 등식은 재고되어야 한다. 이러한 등식의 교육은 전인교육의 이상을 훼손할 가능성이 높기 때문이다.

2) 객관주의적 지식관에 대한 반성

교육은 본질적으로 모종의 지식을 전달하고 전달받은 과정과 관련된 활동이다. 문제는 지식의 실체를 어떻게 파악하느냐에 따라 교육활동의 방향이 달라진다는 점이다. 전통적으로 교육론자들은 인간의 감정이나 정서와 같은 주관적인 태도와는 무관하다고 주장해왔다. 말하자면 지식이란 시공을 초월하여 어느 곳에서나 받아들여질 수 있는 보편적이고 중립적인 것이라고 주장해왔다. 하지만 인간의 생활세계를 초월한 보편적이고 객관적인 지식이라는 것이 존재하는가?

앞에서 살펴보았듯이, 메를로-퐁티는 지식을 탐구하는 객관주의적 입장, 즉 자연주의와 주지주의의 입장을 고찰하는 가운데 지식은 결코 인간의 실존적 사실로부터 분리될 수 없을 뿐 아니라 추상화, 절대화될 수 없다고 보았다. 그는 지식이란 이성, 합리성, 의식작용의 산물이 아니라 몸의 산물임을 밝히려 하였다. 그의 몸의 철학에 의하면, 지식이나 경험은 구체적인 생활세계에 뿌리를 박고 사는 인간의 몸의 지각(perception)을 통해 생성되고 축적된다. 즉 지식이란 추상적인 일반적인 원리로 존재하는 것이 아니라 지각이라는 개인적 체험 속에서 생성된다.

이러한 메를로-퐁티의 지식관에 비추어 볼 때, 일반화되고 체계화된 지식을 가르치는 일이 교육의 주된 기능이라고 생각하는 과학주의적 접근법은 재고되어야 한다. 과학주의적 접근법이 지니고 있는 난점은 첫째, 인식의 주체와 대상을 분리했다는 점이며, 둘째, 몸이 지식 생성의 근원이라는 점을 경시했다는 점이며, 셋째, 인식의 주체로서의 몸과 생활세계와의 상호작용을 도시외했다는 점이다.

실제로 교사들이 매일같이 만나는 학생들은 학교에서 객관화된 지식을 학습하기 이전에 이미 자신의 몸을 통해 다양한 경험과 선행 지식을 가지고 있다. 즉 학생들은 학교에 와서 구조화되고 체계화된 지식을 학습하기 이전에 벌써 몸의 다양한 운동들 몸짓, 손짓, 눈짓을 통해 체득한 선행 지식들을 가지고 있다. 말하자면 체험된 지식이 대상화된 지식의 토대가 되고 있는 셈이다. 따라서 교육은 '백지상태'(tabula rasa)에 있는 학생의 마음에 전혀 새로운 지식이나 경험을 일반적으로 심는 일이 아니라, 이미 생활의 주체인 학습자가 자신의 몸을 통해 체득한 경험이나 지식을 정교화하고 재배열하도록 돕는 과정이라고 할 수 있다(최정실, 1994: 117).

몸을 통해 체득된 선행 경험들이 체계적이고 객관적인 지식의 원천이 된다면 아동들이 보여주는 다양한 몸짓, 손짓, 발짓, 눈짓들은 결코 묵과되어서는 안 되는 현상들임을 알아야 한다. 왜냐하면 그것들은 그 자체로서 의미 깊은 생활세계를 반영하고 있기 때문이다. 따라서 몸이 지식의 근원이요, '체험된 의미들의 총체'(류의근 역, 2002: 242)라면, 학생의 몸에 대한 이해는 교수-학습의 출발점이 되어야 마땅하다.

3) 조건화된 학습에 대한 반성

일반적으로 교육이란 교수-학습의 과정이라고 할 수 있다. 여기서 교수(教授)란 가르치는 활동을 말하고 학습이란 배우는 활동을 말한다. 교수는 배울 대상이 있어야 성립되지만 학습은 교수 없이도 일어날 수 있다. 이러한 점에서 학습이 교수보다는 넓은 개념이다. 대체로 학습은 어느 개인이 환경과 상호작용하는 과정에서 일어나는 지속적인 변화를 말한다. 물론 학습의 개념은 관점[17]에 따라서 다르게 규정될 수 있지만 오늘날의 학습개념에 가장 큰 영향을 준 이론은 행동주의(behaviorism) 이론이다.

행동주의 이론은 학습을 '자극과 반응'(S-R)의 결합으로 설명한다. 즉 행동주의자들은 유기체가 특정한 자극을 받게 되면 이에 상응하는 반응을 보이게 되는데

17) 여기서 학습을 바라보는 관점이란 행동주의 이론, 인지주의 이론, 인간 중심주의 이론들이 제시한 관점을 말한다.

이때 학습이 일어난다고 주장하였다. 이들은 교사가 학생에게 적절한 자극 혹은 조건을 주기만 하면 의도하는 행동의 변화를 가져올 수 있을 것이라고 생각했다. 하지만 이미 밝혀진 바와 같이, 행동주의 학습이론은 인간이 자극에 따라서만 행동하는 존재가 아니라는 사실을 간과하였다. 말하자면 인간은 외부의 자극이나 조건에 의해서만 영향을 받는 수동적이고 기계적인 존재가 아니라는 점을 무시하였다. 그럼에도 불구하고 한 가지 흥미로운 일은 이러한 그릇된 행동주의 학습이론들이 교육 실제를 지배하고 있다는 점이다. 오늘날 학교 현장에서 활용되고 있는 교수학습 방법들 대부분은 이러한 이론에 토대를 두고 있음을 부인할 수 없다.

메를로-퐁티는 경험주의의 한계를 비판하는 가운데, 인간이란 외부의 자극이나 조건에 의존하여 반응하는 기계적이고 수동적인 존재라는 행동주의적 인간관을 거부했다. 그는 행동주의를 포함한 경험주의가 인간을 대상화하여 과학적으로만 다루려는 태도를 못마땅하게 생각했다. 그는 인간이란 결코 외부적인 자극이나 조건에 의해 만들어질 수 없는 존재라고 생각했다. 말하자면 인간은 외부적인 조건에 의해 조형되거나 '만들어지는 존재'가 아니라 스스로를 '만들어 가는 존재'라고 생각했다. 따라서 인간은 주어진 자극에 단순히 반응함으로써 '학습되어지는' 존재가 아니라 생활세계를 스스로 '학습해 가는' 존재이다. 이러한 점에서 외부에서 주어지는 객관적인 경험의 세계는 모두 학습의 대상은 될 수는 없다. 인식의 주체가 그것을 내 관심과 흥미의 대상으로 끌어들이지 않는 한 그것들은 나에게 무의미한 세계일 뿐이다. 즉 객관적인 세계를 나의 몸으로 지각하고 그것에 의미를 부여하지 않는 한 그것은 나에게 의미 없는 세계일 따름이다. 메를로-퐁티의 말의 빌자면, 경험의 세계가 신체화될 때 비로소 경험은 학습의 내용으로서 가치를 가진다. 이러한 메를로-퐁티의 주장은 몸이 학습의 출발점이 되어야 하며, 신체화된 경험이 학습내용의 토대가 되어야 한다는 중요한 시사를 던져 준다. 따라서 유아기나 아동기의 초기 경험들이 학습의 중요한 토양이 된다는 점에서 그것들은 소중하게 다루어져야 하며 존중되어야 한다.

4) 통제 중심의 학교에 대한 반성

오늘날 제도로서의 학교에서 발견되는 모순 중의 하나는 그것이 전인교육을 목표로 한다고 역설하면서도 실제로는 지식교육에만 전념하고 있다는 점이다. 우리가 전인교육을 지·덕·체 통합교육으로 정의하건 아니면 지·정·의 통합교육으로 정의하건 그것은 인간을 전면적으로 발달시켜야 한다는 뜻을 개념적으로 함의하고 있다. 그런데 여기서 '인간을 전면적으로 발달시켜야 한다'는 말은 인간의 몸이 가진 다양한 능력, 즉 지적, 정서적, 신체적 재능을 고르게 발달시킨다는 것을 의미한다. 이런 점에서 전인교육이란 몸의 조화로운 발달을 목표로 하는 교육이라고 말할 수 있다. 메를로-퐁티의 몸 담론의 관점에서 볼 때, 전인교육이란 몸의 전체성, 통합성, 전면성을 목표로 하는 교육이라고 할 수 있다. 그럼에도 불구하고 오늘날 학교가 전인교육 즉 몸의 조화로운 발달을 강조하면서도 실제로는 몸을 통제하고 감시하는 장소로 전락했다는 것은 참으로 안타까운 일이 아닐 수 없다.

몸의 전체성, 통합성을 추구하는 전인교육의 이념에 비추어 볼 때 오늘날의 학교교육은 이미 교육이라고 할 수 없다(고요한, 2000, 321; 2001: 102). 왜냐하면 제도로서의 학교는 지식교육에만 혈안이 되어 있으며 나아가 몸을 통제하는 데만 관심을 가지고 있기 때문이다. 이미 푸코(M. Foucault)가 분석했듯이, 오늘날의 학교는 '감시, 처벌, 통제'가 보편적으로 이루어지는 장소로 변질되고 말았다.[18]

교육의 역사는 학교가 학생의 몸을 해방시키는 데 관심을 가지기보다는 몸을 통제하는 데 더 많은 관심을 기울여왔음을 보여준다.[19] 중세시대 수도원을 비롯

---

18) M. Foucault는 『감시와 처벌』(*Discipline and Punish : The Birth of Prison*)에서 18세기부터 20세기 초반에 이르기까지 국가권력이 이른바 '엄하고 과중하며, 세심하며 부단한' 훈육체계들을 통하여 학교를 '학생을 감시하고 위계질서를 세우고 상벌을 부과하는 기관'으로 만들어 버렸음을 고발하고 있다(오생근 역, 2003: 231).

19) 학교교육과 몸의 관련성에 대해서는 프랑스의 저명한 사회학자인 부르디외의 다음 저서들을 참고하는 것이 좋다. P. Bourdieu(1984), *Distinction: A Social Critique of the Judgement of Taste*, London: RKP; P. Bourdieu(1986), 'The Forms of Capital', in J. Richardson(ed.), *Handbook of Theory and Research for the Sociology of Education*, New York: Greenwood Press.

한 종교교육 기관들은 순수한 영혼의 구원을 위해 몸의 욕망을 철저하게 통제했으며, 근대의 많은 학교들도 학생들의 몸의 욕망들을 통제하기 위한 온갖 종류의 학칙, 교칙 등을 제정하였다. 명문 학교일수록 학생의 몸을 통제하기 위해 만들어진 방법들이 더욱 비인간적이고 비도덕적이었다는 점은 아이러니가 아닐 수 없다. 오늘날까지도 각종 학교 안에서 '지도'라는 명목으로 학생의 몸을 통제하거나 처벌하는 일들이 다반사로 일어나고 있다. 얼마 전까지만 해도 많은 학생들이 학교를 '감옥'이라고 표현했는데, 이것은 오늘날 학교의 통제가 얼마나 비인간적이고 비도덕적으로 이루어졌는가를 보여준다. 학교가 몸을 가두는 감옥이어서는 교육의 본래 기능을 수행해 갈 수 없다.

이처럼 학교가 몸을 감시하고 통제하고 처벌하는 장소로 변질된 것은 여러 가지 요인이 있겠으나 가장 근본적인 이유는 학생의 몸에 대한 몰이해와 관심부족, 그리고 몸에 대한 존중감의 결여때문이라고 할 수 있다. 메를로-퐁티의 몸 담론으로부터 퍼 올릴 수 있는 지혜는 몸의 이해 및 존중이 학교교육의 출발점이 되어야 한다는 점이다. 메를로-퐁티는 몸을 매개로 하지 않고는 교육이 시작될 수도 없거니와 완성될 수도 없음을 극명하게 보여준다. 몸은 교육의 출발점인 동시에 도착점이기 때문이다.

4. 맺는 말

이 글은 몸의 현상학자로 알려진 메를로-퐁티의 몸 담론을 고찰한 후 그의 담론을 토대로 오늘날 우리 교육의 현실을 반성하려는 데 목적을 두었다. 앞에서 논의한 내용들을 근거로 내린 결론은 다음과 같다.

첫째, 메를로-퐁티가 탐구한 몸 또는 신체에 대한 담론으로부터 건져낼 수 있는 가장 큰 수확은 교육현장에서 주변부로 밀려나 언제나 관심과 논의의 대상에서 제외되었던 몸의 중요성과 고유한 가치를 재고하도록 해 주었다는 점이다. 그의 몸 담론은 지금까지 교사와 부모에게 사소하고 지엽적인 것으로 보였던 몸의 작용과 몸의 현상들을 새로운 관점에서 해석할 수 있는 가능성을 열어주었다는 점에서 시사하는 바가 크다.

둘째, 메를로-퐁티의 몸 담론은 몸이 인식의 근원이며 지식과 경험의 원천임을 보여주었다. 이러한 그의 담론은 우리들의 지식이 외부 사물에 대한 자극과 반응의 결과라고 믿는 자연주의 지식관을 재고하도록 하며, 동시에 지식이란 순수의식의 작용 결과라고 믿는 주지주의의 지식관을 재고하도록 한다. 그는 몸의 작용이 아니고는 그 어떤 인식도 불가능하며 그 어떤 지식과 경험의 축적도 불가능함을 보여 주었다. 이러한 그의 주장은 자연히 몸이 교육의 출발점이어야 한다는 점을 환기시켜 준다.

셋째, 메를로-퐁티의 몸 담론은 학습이 외부에서 주어지는 자극에 반응할 때 일어난다는 행동주의의 학습관을 재고하도록 해 준다. 그의 담론은 학습이란 주체로서의 몸이 생활세계와의 상호작용을 통해 의미를 발견해 가는 적극적이고 능동적인 과정임을 보여준다. 그의 담론은 우리가 학습의 대상과 방법에 관심을 가지기보다는 학습의 주체에 더 관심을 기울여야 함을 보여준다. 따라서 상과 체벌이라는 보상체제를 이용해 학습효과를 극대화하려는 교사들의 학습관은 재고되어야 한다. 왜냐하면 바람직한 학습은 학습 주체의 내면세계에 대한 이해를 전제로 이루어져야 하기 때문이다.

넷째, 메를로-퐁티의 몸 담론은 전인교육을 지향하면서도 몸을 소홀하게 다루는 현행 학교교육관을 재고하도록 해 준다. 그의 담론은 오늘날의 학교들이 지식교육을 지나치게 강조함으로써 전인교육의 이념으로부터 얼마나 멀어져가고 있는지를 보여준다. 또 학교는 몸을 해방시키기 위한 교육을 해 가기보다는 몸을 통제하기 위한 교육을 하고 있음을 드러내 준다. 그는 오늘날의 학교들이 몸을 경시함으로써 얼마나 많은 것을 잃고 있는지를 보여주고 있다.

따라서 우리는 메를로-퐁티의 몸 담론으로부터 발견할 수 있는 가장 큰 교육적 지혜는 몸에 대한 이해와 존중이 교육의 출발점이 되어야 한다는 점이다. 흔히 교육의 중요한 원리로 가정하고 있는 인간존중의 원리라는 것도 따지고 보면 '몸을 존중해야 한다'는 명제를 다르게 표현한 것에 불과하다. 학생의 몸을 통해 드러나는 다양한 현상, 욕망들, 표현들은 그 자체로서 교육적 가치를 담지하고 있다는 점에서 존중되어야 한다.

메를로-퐁티의 몸 담론은 몸이 인식의 출발점이요, 경험의 토대이며, 지식의 근원이라는 점을 환기시켜 주었다는 점에서 교육실제에 주는 시사점이 크다고 할 수 있다. 하지만 교육실제와 관련하여 그의 몸 담론은 다음과 같은 난점도 지니고 있다. 하나는 그가 인식의 출발점을 주체로서의 몸에 두었다는 점에서 그의 입장은 주관주의적이고 상대주의적인 관점이 가지는 한계를 벗어나지 못하고 있다. 즉 그에 있어서 세계 속에서의 지각과 경험은 '주체로서의 나'에게 의미를 가질 뿐 '객체로서의 타인'에게는 무의미하다. 물론 그는 상호주관성을 통해 이러한 문제를 극복할 수 있다고 보지만 이러한 입장은 자칫 잘못하면 지식의 객관성 자체를 부정하는 회의주의를 낳을 수 있고, 나아가 객관적 지식의 전수를 목표로 하는 교육행위를 부정하는 결과를 낳을 수 있다. 또 하나의 난점은 그의 몸 담론은 몸이 인식의 토대요, 근거라는 중요한 시사를 던져 주기는 하지만 교사가 학생의 몸을 어떻게 다루고 어떻게 길러 나가야 할 것이냐 하는 교육 실천적인 문제에 대해서는 아주 제한적인 시사만을 던져 준다는 점이다. 인간은 그 스스로 주체적인 몸을 매개로 세상을 인식하고 경험함으로써 자신을 '만들어 가는' 존재이기도 하지만 의도적이고 계획적인 교육을 통해 '만들어지는' 존재이기도 하다. 그의 몸 담론에서 이러한 입장이 다소 소홀하게 다루어졌다는 점은 큰 아쉬움으로 남는다.

참고문헌

고요한(2000). 몸에 대한 교육인간학적 연구. 박사학위논문, 연세대학교대학원.

______(2001). "교육학적 상상력으로서 '몸의 교육인간학'", 처음처럼. 25권, 내일을 여는 책, 90-104.

권혁면 역(1984), Merleau-Ponty 저. 의미와 무의미. 서울: 서광사.

김병환(1997). "메를로－퐁티의 현상학에서 표현과 진리에 대한 문제", 철학연구. 제 61집, 대한철학회.

김용옥(1989). 동양학 어떻게 할 것인가. 서울: 통나무.

김춘일(1997). 교육현상학의 기초. 서울: 태학사.

김형효(1988). "메를로-뽕띠의 철학을 통해서 본 몸의 현대적 의미", 프랑스문화학회 편. 프랑스학연구. 157-186.

김형효(1999). 메를로-뽕띠와 애매성의 철학. 서울: 철학과 현실사.

김홍우(1993). "모리스 메를로-퐁티", 철학과 현실. 제 16권, 철학문화연구소, 139-152.

______(1999). "메를로-퐁티에게 보는 것의 의미", 현상학과 정치철학. 서울: 문학과 지성사.

류의근(1996). "메를로-퐁티의 코기토 에르고 숨", 철학연구. 제 38권, 철학연구회.

______(1997). "메를로-퐁티에 있어서 신체와 인간", 철학. 제 50권, 한국철학회, 261-292.

______ 역(2002), Merleau-Ponty 저. 지각의 현상학. 서울: 문학과 지성사.

박성창 역(1993), V. Descombes 저. 동일자와 타자. 서울: 인간사랑.

송봉호·강영안 옮김(1985), C. A. Van Peursen 지음(1966). 몸, 영혼, 정신. 서울: 서광사.

송석랑(2001). 메를로 뽕띠의 현상학. 대전: 문경출판사.

신인섭(2000. 11). "메를로－퐁티와 공동 신체성", 철학연구. 제 76집, 대한철학회, 183-205.

안옥선(1999). "불교의 몸: 속박과 해탈의 장소로서의 몸", 전통과 현대. 여름호, 90-107.

양해림(2000). "메를로－퐁티의 몸의 문화현상학", 한국현상학회편, 몸의 현상학. 서울: 철학과 현실사.

오병남 역(1983), Merleau-Ponty 저. 현상학과 예술. 서울: 서광사.

오생근 역(2003), M. Foucault 저. 감시와 처벌. 서울: 나남출판.

유재봉(2002). 현대 교육철학 탐구: 자유교육에 대한 비판 및 대안 탐색. 서울: 교육과학사.

이거룡 외(1999). 몸 또는 욕망의 사다리. 서울: 한길사.

이성동 역(1996), S. Kern 저. 육체의 문화사. 서울: 의암출판사.

이숙인(1999). "여성 몸의 유교적 구성", 전통과 현대. 여름호, 52-69.

이승환(1999). "유가적 몸과 소속된 삶", 전통과 현대. 여름호, 16-51.

이홍우(1977). 교육과정 탐구. 서울: 박영사.

임인숙 역(1999), C. Schilling 저. 몸의 사회학. 서울: 나남출판사.

조광제(2001). "메를로－퐁티의 후기철학에서의 살과 색", 한국현상학회. 예술과 현상학. 서울: 철학과 현실사.

최경호 옮김(1993), R. M. Zaner 지음. 신체의 현상학－실존에 바탕을 둔 현상학. 서울: 인간사랑.

최명관 역 · 저(1983). 방법서설, 성찰, 데카르트연구. 서울: 서광사.

최정실(1994). "메를로-퐁티의 지식론에 대한 교육적 분석", 교육철학. 제 12권 2호, 한국교육학회 교육철학연구회, 99-135.

한자경(1997). 자아의 연구. 서울: 서광사.

홍경실 역(1994), J. Schmidt 저. 메를로 퐁티. 서울: 지성의 샘.

Bourdieu, P.(1984). *Distinction: A Social Critique of the Judgement of Taste*. London: Routledge and Kegan Paul.

Bourdieu, P.(1986). 'The Forms of Capital', in J. Richardson (ed.). *Handbook of Theory and*

Research for the Sociology of Education. New York: Greenwood Press.
Campbell, K.(1970). *Body and Mind.* New York: Doubleday.
Flew, A.(1964). *Body, Mind and Death.* New York: Macmilan.
Johnson, M.(1987). *The Body in the Mind.* Chicago: University of Chicago.
Hirst, P. H. and Peters, R. S.(1977). *The Logic of Education.* New York: Humanities Press.
Lakoff, G. and Johnson, M.(1999). *Philosophy in the Flesh.* Basic Book, A Member of the Perseus Books Group.
Malcom, N.(1972). *Problems of Mind: Descartes to Wittgenstein.* London: Allen & Unwin.
Palermo, J.(1978). "Merleau-Ponty and Dewey on the 'Mind-Body' Question", *Philosophy of Education.* 462-469.
Peters, R. S.(1966). *Ethics and Education.* London: George Allen & Unwin, Ltd.
______ed.(1959). *The Philosophy of Education.* Oxford: Oxford University Press.
Peters, R. S.(1970). "Education and the Educated Man", *Journal of Philosophy of Education.* 4: 5-20.
Reeves, J. W.(1958). *Body and Mind in Western Thought.* Harmondsworth, Middlesex: Penguin Book.
Rieber, R. W.(1980). *Body and Mind: Past, Present, and Future.* New York: Academic.
Vesey, G. N. A. ed.(1964). *Body and Mind, Readings in Philosophy.* London: George Allen and Unwin.

제 13 장

보살핌에 관한 담론과 도덕교육

1. 들어가는 말

도덕교육의 목적 중의 하나는 도덕적으로 교육받은 사람[1] 또는 도덕적으로 성숙한 사람을 길러내는 일이다. 그렇다면 도덕적으로 성숙하다고 할 수 있는 가장 중요한 기준은 무엇인가? 다시 말해서 그의 도덕적 성숙도를 가름할 수 있는 가장 중요한 요인은 무엇인가?

18세기 계몽주의시대 이후 서양사회에서 도덕적으로 성숙한 사람이란 자율적이고, 타인의 권리를 존중할 줄 알며, 정의의 원리에 따라 행위하는 사람으로 이해되어 왔다. 특히 1971년 롤즈(John Rawls)의 『정의론』(*A Theory of Justice*)이 출간되면서 이러한 생각은 강력하고도 체계적인 정당성을 얻게 되었다. 하지만 이러한 생각들은 발달심리학자이며 도덕철학자인 콜버그(Lawlence Kohlberg)의

---

1) '도덕적으로 교육받은 사람'의 개념에 관해서는 다음 문헌들을 참고하는 것이 좋다. Anderson, J. D.(1990). "The Morally Educated Person: John Dewey, Richard Peters, Lawrence Kohlberg, and the Aims of Moral Education," *Dissertation*(Ph. D.), Harvard University. Coombs, J.R., "Attainments of the Morally Educated Person," Cochrance, D. B. and Cosimir, M.M., eds.(1980), *Development of Moral Reasoning: Practical Approaches.* New York: Preger Publishers. Johnson, C. D.(1982), "The Morally Educated Person in a Pluralistic Society," *Educational Theory,* 31: 3-4, pp. 237-250. Wilson, J., "Assessing the 'Morally Educated' Person," Chazan, B. I. and Soltis, J. F., eds.(1975), *Moral Education.* New York: Teachers College Press.

경험적인 연구에 의해서 더욱 설득력을 가지게 되었으며, 그의 연구는 도덕발달 분야에서 하나의 정설(定說)로 받아들여지고 있다. 콜버그 주장의 핵심은 정의의 원리를 자신의 도덕원리로 채택하고 그 원리에 따라 행동하는 사람이 도덕적으로 성숙한 사람이라는 것이다.

이러한 콜버그의 주장은 일견 이론(異論)의 여지가 없어 보인다. 왜냐하면 정의의 원리에 따라 행동할 뿐 아니라 타인의 권리를 침해하지 않으려고 노력하는 사람은 당연히 도덕적으로 성숙한 사람의 모습이기 때문이다. 하지만 도덕적 성숙도를 결정하는 원리가 오직 정의(正義: justice)의 원리뿐인가? 정의의 원리는 남녀 모두에게 적용될 수 있는 보편적인 행위의 원리인가? 보살핌(care[2]))의 원리에 입각해서 행동하는 사람이나 여성은 도덕적으로 성숙하지 못한 사람인가? 보살핌의 원리에 따라 행동하는 것이 더 도덕적이라고 여기는 사람들에게 정의의 원리를 고집하는 것은 지나친 편견이 아닐까?

이상과 같은 물음을 제기하면서 콜버그의 정설에 강력한 비판을 가한 인물이 길리건(Carol Gilligan)이다. 길리건은 1982년 『다른 목소리로』(*In A Different Voice*)라는 책을 발간했는데, 이 책은 심리학 뿐 아니라 철학을 포함하여 페미니즘(feminism)과 관련된 모든 분야에 큰 영향을 주었다. 길리건의 주장의 핵심은, 콜버그가 제시한 정의의 원리 및 정의의 윤리란 근본적으로 남성의 목소리를 대변하고 있다는 점에서 도덕적 성숙도를 가늠할 수 있는 기준으로서 결함이 있다는 것이다. 그리하여 그녀는 이러한 결함을 보완하기 위한 또 다른 도덕적 원리, 즉 보살핌의 원리를 제시했다.

이와 같은 길리건의 주장을 페미니즘적 관점에서 해석하고, 체계화하고 발전시킨 인물은 나딩스(Nel Noddings)이다. 길리건과 마찬가지로, 나딩스는 남녀 간의 차이에 대한 인식을 토대로 윤리학을 법, 권리, 정의의 원리가 지배하는 남성

2) 영어의 'care'는 우리나라 학계에서 여러 가지 말로 번역되어 사용되고 있다. 예컨대, 김정금(1995), 이나현(1998), 추병환(1998)은 '배려'로, 허란주(1997), 신옥희(1998), 허라금(1993), 장필화(1995), 심성보(1998), 박병춘(1999) 등은 '보살핌'으로, 손승희(1997), 김명자(1995)는 '돌봄'으로 번역하였다. 물론 '배려', '보살핌', '돌봄'이라는 말들이 반드시 동일한 의미를 가지고 있지는 않기 때문에 언어 상의 함수관계가 밝혀져야 할 것이다. 이 글에서 필자는 care를 '보살핌'이라고 번역한 학자들의 의견에 따르는 것이 언어적 혼란을 줄이 수 있다는 생각에서 'care'를 '보살핌'이라고 쓰고자 한다. 그러나 문맥에 따라서는 '배려', '돌봄'이라는 용어로도 사용할 것이다.

의 윤리와 여성적인 수용성, 관계성, 응답성을 중시하는 보살핌의 윤리로 구분한 후, 남성의 윤리는 남성적인 관점에서만 도덕성을 평가함으로써 여성의 특성을 반영하는 보살핌의 윤리를 철저하게 무시하고 열등한 것으로 파악했다고 비판했다. 나아가 그녀는 기존 윤리학에 대한 비판을 넘어서 보살핌의 윤리가 여성만을 위한 것이 아니라 남녀 모두에게 필요한 보편적인 윤리가 되어야 한다고 주장했다. 그러나 과연 윤리를 정의의 윤리와 배려의 윤리로 구분하는 것이 바람직한 것인가? 정의의 윤리가 남성의 목소리만을, 보살핌의 윤리가 여성의 목소리만을 대변하는 윤리라고 단언할 수 있을까? 남성이지만 여성 이상으로 남을 보살피는 능력이 탁월한 사람이 있지 않은가? 반대로 여성이지만 남성 이상으로 정의감을 발휘하는 사람이 있지 않은가? 도덕적 성숙을 결정하는 요소에는 정의의 원리와 보살핌의 윤리 이외의 다른 원리들은 없는 것인가?

이 글은 이상과 같은 의문을 던지면서 길리건과 나딩스를 비롯한 페미니스트들에 의해 전개된 보살핌의 윤리의 입장을 비판적으로 검토한 후 그것이 한국 도덕교육의 실제에 줄 수 있는 시사점을 제시하는 데 목적을 두고 있다. 따라서 이를 논의하기 위해 다음과 같은 문제를 구체적으로 다루었다. (1) 보살핌 윤리의 등장배경과 기본적인 주장은 무엇인가? (2) 보살핌 윤리의 주장은 어느 정도 정당화될 수 있는가? (3) 보살핌의 윤리가 정당화될 수 있다면 과연 한국의 윤리·도덕교육에 어떤 시사점을 던져 줄 것인가?

2. 보살핌의 개념

길리건과 나딩스와 같은 학자들이 제창한 보살핌의 윤리의 핵심적인 주장이나 입장이 무엇인지를 이해하기 위해서는 먼저 '보살핌'(care, caring)이란 말의 의미를 좀 더 선명하게 해 두어야 할 필요가 있다. 왜냐하면 보살핌이라는 말은 각주에서도 밝혔듯이, 대단히 다의적(多意的)인 개념이어서 이 말의 의미를 분명하게 해 두지 않고는 보살핌의 윤리에 대한 논의가 불가능하기 때문이다. 따라서 이 장에서는 보살핌의 윤리를 이해하기 위한 선행 작업으로 '보살핌'이라는 말의 의미를 명료화하고자 한다.

우선, 보살핌(care)이라는 말의 어원부터 살펴보자. 일찍이 하이데거(M. Heidegger)는 부르다흐(K. Burdach)의 논문을 인용하여 보살핌의 어원(語源)을 추적하는 가운데 보살핌이라는 말이 이중적인 의미를 가지고 있음을 지적하였다. 하이데거는 "부르다흐는 '쿠라'(Cura)라는 용어의 이중적 의미에 유의하게 만든다. 거기에 따르면, 이 용어는 '겁먹은 노력'을 뜻할 뿐 아니라 또한 '조심', '헌신'도 포함한다"(이기상 역, 1999: 270)라고 적은 바 있다. 하이데거는 보살핌 즉 'care'의 어원이 'Cura'라는 말에서 비롯되었으며, 이중적인 의미 즉 소극적인 의미와 적극적인 의미를 담고 있음을 보여준다. 쿠라의 소극적 의미는 '겁먹은 노력'이며, 적극적 의미는 '헌신'이다.

여기서 '겁먹은 노력'은 어떤 대상이나 사람에 대한 심리적인 불안과 염려와 걱정과 우려를 말한다. 자신이 하고 있는 일에 확신이 서지 않거나 미래가 불투명할 때 우리는 겁을 먹고 불안해하거나 염려하고 걱정하기 마련이다. 그래서 하이데거는 걱정(Sorge: 염려)을 인간 삶의 핵심적인 부분으로 기술한 바 있다(위의 책, 1999: 260-271). 나딩스(Noddings)는 하이데거의 Sorge라는 말이 여러 가지의 의미를 담고 있음을 다음과 같이 설명했다. 즉 "그가 말한 Sorge는 다른 생명체에 대한 보살핌의 태도를 포함하며, 사물에 대한 세심한 관심을 포함하며, 가장 깊은 실존적 그리움을 포함하며, 인간 삶에 대한 책임과 우려를 포함한다."(Hirst and White, eds., 1998: 40). 하이데거에 의하면, 보살핌과 염려는 인간의 실존적 삶과 떨어질 수 없는 불가분의 관계를 가진다. 우리들의 삶을 유지해 가는 의욕, 소망, 성향, 충동, 심지어는 양심까지도 염려에 근거하고 있다는 것이다(이기상 역: 264, 370). 또한 그의 관점에서 보면 보살핌은 본질적으로 타인에 대한 염려와 걱정을 수반할 뿐만 아니라 타인의 생명을 살리려는 적극적인 태도를 요구한다.

메이욥(Milton Mayeroff)은 보살핌을 "다른 사람이 성장할 수 있도록 도와주는 것"이라고 정의하고 그 예로서 아버지의 자식에 대한 보살핌, 교사의 학생에 대한 보살핌, 의사의 환자에 대한 보살핌, 남편의 아내에 대한 보살핌을 들고 있다(Mayeroff, 1971: 2). 이러한 관점에서 본다면 남의 처지에 대해 단지 걱정하고 염려하고, 우려하는 마음이나 욕구를 가지고 있는 것만으로는 남을 보살폈다고 할 수 없다. 걱정, 우려, 염려가 행동을 통해 드러났을 때 비로소 보살핌이 실현되었다고 할 수 있다.

나딩스(Nel Noddings)의 보살핌의 개념은 부분적으로 하이데거의 개념에 의존하고 있지만 비교적 종합적이다. 그에 의하면, 보살핌이란 타인에게 감정적, 도덕적으로 전념(專念: engrossment)하고, 정신적으로 부담을 갖는 상태로서 염려하거나 근심하는 것을 의미한다(Noddings, 1984: 9). 그러나 나딩스의 이러한 보살핌의 개념 역시 남을 보살필 때 나타나는 정서적이고 감정적인 측면만을 지나치게 강조함으로써 보살핌의 행동·실천적인 측면을 소홀히 하고 있는 듯 하다. 남에 대한 보살핌은 남의 처지에 대한 염려, 걱정, 근심과 같은 감정을 포함하는 것이 사실이다. 하지만 그러한 감정이 어떤 형식으로든지 행동화되지 않는다면 그런 감정과 정서는 아무런 의미를 가지지 못할 것이다. 이런 점에서 나딩스의 설명은 보살핌의 개념을 이해하는데 필요하기는 하지만 충분하지는 않은 것 같다.

오히려 파커(R. Parker)의 설명은 보살핌의 개념을 이해하는 데 더 큰 도움을 준다. 나딩스와는 달리 그는 보살핌을 일시적 또는 영구히 자신을 돌볼 수 없는 사람들을 보살펴주는 실질적인 행동으로 정의함으로써 보살핌의 행동적인 측면을 강조한다(박병춘, 1999: 10). 파커는 보살핌의 행동의 예로서 대소변을 가릴 수 없는 사람에게 음식을 먹여주고, 목욕을 시켜주는 일 등을 들고 있다. 이러한 파커의 정의는 간호사들이 행하는 간호(nursing)를 연상하게 한다. 그래이엄(Graham)은 파커의 정의를 확대하여 보살핌을 '사랑의 노동'(labor of love)으로 정의했다(박병춘, 위의 책: 10).

피셔(Berenice Fischer)와 트론토(Joan C. Tronto)는 보살핌이 이루어지는 과정(過程)에 주목하고 이것을 네 가지 과정으로 나누어 제시했다. 즉 보살핌은 첫째, 염려하고 주의하는 과정이며, 둘째, 준비하고 책임을 맡는 과정이며, 셋째, 실천하는 과정이며, 넷째, 보살핌을 받은 사람이 응답하는 과정이다. 태로우(Babara Tarlow) 역시 보살핌의 과정에 관심을 가지고 보살핌을 호혜적(互惠的) 관계 안에 구현된 지속적이고 정서적이고 도구적인 상호교환의 과정으로 정의했다. 태로우는 성공적인 보살핌의 관계란 두 사람이 하나로 결합하는 것이 아니라 밀접성(密接性)과 독자성(獨自性)이 조화를 이루면서 보살핌을 베풀고, 취하고, 수용하고, 교환하는 관계라고 설명하였다(박병춘, 위의 책: 11). 이러한 관점에서 볼 때 아무리 좋은 의도에서 이루어지는 일이라고 하더라도 그것이 일방적인 것이라면 참된 보살핌이라고 할 수 없을 것이다.

하이데거, 나딩스, 메이욥, 파커, 피셔와 트론토 그리고 태로우의 보살핌에 대한 정의에서 나타난 것처럼, 보살핌은 남의 처지나 입장을 걱정하고 염려하는 심리적, 정서적 태도를 포함하기도 하고, 보살핌을 필요로 하는 사람의 필요나 복지, 상황에 대한 최소한의 지식이나 이해, 주의력과 같은 인지적 능력을 포함하기도 하며, 걱정하고 염려하는 사람과 접촉하여 구체적으로 도움을 주는 실천적, 의지적 행동도 포함한다.

따라서 이러한 보살핌의 개념적 조건들에 비추어볼 때 진정한 보살핌이 이루어지기 위해서는 남의 처지나 입장을 염려하고 걱정하는 도덕적 동기를 가져야 하고, 남을 보살피는 데 필요한 적절한 지식과 이해력이 있어야 하며, 이를 행동으로 옮기려는 강한 실천의지가 있어야 한다. 남을 보살피는 행위는 지식과 이해를 필요로 하지만 궁극적으로는 실천의 문제라고 봐야 할 것이다.

3. 보살핌의 윤리

1) 정의의 윤리에 대한 도전

보살핌의 윤리는 원래 길리건과 나딩스와 같은 페미니스트들에 의해서 전개되고 체계화되긴 했지만 그것은 어디까지나 콜버그의 정의의 윤리에 대한 비판으로부터 싹이 트기 시작했다는 점에서 콜버그의 정의의 윤리에 대한 이해가 선행되어야 할 것이다.

콜버그는 철학적으로 소크라테스, 플라톤, 칸트(I. Kant), 롤즈(J. Rawls)로 이어지는 자유주의철학의 전통을 계승하면서, 심리학적으로는 피아제(J. Piaget)의 인지발달이론을 발전시켰으며, 교육학적으로는 듀이(J. Dewey)의 성장이론의 영향을 받아 종합적인 인지도덕발달이론을 확립하였다(Carr and Steutel, 1999: 169). 콜버그의 도덕발달이론은 엄격하게 말하면 피아제의 도덕성발달단계를 확대한 것이라고 할 수 있다. 즉 그의 이론은 피아제가 도덕성을 타율적 도덕성과 자율적 도덕성으로 양분함으로써 도덕성발달을 지나치게 단순화시켰다는 점을 지적하고, 연구대상을 아동으로부터 성인에게 확대하여 도덕성발달 단계를 확립한 것이다. 그는 피아제와 마찬가지로 도덕발달에 있어서 도덕적 추론을 가장 중요시했다.

콜버그에 의하면, 도덕적 성숙에 이르는 데는 세 가지 수준에 속하는 6개의 발달단계가 있다. 여기서 세 가지 수준이란 1) 인습이전의 수준(pre-conventional level), 2) 인습수준(conventional level), 3) 인습이후 수준(post-conventional level)이다. 그리고 인습이전의 수준은 (1) 처벌과 복종의 단계, (2) 도구적 목적과 교환의 단계로 나뉘며, 인습의 수준은 (3) 개인 간의 상응적 기대, 관계, 동조의 단계, (4) 사회체제와 양심보전의 단계로 구분되며, 인습이후 수준은 (5) 권리 우선과 사회계약 내지 유용성의 단계, (6) 보편적 윤리적 원리의 단계로 구분된다(김민남 외 공역, 2000: 479-484).

1단계의 행위자가 옳고 그름을 결정하는 기준은 그 행위를 함으로써 주어지는 상, 벌과 그 행위를 명령하는 사람의 물리적 또는 상징적 힘의 정도이다. 2단계에서 옳은 행위란 자신의 욕구를 충족시키는 행위이다. 이 단계에서 옳은 행위란 행위자를 만족시키는 하나의 도구에 지나지 않는다. 3단계에서 옳고 그름이란 한 행위를 주위 사람들이 어떻게 평가하느냐에 달려 있다. 즉 남들이 인정하는 행위는 옳은 행위이고, 인정하지 않는 행위는 옳지 않은 행위이다. 4단계에서는 옳은 행위란 권위에 복종하거나 기존의 질서를 유지하는 행위이다. 5단계에서 옳은 행위란 사회 전체의 비판적인 고려를 통해 합의된 법규와 질서에 부합하는 행위이다. 6단계에서 행위자는 자신의 양심에 비추어 보아 스스로 채택한 보편적 원리에 따라 행동해야 한다. 이러한 원리를 채택하는 기준은 일관성, 보편성 등이며, 이 기준에 부합하는 도덕의 원리는 만인의 권리에 대한 평등성과 상호성을 보장하는 보편적 정의의 원리이다(Chazan and Soltis eds., 1975: 133-134). 즉 이 단계에서 도덕적으로 성숙한 행위자는 정의의 원리에 입각해 행동하는 사람이다.

이상과 같은 콜버그의 인지도덕발달이론은 도덕교육에 큰 공헌을 했고, 커다란 영향력을 행사하고 있지만 도덕철학자와 심리학자들, 특히 페미니스트들로부터 많은 비판을 받았다. 이들이 지적하는 콜버그의 도덕발달이론의 난점들은 다음과 같다.

우선, 콜버그는 1단계로부터 6단계에 이르기까지 개인의 도덕성이 문화적이고 환경적인 요인과는 관계없이 불변적인 순서와 계열에 따라 발달해 간다고 주장했는데, 이것은 문화적 특수성을 전혀 고려하지 않았다는 비판을 받고 있다. 지역, 성별, 사회계급, 종교에 따라 도덕성발달 단계가 다르다는 실증적 연구들이 있다는 점을 고려할 때 그의 주장은 지나친 일반화의 오류를 범했다고 볼 수 있다.

둘째, 콜버그는 남녀를 막론하고 모든 사람들이 6단계에 이르렀을 때 도덕적으로 성숙한 사람이라고 주장했는데 이것 역시 성차(性差)를 전혀 고려하지 않은 주장이라는 비판을 받았다. 실제로 콜버그 연구에서 표본으로 삼고 있는 집단 속에는 여성을 한 명도 포함시키지 않았다. 그러면서 그가 도덕발달 단계를 '보편적'이라고 주장한 것은 이치에 맞지 않는다. 게다가 콜버그는 여성은 기껏해야 도덕성발달 6단계 중 3단계에 속하는 것으로 파악했다. 도덕성발달의 3단계는 개인들 간의 상호관계를 중시하는 단계로서, 행위자들이 도덕을 대인관계적인 것으로 파악하고, 선(善)함이라는 것도 남을 도와주거나 즐겁게 하는 행위와 동일시되는 단계이다. 콜버그의 도덕성발달 척도에 따르면, 여성은 남성보다 낮은 도덕성 단계에 놓여있으며, 결코 6단계에 도달할 수 없는 존재이다. 이런 이유로 콜버그는 부적절한 남성의 척도(기준)를 가지고 여성의 도덕성을 측정했다는 비판을 받아왔다.

셋째, 둘째 비판과 관련하여 콜버그의 이론이 지니고 있는 중대한 난점 중의 하나는 여성과 여성의 도덕적 관점을 배제하고 있다는 점이다. 콜버그는 여성이 남성에 비해 열등한 도덕적 단계에 머물고 있다는 결론을 이끌어냈는데, 이런 결론을 이끌어내게 된 근본적인 원인이 어디에 있는가? 그것은 그가 남성만을 표본으로 연구를 했다는 점, 남성의 목소리를 대변하는 정의의 원리 및 정의의 윤리만을 유일한 기준으로 삼아 도덕성을 평가했다는 데 기인한다. 즉 콜버그는 여성에게서 나타나는 특유한 목소리, 예컨대 사랑, 감정이입, 인간적 관심, 인도주의, 보살핌 등의 요소를 고려하지 않았다. 이처럼 콜버그의 이론이 여성의 목소리를 전혀 고려하지 않은 채 정형화되었다는 점에서 그의 이론은 보편성을 가지기 어려우며 설득력을 가지기 어렵다는 한계를 지니고 있다.

2) 기본적인 주장

(1) 길리건(Carol Gilligan)

길리건은 자신의 책, 『다른 목소리로』에서 콜버그의 정의의 원리에만 입각하여 여성의 도덕성 발달과정을 평가하는 데는 한계가 있다는 점을 지적하면서 여성의 도덕성발달을 평가할 수 있는 또 다른 기준, 즉 보살핌 윤리의 발달단계를 제시하였다.

길리건은 임신중절 딜레마에 직면한 여성들과의 면담을 통해서 보살핌윤리의 발달과정을 경험적으로 밝혀냈다. 길리건은 보살핌의 윤리는 3수준(level) 2과도기의 과정을 거쳐 발달해 간다고 보았다(허란주 역, 1997: 152). 물론 이 발달단계에 대한 이론은 콜버그의 인지도덕 발달단계에 근거하고 있으며, 콜버그가 사용한 인지도덕 추론의 3수준을 전제로 하고 있다(위의 책: 150). 보살핌 윤리의 제 1수준(자기생존: 이기심)은 정의윤리의 인습이전수준에 해당하며, 주로 자기 자신의 이익과 생존에만 관심을 갖는다. 제 2수준(책임)은 정의윤리의 인습수준에 해당하며, 주로 자신의 행위에 대한 책임에 대해서 관심을 가진다. 제 3수준(비폭력적 도덕성)은 인습이후 수준에 해당하며 자신과 타인 모두에게 관심을 둔다. 이를 도식화해 보면 다음과 같다.

발달수준 / 주창자	제 1수준	제 2수준	제 3수준	궁극적 목표
콜버그 (L. Kohlberg)	인습이전의 수준	인습 수준	인습이후의 수준	정의의 도덕성
길리건 (C. Gilligan)	자기생존과 이기심	자기행위에 대한 책임	비폭력적 도덕성	보살핌의 도덕성

발달단계별 특징을 좀 더 구체적으로 고찰해보면, 제 1수준은 자기중심적 단계로서 개인적 생존을 최우선시 하는 단계이다(*ibid.*: 153-155). 이 단계에서 여성들이 선(善)으로 생각하는 보살핌은 다른 사람을 위한 것이 아니라 오직 자기

자신을 위한 보살핌이다. 이 단계에 속한 여성들의 관심은 오직 자신의 욕구뿐이다(*ibid.:* 152). 길리건은 제 1수준으로부터 제 2수준으로 발달해 가는 과정에서 첫 번째 과도기에 도달한다고 보았다. 이 과도기에서 이기심과 책임이라는 대립적인 개념이 처음으로 등장한다. 자기중심적인 이기심을 비판하면서 자신과 타인과의 관계를 새롭게 이해하기 시작하며, 보다 성숙한 도덕적 추론의 수준으로 도약하게 된다.

제 2수준은 책임과 자기희생의 단계이다. 이 단계에서 여성은 다른 사람들에 대한 책임을 강조하게 되며, 자기에게 의존하는 사람이나 자기보다 열등한 사람을 보살피고자 하는 모성애적 덕성을 채택한다. 이 단계에서 선행은 타인을 보살펴주는 행위와 동일시된다(*ibid.:* 160-161). 길리건에 따르면, 이 단계에서 여성은 두 번째의 과도기에 도달하게 된다. 이 과도기에서는 선함에 관한 관심보다는 진실에 대한 관심이 더 커진다(*ibid.:* 165). 여성은 자신이 보살피고 관심을 기울여야 하는 영역 안에서 자기 자신을 포함시키는 것이 이기적인 것인지 아니면 책임 있는 행동인지, 도덕적인지 또는 부도덕한 것인지를 숙고하게 된다. 곧 책임감의 개념이 자기의 요구와 이해관계를 포괄할 수 있도록 확대된다.

이러한 과도기를 거쳐 여성은 최고의 도덕성의 단계라고 할 수 있는 제 3수준의 비폭력적(非暴力的) 도덕성의 단계에 이르게 된다(*ibid.:* 178). 이 수준에 도달하게 되면 여성은 인간관계가 상호적이라는 것을 인식하며, 타인과 자신과의 연결에 대한 새로운 이해를 통해서 이기심과 책임감의 갈등을 해소한다. 이 단계의 여성들은 더 이상 자신들을 무력하거나 복종적인 존재로 여기지 않는다. 이제 의사결정에 있어서 적극적이고 동등한 참여자가 된다. 여성은 자기 자신도 보살핌의 대상이 되어야 한다는 것을 깨닫고 자신과 다른 사람에 대한 부당한 착취와 가해를 막아야 하며, 보살핌의 원리를 도덕판단의 보편적 원리로 채택하게 된다.

길리건의 보살핌의 도덕성 발달론은 콜버그의 정의 도덕성 발달론이 가진 약점과 한계를 비판하고 보완하려는 의도에서 출발하기는 했지만 그녀의 주장 역시 콜버그와 같은 성적 편견과 한계를 지니고 있다. 즉 그녀는 어른 여성만이 경험할 수 있는 임신중절 딜레마연구를 통해서 보살핌 도덕성 발달단계를 서술했다는 점에서 객관성과 보편성을 결여하고 있다는 비판을 받는다. 뿐만 아니라 개인이 어떻게 도덕발달과 성숙을 성취해가고 있는지에 대한 언급이나 이러한 발달을 도모하는 교육방법에는 어떠한 것들이 있는가에 대한 구체적인 논의가 전혀 없다는 점도 길리건의 이론이 가진 한계라고 할 수 있다.

(2) 나딩스(Nel Noddings)

나딩스는 길리건의 입장을 수용하면서도 그녀의 주장이 안고 있는 한계를 보완함으로써 보살핌의 윤리를 더욱 발전시킨 학자이다. 나딩스의 주장은 다음 두 가지로 요약된다.

첫째, 나딩스는 보살핌의 윤리를 여성적인 윤리(feminine ethic)로 파악한다. 나딩스는 길리건과 마찬가지로 윤리학에서 남성적 특성과 여성적 특성이 서로 다르다는 것을 수용하였다. 길리건과 나딩스는 이성, 추상적인 사고, 규칙, 그리고 원리들은 남성적 특성으로, 직관, 감정, 타인에 대한 수용, 맥락적 사고는 여성적인 특성으로 규정했다. 즉 그들은 윤리를 법과 원칙에 근거한 정신이 지배하는 원리의 윤리와 여성적인 보살핌의 정신이 지배하는 보살핌의 윤리로 구분하였다. 나딩스는 남녀 간의 차이에 대한 인식을 토대로 기존의 윤리학은 남성의 윤리학으로서 남성에 의해 연구되어 왔을 뿐 아니라 남성적인 관점만을 반영하고 있으며, 이를 근거로 도덕성을 평가함으로써 여성적 특성을 반영하는 보살핌의 윤리를 철저하게 무시했다고 비판했다. 나딩스는 전통철학자들의 윤리학적 관점을 검토하는 가운데 칸트(I. Kant), 니이체(F. Nietzsche), 제임스(W. James)의 윤리학은 남성 우월적인 성적(性的) 편견을 무의식적으로 드러냈다는 점에서 보편윤리학이 아니라 남성윤리학에 불과하다고 주장했다.

나딩스는 여성의 관점에서 구성된 보살핌의 윤리가 여성 또는 남성을 통제하거나 지배하기 위해서 고안된 것이 아니라 보다 더 좋은 세상을 만들기 위해 고안된 것이며, 결코 여성만을 위한 윤리를 의도했던 것은 아니라고 주장했다. 말하자면 보살핌의 도덕성은 남녀 모두에게 필요한 보편적인 도덕성으로 보고자 했다.

둘째, 나딩스는 보살핌의 윤리를 관계윤리(ethic of relation)로 파악한다. 나딩스에 따르면 보살핌은 보살핌의 관계 안에서 이루어지고 완성된다. 윤리적 정향

(定向)으로서의 보살핌의 관계는 남자보다는 여자의 경험에서 자연스럽게 우러나오기 때문에 여성적인 특성을 지닌 것으로 일반적으로 인식되어 왔다. 이러한 보살핌의 관계에 기초한 윤리적 정향이 숙고되고 정교화 될 때 이것은 관계윤리학 또는 보살핌윤리학으로 부를 수 있다.

나딩스의 관계윤리는 전통적인 원리중심의 윤리학에서 강조했던 도덕적 의무를 중요시하지 않는다. 칸트가 의무감에서 나온 행위만이 도덕적이라고 보는 데 비하여, 관계윤리에서는 자연적 보살핌에 근거하고 이에 의존하여 행위를 판단한다. 칸트가 감정을 멀리하고 의무감에서 행동하라고 주장하는 데 반하여, 관계윤리는 자연적 보살핌을 자극하기 위한 의무감을 요구한다(박병춘, 1999: 100).

관계윤리는 보살핌을 개인적인 덕(德)이 아니라 관계상태 또는 관계의 질(質)로 규정한다(앞의 책: 101). 그녀는 덕을 두 가지로 나누었는데, 그 하나는 보살핌, 우정, 동료의식 등과 같은 관계 자체의 덕이며, 다른 하나는 정직, 성실 등과 같은 관계를 강화시켜주는 덕이다. 그러나 관계 윤리적 관점에서 보면 덕이란 그 자체로서 의미를 가지지 못하며 독자적으로 작용하지도 못한다. 따라서 그녀는 학교 안에서 개별적인 덕들은 독립적으로 가르칠 수 없는 것으로서, 관계 안에서, 관계를 유지시켜 주고 강화시켜줄 수 있도록 가르쳐져야 한다고 강조한다.

나딩스에 의하면, 진정한 보살핌의 관계가 이루어지기 위해서는 보살피는 사람과 보살핌을 받는 사람 간의 관계가 바르게 설정될 때 가능하다고 보았다. 왜냐하면 보살핌의 관계란 인간존재의 접촉이나 만남 즉 보살피는 사람과 보살핌을 받는 사람과의 접촉이나 만남 사이에서 이루어지기 때문이다(Hirst and White, ed., 1998: 40). 여기서 그녀는 전념(專念: engrossment)과 동기전환(動機轉換: motivational displacement)의 개념을 도입했다. 전념이란 보살펴주는 사람이 보살핌을 받는 사람을 개방적이고 무차별적으로 이해하고 수용한다는 것을 의미한다(*ibid.*: 40). 즉 보살펴주는 사람의 눈과 보살핌을 받는 사람의 눈을 통해서 보살핌을 받는 사람을 수용한다는 것을 의미한다. 나딩스는 이렇게 자신이 보살펴주는 사람의 환경, 처지, 입장에 대해 깊은 관심을 가지거나 전념하게 되면 동기가 자신으로부터 보살피는 사람에게로 옮겨지는 변화가 일어난다고 보았다. 이러한 변화를 그녀는 동기전환이라고 불렀다.

그렇다면 보살피는 사람은 모든 사람과 모든 대상을 보살필 수 있는가? 나딩스는 보살필 수 있는 대상에는 한계가 있다고 보았다. 나딩스에 의하면, 신체적으로 멀리 떨어져 있는 경우에는 보살펴주는 사람이 보살핌을 받는 사람의 반응을 기대하기 어렵기 때문에 보살핌이 완성되기 어렵다. 또 동식물 역시 인간이 행한 보살핌에 대하여 응답할 수 없기 때문에 그 보살핌의 관계 역시 완성되기 어렵다.

이러한 통찰에 기초하여 나딩스는 보살핌의 관계가 완성되기 위해서는 보살피는 사람의 태도도 중요하지만 보살핌을 받는 사람의 태도도 중요하다고 보았다. 즉 보살핌을 받는 사람에게 수용(受容), 인식(認識), 감응(感應)의 태도가 갖추어져야 한다는 것이다(*ibid.*: 41). 사실, 보살핌을 받는 사람이 상대방의 보살핌을 전혀 수용하지 못하고 인식하지 못한다면 보살피는 사람의 행동은 일방적인 행동이 될 것이며, 자칫 잘못하면 보살핌이 아닌 강압을 가져올 가능성이 크다.

길리건에 의해 주창되고 나딩스에 체계화된 보살핌의 윤리를 정의의 윤리와 비교해 보면 다음과 같은 몇 가지 특징을 가진다. 첫째, 남성의 목소리를 대변하는 전통윤리학을 남성적 편견을 반영한 윤리학으로 규정하고 그 약점을 비판한 점, 둘째, 여성의 목소리를 대변하는 보살핌의 윤리를 통해 전통윤리학이 안고 있는 난점을 보완할 수 있다고 주장한 점, 셋째, 보살핌의 윤리를 보편적인 도덕성으로 일반화하고 보편화하려고 시도했다는 점, 넷째, 보살핌의 능력은 생래적인 것이 아니라 사회적인 것으로서 교육 가능하다고 믿었다는 점을 들 수 있다.

4. 보살핌 윤리의 정당화

길리건과 나딩스와 같은 페미니스들이 주장한 보살핌의 윤리는 정의의 윤리가 안고 있는 약점 및 한계들을 비판하고 이를 발전적인 방향으로 보완하기 위한 논의를 전개했다는 점에서 상당한 설득력을 가지고 있다. 그러나 필자는 이들이 답하기를 꺼려하거나 충분하게 설명하지 않은 몇 가지 문제를 다루어보고자 한다. 예컨대, 과연 윤리를 정의의 윤리와 보살핌의 윤리로 양분하고 이를 대립적인 관계로만 이해할 수 있는 것인가? 이를 조화, 통일할 수 있는 방법은 없는가? 보살핌이 중요한 도덕적 원리라는 점을 받아들인다고 하더라도 이것이 언제 어디서나 적용될 수 있는가? 예컨대, 보살핌을 받는 사람이 보살핌을 받기를 의도적으로 거부하거나 해를 입히려고 하는 경우에도 그를 보살펴야 하는가? 또 나딩스는 인간만이 보살핌의 대상이 된다고 주장하면서 동식물을 비롯한 다른 자연 대상물들을 보살핌의 대상으로부터 제외시켰는데, 과연 그의 주장은 어느 정도 설득력을 지니는가? 주변 사람을 성심 성의껏 보살피는 사람이 주변의 동식물을 함부로 죽이거나 자연대상물을 함부로 대할 때, 과연 우리는 그들을 성숙한 보살핌의 주체라고 부를 수 있을 것인가? 이러한 질문들은 모종의 정당화를 요구하는 질문들이다. 여기서 필자는 길리건과 나딩스의 주장을 다음 몇 가지 관점에서 비판적으로 검토하고 이를 정당화하고자 한다.

1) 성과 도덕성의 관계

길리건의 주장의 핵심은 첫째, 도덕성이란 정의의 도덕성과 보살핌의 도덕성으로 양분된다는 것이요, 둘째, 이 두 가지 도덕성은 성(性)과 관련되어 있다는 것이다. 즉 그녀는 정의의 윤리를 남성적 윤리로, 보살핌의 윤리를 여성의 윤리로 등식화하였다. 그러나 많은 연구들이 밝히고 있듯이 이러한 등식화는 설득력을 가지기 어렵다(Ford and Lowrey, 1986; Bebeau and Brabeck, 1987). 왜냐하면 경우에 따라서는 남성이 보살핌의 윤리의 특성을, 여성이 정의의 윤리의 특성을 더 많이 가지고 있을 수도 있고 또 동일한 사람이 정의와 보살핌의 윤리를 함께 공유(共有)하고 있을 수 있기 때문이다. 말하자면 남성이면서도 여성적인 부드러움과 섬세함, 남에 대한 세심한 배려의 태도를 가지고 있는 사람들이 있다. 반면에 여성이면서도 남성적인 용기, 추진력, 투지, 정의감 등을 지닌 사람들이 있다. 이러한 점을 고려할 때 도덕성을 단순히 성과 관련지어 규정하는 것은 위험한 일이다. 말하자면 도덕성을 결정하는 요인은 성차(性差)가 아니라 개인차라고 봐야 한다. 따라서 박병춘(1999: 155)이 지적했듯이, 도덕성을 성의 차원에서가 아니라 인종, 문화, 전통, 역사, 사회·경제적 조건 등과 연관지어 정의하는 것이 훨씬 설득력이 있다.

이러한 관점에서 볼 때 남성은 정의의 도덕성을, 여성은 보살핌의 도덕성을 가지고 있다는 이분법적 논의보다는 차라리 한 개인 안에 이 두 가지 도덕성 모두가 공유되어 있다고 말하는 것이 훨씬 설득력이 있을 것이다. 캘런(E. Callan)이 "공통의 목소리를 찾아서"(*Finding a Common Voice*)라는 논문에서 정의와 보살핌의 윤리는 분리되거나 비교될 수 없는 도덕적 태도라고 전제한 후, 이 두 가지 윤리가 상호 보완적이어야 한다고 한 주장은 상당한 설득력을 가지고 있다(Hirst and White, eds, 1999: 52). 즉 정의는 보살핌의 반응이 부재하거나 위험스러울 정도로 위약할 때 인간관계를 파괴하는 악을 치료할 수 있다는 것이다. 사실, 이 두 도덕성은 상대편 도덕성이 없이는 불완전한 것이다. 서로 배타적이기는 하지만 상호 보완적이고 통합적일 때 성숙하고 원숙한 도덕성을 가지게 된다. 엄밀한 의미에서 두 가지 도덕성은 남녀 모두의 내면세계에 공존한다고 봐야 할 것이다. 이 내면세계에 공존하고 있는 두 가지 도덕성을 균형 있게 계발하고 조화롭게 발달시키는 것이 도덕교육의 목적이 되어야 할 것이다.

2) 보살핌의 대상과 범위

타인에 대한 보살핌이 도덕적으로 권장할 만한 행위라고 하더라도 우리는 어떤 사람을 보살피고 돌봐야 하는가? 지리적으로 멀리 떨어져 있거나 인간의 보살핌에 전혀 감응(感應)이 없는 동식물은 보살핌의 대상에서 배제되어야 하는가?

나딩스에 따르면, 보살핌의 윤리는 보살피는 사람을 보살핌을 받는 사람이 수용하고 반응할 수 있을 경우에만 완성될 수 있다. 예컨대 지리적으로 멀리 떨어져 있어서 보살핌에 감응할 수 없는 아프리카의 굶주린 아이들, 동식물 등은 보살핌의 대상에서 제외시키고 있다. 하지만 보살핌의 범위를 관계를 맺고 반응하는 사람들에게만 한정지은 것은 윤리적으로나 교육적으로 정당화되기 어렵다. 나딩스의 주장대로라면 식물인간, 태아, 유아, 정신박약아 등은 보살핌의 대상에서 제외되어야 하며, 교사의 헌신적인 보살핌에 대해 전혀 무관심한 학생들도 보살핌의 대상에서 제외되어야 할 것이다. 예컨대, 어려운 처지에 있는 학생이 주위 사람들로부터 보살핌을 받고도 전혀 반응을 보이지 않는 경우가 종종 있는데, 그렇다고 해서 그 학생을 보살핌의 대상에서 제외시킨다는 것은 보살핌의 본래 정신과는 위배되는 것이다. 반응이 없는 대상들에게 행해지는 보살핌의 행위는 배제되어야 할 것이 아니라 오히려 권장되어야 할 것이다. 즉 무반응적인 대상들에게 영향을 주는 일반적인 보살핌의 행위도 때에 따라서는 정당화될 수 있는 것이다. 이러한 점에서 보살핌의 윤리가 좀 더 보편적인 윤리로서 설득력을 가지기 위해서는 보살핌의 대상과 범위가 넓어져야 한다.

마찬가지로 생명중심주의 윤리학(bio-centric ethics)의 관점에서 보더라도 인간의 보살핌에 반응을 보이지 못하는 생명체들을 보살핌의 대상에서 제외시킨다는 것은 공생(共生)과 상생(相生)의 관계를 지향하는 보살핌 윤리의 주장과 어울리지 않는다. 보살핌의 윤리가 좀 더 설득력을 가지기 위해서는 보살핌의 범위가 감응의 대상으로부터 비감응적인 대상으로까지 확대되어야 할 것이다. 우리 주변의 자연 대상물들이 우리에게 감응하면 보살핌의 대상이요 감응하지 않으면 보살핌의 대상이 되지 않는다는 주장은 지나치게 인간중심주의(anthropocentrism)적인 주장에 지나지 않는다. 성숙한 보살핌은 조건적이고 차별적인 것이 아니라 무조건적이고 무차별적인 것이어야 한다. 슈바이처의 생명외경의 사상은 분명히 보살핌의 대상을 인간으로부터 생명체 전체에로 확대해야 한다는 외침이었다. 따라서 반델버그도 지적했듯이, 보살피는 사람이 다른 사람은 물론이고, 동물, 살아있는 생명체, 사람들이 만든 인위적인 물건까지도 보살필 수 있을 때 그를 성숙한 도덕성을 지닌 사람이라고 부를 수 있을 것이다(Vandelberg, 1996: 266).

3) 자신에 대한 보살핌

역사적으로나 사회적으로 보살핌의 역할을 수행해온 사람들은 주로 여성들이었다. 그들은 남을 보살피는 일에 너무 많은 시간과 정열을 쏟은 나머지 자기의 정체성(正體性) 및 자기 존중감을 상실하고 말았다. 보살핌의 윤리를 지나치게 강조할 경우 이것은 여성의 희생과 헌신을 재생산해 내는 결과를 초래하지 않을까?

길리건이나 나딩스의 입장에 비추어보면 보살핌의 윤리는 보살핌을 받는 사람에게는 큰 부담을 안겨주지 않는 반면에 보살피는 사람에게 너무 큰 부담과 의무를 안겨줄 수 있다. 바로 보살펴주는 사람의 역할이 여성에게 주어져 있다는 점에서 보살핌의 윤리는 여성의 희생과 헌신을 강요할 가능성이 크다. 도덕적 이상이 실현되기 위해서는 보살피는 사람에게 지나친 희생과 헌신만이 강요

되어서는 안 된다. 슬로트(M. Slote)가 지적한 바 있듯이, 윤리적 이상은 자기 자신에 대한 관심과 타인의 이익과 행복에 대한 관심이 균형을 이룰 때 실현될 수 있다(Carr and Steutel eds, 1999: 97).

길리건과 나딩스는 타인을 보살필 때 필요한 지식, 기술, 태도 등에 대해 논의했지만 남을 보살피기 위해서는 먼저 자기 자신에 대한 보살핌(self-caring)이 이루어져야 한다는 점에 대해서는 거의 논하지 않았다. 남에 대한 보살핌이 지속되고, 결국 좋은 결실을 맺기 위해서는 보살피는 사람이 정신적으로나 신체적으로 건강해야 한다. 말하자면 남을 돌보고 보살피기 위해서는 남의 처지나 입장에 대한 이해, 지식, 기술, 태도도 중요하지만 자신을 보살피는데 필요한 기술과 태도도 중요하다는 것이다. 역사적으로 동서를 막론하고 전통사회에서 여성들은 남을 보살피는 일에 전념하도록 강요받아왔는데, 오히려 이것이 개인의 성장을 가로막고 사회발전을 저해하는 결과를 가져왔다.

그렇다면 성숙한 보살핌이 이루어지기 위해서는 보살피는 사람 자신에게 어떤 덕목이 요구되는가? 슬로트는 정의의 윤리와 보살핌의 윤리 모두에서 소홀하게 취급되었던 자기 배려적인 덕목으로서 인내심, 절제심, 신중함, 분별력, 단호함, 주의력, 선경지명, 꿋꿋함, 재치, 용의주도함 등을 들었다(*ibid.*: 98). 또 크리텐덴(P. Crittenden)은 다른 사람들을 보살피거나 간호할 때 실천적 지혜, 선의지, 감수성, 열정, 우정 등의 가치들이 고려되어야 하며, 보살핌이란 용기 없이는 실현되기 어렵다고 보았다(Carr and Steutel, eds., 1999, 181). 이들이 지적한 덕목들은 분명히 교육될 수 있는 것들이다. 오히려 이 덕들은 자기교육(self-education)의 결과라고 할 수 있을 것이다. 결국 성숙한 보살핌이 이루어지기 위해서는 자기를 보살피는데 필요한 덕들을 익혀야 한다. 길리건과 나딩스의 주장 속에서 자기 보살핌의 덕목들에 대한 논의가 다소 소홀하게 취급된 것은 아쉬운 일이다.

5. 보살핌 윤리와 도덕교육

정의의 윤리가 가진 약점을 비판하고 이를 보완하기 위해 보살핌의 윤리를 내세운 길리건과 나딩스의 주장은 부분적으로 난점을 안고 있긴 하지만 이들의 주장은 오늘날 한쪽으로 편향된 도덕 및 윤리교육 방향을 검토할 수 있는 잣대로서 효용성을 가진다고 할 수 있다. 그렇다면 보살핌 윤리가 우리 나라 도덕·윤리교육의 방향을 수정, 검토하는데 줄 수 있는 시사점들은 무엇인가?

첫째, 도덕교육은 정의의 도덕성뿐 아니라 보살핌의 도덕성을 계발, 강화시키는 방향으로 보완되어야 한다. 도덕교육의 목적 중의 하나는 '도덕적으로 교육받은 사람'(morally educated person), 즉 도덕적으로 성숙한 사람을 육성하는 일이다. 도덕적으로 성숙한 사람은 정의의 원리에 입각해서 사고하고 판단하고 행동하기도 해야 하지만 남의 처지와 입장을 충분히 숙고하고 그를 적극적으로 보살피기 위해 노력해야 한다. 정의감과 보살핌의 능력은 독립적인 속성이 아니라 인간의 내면세계에 공존하고 있다는 점에서 이 같은 능력들을 계발하고 강화시켜주는 것이 도덕교육의 중요한 목적이 되어야 한다.

둘째, 지식교육보다 보살핌의 교육이 우선해야 한다. 왜냐하면 보살핌은 교육의 출발점이며 토대이기 때문이다. 성숙한 보살핌의 관계가 이루어지지 않은 상태에서 이루어진 지식교육이란 오히려 윤리적 이상을 해치거나 위태롭게 만들 수 있기 때문이다. 설령 현실적으로 입시교육으로 인해 보살핌의 교육이 지식교육에 밀려 이차적인 교육으로 물러난다고 하더라도 지식교육을 보완하고 보충하는 역할을 해야 한다. 지식교육과 보살핌의 교육이 상호보완적일 때 윤리적 이상을 실현하기 용이할 것이다.

셋째, 보살핌의 교육관에 비추어볼 때, 교사의 역할이 달라져야 한다. 교사는 지식을 전수하는 전달자로서가 아니라 학생을 보살피는 사람으로서의 역할을 수행해야 한다. 교수–학습이 제대로 이루어지기 위해서는 먼저 교사–학생 간의 보살핌의 관계가 이루어져야 한다. 아무리 열정을 가지고 가르친다고 하더라도 원만한 보살핌의 관계가 형성되지 않는다면 교수–학습의 효과를 극대화할 수 없을 것이다. 학생의 처지, 입장, 가정배경에 대한 세심한 관심과 배려가 없이는 교육본래의 목적을 실현하기 어려울 것이다. 이런 의미에서 교사는 인간관계에 대한 연구에도 관심을 기울여야 할 것이다. 이를 위해서는 먼저 학생과 교사, 학생과 학생 간의 인간관계를 단절시키고 적대적인 인간관계를 만들어내는 구조와 사건들을 관찰하고 분석하기 위한 지식과 기술이 요구된다. 교사는 이러한 지식과 기술을 활용하여 적대적이고 경쟁적인 인간관계가 낳은 단절을 극복하고 보살핌의 관계에로 나아가도록 안내해 주어야 한다.

넷째, 교사들은 보살핌의 도덕성을 계발하고 강화해 가기 위한 방법들이 무엇인지를 탐구하고 이를 교육현장에 적용해 나갈 수 있어야 한다. 나딩스가 지적했듯이, 본보기(modeling)는 보살핌의 도덕교육에서 가장 핵심적인 것이다(Hirst and White eds., 1998: 46). 보살핌의 능력은 보살핌을 받았던 경험과 보살핌을 베풀었던 경험에 의존한다. 학생들은 모델을 통해 이러한 경험들을 확대해가고 심화해간다. 교사는 스스로 훌륭한 모델이기도 해야 하며 학생을 훌륭한 모델에게로 안내해 주어야 한다. 대화(dialogue)는 상호 간의 보살핌을 지속할 수 있는 중요한 수단이며 서로를 성찰할 수 있는 계기를 마련한다는 점에서 보살피는 사람으로서의 교사는 대화를 활성화할 수 있는 방안을 마련해야 한다(*ibid.:* 46-47). 교사는 학생들이 스스로 보살핌의 능력을 길러가도록 하기 위해서 그들 스스로 보살핌을 실천(practice)해 볼 수 있는 적절한 기회를 줘야 한다(*ibid.:* 47). 봉사활동은 이를 실천해 볼 수 있는 가장 좋은 기회가 될 수 있을 것이다. 학생들은 봉사활동을 통해 타인에 대한 보살핌이 왜 필요한지에 대한 이유를 알게 되고 어떻게 보살펴야 하는지에 대한 구체적인 태도와 기술을 터득할 수 있을 것이다.

6. 맺는 말

이 글은 길리건, 나딩스를 비롯한 페미니스트들에 의해 전개된 보살핌의 윤리의 입장을 비판적으로 검토한 후 그것이 한국 도덕교육의 실제에 줄 수 있는 시사점을 제시하고자 했다. 이를 위해 다음과 같은 테마를 구체적으로 다루었다. 즉, 보살핌 윤리의 등장배경과 기본적인 주장, 보살핌 윤리의 정당화 가능성 등을 차례로 논의하였다. 이상과 같은 논의를 통해 다음과 같은 결론을 내릴 수 있다.

첫째, 길리건과 나딩스의 보살핌의 윤리는 콜버그의 정의의 윤리가 안고 있는 난점과 한계를 극복하고 보완하려고 시도했다는 점에서 그들의 노력은 소중한 것이고 가치있는 것이다. 하지만 앞 장에서 고찰했듯이, 그들의 주장은 여러 가지 장점에도 불구하고 약점도 안고 있다. 도덕성을 성과 연관지어 정의의 도덕성을 남성의 도덕성으로, 보살핌의 도덕성을 여성의 도덕성으로 이분화한 점, 보살핌의 대상을 지나치게 좁게 범주화한 점, 보살핌의 덕 이외에도 다른 덕들이 존재한다는 사실을 경시한 점은 논란의 대상이 된다.

둘째, 보살핌의 윤리는 지금까지 당연시되어 왔던 정의의 도덕성이 안고 있는 심리학적, 철학적, 윤리학적 문제점을 드러냄으로써 도덕성 본질 자체에 대한 이해의 지평을 넓히고 도덕적 태도 및 평가에 대한 반성을 촉구했다는 점에서 나름대로의 의의를 찾을 수 있다. 특히 도덕교육의 방향 및 목적 설정에 중요한 시사를 던져 주었다는 점에서 의의가 크다고 하겠다. 즉 보살핌의 윤리는 도덕교육분야에서 도덕적 감정과 정서의 중요성을 재인식시켜 주었으며, 도덕성의 영역이 좀 더 넓어져야함을 환기시켜 주었으며, 보살핌의 도덕성을 강화시키기 위한 방안들을 마련하는데 필요한 새로운 관점을 제시했다는 점에서 기여한 바가 크다고 할 수 있다.

셋째, 보살핌의 윤리는 정의의 윤리와 함께 가르치고 실천할 수 있을 때 그 효력이 배가될 수 있을 것이다. 결국 도덕교육의 가장 큰 과제는 이 두 가지 도덕성 중 어느 하나를 희생시키지 않으면서 이것들을 어떻게 통합하고 조화시키느냐에 놓여 있다. 이론적인 차원에서 이것에 대한 논의가 좀 더 활발하게 이루어져야 할 것이며, 실천적인 차원에는 보살핌의 윤리를 가르치기 위한 다양한 교수기술이 계발되고 이를 효과적으로 평가할 수 있는 평가기술이 계발되어야 할 것이다.

참고문헌

김명자·정영 역(1995). Jean Watson 저. 간호학: 돌봄과학의 철학적 이해. 서울: 현문사.

김민남·김봉소·진미숙 공역(2000), L. Kohlberg 저. 도덕발달의 철학. 서울: 교육과학사.

김정금(1995). "도덕교육에서의 정의와 배려의 도덕성", 교육철학, 제 12집, 한국교육철학회.

박병춘(1999). 보살핌윤리의 도덕교육적 접근 연구. 박사학위논문, 서울대학교 대학원 국민윤리과.

손승희(1997). "돌봄과 길리건의 여성윤리", 기독교사상. 서울: 대한기독교서회.

신옥희(1998). "한국여성의 삶의 맥락에서 본 여성주의 윤리학", 여성학회 제 14차 춘계학술대회자료집.

심성보(1995). "보살핌의 윤리와 여성주의 교육윤리학", 심성보, 전환시대의 교육사상. 서울: 학지사.

이기상 역(1999). M. Heidegger 저. 존재와 시간. 서울: 까치.

이나현(1998). 배려의 윤리적 관점에서 분석한 도덕판단 지향성 연구. 박사학위논문, 고려대학교 대학원.

장필화(1995). "여성주의 윤리학: 보살핌의 윤리를 중심으로", 여성신학논집, 이화여자대학교 여성신학연구소.

추병환(1998). "길리건의 도덕발달이론에 대한 재조명", 도덕윤리과 교육, 제 9호, 한국도덕윤리과교육학회.

허라금(1993). "윤리이론적 전통에서 본 여성주의 윤리학", 여성신학논집, 이화여자대학교 여성신학연구소.

허란주 옮김(1997), C. Gilligan 저. 다른 목소리로: 심리이론과 여성의 발달. 서울: 동녘.

Anderson, J. D.(1990). *The Morally Educated Person: John Dewey, Richard Peters, Lawrence Kohlberg, and the Aims of Moral Education.* Doctorial Dissertation of Uni versity of Harvard.

Bebeau, M. J. and Brabeck, M. M.(1987). "Integrating Care and Justice Issues in Professional Moral Education: A Gender Perspective", *Journal of Moral Education,* 16: 3(1987, October), 189-203.

Carr, D. and Steutel, J., eds.(1999). *Virtue Ethics and Moral Education.* London and New York: Routledge.

Chazan, B. I. and Soltis, J. F. eds.(1975). *Moral Education.* New York and London: Teachers College Press.

Coombs, J.R. "Attainments of the Morally Educated Person", Cochrance, D. B. and Cosimir, M. M., eds. (19 80). *Development of Moral Reasoning: Practical Approaches.* New York: Praeger Publishers.

Crittenden, P.(1999). "Justice, Care, and Other Virtues: A Critique of Kohlberg's Theory of Moral Development", Carr, D. and Steutel, eds. *Virtue Ethics and Moral Education.* London and New York: Routledge, 169-183.

Ford, M. R. and Lowrey, C. R.(1986). "Gender Differences in Moral Reasoning: A Comparison of the Use of Justice and Care Orientations", *Journal of Personality and Social Psychology,* 50: 4, 777-783.

Hirst, P. H. and White, P., eds.(1998). *Philosophy of Education.* London and New York: Routledge.

Johnson, C. D.(1982). "The Morally Educated Person in a Pluralistic Society", *Educational Theory,* 31: 3-4.

Mayeroff, M.(1971). *On Caring.* N.Y.: Harper & Row.

Noddings, N.(1984). *Caring: Feminine Approach to Ethics and Moral Education.* L. A.: University of California Press.

Slote, M.(1999). "Self-Regarding and Other-Regarding Virtues", Carr, D. and Steutel, eds., *Virtue Ethics and Moral Education.* London and New York: Routledge, 95-105.

Vandenberg, D.(1996). "Caring: Femine Ethics or Maternalistic Misandry? A Hermeneutical Critique of Nel Noddings' Phenomenology of the Moral Subject and Education", *Journal of Philosophy of Education,* 30: 2.

제 14 장

실존적 삶에 관한 담론과 자기교육[1)]

1. 들어가는 말

미국의 초월주의자 소로우(H. D. Thoreau: 1817-1862)는 28세가 되던 1845년부터 1847년까지 약 2년 2개월간 그의 고향 월든 호숫가(Walden Pond)에 통나무집을 손수 짓고 생활하면서 그 동안 느끼고 배우고 깨달았던 것을 정리해 『월든』(Walden, 1854)이라는 작품을 출간해 냈다.

지난 세기 동안 소로우에 대한 평가[2)]와 더불어 그의 주저인 『월든』에 대한 다양한 평가들이 있어 왔다. 첫째, 월든 숲에서의 자신의 체험을 역설, 상징, 은유, 비유 등 다양한 기법을 통해 묘사한 수필문학의 백미로서, 둘째, 그가 왜 숲 속의 생활을 하게 되었는지, 그가 어떻게 자연 속에서 삶을 살았는지, 그리고 거기서 사는 동안 정신적으로 얼마나 성장했는지를 보여주는 자서전으로서, 셋째,

1) 이 글은 2012년 원미사에서 출간한 『교사에 관한 철학적 담론』, 제3장에 실려 있는 "교사의 실존적 삶과 자기교육"의 내용을 일부 수정한 것임.

2) 소로우는 자신을 스스로를 '신비주의자', '초절주의자,' '자연철학자'로 불렀지만(Thoreau, 1986: intro; Meyer, 1986: 9.). 그 후 소로우의 연구자들은 그를 다양하게 불렀다. 예컨대, 고다드는 그를 '진정한 미국의 신비주의자'라고 불렀으며(Goddard, 1969), 부엘은 그를 '문학상의 초절주의자'(Buell, 1973)로, 맥킨토시는 그를 '낭만적인 개인주의자'라고 불렀다(McIntosh, 1974). 또 윌슨은 그를 '최초의 위대한 자연작가'(Wilson, 2003)로, 맥키벤은 그를 '반정보운동가'라고 불렀다(McKibben, 2003).

인간, 자연, 사회, 경제를 초절주의(transcendentalism)적 관점에서 탐색한 사상서로서, 넷째, 자연의 중요성과 가치, 인간이 자연과 하나가 되는 합일(合一)의 과정, 자연을 존중해야 하는 까닭을 밝힌 자연환경 보고서로서, 끝으로 물질 지향적인 문명인의 삶과 일상을 통렬하게 꼬집고 비판하는 사회비평서로서 평가를 받아왔다. 최근까지도 『월든』에 대한 평가와 재해석이 소로우의 연구자들, 소로우학회 회원들, 그리고 환경작가들에 의해 끊임없이 이루어지고 있다. 지난 2003년 이들은 "21세기에 왜 소로우를 읽어야 하는가?"하는 공통의 주제에 대해 저마다 의미있는 논평을 내 놓은 바 있다.[3)]

소로우의 『월든』은 수필문학서, 자서전적 체험서, 자연환경 보고서, 그리고 사회비평서로서 후대 여러 사람들에게 커다란 영향을 준 작품임에 틀림없다. 하지만 이미 소로우의 연구자들과 학회 회원들이 밝힌 바 있듯이, 소로우는 물질주의에 매몰되어 본래적 삶을 살아가지 못하고 있는 현대 문명인들에게 어떻게 사는 것이 과연 가치있는 삶인지를 깊이 통찰하도록 해 줄 뿐만 아니라 비범한 학습(uncommon learning)[4)]을 통해 자아실현을 해 가는 과정을 보여주고 있다는 점에서 이 책은 교육적으로도 시사하는 바가 큰 저작이라고 할 수 있다. 그는 전문적인 교육이론가도 아니요 교육실천가도 아니지만 월든 숲에서의 체험과 그의 체험 보고서인 『월든』은 오늘날의 교육이 과연 궁극적으로 지향해야 할 가치가 무엇인지를 곰곰이 되씹어보게 한다. 또 사람들이 진실하고 가치있는 삶을 살아가도록 하기 위하여 무엇을 어떻게 가르쳐야 하는지를 숙고하도록 해준다.

---

3) 예컨대, 캠벨은 『월든』을 읽어야 할 이유로, 위선적인 것으로부터 진실한 것을 선별하게 해준다는 점을 지적하였으며(Campbell, 2003: 7), 딘은 그 어느 때보다도 우리가 진실하게 살아갈 수 있는 곳이 어디이며 무엇을 해야 하는지를 보여주고 있다는 점을 지적하였고(Dean, 2003: 7-8), 맥키번은 정보의 홍수 속에서 양심의 목소리를 회복시켜 준다는 점을 지적하였다(McKibben, 2003: 8). 또한 마이어슨은 『월든』을 읽어야 할 중요한 이유로, 우리 자신을 끊임없이 재평가를 하도록 권한다는 점을 지적하였으며(Myerson, 2003: 9), 피츠는 내적인 삶을 탐구하는 것이 얼마나 소중한 것인지를 보여주었다는 점을 지적하였고(Pitts, 2003: 11), 포겔송은 자신에 대한 배움이 가장 큰 모험이라는 점을 보여주었다는 점을 지적하였다(Vogelsong, 2003: 15). 또한 월스는 21세기의 우리가 『월든』을 읽어야 할 또 다른 이유로, 소로우가 21세기의 과학과 문학을 통섭할 수 있는 가능성을 보여주었다는 점과 남벌된 땅을 회복할 수 있는 야생의 원리를 제시하였다는 점을 지적하였으며(Walls, 2003: 16), 끝으로 윌슨은 소로우가 과학과 인문학을 연결할 수 있는 가능성을 최초로 제시하였다는 점을 지적한 바 있다(Wilson, 2003: 17).

4) uncommon learning은 소로우의 교육사상을 연구한 바 있는 빅맨이 사용한 개념으로, 그가 저술한 책의 표지이기도 하다. 그는 기본적으로 소로우를 비범한 학습을 통해 자아를 실현해 간 인물로 이해하고 있다(Bickman, 1999).

『월든』에 나타난 소로우의 삶은 시간의 흐름 속에서 크게 세 단계로 전개되고 있다. 우선, 그는 가치있는 삶이 무엇인가를 진지하게 탐색하고자 하였으며, 다음으로, 그러한 삶을 살기 위해 상식을 뛰어넘는 실존적 선택과 결단을 내렸으며, 끝으로 자신이 발견한 가치를 실현하기 위해 과감한 모험과 실험을 시도했다. 여기서 흥미로운 점은 소로우가 그 당시 미국인답지 않게 삶의 문제를 공리주의적이고 실용주의적인 관점에서가 아니라 실존적인 관점에서 통찰하였다는 점이다. 그는 월든 숲 생활을 통해 스스로 깨달은 것을 다른 어떤 외부의 힘에 의존하지 않고 오직 자기 자신의 힘만으로 이루고자 하였다. 그는 철저하리만큼 개인적인 관점에서 주체적인 선택과 결단, 자기계발, 자기도야를 통해 정신적 자아의 깨달음을 얻고자 하였다. 이러한 맥락에서 소로우를 실존적인 자기교육자(existential self-educator)라고 부를 수 있을 것이다. 그에게 있어서 가르치는 주체(主體)와 배우는 객체(客體)는 구분되지 않는다. 그는 스스로 가르치는 교사인 동시에 배우는 학습자로서 구도(求道)의 길을 걸었다.

이 글은 소로우의『월든』에 나타난 그의 삶이 실존적이었다는 점에 주목하면서 그가 월든 숲에서 보여준 과감한 선택과 용기있는 결단, 그리고 자기각성, 자기계발, 자기완성 과정이 오늘날 자기교육의 전형(典型)이 될 수 있음을 밝히고자 한다. 특히 그의 실존적 삶이 물질 지향적이고 소비 지향적인 삶의 방식에 매몰되어 헛되이 살아가는 현대 문명인들에게 던지는 중요한 메시지들을 포착하고 이를 교육적인 관점에서 논의해 보고자 한다.

2. 가치있는 삶의 의미

소로우의『월든』에 나타난 가장 핵심적인 주제는 인간의 삶이다. 그것도 가치있는 삶이란 어떤 것인가에 관한 것이다(Alexander, 1965: 8). 초절주의자로서 그는 정신 지향적인 삶이 물질 지향적인 삶보다 우위에 있으며, 절제된 삶이 소비 지향적인 삶보다 우위에 있음을 분명히 하고자 하였다. 그러나 그는 그 당시 대다수의 문명인들이 물질 지향적인 삶을 살아가는 가운데 자신의 본성, 자연성, 본래성, 순수성을 잃어가고 있음을 안타까워했다.『월든』 제1～2장은 주로 인간 실존의 상실 원인이 어디에서 비롯되었는가를 날카롭게 진단하였으며, 이러한 진단을 기초로 가치있는 삶의 모습을 제시하였다. 이 절에서는 그가 진단한 실존 상실의 원인과 결과, 그리고 그가 살고자 원했던 가치있는 삶의 모습이 무엇이었는지를 살펴보고자 한다.

1) 실존상실의 원인과 결과

일반적으로 실존(實存)이란 개별자가 본래 지니는 순수한 모습, 본래적인 모습, 주체적인 모습을 의미한다. 그러나 소로우의 눈에 비친 그 당시 사람들의 삶은 이러한 모습과는 거리가 먼 것이었다. 그는 사람들이 사람답지 못하게 사는 원인이 무엇인가에 주목하였다.

우선, 소로우는 인간의 실존 상실이 지나친 물욕(物欲)과 소유욕(所有欲)에서 비롯되었음을 지적한다. 특히 금전에 대한 집착이 인간을 황폐하게 만들고 불행하게 만든다고 진단한다. 반물질주의자(anti-materialist)로서 소로우는 문명의 이기를 누리기 위해 돈벌이에 혈안이 되어 있는 사람들의 삶의 방식을 못마땅하게 여겼을 뿐만 아니라 돈의 노예가 되어버리는 사회풍조를 신랄하게 꼬집었다. "여러분 중에 많은 분들이 얼마나 누추하고 비루한 생활을 하고 있는가는 경험을 통해 날카로워진 나의 눈에는 너무나도 선명하게 보인다. 여러분은 새로운 삶을 시도하고 빚을 청산하려고 노력하지만 은행에서 빌린 돈은 항상 대부 상한선까지 와 있다. 빚이란 태고 적부터 있던 진흙 수렁인데, 구리로 만들어 썼던 로마 사람들은 이것을 '남의 구리'라고 불렀다. 여러분은 살아있기는 하지만 이 '남의 구리'에 묻혀 죽은 목숨이나 다름없으며 항상 빚을 갚겠다고, 내일은 꼭 갚겠다고 약속하지만 끝내 갚지 못하고 오늘 죽는 신세이다."(*Walden,* 1986: 49).[5] 여기서 '남의 구리에 묻혀 죽은 목숨'이란 반드시 생물학적 죽음을 의미하는 것이 아니라 인간이 자신의 존엄성을 지키지 못하고 돈의 노예로 전락하였음을 의미한다. 결국 그는 금전욕이 인간의 실존을 얼마나 황폐하게 만드는가를 보여주고 있다.

---

5) 여기서 Walden은 H. D. Thoreau, *Walden and Civil Disobedience*(New York: Penguin Book, 1986)를 말하며 이하에 인용된 페이지는 이 책의 페이지를 가리킨다.

다음으로, 소로우는 사람들의 그릇된 삶의 방식이 인간성을 황폐하게 만드는 주된 원인임을 지적한다. 특히 자신의 분수를 망각하고 사치와 유행에 맞추어 주택과 가구를 사들이는 사람들의 허영심과 어리석음을 비판한다. 그는 쓰기를, "대부분의 사람들이 주택이 무엇인지를 한번도 생각해 보지 않은 것 같다. 그들은 이웃사람들이 소유하고 있는 정도의 집은 나도 가져야겠다고 생각한 나머지, 가난하게 살지 않아도 될 것을 평생 가난에 쪼들리며 살고 있다."(*ibid.:* 78). 허영심과 어리석음이 가난의 원인이요, 불행의 씨앗임을 보여주고 있다. 그렇다면 허영심은 왜 생겨나는 것인가? 그것은 한마디로 남의 이목(耳目)을 의식하기 때문이다. 이것은 곧 주체적인 생각과 독립적인 판단능력을 상실했다는 것을 의미한다. 이러한 모습은 리즈맨(D. Riesman)이 지적한 바 있듯이, 타자 지향적인 사람(other-oriented person)에게서 나타나는 전형적인 삶의 모습이다.

소로우가 바라본 문명세계에서의 삶이란 비교적 비극적이다. 즉 문명인의 삶이란 즉물적이고 물질 지향적이며, 때론 속물적이다. 그의 삶이란 한마디로 소유욕과 금전욕으로 점철되어 있으며, 그의 삶을 움직이는 원동력은 유행, 사치, 시류이다. 그리하여 그는 일반 대중의 삶을 '조용한 절망의 인생', '체념의 인생'으로 읽어낸다(Walden, 50). 소로우는 그러한 삶을 주체성, 독립성, 자율성이 없는 삶, 말하자면 실존 상실의 삶으로 읽어내고 있다.

2) 가치있는 삶의 모습

그렇다면 즉물적, 소비 지향적, 세속적인 삶을 경계했던 소로우가 궁극적으로 지향하는 가치있는 삶이란 무엇인가?

우선, 소로우가 강조하는 가치있는 삶이란 진실하고 성실한 삶(truthful and faithful life)이다. 이 점에 대해 그는 쓰기를, "가령 우리가 길을 가다가 '진실'이나 '정의' 같은 섬세하고 미묘한 미덕(비록 그 양이 소량이고 새로운 변종이라 할지라도)을 보았다고 하자. 해외에 나가 있는 우리의 대사들은 이러한 미덕들의 씨앗을 본국에 보내도록 훈령을 받아야 하며, 의회는 그 씨앗이 전국에 널리 퍼질 수 있도록 노력해야 할 것이다. 우리는 성실에 대하여 격식을 차려서는 안된다. 인격과 우정의 핵만 있으면 우리는 비열한 행동으로 서로를 속이고 욕하고 쫓아내지 않을 것이다."(*ibid.:* 210). 소로우는 진실과 성실이 가치있는 삶을 살기 위해 필요한 개인적 덕목들이며, 이것들의 바탕을 이루고 있는 것은 바로 인격과 우정이라고 본다. 그에 의하면 인격과 우정을 바탕으로 한 진실함과 성실함은 비열하고 비도덕적 행동을 막아주는 방부제 역할이다. 나아가 그는 이러한 덕목들이 개인적 덕목에 그칠 것이 아니라 이웃과 공동체 전체로 확산되어 나가길 희망한다.

다음으로, 소로우가 강조하는 가치있는 삶이란 단순하고 소박한 삶(simple life)이다. 그에게 소박함(simplicity)이란 삶의 중요한 원리이다. 진실하고 성실한 삶도 결국 소박함을 전제로 하지 않고는 이루어질 수 없다는 것이 그의 굳건한 신념이다. 우리들의 삶의 방식, 의·식·주를 간소화하고 소박하게 하지 않고는 진실하고 독립적이고 자유로운 삶을 살아가기 어렵다는 것이 그가 월든 숲 생활을 통해 얻은 중요한 교훈이다. 그는 동서양의 성인(聖人)들이 보여준 가장 두드러진 특징이 바로 간소하고 결핍된 생활이었음을 강조한다. 즉 "가장 현명한 사람들은 항상 가난한 사람들보다도 더 간소하고 결핍된 생활을 해왔다. 중국, 인도, 페르시아 및 그리스 옛 철학자들은 외관상으로는 그 누구보다도 가난했지만 내적으로는 그 누구보다도 부유한 사람들이었다."(*ibid.:* 57)라고 적고 있다. 그에 의하면, 성인들이란 소위 '자발적 빈곤'(voluntary poverty)을 선택하고 실천한 사람들이다. 따라서 그는 "자발적 빈곤이라는 이름의 유리한 고지에 오르지 않고서는 인간생활의 공정하고도 현명한 관찰자가 될 수 없다."(*ibid.:* 57)라고 단호히 선언한다. 사실 복잡함과 번잡함에 얽매여서는 삶의 중요한 가치들을 놓칠 가능성이 높다. 우리들의 삶의 방식을 간소하고 소박하게 하지 않고는 진실하고, 성실하며, 독립적인 삶을 영위하기 어렵다. 이런 이유로 그는 사람들에게 "소박하게, 소박하게, 소박하게 살라. 제발 바라건데 여러분의 일을 두 가지나 세 가지로 줄일 것이며 백 가지나 천 가지가 되도록 두지 말라."(*ibid.:* 135)고 강하게 주문한다. 그에게 소박함이란 물질문명 세계로부터 개인의 영혼을 구원하고 인간성을 회복시키기 위한 도덕적 원리이다.

끝으로, 소로우가 염두에 두고 있던 가치있는 삶이란 그 무엇에도 얽매이지 않는 자유로운 삶(free life)이다. 그는 이러한 삶을 살기 위해서는 주체적이며 독립적인 태도가 필요하다고 역설한다. 그의 눈에 포착된 문명인의 삶이란 물질,

재산, 돈의 노예로서 비주체적이고 의존적이다. 문명의 이기(利器)에 매몰되어 금전을 쫓기에 혈안이 되어 있고, 사치와 유행을 쫓아 살아가는 사람들에게 주체적이고 독립적인 마음이란 자리할 수도 작동할 수도 없다. 그렇다면 문명인들이 주체적이고 독립적인 삶을 살기 위해서는 어떤 태도를 가져야 하는가? 소로우는 이러한 삶을 살아가기 위해서는 먼저 잘못된 고정관념과 사고방식에서 벗어나야 한다고 주장한다. 그는 "잘못된 고정관념은 지금이라도 버리는 것이 낫다. 아무리 오래된 사고방식, 혹은 행동방식일지라도 증명되지 않은 것을 믿어서는 안 된다."(*ibid.*: 50-51)라고 충고한다. 주체적이고 독립적인 삶은 비판적 과정, 즉 회의(懷疑)와 부정(否定)의 과정을 수반한다. 그것은 상식, 관습, 의견, 선배들의 경험의 차원을 뛰어넘음을 것을 요구한다. "나이 많음이 젊음보다도 더 나은 선생이 될 수 없고 어쩌면 그보다 못하다고 할 수 있는 것은 나이 먹는 과정에서 얻는 것보다 잃는 것이 더 많기 때문이다. 아무리 현명한 사람이라도 삶의 과정에서 절대적 가치가 있는 무언가를 배우지는 못했을 거라고 나는 생각한다."(*ibid.*: 18). 소로우는 노인의 풍부한 경험, 선배들의 충고가 주체적이고 독립적인 삶을 살려는 사람들에게 반드시 도움이 되는 것은 아니라는 점을 분명히 하고자 한다. 그는 사람들이 주체적인 삶을 살아가기 위해서는 각자가 자신만의 '고유한 길'(own way)을 걸어가야 한다고 권고한다(*ibid.*: 114). 그는 자기만의 고유한 길을 걸어가기 위해서는 실존적 선택과 결단, 삶에 대한 실험(experiment)이 필요하다는 점을 강조한다. 실제로 그는 주체적이고 독립적인 삶을 살기 위해 월든 숲으로 갔으며 그곳에서 문명인의 상식을 뛰어넘는 비범한 자기학습을 감행하였다.

3. 실존적인 삶과 자기교육

『월든』에서 소로우는 자신의 실존적 삶이 자기교육(self-education)을 통해 정화되고 순화되고 완성되어 나가는 과정을 보여주고 있다. 그에 의해 이루어진 자기교육은 크게 두 가지 방향으로 전개되고 있다. 하나는 휴머니티의 회복을 위한 방향으로, 다른 하나는 자연과의 교류 및 합일(合一)의 과정을 통해 전개되고 있다. 전자는 독서행위를 통해, 후자는 자연관찰과 체험을 통해 구체화되었다. 이 장에서는 소로우가 실존적 삶을 살아가기 위해 구체적으로 어떠한 선택과 결단과 실험을 감행했는지를 살펴보고자 한다.

1) 실존회복과 독서행위

월든 숲 속에서 소로우는 생계를 위해 직접 개간한 밭에 씨를 뿌리고 김을 매면서 밭을 가꾸는 일을 하였지만 그의 더 큰 관심사는 자연 속에서의 사색과 명상, 야생에 대한 관찰, 그리고 독서였다. 특히 그에게 독서는 특별한 의미를 지니고 있다. 독서는 단순히 책 안에 담긴 문의(文意)를 이해하고 음미하는 차원을 넘어 실존적 삶에 다가서는 중요한 계기이며 사건이다. 독서가 가지는 특별한 의미를 다음과 같이 적고 있다. "기록된 말은 역사적 유물 중에서도 가장 귀중한 것이다. 그것은 다른 어떤 예술작품보다도 더 우리에게 친밀감을 주며 동시에 더 큰 보편성을 가지고 있다. 그것은 삶의 본질에 가장 가까운 예술작품이다."(*Walden*, 147). 여기서 그가 말하는 삶의 본질이란 삶의 본래적인 특성들, 즉 이미 그가 소개한 바 있는 진실함, 성실함, 소박함, 순수함, 자연스러움 등을 의미한다. 독서는 바로 이러한 본래적 삶에로 다가가는 통로이다.

소로우는 독서행위가 인간 개개인의 삶과 공동체 전체에 끼치는 영향을 충분히 인식하고 있었다. 개인적인 차원에서 독서는 한 개인에게 정신적 자양분을 제공함으로써 자기각성, 자기계발, 자기도야를 가능하게 하는 중요한 방법이며, 사회적 차원에서 독서는 정신문화 형성의 밑거름이다. 이러한 점에서 그는 "책이란 이 세계의 귀중한 재산이며 모든 세대와 모든 민족들의 고유한 유산이다. 어느 오두막이고간에 그 집 선반에는 가장 오래되고 훌륭한 책들이 자연스럽고 떳떳하게 진열되어 있다. 책은 스스로 어떤 대의를 내세우지 않는다. 그러나 책이 독자들을 계발시키고 정신적인 자양분을 공급하는 한 양식을 가진 사람이라면 책을 버리지 않을 것이다."(*ibid.*: 148)라고 적고 있다.

독서가 실존회복의 중요한 계기가 되는 것은 사실이지만 모든 독서행위가 바람직한 것은 아니다. 왜냐하면 책들 중에는 영혼과 정신을 고양시키고 마음의 자양분이 되는 양서도 있지만 그렇지 못한 책들도 얼마든지 있기 때문이다. 그리하여 그는 읽기 쉽고 흥미를 자아내는 책들을 경계해야 한다고 경고한다. 말하자면 이러한 책들은 몸과 마음을 모두 퇴보시키기 때문이라는 것이다. 그렇다면 어떤 책을 어떤 방식으로 읽어야 하는가? 소로우는 고전을 읽어야 하며 그것도 폭넓게 읽어야 한다고 권한다. 이 점에 대해 그는 다음과 같이 쓰고 있다. "인류의 가장 고귀한 생각을 기록한 고전 말고 또 무엇이겠는가? 고전은 사라지지 않고 남아있는 유일한 신탁(神託)이며, 그 안에는 가장 현대적인 질문에 대하여 델피(Delphi)와 도도나(Dodona)의 신탁도 밝히지 못한 해답들이 있다. 고전연구를 그만두는 것은 자연이 낡았다고 해서 자연연구를 그만두는 것이나 다름없다."(*ibid.:* 146). 그는 고귀한 정신운동으로서 독서가 제대로 이루어지기 위해서는 여러 가지 태도 및 조건이 갖추어져야 하지만 무엇보다도 고전을 (i) 원전으로 읽어야 하며, (ii) 다양하고 폭 넓게 읽어야 하고, (iii) 지속적으로 읽어야 한다는 점을 강조한다(*ibid.:* 147-148). 나아가 그는 일반 대중은 물론이고 교육받은 사람들조차도 그릇된 독서습관을 가지고 있음을 비판하면서, 독서가 하나의 고귀한 정신운동으로 확산되어 가기 위해서는 학교를 넘어 지역사회로 확산되어야 한다고 주장한다. 그는 "정신을 위한 자양분은 등한시하지만 육체를 위한 자양분이나 육체적인 질병에는 비용을 아끼지 않는다."(*ibid.:* 154)라고 지적하면서 뉴잉글랜드 지방에 성인을 위한 교육기관 특히 평생학습기관이 존재하지 않음을 아쉬워했다.

이러한 독서에 관한 관점은 월든 숲 속의 소로우와 숲 밖의 소로우의 삶에 그대로 반영되었다. 그는 숲 속에서 농사짓고 자연을 관찰하고 사색하는 시간 이외에는 독서에 열중하였으며, 월든 숲을 떠나서도 평생 그리스 로마 원전은 물론 힌두사상과 유교에 관련된 동서양 고전들을 탐독하고 명상하였으며 글쓰기를 멈추지 않았다. 초절주의자로서 그는 다양한 독서를 통해 자기의 존재감을 확인했으며, 자신의 정신과 영혼을 고양시켜 나갔다. 그에게 독서는 그를 늘 깨어있게 하는 지적 각성제였으며 자신의 모습을 끊임없이 탈각하게 해주는 교재였다. 말하자면 그에게 고전은 자아를 발견, 계발, 실현해 가는 자기교육의 중요한 공간이었다.

2) 자연관찰과 자기각성

소로우는 고전의 세계를 탐색하고 이해하는 행위만 가지고는 충분하지 않다고 판단한다. 그리하여 그는 『월든』의 여러 장들에서 자연관찰이 병행되어야 한다는 점을 역설한다. "아무리 잘 정선된 고전이라 할지라도, 우리가 책에만 몰두하여 그 자체가 방언이며 지방언어에 지나지 않는 어느 특정의 언어들만 읽는다면 우리는 정말 중요한 언어를 잊어버릴 위험이 있다. 이 언어야말로 모든 사물과 사건의 비유를 쓰지 않고 말하는 언어이며, 풍부하기 이를 데 없는 어휘와 표준성을 지닌 언어인 것이다."(*ibid.:* 156). 여기서 그가 말하는 '중요한 언어'란 곧 자연(Nature)을 의미한다. 그는 자연을 읽는 행위가 고전을 읽는 행위 이상으로 중요하다는 점을 다음과 같이 쓰고 있다. "볼 가치가 있는 것을 그때그때 놓치지 않고 보는 훈련에 비하면 아무리 잘 선택된 역사나 철학이나 시의 공부도, 훌륭한 교제도, 가장 모범적인 생활습관도 그리 대단한 것이 아니다. 당신은 단순한 독자나 학생이 되겠는가? 아니면 '제대로 보는 사람'이 되겠는가? 당신 앞에 놓여진 것을 보고 당신의 운명을 읽으라. 그리고 미래를 향하여 발을 내디뎌라."(*ibid.:* 156).

소로우가 월든 숲에서 행했던 활동의 대부분은 '자연을 보는 일', 즉 자연관찰(observation of nature)이다. 일반적으로 관찰은 학습의 출발점이다. 무엇을 배우고 익히는 일은 주로 주변 대상이나 자연 대상물들에 대한 세심한 관찰로부터 시작되기 때문이다. 따라서 자연을 본다는 것은 그냥 소풍을 가서 자연 대상들을 이리 저리 둘러보는 듯한 일이 결코 아니다. 그것은 예리한 직관과 통찰력을 가지고 자연 안에 내재한 조화의 아름다움, 변화의 원리와 이치를 이해하고 깨닫는 행위이다. 소로우는 콩밭을 가꾸면서, 산책을 하면서, 그리고 호수에서 목욕을 하면서 자연 대상물들, 즉 숲 속 동·식물의 생김새와 특성, 토양의 상태, 호수의 변화에 이르기까지 면밀하게 관찰하고 측량하였으며 그 결과를 기록하였다. 이러한 점에서 그를 19세기가 낳은 탁월한 자연작가라고 부르는 것은 바로 이것을 두고 하는 말이다.

소로우에게 자연은 개척이나 개발의 대상이 아니라 '바라봄'(seeing)의 대상이며 관조(觀照)의 대상이다. 왜냐하면 그에게 자연은 바로 신령스런 영(靈)이기 때문이다. 따라서 자연은 이용과 개발의 대상이 아니다. 물론 이러한 자연관은 그의 정신적 멘토였던 초절주의자 에머슨(R. W. Emerson: 1803-1882)의 영향이라고 할 수 있는데, 일찍이 초절주의자들은 아름다움이란 인간과 자연이 하나가 될 때 가능하다고 믿었다. 즉 자연합일(自然合一)의 경지에 이르렀을 때 인간은 책을 통해 읽어낼 수도, 음미할 수도 없는 색다른 경험을 하게 된다는 것이다. 그는 이 점에 대해 다음과 같이 쓰고 있다. "나의 경험에 의할 것 같으면 가장 감미롭고 다정한 교제, 가장 순수하고 힘을 북돋워주는 교제는 자연물 가운데서 찾을 수 있었다. 이것은 가련하게도 사람을 싫어하거나 극도의 우울증이 있는 사람의 경우도 마찬가지일 것으로 생각된다. 자연 가운데서 살면서 자신의 감각기능을 온전하게 유지하는 사람에게는 암담한 우울이 존재할 여지가 없다."(*ibid.*: 176).

앞에서 살펴본 바와 같이 소로우의 자연 개념은 이상화되어 있고 의인화되어 있어서 그 실체를 포착하기 어렵지만, 분명한 것은 그가 자연관찰을 자연의 위대함과 아름다움을 이해하기 위한 방법으로 채택하고 있다는 점이다. 그는 월든 숲 생활을 통해 인간에게 자연이 무엇보다 소중하고 존엄한 존재임을 보여주었으며, 인간에게 자연이란 책에서 발견할 수 없는 새로운 경험의 원천임을 강조하였다. 따라서 그에게 자연과의 접촉, 관찰, 교제는 자연의 본질, 자연과 인간과의 관계를 이해하는 중요한 통로였다. 실제로 소로우는 월든에서 대부분의 시간을 자연과 함께 했으며, 그 누구보다도 자연 가까이에 있었다. 나아가 그릇된 자연관을 가지고 있던 개발론자들을 신랄하게 비판하였을 뿐만 아니라 현세대와 미래 세대 모두에게 자연보호의 중요성을 각인시키기 위해 노력하였다. 무엇보다 중요한 사실은 그가 자연 속에서의 삶을 통해 새로운 사실들을 발견하고 체험하고 깨달았다는 점이다. 따라서 그에게 자연은 자기 각성, 자기 계발, 자기 탈각의 장이었다. 그는 고전을 '읽는 행위'를 통해서 뿐만 아니라 자연을 '보는 행위'를 통해 자아를 개혁하고 또 다른 자아를 만들어 나갔다. 이러한 점에서 그에게 자연은 자기의 정신적 깨달음을 얻기 위한 신령스럽고 신비스러운 자기 학습공간이었다.

3) 체험과 삶의 예술

소로우에게 가르치고 배우는 과정은 삶과 분리될 수 없는 것이다. 따라서 교육이 구현하고자 하는 일반적인 목적은 삶을 살아가는 방식, 특히 가치있는 삶을 살아가는 방법을 가르치는 것이다. 그는 이러한 삶의 방식을 '삶의 예술'(the art of life)이라고 표현한다(*Walden*, 94). 이미 앞장에서 소개한 바 있듯이 그가 마음에 두고 있던 바람직한 삶의 방식이란 진실하고 성실하며 소박하고 독립적이며 자유로운 태도이다. 그렇다면 이러한 삶의 방식을 어떻게 얻을 수 있다는 것인가? 소로우는 체험(體驗), 즉 '몸에 의한 경험'(experience by body)을 제안한다. 문제는 이 체험의 과정이 필연적으로 선택(choice)과 결단(decision)을 요구한다는 점이다. 소로우는 자신이 가치있는 삶을 살기 위해 그리고 삶의 예술을 배우기 위해 어떤 결단을 내렸는지를 다음과 같이 쓰고 있다. "내가 숲 속으로 들어간 것은 인생을 의도적으로 살아보기 위해서였다. 다시 말해서 인생의 본질적인 사실들만을 직면해 보려는 것이었으며, 인생이 가르치는 바를 내가 배울 수 있는지 알아보고자 했던 것이며, 그리하여 마침내 죽음을 맞이했을 때 내가 헛된 삶을 살았구나 하고 안타까워하는 일이 없도록 하기 위해서였다. · · · 만약 인생이 숭고한 것으로 밝혀지면 그 숭고성을 스스로 체험하여 다음 여행 때에 그것에 대한 참된 보고를 하고 싶었던 것이다."(*ibid.*: 135).

삶에 대한 실험과 체험은 때로 모험과 불안을 수반한다. 그럼에도 불구하고 소로우는 용기를 내어 월든 숲으로 들어갔으며, 그 안에서 독특한 형태의 체험을 하였다. 그는 삶의 예술을 배우는 방법으로서 체험이 학교 안에서 천편일률적으로 이루어지는 수업보다 훨씬 효과적이라고 생각했다. 다음과 같은 글 안에 그의 이러한 생각이 잘 나타나 있다. 즉 "그곳(학교)에서는 망원경이나 현미경으로 세계를 관찰하는 방법은 가르치지만 육안으로 세상을 보는 법은 가르쳐주지 않는다. 화학은 공부하되 자기의 빵이 어떻게 구워지는가는 배우지 않으며, 역학은 배우되 빵은 어떻게 얻어지는가에 대해서는 배우지 않는다. 해왕성의 새로운 위성은 발견해 내지만, 자기 눈의 티는 보지 못하며 또한 자기가 지금 어떤 악당의 위성 노릇을 하고 있는지는 깨닫지 못하고 있다."(*ibid.*: 94). 또한 소로우는 자기의 대학시절을 떠 올리며 체험학습의 중요성을 다시 한 번 강조한다. 즉

"대학을 졸업할 무렵 나는 내가 재학 중에 항해학 과목을 수강한 일이 있다는 것을 알고 깜짝 놀랐다. 차라리 내가 배 한 척을 직접 몰고 단 한번이라도 나갔더라면 항해술에 대해 훨씬 많은 것을 배웠으리라."(*ibid.:* 95). 이러한 지적들은 형식적인 수업방법의 한계를 지적한 것이기도 하지만 근본적으로 체험학습 혹은 실행학습(learning by doing)의 중요성을 강조한 것이다.

사실 예나 지금이나 교육실천가들은 학교 수업내용이 구체적인 삶의 현실과 괴리되어 있다는 점을 지적해 왔다. 여기서 배운 내용이 삶과 괴리되어 있다는 것은 그 내용이 삶을 개선하거나 변화시키는 데 별반 도움을 주지 못한다는 것을 의미한다. 말하자면 그것은 화이트헤드가 말한 바 있는 '무기력한 관념'(inert idea)이다(Whitehead, 1958: 13). 학습내용과 삶의 괴리는 곧 관념이나 지식의 비신체화(非身体化)의 결과이다. 비신체화된 지식은 내면화되기 어려우며 자기의 것이 되기 어렵다. 이러한 이유로 소로우는 사람들과의 만남과 교류, 자연과의 만남과 교제, 혹은 고전과의 만남을 통해 이루어지는 체험이 더 큰 교육적 효과를 지니고 있다고 판단한다. 예컨대, 그는 하버드대학 학창시절부터 여러 사람들과 교류를 해 왔는데, 그 대표적인 인물로는 그의 정신적 스승이었던 에머슨(R. W. Emerson), 탬플 스쿨의 운영자였던 앨코트(A. B. Alcott: 1799-1888), 성직자이며 자유사상가인 브라운슨(O. Brownson: 1803-1876)과의 만남과 교류를 통해 인간, 사회, 자연에 대한 지적 영감과 무한한 상상력 그리고 예리한 통찰력을 얻게 되었다. 이들과의 만남은 지극히 개인적인 것이었지만 그 만남은 그를 정신적으로 성숙시키는 중요한 계기가 되었다.

이상에서 소개한 바와 같이 소로우는 학창시절의 경험과 교직생활의 경험을 통해 형식적이고 기계적인 학습이 가지는 한계를 충분히 인식하고 있었다. 그는 그러한 형식적인 학습방법이 사람을 얼마나 무기력하고 생기 없게 만드는가를 익히 알고 있었다. 적어도 그가 월든 숲에서 삶에 대한 실험을 하는 동안 얻은 소중한 교훈은 바로 체험의 가치였다. 그가 행한 체험은 성격상 개인적이고 사적인 것이었으며 때로는 신비주의적인 것이었다. 그는 경험에 의한 체험이 객관화되고 구조화될 수 없으며 조직화될 수 없는 것임을 알았음에도 불구하고 체험이 참된 삶의 가치를 발견하고 깨닫는데 더 효과적이라고 판단했으며 실제로 그러한 길을 걸어갔다. 그는 체험을 통해 진실한 삶이 무엇인지, 그리고 그러한 삶을 살기 위해서 무엇을 어떻게 해야 하는지를 자각하게 되었다. 말하자면 그의 체험은 자기반성(self-reflection)과 자기각성(self-awareness)에 이르는 길이었으며 문명사회 안에 갇혀있던 그의 자아를 해방시켜주는 각성제였다.

4. 논의 및 시사

소로우에 대한 교육적 평가는 다양하다.[6] 하지만 연구자는 앞 장들에서 그를 19세기를 살았던 그 어떤 실존주의 철학자보다도 실존적인 삶을 살았던 자기 교육자였다는 점을 제시한 바 있다. 또한 그의 『월든』은 그의 실존적 삶의 과정 즉, 선택, 결단, 결행, 각성과 탈각의 과정을 보여준 작품이라는 관점을 소개하였다. 그렇다면 자기 교육자로서 그가 현대 문명인들에게 던지는 교육적 메시지는 무엇인가? 이 장에서는 그가 현대인들에게 던진 교육적 메시지들을 소개하고 이를 토대로 우리의 현재적 삶을 비판적으로 반추해 보려고 한다.

1) 자기교육의 가능성

소로우가 현대 문명인들에게 던지는 중요한 메시지 중의 하나는 개별자들이 가치있는 삶을 살기 위해 자기교육(self-education)을 감행할 필요가 있다는 점을 실험적으로 보여주었다는 것이다. 앞에서 이미 지적한 바와 같이 그는 2년 2개월 동안 월든 숲에서 진실한 삶을 살겠다는 뚜렷한 동기를 가지고 자기교육을 계획하고 이를 실천해 나갔던 실존적인 자기 교육자였다. 이런 점에서 『월든』은 그가 자기 교육과정을 통해 지적으로나 정신적으로 그리고 영적으로 어떻게 변화, 성장, 발전했는가를 묘사한 체험적 저작이라고 할 수 있을 것이다. 초월주의자로서 그의 최대의 관심사는 자신의 정신적인 삶의 고양이었다. 알렉산더의 지

6) 소로우를 교육학적 관점에서 연구한 몇몇 학자들이 있는데, 이들 중 허드는 그를 '교육분야의 개척자'(Hurd, 1929)로 불렀으며, 아담스는 그를 '성인교육의 선구자'(Adams, 1930)로, 하딩은 그를 '교사'(Harding, 1964)로, 그리고 빅맨은 그를 '평생교육의 주창자'(Bickman, 1999)로 부른 바 있다.

적처럼 그는 자기교육을 통해 스스로 반성하고, 자각하고, 개혁하는 삶을 살았다(Alexander, 1965: 8). 그는 소중하다고 생각하는 일들을 스스로 선택하고 결단하고 결행하는 삶을 사는 동안 인간, 사회, 자연에 대한 새로운 깨우침, 통찰력, 직관력을 가지게 되었다. 따라서 그가 개인적인 각성과 자아통찰이 사회개혁의 씨앗이 되어야 한다고 주장한 것은 당연한 결과일 것이다.

한 가지 흥미로운 점은 소로우가 자기교육의 과정에서 요구되는 선택, 결단, 결행과 그 결과로 얻어지는 자기각성, 자각, 직관, 통찰 등을 강조한 점은 일찍이 19, 20세기 유럽의 실존주의자들, 예컨대 니이체(F. Nietzsche), 하이데거(M. Heidegger), 그리고 사르트르(J. P. Sartre)와 같은 철학자들의 주장의 근원을 이루고 있다는 점이다. 특히 폴(Paul, 1962: 1)이 지적한 바 있듯이, 자기초극(自己超克: self surpass)을 중시했다는 점에서 니이체의 초인사상 형성에 영향을 주었다고 할 수 있으며, 가치있는 삶의 중요 덕목으로 '진실함'과 '성실함'을 강조했다는 점에서 하이데거의 삶 철학의 근간이 되었다고 할 수 있다. 또한 그는 인간이란 본래부터 자유로운 존재로서, 타인에 의해 '만들어지는' 존재가 아니라 스스로를 '만들어가는' 존재라는 점을 강조한 사르트르의 자유현상학의 근간을 이루고 있다고 할 수 있다. 또한 그의 입장은 자기교육의 방법으로서 위기, 각성, 충고, 모험, 만남 등을 강조한 볼로브(O. Bollnow)와 부버(M. Buber)의 실존주의적 교육관에도 영향을 주었다고 할 수 있다. 그는 미국인이면서 미국인답지 않은 실존적 삶을 살았으며 엄격하고 금욕적인 자기훈련, 자기도야, 자기계발을 통해 문명인들이 얻지 못한 것을 성취한 인물이다. 그러나 불행하게도 우리 사회에서는 소로우가 열망하는 자기교육의 길은 열리지 않고 있다. 자기교육은 실존적인 삶을 살고자 하는 사람에게 피할 수 없는 유혹이다. 현실적으로 그가 감행했던 자기교육을 형식적인 학교기관에서 공부하고 있는 초·중등 학생들에게 적용하는 것은 불가능할지도 모른다. 하지만 정규교육을 마친 성인들에게는 매력적인 교육모형이 될 수 있을 것이다. 따라서 자기교육은 성인교육 혹은 대안교육의 형태로서 자리를 잡을 수도 있을 것이다.

2) 소박한 삶과 자기계발

소로우가 『월든』을 통해 현대 문명인에게 던지는 또 다른 강력한 메시지는 단순하고 소박한 삶(simple life)을 살아야 한다는 것이다. 앞서 소개한 바 있듯이 소로우는 문명인들에게 "소박하게, 소박하게, 소박하게 살라."(*Walden,* 135)라고 강력하게 권고한다. 그는 왜 소박하게 살아야 하는지의 이유를 분명하게 밝혔다. 그것은 소박한 삶이 곧 가치있는 삶을 살아가도록 해 주는 내적 조건이라고 판단했기 때문이다. 하지만 더 근본적인 이유는 물질 지향적이고 소유 지향적인 태도가 자신의 자아를 발견하고 계발하는 데 방해가 된다고 판단했기 때문이다. 이러한 맥락에서 스톨러는 『월든』에 나타난 소박함의 원리의 핵심을 자기계발의 원리(principle of self-culture)로 해석한 바 있으며(Stoller, 1962: 49), 알렉산더는 소박함을 자아해방(self-emancipation)의 수단으로 읽어낸 바 있다(Alexander, 1965: 9). 소로우는 정신적인 자기계발이나 자기해방을 위해 먼저 경제적으로 단순해지고 소박해지는 것이 우선되어야 한다고 생각하였다. 따라서 스스로 자발적 빈곤을 선택하였으며 최소한의 경비로 의식주 문제를 해결하고자 하였다. 그는 소박하고 청빈하고 금욕적인 삶이 한 개인의 정신적 자아를 계발하고 해방하는 중요한 수단이기도 하지만 자연생태계를 살리는 수단이라고 생각하였다. 이러한 점에서 그의 소박함의 원리는 개인의 자아실현이나 정신적 정화의 수단만이라는 지극히 개인적인 목적을 넘어서는 사회적이고 도덕적인 원리이다. 따라서 그가 말하는 소박함이란 삶의 경제적인 원리인 동시에 사회적, 도덕적, 생태적 삶의 원리로 봐야 한다. 결국 소박함이란 한 개인의 타락한 영혼을 구하는 치료제요, 위기에 처한 생태계를 지키는 방부제가 될 수 있을 것이다.

그러나 오늘날 문명사회에서 소박함의 원리는 삶의 절박한 원리로 받아들여지지 않고 있다. 그것은 기본적으로 오늘날 사회가 소비를 미덕으로 간주하고 있으며, 경제시스템 자체가 그러한 소비를 추동하는 방향으로 작동하고 있기 때문이다. 그러나 우리의 경제생활을 곰곰이 들여다보면 물질 지향적이고 소비 지향적인 삶은 사회 시스템 자체에서 비롯되었다고 하기보다는 오히려 각 개인의 그릇된 삶의 방식에서 기인했다고 볼 수 있다. 교육학적 관점에서 볼 때 이러한 그릇된 삶의 방식을 바꾸도록 하는 것이 교육자가 해야 할 역할이다. 안타깝게도 현대 학교교육은 이러한 역할을 제대로 해내지 못하고 있다. 이제 뒷전으로 밀려나 있는 이러한 원리를 교육과정 안으로 적극적으로 끌어들여 가르치고 실천하도록 해야 한다. 이것은 물질문명이 점차 고도화되면 될수록 현대교육이 관심을 가져야 할 중요한 과제이기도 하다.

3) 평생학습과 자아실현

소로우가 『월든』에서 현대 문명인들에게 주는 또 다른 메시지는 평생학습의 필요성과 중요성을 역설하였다는 점이다. 그에게 평생학습의 목적은 현세의 물질적 속박으로 벗어나 보다 정신적이고 영적인 세계로 나아가는 것이다. 그에 의하면 현세에서의 배움이란 세속적인 삶을 살아가는데 쓸모 있는 것이기도 하지만 궁극적으로는 극히 제한적이다. 문명사회 안에 존재하는 그 어떤 사회제도, 법, 학교조직, 공식도 충분하지 않으며, 영속적이지 않다. 그는 학교 안에서 배우고 익힌 지식이 유익하기도 하지만 한계를 가지고 있다는 점을 충분히 인식하고 있었다. 그리하여 그는 형식적인 학교 졸업 이후에도 자기학습이 끊임없이 이루어져야 한다고 믿었다. 실제로 그는 월든 숲에서의 자기학습 체험 이후에도 죽을 때까지 자기훈련, 자기도야, 자기계발을 게을리 하지 않았다.

자기학습이 평생도록 계속되어야 한다는 그의 주장은 다음 몇 가지 측면에서 이해될 수 있다. 하나는 그가 초절주의자였다는 점에서 발견된다. 초절주의자로서 그는 정신이 물질보다, 그리고 영혼이 신체보다 우위에 있다고 믿었다. 이러한 믿음은 이미 플라톤의 관념론에 뿌리를 두고 있는 바 플라톤은 『국가』에서 태양의 비유(simile of sun)를 통해 태양이 만물의 근원이라는 점과 관념의 세계가 현상의 세계보다 우위에 있다는 점을 설명한 바 있다. 흥미롭게도 소로우는 『월든』에서 초월적이고 이상적인 세계를 설명하기 위한 한 상징(symbol)으로 태양(sun)을 제시하였다. 소로우의 연구자인 하이맨은 태양이란 소로우가 사용한 중요한 상징이며, 오히려 월든 전체가 태양이미지(sun imagery)에 의해 전개되고 있다고 지적한다. 그에 의하면, 태양은 소로우 자신을 상징한다. 처음에는 자신이 안개와 연기와 어둠으로 가려져 있지만 나중에는 본래의 모습을 회복하게 된다는 것이다(Hyman, 1962: 27). 이것은 그가 본래적인 삶을 살기 위해서는 부단한 자기계발, 자기초극의 과정을 경험해 왔음을 암시하고 있다.

평생학습이 이루어져야 한다는 소로우의 또 다른 주장은 이웃을 일깨우고 사회를 구원해야 한다는 사회적 관심에서 비롯된 것이다. 학자에 따라서는 그를 무정부주의자 혹은 극단적인 개인주의자로 평가하기도 하지만(Mayer, 1998: 291), 무엇보다도 그의 가장 큰 관심은 개인구원을 통한 사회개혁이었다. 그가 밝혔듯이, 그가 『월든』을 집필한 것은 무지, 편견, 인습에 얽매어 살아가는 주위 이웃들을 일깨우기 위한 것이었다. 그가 일깨우려고 했던 사람들은 "강인하고 용감한 천성을 가진 사람들"이 아니라 문명사회 안에서 "인생에 만족을 느끼는 못하는" 이웃의 어른들이었다(*Walden*, 58). 그는 이러한 이웃, 문명인들을 일깨우기 위한 성인교육기관이 별도로 마련되어야 한다고 주장했다(*ibid.*: 155). 이러한 점에서 아담스(Adams, 1930)가 소로우를 '평생교육의 선구자'로 지적한 것이나 빅맨(Bickman, 1999: xiv)이 그를 '평생교육의 주창자'로 지적한 것은 적절한 평가라고 할 수 있을 것이다.

5. 맺는 말

이 글은 소로우의 『월든』에 나타난 그의 삶이 실존적인 삶이었다는 점에 주목하면서 그가 월든 숲에서 보여준 실존적인 선택과 결단, 상식을 뛰어넘는 용기, 그리고 자기각성, 자기계발, 자기완성 과정이 오늘날 본래적인 삶으로부터 점차 멀어져가고 있는 현대 문명사회 구성원들에게 어떤 시사점을 던져주는지를 교육적으로 논의하려는 데 목적을 두었다.

앞에서 살펴본 바와 같이 소로우의 삶과 『월든』이 문명세계 안에서 살고 있는 우리들에게 주는 가장 강력한 권고는 자기 자신만의 고유한 길을 찾아 그 길을 '흔들리지 않는 정신'으로 굳건하게 걸어가야 한다는 것이다. 즉 독립적이고 주체적인 삶을 살아가야 한다는 것이다. 인간은 기본적으로 자신의 삶을 스스로 선택하고 결단해 가는 실존적 존재이기 때문이다. 소로우는 유럽의 그 어느 실존주의 철학자보다도 더 실존적으로 삶을 살았던 사람이었다. 그는 단지 진실에 대해 철학적 논의를 전개한 것이 아니라 진실하게 살았으며, 소박함에 대해 연구를 한 것이 아니라 실제로 소박하게 살았다. 이런 점에서 그의 삶은 단지 이론적 논쟁을 일삼는 지식인이나 철학자와 구별된다. 삶에 대한 그의 깊은 성찰, 삶을 바라보는 진실하고 성실한 태도, 고전에 대한 애정, 자연에 대한 존중의 태도, 야생에 대한 진지한 관심, 그리고 이웃과 공동체에 대한 휴머니티 등은 그가 단순한 문학인이요, 자연주의자요, 사회비평가 이상의 존재임을 말해준다. 코졸이 우려하였듯이, 우리는 그를 메마른 용기에 감금시켜서는 안 된다(Kozol, 1999: v). 그러나 분명한 사실 하나는 이러한 능력들이 그의 비범한 자기학습의 결과라는 점이다. 그는 자기를 대상으로 실험하고 자기를 대상으로 교육을 해 감으로써 결국 자기의 한계를 초극하고 또 다른 자아를 창조해 냈다. 특히 자기학습을 통해 고독, 불안, 고뇌를 극복해 냈다는 점에서 용기있는 실존적 자기 교육자이기도 하다.

소로우가 현대 문명인들에게 주는 강력한 권고는 단순하고 소박하게 살라는 것이다. 소박하게 사는 일은 단순히 경제적으로 유익하기 때문만이 아니다. 그것은 신체적으로, 정신건강학적으로 그리고 인간생태학(human ecology)적으로 유익하기 때문이다. 소박한 삶을 살아야 한다는 그의 주장은 이미 성인들의 경구를 번복하는 것 같아 진부하다는 생각도 들지만 그것은 여전히 가속화되어 가는 물질문명 한 가운데서 개인의 영혼을 구원하고 이웃을 살리고 나아가 자연을 살리는 중요한 원리로 자리를 잡아야 하고 실천에 옮겨져야 할 소중한 지적 자산임에 틀림없다. 최근 스탠디쉬(Standish, 2006; 2010)와 같은 현대 교육철학자들이 오늘날 인간, 자연, 교육의 위기 극복방안을 소로우에게서 찾으려는 것은 당연한 일인지도 모른다.

참고문헌

Adams, R.(1930). "Thoreau: Pioneer in Adult Education", *Institute Magazine.* Vol. 3, No. 6-7.

Alexander, O.(1965). *Henry David Thoreau's Walden and On the Duty of Civil Obedience.* New York: Monarch Press.

Bickman, M.(1999). *Uncommon Learning: Thoreau on Education.* New York: Houghton Mifflin Co.

Buell, L.(1973). *Literary Transcendentalism: Style and Vision in the American Renaissance.* New York: Ithaca.

Campbell, S.(2003). "Thoreau's Walden in the Twenty-First Century", The Thoreau Society, *The Concord Saunterer,* Vol. 11, 7-17.

Dean, B. P.(2003). "Thoreau's Walden in the Twenty-First Century", The Thoreau Society, *The Concord Saunterer,* Vol. 11, 7-17.

Harding, W.(1964). "Henry D. Thoreau, Instructor", *Educational Forum.* Vol. 24, 89-97.

Hurd, H. E.(1929). "Henry David Thoreau-A Pioneer in the Field of Education", Education. Vo. 49, 372-376.

Goddard, H. C.(1969). *Studies in New England Transcendentalism.* N.Y.: Humanities Press.

Hyman, S. E.(1962). Henry Thoreau in Our Time. Edited by Sherman Paul. *Thoreau: A Collection of Critical Essays.* Englewood Cliffs, N.J.: Prentice-Hall, Inc.

Kozol, J.(1999). "Forward", Edited by Martin Bickman. *Uncommon Learning: Thoreau on Education.* Boston and N.Y.: Houghton Mifflin Co.

McIntosh, J.(1974). *Thoreau as Romantic Individualist: His Shifting Stance Toward Nature.* New York: Ithaca.

Mayer, F.(1988), *The Great Teachers.* 성기산 역. 위대한 교사들. 서울: 문음사.

McKibben, B.(2003). "Thoreau's Walden in the Twenty-First Century", The Thoreau Society, *The Concord Saunterer,* Vol. 11, 7-17.

Meyer, M.(1986). "Introduction", in H. D. Thoreau. *Walden and Civil Disobedience.* New York: Penguin Books.

Myerson, J. (2003). "Thoreau's Walden in the Twenty-First Century", The Thoreau Society, *The Concord Saunterer,* Vol. 11, 7-17.

Paul, S. ed.(1962). "Introduction", Edited by Sherman Paul. *Thoreau: A Collection of Critical Essays.* Englewood Cliffs, N.J.: Prentice-Hall, Inc.

Pitts, M. E.(2003). "Thoreau's Walden in the Twenty-First Century", The Thoreau Society, *The Concord Saunterer,* Vol. 11, 7-17.

Standish, P.(2006). "Stanley Cavell and the Teaching of Walden", S*tudies in Philosophy and Education.* Vol. 25, No. 1-2, 145-157.

Standish, P.(2010). "An Economy of Living: A New Economy of Education", 교육철학회, 教育哲學, 제49집, 99-113.

Stoller, D.(1962). Thoreau's Doctrine of Simplicity. Edited by Sherman Paul. *Thoreau: A Collection of Critical Essays.* Englewood Cliffs, N.J.: Prentice-Hall, Inc.

Thoreau, H. D.(1986). *Walden and Civil Disobedience*(with Introduction by Michael Meyer). New York: Penguin Books.

Vogelsong, J.(2003). "Thoreau's Walden in the Twenty-First Century", The Thoreau Society, *The Concord Saunterer,* Vol. 11, 7-17.

Walls, L. D.(2003). "Thoreau's Walden in the Twenty-First Century", The Thoreau Society, *The Concord Saunterer,* Vol. 11, 7-17.

Whitehead, A. N.(1958). *The Aims of Education.* 9th printing. New York: Mentor Book.

Wilson, E. O.(2003). "Thoreau's Walden in the Twenty-First Century", The Thoreau Society, *The Concord Saunterer,* Vol. 11, 7-17.

◐ 인 명 색 인 ◐

◐ 내 용 색 인 ◐

(ㅈ)

(ㅊ)

□ 저자 소개

이 병 승

· 공주대학교 사범대학교 교육학과 교수

<저서 및 역서>

· 쉽게 풀어쓴 교육학(학지사, 2002)
· 쉽게 풀어쓴 교육철학 및 교육사(양서원, 2004)
· 도덕교육의 철학(역서, 서광사, 2005)
· 교육에 관한 철학적 담론(원미사, 2006)
· 교육적 사유와 안목을 넓히기 위한 교육학개론(학지사, 2011)
· 교사에 관한 철학적 담론(원미사, 2012)
· 교육목적의 철학(역서, 강현출판사, 2012)
· 교육복지의 이해(학지사, 2013)
· 인간학습의 철학(역서, 학지사, 2014)

<논문>

· 교사교육자의 철학적 연구와 교수(2006)
· 교사교육에 있어서 교육철학 교수의 역할(2007)
· 교양교육 활성화를 위한 '위대한 저서읽기 프로그램'(2007)
· 훌륭한 교사의 철학적 자질 탐구(2008)
· 사회적 지성에 기초한 존 듀이의 사회개혁론 비판과 그 교육적 시사(2009)
· 듀이 의식이론의 교육적 의미 탐색(2009)
· 피터스의 교사관에 대한 비판적 고찰(2010)
· 소로우의 <월든>에 나타난 실존적 삶과 자기교육(2010)
· 교사의 실질적 권위와 그 정당화(2011)
· 피터스의 교사교육의 철학(2011) 등 다수

교육철학담론

초판인쇄 2014년 8월 20일
초판발행 2014년 9월 1일

지은이 이병승
펴낸이 안상준

편 집 김선민 · 배근하
기 획 임재무
마케팅 이영조
표지디자인 최은정
제 작 우인도 · 고철민

펴낸곳 (주) 박영story
서울특별시 금천구 가산디지털2로 53
등록 2014 2. 12. 제2014-000009호
전 화 02)733-6771
f a x 02)736-4818
e-mail pys@pybook.co.kr
homepage www.pybook.co.kr
ISBN 979-11-85754-06-2 93370

정 가 19,000원